供应链攻防战

林雪萍◎著

中信出版集团 | 北京

图书在版编目（CIP）数据

供应链攻防战 / 林雪萍著 . -- 北京：中信出版社，2023.12 (2024.9重印)

ISBN 978-7-5217-6003-3

Ⅰ . ①供… Ⅱ . ①林… Ⅲ . ①供应链管理 Ⅳ . ① F252.1

中国国家版本馆 CIP 数据核字（2023）第 168330 号

供应链攻防战

著者：　林雪萍

出版发行：中信出版集团股份有限公司

（北京市朝阳区东三环北路 27 号嘉铭中心　邮编　100020）

承印者：　北京通州皇家印刷厂

开本：787mm×1092mm　1/16　　印张：28.5　　字数：383 千字

版次：2023 年 12 月第 1 版　　印次：2024 年 9 月第 7 次印刷

书号：ISBN 978-7-5217-6003-3

定价：88.00 元

赞誉推荐

这本书以宏大的视角、翔实的案例和精彩的叙事，为我们展现了正在全球范围内发生的供应链布局大重组、大调整的现实图景、内在逻辑和演进趋势，对新形势下中国加快塑造、培育并参与国际竞争新优势、推进新型工业化具有重要的启发意义。

黄奇帆

中国金融四十人论坛学术顾问

计划经济只有供货方，没有供应链概念。市场经济分工越来越细，供应链越来越长。我们现在许多人将企业上下游供货关系仅仅看成货物往来，用招投标去压低供应商价格，不断挤压供应商利润，去搞“最低价中标”，不懂上下游关系是一荣俱荣、一损俱损，对供应链更是缺乏基本认识。林雪萍先生写的《供应链攻防战》一书，使我们对上下游供应链关系有了比较全面、深刻的认识。这本书不是一般的教科书，而是对多个产业丰富的实战分析。我看了之后非常受益。这本书特别适合企业家、企业高管、企业采购部门管理者、政府产业部门官员、经济学者、管理学者、商学院学生、供应链研究者研学。

周放生

中国企业改革与发展研究会原副会长

林雪萍老师的新作《供应链攻防战》为全面理解中国工业的处境和应对未来的挑战，提供了一个综合的分析框架，并在此系统架构下分析了复杂多样的工业化进程。该书高屋建瓴，将涉及信息、物理、社会因素的多领域、多尺度的复杂问题放在整体框架中研究；并以其中的供应链环节为主线，分析了其组织结构及决策对内外连接力、控制力及（规划）设计力的影响。书中引用的大量案例及大量数据涉及不同的工业领域，有很强的说服力。书中提到的“大工程组织”模式引导科技攻关的观点，也有较好的现实意义。国家电网创新的特高压工程，就是采用系统论作为指导，成功协调了不同领域大量的企业、高校、研究院，出色地实现了“西电东送”的历史使命。这不仅为中国提供了强大的电力网，主动支撑了国家的能源转型及“双碳”目标，同时也大幅提升了中国输配电设备行业的创新意识及智能制造能力。当前，中国面临诸多需要攻坚的挑战，本书对深入思考大工程组织和系统性思维，提供了很好的参考视角。期望作者进一步将整体论的认识观与还原论的认识观相结合，以供应链的机制研究为入口，将复杂系统的行为，特别是其中的涌现现象从整体上实现还原。

薛禹胜

中国工程院院士

国网电力科学研究院名誉院长

中国制造正在走向高质量发展的关键期，整个制造业供应链都要同步发展起来。在加强高端装备制造能力建设的同时，要高度重视加快精密测量与仪器仪表技术同步发展，或超前发展。凡是制造强国和质量强国，都必然是仪器强国和测量强国。中国在精密级测量和超精密级测量方面还有很长的路要走。

《供应链攻防战》一书通过一线调研素材和大量翔实的案例，描述了高端制造的内在逻辑，也给出了同步发展供应链的思路。这对于如何在精密测量和高端制造的全供应链环节上形成合力，建立先进的国家测量体系和高端制造体系，有着非常大的启发意义。这本书深入浅出，语言生动，对制造领域的工程技术人员和管理者理解中国制造的深层次运行机理，提升建立可靠的供应链的能力会有很大的帮助。

谭久彬

中国工程院院士

哈尔滨工业大学教授

《供应链攻防战》一书用独特的视角，重新审视了中国制造面临的机会与挑战。它包含了很多丰富的话题，覆盖了不同行业的制造运行逻辑。而在先进制造如芯片、机床、软件、仪器仪表诸多领域，都很好地描述了当前存在的问题，并且给出了可行的发展思路。这本书提到的供应链三力模型——连接力、控制力和设计力，很好地解释了当下所碰到的诸多现象。这对于突破目前许多科技攻关难题，会颇有裨益。这本书语言生动、案例精炼、观点清晰，是科技类比较少见的精品。

蒋庄德

中国工程院院士

西安交通大学教授

这本书的作者多年来一直专注于全球制造业的研究，有着宽广深厚的工程技术背景和国际化视野。他常态化地深入各类制造企业实地调研，对于中国制造的发展有着清醒的认识。《供应链攻防战》一书聚焦制造业现代产业体系的构建，热点纷呈、话题广泛、视野开阔，涉及中国制造的方方面面，并且在提及的每个产业领域，都进行了脉络性的勾勒，让人很快抓住本质。对于链主企业反哺上游“专精特新”的认识，对于“大工程组织”的想法，对于用户与供应商联合创新的洞察，会对当下中国制造攻坚转型升级，起到画龙点睛的作用。这本书内容精悍充实，由点及面，写得专业、犀利、精准，读来让人欲罢不能，值得精读、研讨，特别推荐。

杨华勇

中国工程院院士

浙江大学教授

中国制造当下面临着自主创新能力不强、工业基础薄弱等挑战，要解决这些问题，需要开展突破工程，解决“卡脖子”问题，实现供应链自主化；开展“补短板工程”，实现产业基础高级化；开展“卓越工程”，实现优势产业现代化。《供应链攻防战》将这些关键工程融入统一的供应链视角。这本书同时分析了大学院校和人才在形成一个强大的供应链中的关键作用。只有将供应链、创新链和人才链三者有机地结合在一起，才能促进中国制造业的高质量发展，加快制造强国的建设。

陈学东

中国工程院院士

中国机械工业集团有限公司副总经理兼总工程师

《供应链攻防战》这本书的作者林雪萍教授是中国产业经济与产业政策研究的顶尖学者之一，他对于产业布局、产业与经济供应链、制造业创新、数字经济等均有极其深入、精细的研究，做出过令人瞩目的学术贡献。这本书是林教授的扛鼎之作，对于全球供应链的变局做出了精彩分析。众所周知，在任何国家，供应链都是经济社会能否良性运行的命脉。在这本书中，林教授对于供应链的连接力、控制力、设计力三大力量的较量做出了极为深刻的剖析，提出了建立韧性供应链的新战略。该书对于中国应对国际政治经济新局面提出了产业供应链方面的新对策，对于中国经济社会的平稳运行将发挥极其重要的政策咨询和指导作用。

李强

清华大学首批文科资深教授

清华大学社会学系教授

清华大学社会科学学院首任院长

作者多年来一直活跃在产业一线，对中国制造业有着深刻理解与思考，而且擅长用通俗的语言进行表达。《供应链攻防战》一书以供应链作为切入点，对中国制造进行了全图景手术刀式的剖析，提出了令人耳目一新的供应链三力模型：连接力、控制力和设计力。三力模型，可以系统性拆解中国制造面临的挑战。对于当下大家广为关注的工业软件，也同样从供应链和大工程组织方式的角度，提供了解决问题的思路。这本书立足中国视角，案例众多，文笔流畅，体现了作者渊博的知识储备和宽广的国际化视野，容易阅读，也发人深思。

王建民

清华大学软件学院院长

林雪萍教授长期专注于供应链的研究与实践，以大国竞争为背景，撰写了这本《供应链攻防战》。1978—2018 年的 40 年间，生产的全球化业已初步完成，形成了以美国等发达国家为市场与研发的中心节点、以中国为制造与组装的中心节点、以资源富裕国家为资源中心节点的“超级全球价值链”结构。2018 年之后，全球价值链正在经历结构性重构，“超级全球价值链”正向区域化演变。这种演变将重塑全球生产的区域结构、行业结构，必然带来企业的竞争与合作，引发企业的进入、扩张、收缩、退出。林雪萍教授的这本书恰逢其时，我强烈推荐阅读。

鞠建东

清华大学五道口金融学院讲席教授

随着全球很多新的工厂的涌现，中国业已确立的供应链优势正在受到全新的高效供应链的抗衡和侵蚀。林雪萍先生用供应链的连接力、控制力和设计力的“三力”框架，揭示了激烈的全球供应链战争。他的分析如庖丁解牛，游刃有余，妙不可言，显示出他在几十个行业、数百家工厂中调研的厚积薄发。他关于“民生供应链和攻坚供应链担负不同使命”“上下游企业知识交换”等的观点，以及对城市和产业集群的细察弥足珍贵，值得决策者细细思量。

王缉慈

北京大学城市与环境学院教授

从《芯片战争》到《供应链攻防战》，中外产业研究专家不约而同地用到了军事术语。现在的产业战已经不同于过去的商战，从企业与企业之战，上升到了供应链、产业链、产业集群、国家之间的“战”。除了不直接消亡生命，此战波谲云诡、奇正攻防、合纵连横、胜负莫测的程度都不亚于真正的战争。这本书讲述了“从企业到国家的实力之争”。国家对产业之战的高度介入，导致全球各种规则（不仅是商业规则）的改变，这是人类历史上的新局面，也将会是长期状态。甚至，只要国家不消亡，此战将连绵不断。这本书视野宏大、逻辑严谨、数据翔实、案例丰富、文笔流畅，是让人眼前一亮的好书。我相信，受益者将不仅仅是对供应链和产业感兴趣的人群。

何志毅

北京大学光华管理学院教授

清华大学全球产业研究院首席专家

产业链供应链“断链”是近年国际社会面临的一个严重问题。在全球制造业格局重大调整的背景下，如何建立新的应对框架，成为中国制造保持核心竞争力的关键。《供应链攻防战》这本书在深度考察全球化 1.0 和全球化 2.0 时期国际劳动分工的变化的基础上，从连接力、控制力、设计力三个维度出发，构建出高效分工、多元融合的供应链设计方案。相信这本书对于企业向中高端价值链攀登以及国家耕耘供应链顶层优势，能够提供很好的参考价值。

郑永年

香港中文大学（深圳）教授

前海国际事务研究院院长

浙江（浙江大学）国际发展与治理研究中心名誉主任

2020年初我出版了《溢出》，对中国制造到底是被转移还是溢出，给出了我的回答。距离我这本书已经过去了3年的时间，供应链的变局比我们想象的更快。林雪萍先生的《供应链攻防战》适时问世，这本书调研扎实、资料丰富、论点清晰，从连接力、控制力和设计力三个维度来分析供应链的能力和变化，很好地回答了制造在不同的国家之间流动的驱动要素，阻滞和加速的因素都有规律可循。林雪萍老师在制造业内的深耕，让他的很多观察足够细致入微，不容错过。

施展

上海外国语大学全球文明史研究所教授

供应链是国家产业安全的基础，也是大国博弈的战场。在逆全球化的劲风吹拂下，学术界的供应链机理、产业界的供应链管理和政策界的供应链安全，都面临着认知、战略和方法体系的重构。林雪萍先生以其深厚的产业背景和学术功底，为我们构建了新时期认识供应链的统一视角和框架体系。《供应链攻防战》通俗易懂，理论和实战兼备，值得一读。

王晓明

中国科学院科技战略咨询研究院产业科技创新研究部部长

供应链牵涉人、财、物、数据。而人类几千年的文明史，没有任何力量可以阻拦人流、物流、金流、数据流的流动，大家都知道“工业强则国家强”，在当今世界，国际化、全球化是必然趋势，但是一定要清醒地认识到，工业和制造业的供应链是可以选择国家和地区的。三年疫情，让我们充分认识到供应链是工业命脉。拿到林雪萍先生的《供应链攻防战》一书，我就放下手头所有工作，迫不及待地认真学习。这本书描述的近几年发生在我们身边的真实场景，惊心动魄、历历在目。在各类制裁威胁的大环境下，我们如何有效应对，有所为有所不为，持续推进国家的现代化进程，这本书同样给出了很好的思考和建议。书中内容发人深省，强烈推荐从事政治、经济、工业、金融、政府、大学、企业、国家发展战略等多方面研究工作的专家、学者、企业家研读学习，必有收获！

宁振波

中国航空工业信息技术中心原首席顾问

过去 30 年，中国制造业逐渐形成了全球最宏大的供应链；未来 10 年，中国主导的供应链将面临巨大的挑战和重整。《供应链攻防战》这本书运用大量经典案例，从全球视野多维度讲述了我国供应链的形成过程、挑战、机遇，以及未来的发展趋势。这本书深入浅出，颇具前瞻性，读后深受启发。

李迅雷

中国首席经济学家论坛副理事长

理解中国经济的一个首要前提是理解超大经济体的规模优势。中国拥有全球最大的供应链体系，在当前的国际形势下，实现中国经济的高质量发展，必须兼顾产业链供应链的效率和安全。对于企业、组织、国家如何突破“卡脖子”风险和“去中心化”风险，作者在《供应链攻防战》一书中提供了有见地的系统分析，并指出供应链韧性成长是一场漫长的布局，既要有链主企业的创新突破，也要有制造底盘的强力连接。

彭文生

中金公司首席经济学家

百年未有之大变局下，地缘政治和技术竞争等多重因素相互交织，世界贸易的格局正在快速演化，全球供应链深刻重构。如何应对这一变化，在很大程度上决定着中国企业和中国经济的未来。《供应链攻防战》这本书的作者结合中外丰富的案例，以优美而流畅的笔触，驾驭这一深刻且尤为关键的议题。作者试图回答在全球供应链重构中，如何立于不败之地。通过解构驱动供应链发展的力量关系，剖析了各国供应链的韧性与脆弱性，提出了前瞻性的战略主张，行文引人入胜，内容发人深省。

丁安华

招商银行首席经济学家

供应链的全球化不仅降低了各行各业的成本，提高了全球经济的效率，也使不计其数的企业高度依赖全球供应链，成为其中的一个部分。近几年贸易保护主义盛行和疫情的影响，严重地破坏了全球供应链的稳定性，并引发很多行业供应链格局的重构。《供应链攻防战》这本书从宏观和微观、历史和未来等不同的视角，用丰富的案例全面展示了全球供应链的变化趋势，书中的很多理念对于理解中国企业如何确保供应链安全，以及如何从供应链角度进一步降低成本、提高效率，都具有非常重要的价值。

滕泰

万博新经济研究院院长

在这本极具深度的书中，作者巧妙地将攻防战与全球供应链分工相结合，构建了一部战略部署与现实挑战相互交织的生动著作。以供应链为核心，书中详细阐述了供应链的三种力：连接力、控制力和设计力，将供应链的攻防艺术推向了全新的高度。这本书以深入浅出的方式，娓娓道来复杂的供应链理念，赋予了读者对全球供应链更为丰富和生动的理解。总的来说，《供应链攻防战》是一部兼具学术深度和实践指导意义的著作，为企业家甚至政策决策者提供了一种理解供应链复杂性的视角。无论你是供应链管理者、企业家，还是对大国博弈感兴趣的读者，这本书都将成为你开阔视野、提升认知的良师益友。

高瑞东

光大证券首席经济学家、研究所所长

党的二十大报告强调，推进国家安全体系和能力现代化，坚决维护国家安全和社会稳定。在国际局势波谲云诡的当下，确保重要的供应链安全，对于增强维护国家安全的能力至关重要。这本书从供应链角度剖解当下的大国碰撞与全球化变局，对于高质量发展路径下如何保障国家安全，以及新形势下制造业如何把握机遇和应对挑战，有着重要的意义。

李奇霖

红塔证券副总裁、研究所所长、首席经济学家

《供应链攻防战》这本书给我制造了一种童话般的阅读体验，类似于爱丽丝掉进了兔子洞，我一边阅读一边惊叹：近在身边的工业系统，原来是一个如此神妙的奇观世界。在面目古板的“供应链”三个字后面，居然还上演着一幕幕凯歌、悲情、热望、情谊、牵绊、两难、意外、涌现等人间故事。这是一本能让人变得更温柔也更勇敢的书。它让我更清晰地意识到：作为一个微小的个体，我是如何生存在现代文明的网络之中的。有时，它是我的软肋；有时，它是我的铠甲。

罗振宇

得到 App 创始人

20 世纪 90 年代以来，随着设计制造的分离和信息技术革命的发展，全球产业链进行了一次声势浩大的“动土重迁”，新兴国家的崛起，大多是这次动土重迁的产物。从这个意义上说，这一波全球化和供应链相辅相成，互为因果。在这个过程中，中国恰逢其时改革开放，凭借劳动力、制度和庞大市场几大优势，成为全球供应链上最重要的中坚力量，也成为这次全球化最大的受益者之一。所以，全球化的趋势变化和供应链的趋势变化，本质上是一个硬币的两面。要在未来的大国博弈中立稳脚跟，我们必须理解供应链的攻防之道，这正是林雪萍老师书中最精华的部分。我相信，不管是政府官员，还是企业家，都能像我一样，从中获得全新的视角和启发。

香帅

金融学者

香帅数字经济工作室创始人

曾任北京大学金融学副教授

读完此书会让人有一种认知上的惭愧感——我们很多关于中国企业、国力和世界未来格局的话语，因为缺少“供应链”这个思考维度而显得空疏且浮泛。供应链是全球化的骨架，也是其“操作系统”，中国企业在全球供应链中具有怎样的连接力、控制力和设计力，具有怎样的韧性和复原力，不仅实质性关乎企业的生存，而且关乎国力和国运，更关乎民生——我们每个人的利益和命运。对于关心宏观、中观和微观经济的人来说，这都是一本填补认知漏洞的书。

吴伯凡

商业新物种研究院院长

林雪萍老师在《供应链攻防战》一书中提出了供应链红利的概念，是对中国制造未来发展的重要思考。从连接力、控制力和设计力三个维度综合审视中国制造的优势和挑战，不难发现要发挥供应链红利，一定要跳出简单的“卡脖子”或者自力更生的思维框架，引入系统性思维。简言之，中国制造需要持续发挥供应链配套完备的优势；需要积极再出海，在跨国企业供应链重塑的过程中争夺控制力；需要保持开放，学习全球链主企业的设计力。如是，未来10 年大国博弈的攻防战将精彩纷呈。

吴晨

《经济学人·商论》执行总编辑

在逆全球化的时代，供应链掌控力逐渐成为全球工业国之间竞争的武器，中国制造业作为世界工厂的中枢，将迎来非常多的挑战。林雪萍老师的这本《供应链攻防战》高瞻远瞩，阐述了急剧变化的现状，拆解了供应链核心要素，也给出了打赢攻防战的手段和方案，拳拳之心，赤诚殷切，值得推荐。

代文超

远川研究所创始人

笔名“饭统戴老板”

林雪萍老师长期从事制造业的竞争力研究，涉及领域广且深，并一直为此鼓与呼。最初接触林老师的文章，是关于中国机床行业的分析，可以说是振聋发聩。作为一个机床从业者，我对作者的一些分析和观点感受颇深。《供应链攻防战》这本书对供应链进行了系统的梳理和分析，创造性地提出衡量供应链能力的三个维度：连接力、控制力、设计力，并结合很多具体的案例，对每个维度都进行了全面的阐述，系统性和逻辑性很强，对制造业研究者、从业者，尤其是政策制定者而言，很值得一读！

张世顺

济南二机床集团有限公司董事长

拿到林雪萍老师新作《供应链攻防战》，一口气读完！书中再也看不到传统供应链管理纵向一体化或横向一体化描述的方法、流程和战术等。这本书从全球竞争、国家安全、企业实力的更高视角去看供应链，是“攻防战”，是“实力之战”！产业链外迁和地缘政治催化逆全球化是中国供应链安全面对的两个挑战。《供应链攻防战》为企业供应链战略提出全新视野的管理构架，为国家供应链战略安全出谋划策。这是一本难得一见的好书！

姚佐平

上汽通用五菱汽车股份有限公司党委书记 / 副总经理

目录

中篇　三力的较量

推荐序一

“如何一方面积极参与国际分工，另一方面维护国家安全、保护国家的发展能力”，这是自1791年美国第一任财政部长亚历山大·汉密尔顿（Alexander Hamilton）发表著名的《制造业问题报告》[1]以来，经济学家一直争论不休的问题。

从自然经济到商品经济，从农业社会到工业社会，分工是推动经济发展的重要驱动力。在工业化社会，分工首先是在民族国家的范围内实行，然后才开始跨越国界，在世界范围内扩展，形成国际分工体系。在亚当·斯密看来，所谓分工，就是指劳动过程被分为不同阶段，由不同的一个人或一组人在不同阶段完成不同的任务。分工极大地提高了劳动生产效率。

回顾历史，我们可以看到，分工首先是家庭、作坊和工厂内的分工。与此同时，也存在社会和产业层面的分工，如农业、牧业和手工业的分工。

① Alexander Hamilton. Report on the Subject of Manufactures, December 5, 1791，https://www.gilderlehrman.org/sites/default/files/inline-pdfs/ready.00891%20-%20FPS.pdf .

工业革命时期，英国纺织业的狂飙突进导致一系列新产业的诞生。英国最终建立了一个包括农业（比重下降）、轻工业和重工业的完整工业体系。对外贸易主要是进口粮食、原材料和出口制成品。在当时已经出现是按比较利益进行国际分工，建立超越国界的产业体系，还是在民族国家范围内建立相对完整的产业体系的争论。

1791 年汉密尔顿在《制造业问题报告》中提出："一些国家在其经营多年且日臻完善的产业上所拥有的优势，对于那些试图把这一产业引进本国的国家来说，是难以逾越的障碍。同一产业，在一国是新生产业，在另一国是成熟产业，希望二者在质量和价格相同条件下进行竞争，在大多数情况下是不可行的。"[①] 德国经济学家李斯特（Friedrich List）主张对本国新兴产业采取有选择的适当保护措施。为什么即便眼下没有竞争优势，也一定要发展某个产业呢？李斯特认为，英国和美国执行的是"踢掉梯子"，不让后来者登顶的政策。因而，应该通过关税等措施保护那些将来有机会形成比较优势的产业，使它们自己最终也能成功登顶，更重要的是，李斯特认为：伴随分工的应该是民族团结感（a sense of national unity）、独立和共同目标以及生产性力量（productive forces）之间的合作。[②]

可见，对于所有民族国家，特别是大国来说，

① https://www.laphamsquarterly.org/trade/infant-industry.

② https://unctad.org/system/files/official-document/dp_149.en.pdf（第 7 页）.

按比较利益（包括动态比较利益）参与国际分工并不是无条件的。参与国际分工应与建立完整产业体系的努力相协调。足够完整的产业体系意味着：第一，发展能力，即便贸易伙伴“踢掉梯子”依然能够登顶，例如，如果没有钢铁、机器制造和某些高科技产业，一个大国就可能会永远失去进入先进国家行列的机会；第二，国家安全，这里的安全应该包括粮食、能源和国防。

中国参与国际分工有两种基本途径。其一，大体依照“雁行”模式，实现纺织、钢铁和重化工业的产业升级和转移。这种分工是不同国家产业间的分工。而在升级的产业中，则实行垂直分工。例如，在纺织行业中，从棉花生产到最终用于消费的纺织品，每个生产环节的产品都可以在国内生产。其二，加入全球供应链（价值链）。

全球供应链是产品生产过程被分割成分布在全球不同地点的众多小阶段所形成的。由于技术进步、贸易自由化等原因，发达国家的产品生产过程出现被分割成越来越多小阶段的趋势。例如，当一定的技术条件（如产品的轻型化、小型化、高价值化、标准化、稳定性和独立性等）和制度条件（低关税或零关税等）得到满足之后，把处于不同生产阶段的电子产品阶段分散到不同国家，可以显著降低生产的总成本。当然，这种分散化和碎片化不是市场的自发行为，全球供应链的主导者和组织者——巨型跨国公司把不同的生产环节外包出去，以实现利润的最大化。

这种形式的分工是亚当·斯密当初所说的产品生产的工厂内分工在国际范围内的扩展。当今的国际分工体系是两种不同类型的混合体：一种类型是传统的基于资源禀赋的按产业划分的国际分工，如澳大利亚和巴西生产铁矿石，韩国和中国生产纺织和服装、钢铁制品；另一种分工类型是同一个最终产品按生产的不同阶段进行分工。后一类分工构成了全球供应链（或产业链、价值链）。全球供应链本身又可以进一步划分为不同形式，如链型（半导体产业链）、放射型（飞机制造和汽车制造产业链）和混合型（光伏产业链）。

中国深度参与全球价值链必然会对原有的产业体系的完整性造成冲击。二十届中央财经委员会第一次会议提出，要“建设具有完整性、先进性、安全性的现代化产业体系”。我以为，完整性是一个非常重要的提法。完整性意味着安全性。中国产业体系建设如何处理好效率和安全的对立统一并非新问题。但在新的地缘政治条件下，全球供应链问题的出现给效率和安全对立统一问题增加了一个全新的维度。全球供应链是亚当·斯密劳动分工的极致。一方面，深度嵌入全球价值链则意味着生产效率和经济速度的提高，而这种提高必然以安全性的下降为代价。另一方面，片面追求安全性的结果可能是更不安全。闭关自守的完整性会导致什么结果已有前车之鉴，毋庸赘言。

我们担心安全问题，担心被“卡脖子”，美国也担心所谓的“国家安全受到中国威胁”。美国政府的全球供应链战略一直处于调整过程中。特朗普时期高呼的是“脱钩”（delink），拜登政府则提出“小院高墙”（small yard and high fence）和“不脱钩”但“去风险”（de-risk）战略。中美之间开启了一场“供应链攻防战”。美国是进攻方，中国是防守方。针对美国的战略，中国则以“缠抱和备胎”（body-lock and spare wheel）战略加以反制。

仅有战略是不够的。战略必须体现为政策和可操作的政策措施。例如，2020 年 12 月，美国国会研究部（Congressional Research Service）在一份研究报告中提出了美国如何重塑全球价值链的设想。

第一，退出中国市场。例如，把某些低价值增值制造业从中国转移到越南。

第二，分散化和留余量。例如，依赖中国提供中间产品的企业可以执行“中国 +1”战略。分散化和增加供应商会增加成本、降低效益，留余量会造成浪费。但是许多企业经理仍然计划执行分散化战略而不是仅仅依赖一个供应商。

第三，区域供应链。建立区域供应链可以减少全球性冲击的影响，降低运输成本，缩短交货期，利用区域内的各种优惠安排。但区域供应链使企业无法在全球范围内挑选更好的合作伙伴，而且更容易受到区域内冲击的影响。

第四，囤货，使企业可以采取无库存生产（或准时制，JIT），如果不愿意调整现存产业链，企业就只能沿供应链的各个环节增加存货，以便为意想不到的冲击做准备。囤货当然会增加成本、造成浪费。

第五，纵向生产（vertical production）。增加国内生产，减少外包。这种战略要求增加在各个环节（制造专业部件、最终组装、包装等）的投资。一个公司把所有环节置于自己的控制之下。这种战略成本高昂，会导致企业丧失通过专业化提高效率，通过分散化规避风险的能力。

第六，回迁产业链。这种做法将导致企业成本上升，丧失分散风险的能力。2020 年 4 月，日本政府拨款 22 亿美元，鼓励企业把高价值产业链环节迁出中国，回迁日本或迁移到东南亚国家。美国也在谈论这个问题。事实上，特朗普政府就颁布过相关政策，鼓励美国企业回迁美国。

第七，留在原地。许多企业是服务于本地市场的，它们不愿意因迁出而失去当地市场。东道国的本地化政策迫使这些企业在去留之间做出选择，这种旋转是困难的。

第八，不变。企业可能选择直面全球价值链风险，而留在国外（不一定是原来的东道国）。这种选择对于某类企业（如成衣企业）可能是最好的选择。

事实证明，“脱钩”对美国经济的损害比特朗普所预料的严重得多，脱钩也比特朗普所预料的困难得多。中国所采取的一系列反脱钩措施，实则也加大了美国单方面脱钩的难度。出于商业利益，美国政府会给美国企业足够的时间，以便对全球价值链进行合乎美国利益的重塑，并把重塑成本降到最低。中美脱钩可能会持续相当长的时间，这种情况也使我们得到喘息和调整，但没人知道美国政府在推行脱钩政策的道路上会走多远。尽管同中国脱钩会严重损害美国的经济利益和商业利益，但我们不知道美国政客是否会为实现其地缘政治目标，宁可“杀敌一千，自伤八百”，也要抑制中国的发展。基于底线思维，我们不得不假设，中国迟早要面临被美国踢出全球高科技供应链（价值链）的局面。令人高兴的是，华为的 Mate 60 Pro、比亚迪的电动车和商飞的 C919 都说明，“小院高墙”无法遏制中国在高科技领域的前进步伐。

中国社会科学院世界经济与政治研究所研究团队曾提出：从全球价值链重塑的角度看，我们似乎需要处理四个方面的问题。

第一，对于已经深度嵌入全球价值链的高技术行业的产品而言，中国政府应该帮助中国企业尽可能提高在供应链内的自主可控度，尽可能留在链内，以便为“备胎”的成熟争取时间。高科技产业企业必须彻底丢掉幻想，从最基础、最底层做起，打造立足于国内的完整产业链。

第二，有些产品即便不属于高技术产业，为实现经济增长、减少地区发展不平衡，中国需要适当缩短这些产品参与全球价值链的“长度”，把更多生产环节留在国内，特别是向西部和北部转移。

第三，中国必须发展以龙头企业为主导的国内生产网络。打破地方樊篱，在全国（而不是一省、一地）范围内，实现重要产品生产的最优分工。由于全球价值链和国内生产网络并存，一些中国企业宁愿加入全球价值链而不愿意或没有机会加入由中国龙头企业主导的国内生产网络。对于这种状况，政府似乎有必要提供激励机制或者进行干预。

第四，通过经济体制、税收政策、社保体系、公共产品提供等领域的改革培育和扩大国内市场，从而降低中国产品对海外市场的依赖度。

总之，由于全球经济和地缘政治形势的变化，有必要对中国产业体系的现状进行国家评估，确认薄弱环节，从产业和产品多个层面进行调整，实现在经济效率和产业安全之间的最佳平衡。

就全球供应链问题而言，对于如何处理好效率和安全的对立统一，在战略层面上，中国学界目前已经没有重大分歧。对学界而言，现在最大的挑战是如何提出更多、更明确、更具体的政策建议。而这种建议必须也只能建立在对全球供应链深入、细致的调查研究的基础之上。

《供应链攻防战》一书为填补上述空白做出了非常有益的贡献。

作者告诉我们，他每年到数十家工厂，去实地了解不同的制造形态，逐渐摆脱埋头查文献的做法，形成了庞大的社交信息网络。这些网络的背后都是多个行业的专家见解。这种注重实地调查研究的精神是十分难能可贵的，阅读本书也会因此受益匪浅。

确实，《供应链攻防战》为企业家和政策决策者提供了一种“理解供应链复杂性的视角”，为决策者制定具体的攻防政策和措施提供了重要的事实依据。《供应链攻防战》提出的许多观点值得决策者重视。

面对美国的两种封堵方式：一种是“脱钩断链”，在小范围内直接切断产品和技术上的联系；另一种是“调虎离山”，逼迫供应链转移出中国大陆。“中国制造需要应对一个新命题，即如何留住那些‘长腿溜走’的跨国企业供应链。”作者指出：“很多人不愿意相信东南亚或者印度对中国制造的替代性，这些地方的种种劣势被反复提及。然而，跨国企业正在考虑那里，以便躲避危险的地缘政治危机。越南和印度，是中国制造面临的两个极为典型的竞争对手。”国人对印度劳动力的质量从来不敢恭维，但作者告诉我们：“印度钦奈的女工完成手机安装的接线速度，并不比中国深圳、东莞、昆山的工人慢。值得关注的细节是，很多中国员工在操作切换中会放下镊子，整理之后再拾起镊子。而印度女工则会将镊子夹在无名指和小指中间，无须切换，节省两个动作。这里年轻女孩的表现跟 30 多岁的熟练工人相比并不差，动作甚至更快。”作者还指出：“中国制造业所发生的迁移与流失，并不直接对应美国‘再工业化’的雄心。中国供应链所要面对的，是‘近岸制造’和‘友岸制造’的争抢。”“越南是亚洲替代体中的重要一员……如今越南的脚步越来越近，从纺织开始，沿着家居、电子逐步向机电领域爬升。值得注意的是，被转移的订单仍是中国制造的延伸……在培育越南产业链方面，中国厂家其实也是急先锋。它们在中国积累的经验，也会逐渐复制到越南和印度。”

作者指出："'低端产业'是一种充满偏见的分类。这是人们不假思索对于'低技术产业'的描述，而'战略性新兴产业'的提法，则在对比的意味中加重了人们对于传统制造的偏见。事实上，全球化发展到今天，几乎所有的产品都经受过技术的持续打磨。市场则经过一轮又一轮的洗礼，能够生存下来的产业和企业，都必然有其独特性。中国制造的打火机，竞争力是无人能及的。而作为中国三大家电生产基地之一的浙江慈溪市，也是打火机的生产基地。虽然出口总额只有数十亿元人民币，但是小生意背后是高级的组织管理。它不仅需要高精尖的机床，也需要发达的供应链组织……低端制造被低估之处就是它拥有巨大的连接力。它的供应链体系并不简单，背后也有高级的组织形态在支撑……深耕细作的供应链已经是决定一个产业能否落地生根的关键。"对于供应链向越南和印度的转移，中国政府应该出台什么政策呢？

作者有关供应链和城市化的关系的观点富有启发性。作者指出："供应链的壮大，会让一个城市不断地发展。它会不断催生、裂变出新的就业，从而让本地制造枝繁叶茂。当台积电前往亚利桑那州兴建 3 纳米先进制程工厂的时候，与它同去的就有特种气体、机械装备公司。它们带去了多种知识结构，并在城市里培养多元用工人群。技能多样性的人群，是一个城市繁荣与创新活力的基础。供应链是财富效益的倍增器。如果只注重经济收益和财政税收，就会陷入'唯税收论'。一叶障目，会遮住通往财富大门的视野。企业通过供应链所获得的倍增效益，才是一个城市值得珍惜的宝藏。"作者认为："中国制造的优势，经历过政策优惠和人口红利的阶段，如今呈现了'供应链红利'的一面，体现在产业的关联性、互补性和易获得性。供应链相互交叉，就会产生新的变化。老树根连着老树根，产生了乘法效应，甚至幂数效应，由此带来很多新物种。这是由供应链网络相互重叠造成的。”

作者也通过实例说明了产业链的脆弱性。供应链每个节点无论价值高低，其重要性都不容忽视。例如，1986 年“挑战者号”航天飞机升空后就发生爆炸，源于橡胶垫圈低温老化而导致高压气体泄漏。2022 年，比亚迪汽车的销售实现了巨大突破，秘诀在于它自己生产动力电池和功率器件。采用垂直一体化而非供应链方式，关键零部件不再通过供应商，而是在企业内部实现，对于组织高速生产会更有优势。

作者指出：一个国家重要的不仅是制造产品，更是制造能力。这种能力可以改变制造流程，也可以让有效的供应链指向不同的生产方向。强大的制造能力保证了产业体系的适宜性和灵活性，是平衡产业体系完整性和效率之间矛盾的关键所在。

《供应链攻防战》无疑是一部内容十分丰富的关于供应链的专著，阅读此书会使读者大大增加对供应链的复杂性的了解。但是我也希望指出，在如何驾驭丰富的调研材料，将其纳入一个逻辑结构更为清晰的理论框架之内，并得出有实践指导意义的结论和政策建议方面，作者还可以有进一步提高的余地。

余永定

推荐序二

“在苍茫的大海上，狂风卷集着乌云。”

“在乌云和大海之间，海燕像黑色的闪电，在高傲地飞翔。”

置身百年未有之大变局，中国供应链能否在风雨交加中继续在全世界飞翔，已经成为一个超级问号，备受国人关心。

对这一问题的认识，事关对中国经济的理解；对这一问题的解答，事关中国企业的命运。

一

狭义的供应链是指产业上下游企业之间的关系。30 多年前，英国物流专家、克兰菲尔德大学教授马丁·克里斯托弗预言：“21 世纪的竞争不再是企业和企业之间的竞争，而是供应链和供应链之间的竞争。市场上只有供应链而没有企业。”

再好的品牌、创意和设计，如果没有强大、敏捷、及时的供应链加以保障，最终只能是空中楼阁。

广义的供应链包括水电煤气、通信交通、食品医疗等，维持人们生存与发展所需的一切物品与服务的供给，是社会赖以存续的基础。新冠肺炎疫情防控期间，大家对供应链的重要性都有深刻的认识。一位企业家曾告诉我，“每一车物料到货都是一次惊心动魄的经历”。

现代经济呈现出越来越复杂精密的分工协作体系，商品或服务由分布在多地的多个经济主体，通过多个环节共同参与创造。专业化分工带来的效率提升，构成了现代繁荣的基础。

但是，多地、多主体、多环节之间的联系，又会受到各种经济因素和非经济因素的影响，因此常常是脆弱的。如同《荷马史诗》中的半神英雄阿喀琉斯，一个强大无比的巨人，脚后跟也有一处没有被神水浸泡的隐患。

过去几十年，中国制造从“三来一补”时期的加工制造，一步步走向优良“质”造、数字“智”造、绿色“智”造，抒写了世界工业史的新篇章，既艰苦卓绝，无远弗届，又无比绚烂。

而中国制造的根基，就是全类覆盖、面向全球、配套完整、无缝链接、性价比突出、交付准时的中国供应链。这背后的时代背景，则是工业化、城镇化、信息化、市场化、国际化的“五化一体”。

国际化提供了订单，工业化创造了就业岗位，“工业化 + 城镇化”为农村劳动力的转移创造了条件，市场化使创业者、企业家生生不息，信息化和数字化让链主企业和顾客（上下游、消费者）之间产生了更强的互动，加速了改善循环。

得益于天时、地利、人和，中国供应链不仅成为全球供应链体系的重要支撑，也是中国制造融入全球、造福全球消费者、参与全球竞争的关键。

19 世纪 70 年代，中国的工业化在“以商务立富强之基”的洋务运动中起步，至今已经一个半世纪。孙中山先生曾说：“余观列强致富之原，在于实业。”“盖实业主义为中国所必需，文明进步必赖乎此。”“长治久安之道，当以发展实业为先。”如今，凭借改革开放后世界工厂与中国供应链的发展，我们足可告慰倡导实业主义的先辈们，我们也在新型工业化、数字经济和实体经济深度融合的新路上继续前行。

二

回溯经济史，没有哪个大国可以不经由成为制造强国而领世界风骚。谁忽视了制造业的价值，总会在事后反思甚至后悔。

2012 年哈佛商业评论出版社出版了《制造繁荣：美国为什么需要制造业复兴》（*Producing Prosperity: Why America Needs a Manufacturing Renaissance*），两位作者是哈佛商学院的教授。他们提出的一个核心观点是：当一个国家失去制造能力，就意味着丧失了创新能力。

书中举了这样的例子：从 20 世纪 70 年代起，以半导体行业为主的美国企业开始采用“无厂设计”的生产模式，把大部分或全部制造业务外包至亚洲，导致对精密制造的需求量减少，从事此类业务的企业锐减，精密制造能力衰退，进而造成航空航天、精密仪表等行业发展出现问题。美国贝尔实验室发明了光伏电池，但美国在全球光伏电池市场早已被边缘化。一个重要原因就是光伏电池产业中的许多技术是与其他产业共享的，如半导体、平板显示器、

LED（发光二极管）和固态照明、光学镀膜等产品的制造，而它们大部分已迁出美国。

这本书给我们的一个重要启示是，失去了制造业，丢的不仅是就业，更是产业能力。因为创意要变成产品，不可能在真空中完成，创新是要以产品开发和制造过程中形成的知识、技能、经验的积累和传递为基础的。把制造统统外包，短期可以让公司的财务回报看起来很亮丽，但最终有可能“把自己的创新土壤送给了别人”。

中国供应链的核心价值往往被低估了，即中国供应链早已不是对着别人的图纸、在别人的设备上、用着别人的原材料做组装，而是全球范围内少有的产品解决方案供应商，提供包括工艺、材料、设备、工程师和劳动力组织等解决方案。中国供应链包含各种专有技术、配套体系、生产运作能力、专业技能网络，是结合研学产供销等全社会资源、用知识和数据连接起来的一套能力创新体系。

在产品越来越精妙复杂的今天，创意是重要的，把创意变成产品同样是重要的。

曾经有一家“果链”企业的创始人问我：“为什么说台积电不是简单的‘代工’，而是一家创新企业？”

陈旧的微笑曲线越来越偏离现实，有研发、有专利、有技术、有附加值的创新型中国制造企业，其利润率和市场价值甚至会高于某些品牌商。这已是活生生的现实。

三

新冠危机、俄乌危机、能源危机、地缘政治危机……乌云密布、变局横生的全球化，使全球各地的供应链都承压，中国供应链压力更大。

道理很简单。如同一位在海外建了多家工厂的制造业单项冠军负责人所说，“我们的产能是为全世界准备的”。中国制造发展太快，产能不断增加，在很多行业可以满足全世界的需要，但如果世界市场开始分割化、安全化、朋友圈化，那我们的进入就没有那么顺畅了。

中国制造的产能大、规模大，且有国际竞争力，只有走出去，才能不断地发展壮大。但现在，中国制造被平添了各种壁垒：如果是直接投资，会遇到股权比例的限制；如果是并购，会遇到更多的“敌意”；如果绕道东南亚国家，想通过改变原产地身份规避限制，也可能会被穿透，因为美国不仅要看制成品在哪里生产，还要看零部件的在地生产比例。当全球供应链发展的主要驱动力不再只是效率，而是受到安全因素、价值观、大国博弈与竞争、地缘战略兼容性的影响时，这对中国无疑是一个全新而艰难的考验。

相对来说，新兴经济体更欢迎中国企业去投资，但也提出了一些要求。例如，一位企业家讲，他到某国投资，当地负责人说：“我们的矿太多了，光探明部分就能开采 150 年。但要是让中国企业来开采，30 年就能开采完。”不久前，该国已要求外来投资者不能只是简单开矿，而要把更多加工环节留在本地。

必须看到，强悍的中国制造在国际化进程中脱颖而出，我们所向披靡的那一面，正是别国那些受到冲击的企业、劳工组织、行业协会不断向政府游说并竭力阻击的。如果中国企业只考虑自己的利益最大化，不考虑别国在各个方面的本土化诉求，也难以长期立足，甚至会被所在国以各种借口加以排挤。

所以今天中国供应链面临着双重挑战，一重是自身的精益化、绿色化、智能化升级挑战，一重是在全球异常复杂的场景下谋求建设性融合与可持续发展的挑战。意气用事于事无补，必须真正建立和践行人类命运共同体的全球观。

当然我们也无须过度紧张。中国供应链发展到今天的水平，是诸多因素聚合的结果，不可能被轻易撼动。我看过一家“果链”企业高管在投资者说明会上对于“如何看待印度市场的趋势和挑战”的回答，他谈道，“不少国际品牌客商都受印度市场的吸引，过去和现在都是这样。品牌厂商选择在印度投资建厂无可厚非，如果印度政策开放，那或许是一个不错的成长机会”。但目前，这还是“如果”。

对中国来说，我们还有时间窗口，要理性而积极地应对。

四

林雪萍先生的《供应链攻防战》一书，从供应链角度剖解当下的大国碰撞与全球化变局，梳理制造业与国家兴衰的关系，求解中国供应链应对挑战的路径，兼及揭开中国制造之谜，是一部在新全球化视野下思考中国制造命运、有格局与雄心的著作。

作者认为，过去，在全球化的演变过程中，形成了以中国为中心的超级工厂模式，中国供应链成为全球化运转良好的基石，美国和中国则是塑造这一格局的关键力量。现在，由于供应链的分散化和“脱钩断链”的风险抬升，这一模式正在经历巨大挑战。

如何谨慎应对挑战？作者将供应链的特性分解为连接力、控制力、设计力这三力，提出断链的威胁看上去来势汹汹，让人深刻感受到掌握供应链控制力的国家具有巨大优势，但中国经济所呈现的抗压韧性也表明，供应链还有一种往往被轻视的特性，即连接力。连接力和控制力的结合，是中国高效供应链的关键。而供应链的设计力，则呈现出供应链的国家属性。

作者从全球视角客观分析了发达国家的产业发展，也深入探讨了墨西哥、越南、印度等新兴制造基地的发展。作者指出，中国制造覆盖面极大，既有需要攻克的芯片、航空发动机，也有最普通的民生产品如服装和打火机，还有当下占据优势的“新三样”（电动载人汽车、锂电池、太阳能电池），不同产业都有各自的特点和发展理由，需要用客观冷静的思路来应对外部的冲击。

“供应链是隐藏的国力。”《供应链攻防战》一书还提到了一些有意思的现象，例如代表供应链新秩序的“供应链蜕皮”、寡头体量巨大但利润很低的“龙头电脑化”、仪器仪表“自力更生”的供应链内化等，都很有新意，能够激发我们的思考。

基于对中国制造、中国供应链的共同兴趣，我和作者有不少交流，也一直通过阅读他的作品增益见地。这本书讲述了“从企业到国家的实力之争”，我相信这是所有关心变局下的中国制造、中国经济的人都感兴趣的话题。

对于企业家来说，依托中国供应链优势，在以往的产品出口之外，更多地展开资本出海、技术出海、品牌出海、服务出海，这的确是当下和未来的一个大趋势。在不少新兴行业，中国已经迈入向世界全方位输出产业能力的新阶段。企业家如何在分化的全球化格局中，既把握机会又把控风险，既固本强基又合纵连横，可以从书中的诸多中外案例中获得借鉴。

对于致力于打造产业集群的区域和城市来说，书中既有合肥等城市勇于和善于把握战略性产业机遇、围绕链主企业构建供应链生态的正面案例，也有柯达胶卷衰退对美国纽约州罗切斯特市产生负面影响的教训，从而提示人们，簇群经济要真正形成并持续发展，必须从对单一项目的押宝走向打造软硬件设施完善、配套网络齐全、专业化分工完整、有利于知识流动和技术外溢、有助于创业人才重新组合的创新生态环境，如此才能有交错互动的内生进化活力，产业才能生生不息。

对决策者来说，既要看到中国供应链的韧性，全力保护供应链，强链补链，国民融合并进，也要充分意识到，没有任何一个国家的供应链可以完全自给自足。中国供应链无论遇到怎样的挑战，都要努力与全球供应链、洲际供应链、区域供应链、国别供应链形成正向耦合而不是割裂。

世界需要中国，中国也离不开世界。

“未绝望祈求时运到，一双手不息挣扎闯开新血路。”这是我很喜欢的一首粤语歌中的歌词。我相信，百折不挠者必能百炼成钢，积极应变者必能打开新局，也以此与中国供应链上的奋斗者、奔波者、创造者共勉。

秦朔

前言

引子

2023 年上半年，中国不再是美国的第一大进口国，墨西哥取而代之。这样的现象，跟中国出口在东南亚和墨西哥的增长，有什么关系？

美国对中国高科技企业频繁采用断供的手段，然而英特尔、高通和英伟达三大芯片巨头则积极游说美国政府减少对中国的管制；日本加入对中国半导体设备出口管制的行列，但一些企业在中国的投资依然在增长。为什么国家和企业的节拍，并不总是协调一致？

当中国在大力发展芯片产业的时候，美国则将先进的纤维材料和纺织品作为重点方向进行培育，也在努力发展自动缝纫服装和先进纤维织物的技术。战略性新兴产业和传统产业的关系是什么？

湖南邵东市的打火机，20 年前售价是一元，现在仍然只卖一元钱。它是如何做到在原材料、人工成本都大幅度提升后依然可以赚钱的？看上去有些古老的打火机产业，为什么很难搬迁到越南？

类似这样的话题清单可以拉得很长：

为什么美国可以通过长臂管辖禁止荷兰向中国出售光刻机？

为什么苹果只需要管理 200 家左右的核心供应商，就可以成为全球最大市值的公司之一，而一家汽车制造厂需要管理数千家供应商，利润却少得很？

为什么手机代工制造的公司，对中国的产业升级意义重大？

为什么印度电子制造的崛起，对中国会是一个巨大的威胁？

芯片制造之难，是否会难于“两弹一星”？为什么航天火箭成功上天的喜报频传，而航空产业却显得安静得多？

如果要从实战的角度寻求答案，那么这些问题往往都指向了同一个答案：**供应链。它关乎企业生存，关乎国力较量，也关乎民生。**

供应链与全球化

供应链最初是一个企业用语，用于探讨企业之间的物品流通关系。英国商业顾问开思·奥立夫（Keith Oliver）是率先将“供应链”一词推向商业化使用的人之一。通过“供应链管理”，企业得以打破生产、销售和财务之间的界限，实现从原料产地、制造工厂一直到终端消费者的协同。1982 年诞生的这个词，彻底改变了人们对全球货物供应和运输的看法。

这个以“物品移动效率”为导向的概念，绝非只是孤立地推动一个个优秀的企业更好地整理库存。在随后 10 年，离岸外包和分工制造日益兴起。到了 20 世纪 90 年代后期，供应链已经成为降低成本和创新战略的重要一环，超出了早期仅针对产品流动性的衡量。

供应链理念随着全球化的进程广泛传播。跨国公司熟练地将它打包成战略工具箱中的利器，引领了全球企业关系网络的建设。做好设计、做好品牌营销成为很多跨国企业的核心战略，看起来低端琐碎、高风险、低回报的制造工厂通常被外包出去。设计与制造的连接，则通过供应链来实现。离岸外包和分工制造，将组织功能外部化，跨国公司不再保留全部的职能。世界各地的码头和港口逐渐忙碌起来，无数企业的供应链在这里交汇。码头、集装箱、供应链为全球流动的滚滚财富提供了坚实的载体。遍布各地的供应链，不断延伸着全球化的触角，二者已经密不可分。**供应链管理不再是简单的“促进流通”，而是“创造价值”。**

供应链这一概念自诞生以来，就与企业的经营活动密不可分。除了初期帮助企业提高库存管理效率，很快便因其富有战略性创新价值，拥抱了全球化的黄金时代。在这一阶段，供应链很少显露其国家属性。它以高效运转的姿态，增加了地球上的财富，使得全球重要参与者几乎都成为财富的受益者——尽管背后的分配是多寡不均的。供应链成为一种社会公共品。大量跨国企业成为全球市场中强大的商业力量。

全球化带动供应链日益庞大，高度精确的资源对接和劳动力大军至关重要。而一个稳固可靠、经济实用的承载地点，是全球供应链的必要着陆点。2001 年加入世界贸易组织（WTO）的中国，恰逢其时地出现在这个位置上。跨国企业突破了民族国家的地理边界，供应链的藤蔓越过国境线，在中国广袤的大地上生根发芽，枝繁叶茂，互相攀缘，生生不息。

2019 年底到 2020 年初，疫情暴发，供应失序，打乱了全球制造的节奏，供应链开始呈现出脆弱多变、复杂交织的新形态。然而，疫情其实只是一种障眼法，它造成的短期混乱分散了人们的注意力。**供应链的运行骨架，跟随变化中的全球化，进入了一个更长周期的新形态。**

全球供应链似乎难以回到从前的秩序，面临着完全不同于以往天灾或者下行经济周期的人为阻力。国家力量已深度介入。美国退大群、建小群，推动多边主义的解体。与此类似的是，欧盟也在寻求减少对他国的依赖，加强本土制造的完整性。越南、印度、墨西哥等国家，明显加强了对制造的投入，在全球产业布局中发挥积极作用。日本则投入更多的补贴，大力鼓励日企回归本土制造。**供应链的企业竞争属性，开始叠加国家属性。供应链安全，替代了追求成本与效率的考量，成为首选因素。**

2022 年 10 月，中集集团收购丹麦马士基集装制造业务的最终一刻，由于美国司法部的反对而宣告失败。英国甚至责令中国企业撤销已经完成的收购。同年 11 月，中国企业打算收购德国一家制程落后且濒临破产的半导体生产线，不到 3 亿元人民币的标的因惊动了政治层面而受到干涉。即使只是企业并购，并不涉及国家安全，企业也被打上了敌对的标签。

供应链已然超越以往，成为企业与国家的角力场。一国的政策，会引发关联国家的连锁反应。中国是全球最大的稀土生产国。当中国调整稀土出口战略的时候，日本下决心在海底 6 000 米寻找替代源。美国减少对进口稀土的依赖的行动，则带动了澳大利亚和越南的联合行动。此外，欧盟致力于增强自主性的《关键原材料法案》

也跟着公布出来。**供应链在全球各个领域，形成了一种相互刺激、相互攻防的互动局面，牵一发而动全身。**

一种统一看问题的视角

在这种复杂联动的局面下，需要用系统化视角，剖玄析微来认识全球供应链大变局，尤其是从国家的视角来看至关重要。

一个国家供应链的强弱，跟人们朴素的认识往往会有很大的差异。美国试图通过提高关税来削弱中国商品的竞争力，但中国制造的出口贸易依然表现出极大的韧性；当美国政府对华为公司频频“断供”，试图切断华为的供应链时，后者依然表现出令美国政府惊讶的生命力；美国在本土大力发展绿色能源，却离不开中国的光伏电池板；福特汽车的动力电池，离不开宁德时代的技术。虽然美国是全球高科技的霸主，但显然无法通过简单的手段将另外一个国家的供应链轻易排除在外。

大而不强，是人们对中国制造的一种很常见的描述。但是，当中国“大企业”与跨国“强企业”在市场竞争中对抗的时候，是不是就一定会弱不禁风？答案无疑是否定的。因为中国企业在“长大”的过程中，就是在“强者”的地盘上节节进取而发展起来的。20 年前，中国本土的工程机械市场，几乎都被美国卡特彼勒，日本小松、日立等品牌占领。而今，三一重工、徐工机械和中联重科在很多细分领域主导了中国市场。这种对抗已经在东南亚甚至在北美市场上演。尽管就整体核心技术能力而言，这些企业或许无法直接跟卡特彼勒、小松等对抗，但这并未影响中国工程机械企业的崛起。在东南亚，小松不得不增加简配机械来跟三一重工相抗衡。显然，**企业的核心竞争力，还包括大量来自企业边界之外的能力，这正是供应链的隐形力量所在，它超越了单一企业的对抗。**

人们熟悉的“卡脖子”这个概念，展现了一种“非它不行”的控制力。控制力具有明显的稀缺性，而且影响巨大。然而控制力也需要嵌入整个供应链才能发挥作用。没有芯片，一台电脑固然无法制造出来；但缺少包装，电脑就无法出厂，芯片的价值也无法实现。在某种意义上，一块价值千元左右的芯片，和制造电脑所需的数百个螺丝钉，以及几块钱一个的包装纸盒，都是紧密相连的。不同的价值要素只有相互依存，才能创造完整的价值体系。**供应链的高效运行，离不开连接力和控制力的相互作用。**控制力与价值稀缺性有关，连接力则与高效运营相关。

然而企业也有国家属性，容易受到国家政策的影响。国家意志可以通过一定的制度设计，投射到产业和企业的发展中，从而影响供应链的形态。因此，供应链是可以被设计的，这既涉及重新开始进行哺育，也涉及对原有供应链的加强。从中国光伏、动力电池行业的崛起中能看到供应链设计力的影子。美国的管制规范、投资审查等制度，也构成一种供应链设计力，改变全球制造的分布形态。

从供应链的连接力、控制力和设计力的视角去看，前面很多问题都可以得到答案。

特性 1：连接力

过去 20 年，中国制造表现出蓬勃的活力，得益于中国供应链的高效运转。无数条供应链互相交织，庞大的人力物力与之匹配，形成了复杂而稳定的系统。隐藏其中的连接力，是供应链的本质特性。邵东打火机能够十几年不涨价，一直卖一块钱还有利润。这种令人惊叹的现象，背后是一套高级的人工组织的方法。邵东分布着大量精细分工的小企业。它们甚至只靠一道工序，就能在当地打火机产业中生存下来。其中涉及化学品、塑料件、小弹簧等工序，很难被外部企业模仿。供应链连接力发挥极致的作用，确保了该产业很难被搬迁到越南。

而作为高科技产业的芯片制造，也非常好地体现了供应链的全球连接力特征。一块芯片从架构设计开始，到原料、制造、封装测试，需要在美国、日本、德国、马来西亚、中国之间反复穿梭，环球旅行 5 万多公里。而一台手机到达最终消费者手中之前，它的零部件有时需要跨越 70 多个国家的边境。它最后的样子，是在中国郑州或者深圳定型的。那些代工厂需要完成所有的收尾工作，比如包装和交付。作为制造大国，中国几乎聚齐了各种配套制造的资源。大量工厂纷纷落地中国，供应链的交叉越来越多。不同的供应链相互交织，再次形成新的连接。新的连接突破了原有的供应链单链发展的脉络与节奏。一些外国学者抱怨中国的光伏和液晶电视产业，坐享美国的基础创新成果，却没有将制造机会留在北美。这种指责充满了对供应链的偏见。光伏最早是美国应用在航空航天器上的，这种技术需要经过漫长的转化和巨大的投资，才能真正实现民用商业化。德国的政府补贴和日本的屋顶应用，孕育了光伏供应链。第四棒交到了中国手里，起初是在西部地区进行示范性应用，中国也投入了大量的资本，才逐渐形成大规模的制造。与当时在太空中应用相比，同等瓦数和功率的电池板，成本极大降低。中国在电站、光伏组件、电池片、加工设备等环节形成了复杂的供应链，才最终真正实现了光伏的商业化。

从连接力的角度出发，就会发现，与光伏几乎同一时间茁壮成长的，还有液晶电视产业。实际上，这两个产业在底层的硅基板、玻璃板、刻蚀工艺等方面有着相近的制造技术。一条供应链，可以对另外一条不同产业的供应链输血。熟悉电子制造的工人进入了光伏产业，这是复杂供应链提供的整合优势。当前中国光伏前 10 名的制造商中，天津中环、陕西隆基都是在这样的背景下，从半导体材料产业进入了光伏产业。

在中国，作为成品制造商，无论是电脑厂、机床厂，还是汽车厂，都可以看成是供应链上的链主企业。它们正在被寄予新的期望。链主企业可以直接购买成熟零部件，也可以躬身入局与上游供应商一起投入研制。**如果链主企业能与上游供应链进行深度合作、联合研发，那它对供应链的提升将是决定性的。**当上汽通用五菱开始将方向盘的受力分析告知上游控制器厂商、当沈阳机床厂将使用数据提供给上游轴承厂商的时候，控制器和轴承厂就可以大幅度提升能力。

当然，连接特性不仅体现在作为链主的龙头企业，链主也并非只是在供应链的末端。供应链的每一个节点都可以有链主意识，它可以向上游或者下游传递自己拥有的知识。每个企业都需要有一种链主意识，如果每条供应链都变得强壮和紧密，就会让中国制造产生极大的韧性。全球自行车齿轮霸主日本禧玛诺，是一个具有强烈连接力的节点企业，其对于个人用户喜好的认知，甚至高于捷安特、LOOK 这样的自行车整车大厂。同样，它对于钢铁冷锻技术的理解和掌握，也超过了它的设备供应商。上下游企业都喜欢与禧玛诺合作，因此成就了自行车变速箱的霸主。对于供应链的上下游而言，订单只是交付凭证，企业之间的默契、配合、信任与深度交流，才是供应链韧性极为重要的组成部分。为什么“最低价中标”容易遭受非议，因为它将供应链伙伴关系降格成为货物往来。简单的供货关系不等于供应链的连接力，后者能形成一种能力的双向输出。这是“最低价中标”很难做到的事情。

在追求创新、动态发展的时代，仅依靠买卖关系，很难保证企业持久的竞争力。日本的企业组织经连会一直是本国制造业的法宝。核心制造企业会通过持股或保证订货等方式，将零部件供应商捆绑在自己的供应链上。这种连接非常紧密，有很强的荣辱共进的特点。这也有效地保证了日本制造的强大。

城市是承载供应链连接力的一个可靠空间。供应链的多样化和丰富度，跟一个城市的创新能力有着密切的关系。一个城市可以从复杂的供应链中受益，不仅是财富，也不仅是自给程度，而是一种看不见的制造能力和看得见的活力与健康态。供应链背后就是一个个鲜活的公司和掌握各种技能的人，它们的活跃度造就了城市活力。供应链的多样性使其天生就起到一种稳定器的作用，在一定程度上它能对抗外部干扰对一个城市产业生态的破坏。

供应链的复杂性，在于很多企业在上游会有众多大小不同的供应商。企业往往会看重大型供应商，而那些小型供应商的可见度则很低，它们可能只是采购订单上的一个符号。同样，大型供应商的上游也会出现大量的小型供应商不可见现象。然而可见度很低却并不代表不重要，小型供应商依然是供应链上不可缺少的环节。供应链就是由这些明线与暗线交织在一起，而城市的财富就在这些节点上忽隐忽现。这正是供应链连接力的写照。

然而连接力也并非牢不可破，影响它的因素就是成本和时间。美国半导体行业协会的报告认为，美国半导体制造能力占全球的

12%。如果要实现自给自足的本地半导体供应链，需要花 10 年时间、耗资上万亿美元，且半导体的价格会提高 65%。但成本会随着使用量增多而降低，时间会随着更多制造商的加入而缩短。苹果手机在中国制造的产能超过了全球的 90%，其中半数的新品都在郑州富士康工厂生产。这不仅增加了本地就业，也带动了大批精密制造设备商和材料商的发展。如果苹果决定要搬迁到印度，富士康大概并不需要太长的时间就能完成相当产能的迁移。这些产能可能会永久性丢失，也可能会导致周边设备商同步搬到印度。

全球供应链的巨大变化是，全球新一轮工厂建设潮正在开始。新的连接区域开始诞生，而原有集中工厂的活力会受到削弱。**对于中国而言，如果连接力被削弱，就会导致供应链能力等级的恶化，从而阻碍中国制造向更高价值链攀升。**保护供应链的连接力，是相关产业刻不容缓的行动。

特性 2：控制力

连接力为供应链提供了高效运转的效率，但就跨国企业的布局而言，其一直通过控制力来形成对供应链的价值主导权。

芯片被“卡脖子”成了社会焦点，其实芯片只是一个代表，“卡脖子”现象广泛存在，正是跨国企业对于供应链拥有优势支配力的一种表现。2016—2019 年，中国科学院下属研究所采购的超过 200 万元人民币的科学仪器中，包括解析蛋白成分的质谱仪、高分子材料含量分析的光学色谱仪等国产率不足 1.5%，而光学显微镜国产采购率为 0。如果没有这些仪器提供的数据，很多基础研究就无法完成。同样高度依赖国外仪器的，还有国内制药公司和医院。

2020 年全球科学仪器收入排名前 20 的企业全部集中在美日和欧洲国家，中国企业付诸阙如。

如果把大型设备或者仪器打开外壳来看内部构造，“卡脖子”的零部件比比皆是。如果没有瑞典 SKF、德国舍弗勒等公司的大型轴承，中国优势装备行业的风机的主齿轮箱就有可能无法有效运转。仪器仪表行业更加明显。在科学仪器中的理化分析方面，液相色谱仪是非常重要的化合物分析仪器。在这方面，大连依利特、悟空仪器等国内公司正在缓慢撕开被日本岛津、美国安捷伦等占据的市场。但是，如果打开液相色谱仪的内部来看，会发现还有更加坚实的内核堡垒。其中，真空脱气机的主要厂家是美国 IDEX 旗下的 SYSTEC，氘灯、超宽光谱范围硅光二极管厂家是日本滨松。当人们在车间或者实验室里看到各种进口品牌的设备时，难免会有“万国设备博览会”的感慨。而且不容忽视的是，很多国产设备的内部构造也是“万国部件”。

供应链的控制力无处不在，这正是先行者利用领先优势从供应链上攫取丰厚利润的手段。跨国企业以其技术领先性或者产品独特性，在供应链成百上千的连接点上，实现了对关键节点的控制，形成了对供应链价值分配的话语权。正如国内手机采用的芯片基本来自英国 ARM 和美国高通，射频滤波器来自美国的 Qorvo，电容来自日本村田，成像传感器来自日本索尼。在这些控制节点上，呈现了“一夫当关，万夫莫开”的架势，来来往往只能缴纳高昂的“买路钱”。

跨国企业控制的不仅是某种零部件，它也会蔓延到上游设备和材料。在曲面显示屏领域，日本和韩国已经牢牢掌握了上游的蒸镀设备和工艺。为了防止中国过快发展曲面屏，日韩限制向中国出售这类设备，从而保护曲面屏领先者的产品线的生命力。这是防止竞争对手同路径超车的一种方式。

供应链的控制，经常会呈现出一环扣一环的嵌套现象。许多制造商在提交样品的时候，需要提供计算机仿真模拟过的验证数据。这些仿真模拟软件，往往是被指定的某种软件，而计算的机器也是被指定的，这已经成为国际通用的金标准。在这种情况下，单独突破计算机器或者仿真软件都无济于事。这种通过连锁挤压的方式来进行控制，在行业中也很常见。

在中国，很多跟控制力相关的话题，往往凸显出“卡脖子”现象。这其实是一个似是而非的概念，本书对此试图做出澄清。**这些“卡脖子”问题，很多时候并不是技术缺陷所导致，而是规模不经济性所形成的。**例如很多海洋传感器需要依赖进口，但这类传感器往往高度细分，每种细分产品的产值实在太低。几乎没有企业会为了进入一个只有两三亿元人民币规模的市场而花费巨资研发。这类行业往往缺乏供应链公共品，由于市场太小，没有成熟的供应商，企业只能自行研制大部分部件，投入产出比很低。因此这类产品也会呈现出一种“卡脖子”的样子。要寻找失去的钥匙，不能只在路灯之下，答案也许在人们熟悉的边界之外。

从制造难度来看，芯片跟“两弹一星”并不具备可比性。前者按照摩尔定律需要快速进化工艺，制程每前进一代往往都需要新一代的设备和软件。设备商、软件商和芯片制造厂三者形成了闭环锁扣，常常构成三者的合力。如果无法得到最新设备和软件，芯片制造厂就无能为力。而有了设备和软件，芯片追求的是大规模制造，产品缺陷率是决定性因素。同样都是购买荷兰的光刻机和日本的刻蚀设备，对于芯片的制造，台积电能够领先于英特尔和三星的原因，在于它能够很好地控制产品良率。成本至关重要，这需要高科技和精细管理来实现。而“两弹一星”由于属性特殊，确保一次性成功是第一要务。成本固然也重要，但更大的难点在于巨系统的复杂性和供应链的广泛调度。可以说，虽然芯片和“两弹一星”同样是复杂系统，但其供应链有着完全不同的选择路径。

航天飞机与民用客机对于供应链的要求也完全不同。航天器往往是一次性或者有限次数使用，因此会采用多重冗余。而民机生命周期往往长达几十年，而且要进行大量的适航取证的工作，这种繁杂的流程也是高昂的门槛。这使得二者所要求的供应链完全不同，因此并不具有对比性。

对于供应链控制力的突破，领头羊企业的引领作用至关重要。华为在 2023 年 9 月推出的 Mate60 手机，具备卫星通信和 5G（第五代移动通信技术）功能。这部手机采用了 7 纳米的芯片，按照日本拆解的分析报告来看，这款手机没有美国的零部件。这意味着，从芯片设计与制造到手机供应链，Mate60 都取得了很大的突破。通常 7 纳米芯片采用的是最先进的极紫外线光刻机 EUV 的技术，但这种设备目前对中国是禁运的。这意味着 Mate60 手机可能是通过比 EUV 性能要低的深紫外线光刻机 DUV，通过多次曝光而获得了 7 纳米制程工艺。由于这部手机同时采用了华为的鸿蒙手机操作系统，软件与硬件之间的资源能够无缝集成和一体化优化，可以缓解功耗过大易发热的问题。这是工程化技术和大工程组织的胜利。华为用了 4 年时间，完成了 13 000 颗以上的器件替代开发、4 000 个以上的电路板反复换板开发。虽然未来还有很长的路要走，但这也表明链主企业可以通过强大的组织能力，通过供应链的联合创新，局部实现突破。华为在重压之下体现出来的韧性，从某个角度反映出供应链的竞争正处于深度胶着状态。

理解制造的差异性和供应链上各个企业的作用，对于理解控制力的形成和“卡脖子”现象会有较大的帮助。

特性 3：设计力

供应链的大变局，是从供应链“脱钩”或者所谓的“去风险”开始的。这一举措强化了供应链的国家属性，削弱了供应链的全球公器属性。如果美国执意限制芯片被中国使用，同时限制使用中国零部件的商品进入美国市场，全球会进入两套供应链的时代吗？

这类问题其实并不陌生。二战结束之后，发达国家从未停止过限制商品流动。如今美国不允许提供给华为等企业的芯片设计软件，历史上曾经对中国处于全面断供状态，直到 1996 年之后才对中国市场开放。但跟其他很多产品一样，都有精度上的限制和要求。可以说，中国工业的发展长期处于断供状态，只是程度不同而已。就像一个阀门，有时候打开得多一些，有时候关得紧一些。紧盯着给中国开关阀门的组织之一是美国工业与安全局，它隶属于美国商务部，专门负责美国国家工业安全。它可以自主决定攻击对象，比如允许高通的芯片出售给小米，但不能卖给华为。

商品的生产者也是博弈中的一环，如果一味听从政府的禁售，高技术公司也会丢失中国市场。商业组织并不乐意这样的事情发生，它们更欢迎自由的流动。这让设计力容易变形，因此很难形成两套系统。但是，也并非毫无可能。如果过度强调国产化率，而且逐级国产化，可能会引起跨国制造商的集体反对。任凭供应链带有越来越强的地域属性，有可能会形成“采用中国零部件的产品只能在中国销售”的局面。这是一种僵化的供应链，一旦达到极致，就会变成区域性自给自足的循环。这并非好事，更广阔的全球市场拥有更丰厚的养分。

供应链设计力的作用越来越明显，导致全球供应链的形态发生巨大变化。寻求再次融和以及反脱钩的力量，成为国家和企业的重大命题。由于供应链走向节点分散的可能性大大增加，中国制造走出去、“再出海”也成为关键选项。

中国需要在全球系统性投放制造能力，出海的中国企业不用再像以前那样，单打独斗去闯荡市场。军队普遍采用的“合成营”“合成旅”的作战编制，同样适合中国企业。以前出海企业也许能够带动自己上下游的供应商一起行动，但现在更需要有金融、情报、物流等多种力量的伴随。例如在东南亚扎下深厚根基的日本制造，正是靠着财阀集团的“合成营出海”方式，日系汽车击溃福特、通用、大众汽车等竞争对手，在印尼市场占有率超过95%。这些欧美车企遭遇的不仅是日本汽车制造商，还有日本的物流商贸公司、金融贷款、抱团的汽车零部件商所形成的完整的供应链绞杀。

在当前国家参与的力量越来越显著的时候，中国企业的供应链组织方式也需要重新设计，在全球市场应对国家级的角力。

从供应链的三力视角，可以解释当前供应链的冲突、脆弱和韧性。它解决了供应链宏大理论的空洞化，从而将大国控制力下沉到与每个企业休戚相关。供应链具有双重属性，既有等级性，又有网络性。前者表现为控制力，后者表现为连接力，对于巩固既有的优势会有较大的帮助，而设计力则为二者的加强或减弱提供了不同的力量。

如果意识到供应链连接力是中国制造的巨大法宝，那么门类齐全的中国工业就有了充分的用武之地。中国拥有 41 个工业大类和 666 个工业小类，是全世界唯一拥有联合国产业分类中全部工业门类的国家。尽管门类齐全的工业体系并不会让供应链的控制力更强，但是却可以使供应链的连接力更有韧性。即使墨西哥本地的汽车工业带动了压铸、注塑设备的供应链迁移，铝合金、塑料粒子所依赖的冶金和化工行业，也并不容易在墨西哥落地，而这恰好是中国的优势产业。显然，**对于中国制造而言，业已形成的供应链优势意味着每个行业都有独特的价值。**供应链的三力视角，可以使供应链从企业战略上升到国家高度，形成一种全局效应。

本书地图

1997 年研究生毕业后，我就进入机械工业信息研究院，这是从属于原第一机械工业部的国家级情报机构。它发布的国外机械工业趋势发展的年度研究，曾经是展示全球工业发展趋势的重要手册。在这里可以遇到很多训练有素的产业专家，他们对机械制造行业有着全局的洞察。从研究院大楼的图书馆里，也很容易获取全球制造的最新趋势。

2015 年，德国工业 4.0 和智能制造在中国掀起热潮，制造业变得越来越受关注。这期间我开始对数字技术的流派、企业竞争力的形成、创新的机制产生浓厚的兴趣，也在微信公号和微博上发布了大量的产业观察文章。这些涉及创新、供应链、质量、未来工业和中国力量的话题，受到各方读者的关注，也产生了巨大的影响。

2017 年中德建交 45 周年的时候，作为工业界代表，我也受邀去柏林参加“中德 10+10 高级别经济学家对话”。深入而广泛的交流使我能够从全球视角看待制造业正在经历的全新变化。

持续不断的研究和发声，为我带来了广泛的一线反馈。这些广阔的读者群体包括工程师、企业家、管理者、智库、官员、投资者等。他们给了我极大的信任，让我成为信息交互的节点。我每年到数十家工厂实地了解不同的制造形态。与上海二纺机工程师的长期交流，使我了解了中国纺织产业如何从上海退出，散落到太湖地区，并进一步扩散到内地，最后流向越南、柬埔寨。2022 年卡塔尔世界杯所用的球衣，大部分已经不再由中国生产。在跟踪上汽通用五菱汽车的一年多时间里，我感慨于一个华南边城与东部沿海大都市的高效连接，以及如何克服地理劣势而造就国民神车的过程。在“箱包之都”江西南昌新干县的厂区里，简陋的机器、密密麻麻的人群、拥挤的仓库，以及楼下的供应商，让我看到了供应链所拥有的连接民生的力量。

这些现场经历和大量的调研对话，是本书丰富的内容源泉。它们就像扔进化学釜里的材料，产生了激烈的化学反应而形成新的物质形态。我对外讲述的每一个故事、谈论的每一个道理，背后都会有一些真实的行业专家提供支撑。这让我逐渐摆脱了早年那种埋头查文献的做法，而是形成了庞大的社交信息网络，这些网络的背后充满了多个行业的专家见解。

2018 年 3 月中兴通讯受到制裁的时候，我判断完全不同于贸易战的科技战已经打响，因此认为很有必要从“供应链攻防战”的角度看待全球制造业的变化。从那时起，我开始大量收集供应链主题的内容，找各界人士调研了解供应链的深度信息。同年 10 月，富士康公司邀请我去深圳为中高层骨干做《美中先进制造战略评估》的报告之后，我总结出美国“贸易战、断供、学术黄灯、人才收紧”这四箭齐发的战略。此后对于产业的迁移、供应链的攻防、关键产业的发展，我已经陆续发表了约 20 万字的文章，也出版了几本专著。这期间我一直在几十个行业中穿梭，学习不同的行业机制和相同的规律。这背后既有科技攻关的创新之道，也有提升民生效率的经营法则。中国制造有着多样化的丰富形态，成熟度各不相同。对于一个人口大国来说，这具有非常重大的意义。**中国制造既需要科技突破的“攻坚供应链”，也需要面向普通就业的“民生供应链”。**

要理解供应链的运行机理，需要覆盖完全不同的行业。一方面，供应链具有高度的交叉性，不同的行业相互嵌入。例如深圳一家做马桶盖的企业可以转型去制造核磁共振仪的壳体，而京东方的前身北京电子管厂试制无缝镍管的技术，是偶然学师于上海注射针头厂。另一方面，中国制造呈现了一个千层饼的结构，上下并不均匀。最花钱的芯片行业，是上下努力攻关的焦点；而最能挣钱获得外汇的纺织服装行业，也是中国制造不可忽视的蜂蜜箱。要充分认识中国制造的多样性和韧性，需要多准备几幅不同维度的产业地图。

在这期间，全球供应链越来越呈现分散化的局面，全球化也出现了局部加速的态势。当俄乌冲突导致德国失去了重要的能源供应链保障的时候，稳健的德国工业也在四处散开寻找全新的供应链基地。同样，多年来深深扎根在中国的苹果制造基地，也有部分产能搬迁到了印度。

可以说，如果将供应链看作一台本该运行良好的机器，那么这台机器现在处于一个高度调试、调优的阶段，它开始寻找新的平衡。在考察美国进口中国商品的比例下降的同时，需要考虑中国向东南亚和墨西哥的出口。因为很多中国的产品其实是通过东南亚的装配制造而曲线出海的。供应链的形态，远未定型，大量现象仍然值得高度关注。

供应链已经成为国家的角力场。我将这些年的观察写成这本书，与大家一起分享和探讨：用攻防战的角度来分析供应链的变化，用全球化的视角来应对大变局之下的博弈。希望这对于建立中国视角的全球化叙事方式能够有所帮助。一些美国政客抱怨中国制造（更早的时候用同样的理由抱怨日本制造）抢走了美国本土人的工作，这是一种典型的历史虚无主义。他们没有注意到当时供应链的实际情况。拥有华尔街工业资深分析师的梅里乌斯研究公司，研究了道琼斯工业指数所有成功企业与失败企业的 50 年的样本，描述了一幅全球化赢家和本土化输家的画像。20 世纪 70 年代以后，美国的服装业就是一个典型的例子。留在美国，就等着破产；将制造业务转到海外，就继续生存而且大放异彩。转移并不是企业容易做出的决定，但如果企业因为坚守过时的原则而消亡，则没有人会从中受益。这正是当年美国制造供应链向外迁移的真相，也是今天难以回流的制约。当时不能留住，现在也无法回去。

本书有五章。第一章讨论了供应链的演变以及近年来呈现的异样状态——这正是需要重新认识全球制造格局的起点。我将这个新变化的态势称为全球化 2.0。

第二章至第四章分别讨论了供应链三种力的特征：连接力、控制力和设计力。连接力展现了供应链的效率和韧性，这是中国制造集约高效的秘密所在。沿着连接力的方向，可以很好地洞察中国制造的基本盘。传统产业依然有着惊人的活力，在于它连绵不断的连接力。链主企业对上游供应商有着巨大的哺育价值，不能被“唯 GDP 论”“唯科技攻坚论”者忽略。供应链厌恶真空，在周边空荡荡的环境下，自身也无法生存。书中对于思考城市繁荣与供应链多样化，呈现了一种新的观察视角。

第三章讨论了控制力，是领先公司能够获取最大价值的关键手段。领先公司采用了很多方法来形成自己的控制力，使得追赶者难以靠近。巨大的研发投入会形成巨大的鸿沟，而对于标准的确立、生态的建立，都容易产生竞争对手难以突破的屏障。进入知识经济时代，一种不同于传统供应链的内容供应链，也占据越来越强大的位置。日本在手机、家电等产业的衰落，与忽视这种内容供应链的建立有着很大的关系。苹果凭借 AppStore 的生态建立了强大的内容护栏。这种情况在当下的电动汽车领域也有新的迹象。赢者通吃是很多行业表现出来的特征，半导体行业尤其明显。只有理解这种控制力的形成，才能更好地理解追赶者所遇到的真正障碍。

第四章讨论了顶层设计的能力，它往往以国家意志的姿态出现，以锻造或者毁灭的方式凌驾于商业规则之上。它有时候会跟产业政策连接在一起，表现出巨大的威力。但即使如此，供应链设计也不是万能的，时机是一个重要影响因素。而供应链的经济属性和设计力所带有的计划属性，也存在较大冲突。

第五章围绕供应链的三种特性，针对中国产业进行了攻防策略的设计，对下一步供应链的发展格局做了推演。

值得一提的是，人们经常使用的词还有“价值链”和“产业链”等。价值链覆盖范围更大，更多地反映了价值在整个商业活动环节上的高低之分。产业链也是一个经常被使用的词，更多带有经济与产业的视角。供应链则聚焦功能的划分，体现了专业分工的相互依赖性。对于驱动商业活动的企业而言，供应链既有供应商综合能力的体现，也有产业发展带来的溢出效应，因此其使用更为频繁。

本书主要使用供应链的概念，在很多场合下包含价值链和产业链的含义。

可以说，企业的竞争力半数来自供应链能力。**现代国家的竞争力，也与它所拥有的供应链能力息息相关。**然而，供应链并非一个可以轻松阅读的话题。不仅仅因为它的专业性，也因为它目前经历着巨大的变革而带来的不确定性和恐惧。这种担忧笼罩了所有的局中人，几乎没有人能够确切地推算出它未来的形态。这是一种折磨人的压力，而中国制造正在成为承受重压的前端。

美国方面也充满担忧。负责出口管制措施的美国商务部工业与安全局，实施了对华断供的大部分措施。但是它很清楚，这些管制措施不能一劳永逸地遏制中国。即使在最理想的情况下，这也只是一种拖延战术，为美国及其盟友赢得更大的空间。一击而中，并不等于成功。毫无疑问，这是一场关于供应链成长的持久战。在这种情况下，中国更需要以缜密设计、耐心潜伏和自己的节奏，来迎接这样一场长期的较量。

正式决定动手写这本书，要感谢得到 App 的创始人罗振宇先生。他在 2022 年下半年就鼓励我将本书写出来，并且将书中的观点如“保链护土”等，在“时间的朋友”跨年演讲中推出，得到很多人的积极回应。他将这本书推荐给中信出版社执行总编方希女士，她非常重视这个题材，亲自操刀做策划编辑，从头开始协助规划大纲，将原有的素材重新组织，形成了当前的结构。没有他们的支持，这本书很难这么快就跟大家见面。还要感谢中信出版社灰犀牛分社的主编黄静女士、编辑李亚婷和李婕婷，她们细致和精密的工作让我感动，她们在书出版之前广泛征求专家们的意见，让这本书获得了很多我一直以来仰慕的专家们的鼓励。一本书从一个念头到最终成型，我既是一个创作者，也一路获益良多。

本书提供的三力模型，希望能够有着长久的生命力，而不只是对当下的一种应激性反应。关于全球供应链，近来各地总有很多新事情发生，我也战战兢兢，不知道模型是否具备足够的包容性，能够应对每天的新挑战。好在直到目前，这些新增事件和突发情况，基本在三力模型的解释框架之内。希望未来相当长的一段时间内，这些解释框架依然有效。我希望能够为读者提供一种新的思考框架，来看待供应链的安全与成本、控制与分工、分拆与重塑的关系。希望能为企业家或政策决策者提供一种理解供应链复杂性的视角，从而更好地进行全局性判断。然而供应链交织了太多的行业属性和商业关系，而国家主权与社会情绪投射其上，很多知识和细节也远非本人能够全面驾驭。尽管所涉及的每个行业我都尽量找专家请教，但纰漏和错误在所难免。恳请读者批评指正。

林雪萍

写于北京陶然亭

上篇　变局

第一章
供应链大分流

美国试图在多个领域切断向中国高科技公司提供产品的供应链，芯片首当其冲，成为“断供重灾区”。

一个国家整体供应链的焕新，意味着新生代充满了机会。

供应链的蜕变，意味着工业正在全球范围内进行着一场新的较量。

供应链就像是奔腾的洪流，四下散开去寻找最稳妥的巨大洼地。

“全球化经济 + 集中化制造”的范式正在被修改。

未来的全球制造，不会再围绕着一个“拥挤的世界工厂”而展开。

供应链的对抗越来越明显，表明了**产业竞争的核心**，就是供应链的控制与反控制。

在全球化局部加速的时代，
中国供应链的向外迁移，

并非只是自然的产业溢出，而是既有溢出又有迁移。

墨西哥北部的奇瓦瓦州与美国的新墨西哥州和得克萨斯州接壤。每天，成百上千辆货运卡车穿越国境线，将满满的货物运往美国，主要是汽车、计算机、原油、电视机等。而从美国驶入墨西哥国境的卡车，货箱里面则主要是汽车零部件、芯片、成品油等。有些装满零部件的卡车一进入墨西哥国境，就离目的地不远了：一家位于奇瓦瓦州华雷斯市的电脑组装工厂。

这家已经存在多年的电脑制造商正在大力扩增产能，以满足来自北部源源不断的需求。以往的订单是由相距遥远的中国所承接的，制造好的成品经由港口运往美国市场。

近几年，越来越多的工厂在墨西哥扎根。在华雷斯这个北部工业城市，除了中国台湾的诸多厂家，还有来自日本、韩国等地的企业，共计数百家。代工业是该城市的支柱产业之一。由于工厂较多，当地劳动者的收入水平已经显著提高了。一到周末，还会有不少美国家庭越过国境线前来度假。当地油价比美国便宜近 1/3，对于喜欢自驾游的人来说，这是重要的吸引要素。在这些背景下，华雷斯市的消费水平较奇瓦瓦州的其他城市高出不少。

这个边境城市正在享受工业化带来的好处，人们能明显感受到更快的发展推动力，原有企业扩增产能的步伐也越来越大。中国台湾的电子制造“五虎”已经在这里“押下赌注”。服务器主板之王英业达在这里购置了400多亩地，这是它30多年来第一次在墨西哥购地兴建工厂，而非像以前一样租赁；这也是英业达20年来首次在墨西哥为惠普制造笔记本电脑。就在10公里之外，是热火朝天搞生产的纬创，近两年它也在当地购置地产。和硕、广达都没有闲着，它们在特雷斯的沙漠地带兴建厂房。在过去20年里，这些是不曾发生的事情。由于高度缺乏管理人员，于是“五虎”的厂长们被大量空降到这里，重返“新沙场”。

而全球最大的电子代工企业富士康正在这里酝酿大动作，它购置的地产超过4 000亩，是英业达的10倍。这里的工厂将不再只做装配，而是要把上游的供应链，如结构件、注塑件等工厂，也一一落地。

墨西哥是美国设想的“近岸制造”的理想之地。近两年，这个国家的热度越来越高。与此对照的是，重庆、河南的电子制造出口正在显著下降，中国失去了美国第一大进口国的位置。以中国的优势产业为例，中国对美国的服装出口正在显著下降，在美国服装进口中的占比从34%下降到30%。美国服装市场正在减少对中国制造的依赖。

这些产能去哪里了？墨西哥沙漠中像仙人掌一样挺立向上的起重机，是答案之一。2022年年底，墨西哥超越加拿大正式成为美国最大的贸易伙伴。电子、汽车和服装等都是美墨两国的重要贸易商品。在那些宏观数据的地平线之下，往往隐匿着一家家忙碌企业的战略。富士康正在美墨边境复制着往日的成功之道。12 年前，富士康在郑州构建了苹果手机制造基地所需要的一切。此刻它正雄心勃勃地在墨西哥的沙漠地带再建“小郑州”。如同富士康一样，“五虎”中其他的电子制造商都不是独自前来，而是带着供应链大军一起迁移。尘土飞扬之处，是大路军马急行军的痕迹。彼处被剪切的产能，被粘贴在墨西哥的沙漠地带。

这里只是全球工厂随机截取的一个片段。全球各地新建的工厂越来越多，如印度钦奈的手机制造工厂、越南清河的电子工厂、匈牙利乌洛的电脑制造工厂，以及美国亚利桑那州和日本熊本的芯片制造工厂等。生产基地陆续增多而且忙碌起来，许多原来设立于中国的企业，纷纷在全球寻找新的生产基地，全球供应链正在四下散开。墨西哥正在成长的笔记本电脑工厂的产能是对遥远东方的一种替代。华雷斯市郊那些日渐成熟的产能就像抽水机一样，抽走中国城市重庆和河南电子制造业多年的积累。遍地仙人掌的贪婪的沙漠，正是这些城市贸易出口水位下降的原因之一。

第一节　两套供应链的阴影

逃离：依赖与封堵

2020 年初，世界范围内暴发的新冠疫情，极大地冲击了供应链的形态，全球的港口物流业和制造业秩序都呈现出一片混乱之态。

当中国制造能力突然受到限制的时候，世界各地的日用品、高新技术产品、纺织品等供应都受到巨大冲击。早在 2018 年，中国制造的这三类产品在全球商品出口总额的占比就已经超过 20%，日用品甚至超过了 33%。疫情之下所形成的恐慌，促使人们直观地认识到掌控一个全供应链体系的重要性。多国政府都在重新思考，将制造业分类后各自进行外包是否足够理智。

2021 年，德国智库墨卡托中国研究中心发布的一份报告列举了欧盟对中国 103 个产品类别的依赖。其中，电子产品（包括电路板）、矿物 / 金属、化工品、药物 / 医疗产品都是依赖度高的行业，维生素 B、广谱抗生素依赖度甚至超过 97%。疫情造成的痛苦深刻地影响了各个国家和地区的政治家、企业家的供应链世界观，人们在慌乱中重新审视这些产品在哪里生产。

这期间，一场突如其来的芯片荒也开始困扰全球制造业。这场芯片风暴并非完全是由疫情造成的，后者不过是加剧了供需不平衡。从 2017 年开始，世界各地对大数据中心、云计算的需求逐渐变得强烈，很多芯片产能趋于紧张。2018 年，受到中美贸易摩擦的冲击，市场需求一度紧缩。到了 2019 年下半年，贸易摩擦事件并没有人们想象中那么激烈，全球需求开始逐渐回升。2020 年初，疫情严重打击需求，使得芯片可预期的生产规律变得捉摸不定。由于芯片扩产需要大约三年的时间才能上量，这些起伏的心理预期直接影响了市场的投资信心和节奏，芯片产能受到严重干扰。到了 2021 年初，因为电动汽车生产突然放量，芯片不足的问题集中爆发。加上中间代理商的层层炒作，芯片的价格一路走高，造成普遍缺货的现象。

整个芯片制造系统开始变形。企业四面出击，忙着做出不同于以往的选择，比如囤货、增加物流中心等。持续抢货备产打破了日本几十年来备受推崇的精益生产理念“零库存生产”（Just-in-time，JIT，也叫准时生产）。在这种理念下，“库存是罪恶的”。芯片荒发生之后，工厂的经营者们一股脑转向“万一备产”（Just-in-case）。供应链的冗余不再被视为浪费，而是从战略角度保障自主可控。过于集中的制造基地，会导致供应链随时出现巨大的不确定性。跨国企业家的全球化经营思维，经历了一次痛苦的洗礼。

芯片荒本来是技术层面的问题，看上去只是影响了生产的节奏。制造商们四处抢货，生产系统相应受到极大干扰。但令人意外的是，这导致了品牌认知上的新问题。那些在中国供应链上拥有长久知名度的国际品牌，也受到了巨大冲击。很多自动控制系统的芯片短缺以及其他原材料涨价造成的干扰，导致欧美和日本大量的控制器生产商无法及时交付产品。当这些厂商缺货的时候，能够按时交货的国内厂商快速崛起，从而取得重大突破。这种单纯由于交货期而形成的国产替代，打破了用户对欧美、日本品牌产品的排他性选择，从而对整个供应链体系也产生了深远的影响。

在这些手忙脚乱的应对之中，一股更长远、更有组织的对抗力量逐渐浮现出来。从 2018 年中美贸易战拉开帷幕起，美国开始一步一步地采取越来越严厉的措施，加大对中国供应链的围堵。其目标更加具有进攻性，不仅仅是通过设置技术障碍，阻挡中国制造的上升空间，而且开始寻求摆脱对中国制造的系统性依赖。

美国试图在多个领域切断向中国高科技公司提供产品的供应链，芯片首当其冲，成为“断供重灾区”。在芯片设计工具方面，全球排名前四的芯片设计软件基本由美国公司制造，它们已经对华为等公司断供。全球芯片龙头如英特尔、AMD、高通、博通等企业无一例外来自美国。而全球半导体设备排名第一、第四和第五的制造商，也都来自美国。还有很多美国企业在研发与制造过程所必需的生产软件、测量仪表、特种气体等领域拥有明显的优势，这使得其可以自主控制本国供应链。

然而，这种方式并没有起到预想中的效果。当美国发现单独行动并不能快速赢得胜利之后，它开始转入一场耗时更长的围堵战，并寻找更多合作伙伴的支持。它将欧盟、日本一起拉上战车，以形成对中国供应链的围堵之势。在加大芯片在美国发展力度的《芯片与科学法案》通过之外，美国也在试图与日本、韩国和中国台湾建立芯片四方联盟“Chip4”。这是通过补贴核心圈层的方式，封锁芯片技术向中国扩散。面对中国大量投资工厂发展半导体的状况，美国开始封锁芯片制造的上游半导体设备。2023 年初，美国联合了荷兰和日本对中国设备限制供给，意图将中国芯片的制造拦截在 14 纳米制程。在全球半导体设备制造商中，美国、日本和荷兰的企业举足轻重。第二大半导体设备制造商荷兰阿斯麦提供先进的光刻机，第三大设备制造商日本东京电子提供刻蚀机等很多关键设备。日本尼康作为全球少数能生产光刻机的厂家也被拉入其中。如果没有这些设备，先进制程的半导体工厂将难以运行。

美国采用极端方式施压其他国家、拉拢行业龙头，为中国芯片业设立了五道防线，分别是：特定公司无法获得先进芯片、特定公司设计的芯片无法被制造、无法获得高端设计软件、芯片制造公司无法获得高端设备、人才无法自由流动。

芯片产业的断链动作强度如此激烈，吸引了人们大部分的注意力。其实，制造业的很多领域都在经历类似这样的围堵。例如，在光伏产业，为了规避美国对中国光伏产品的高额关税，一些中国企业选择在柬埔寨、越南、孟加拉国等国生产光伏。这些企业将光伏组件从国内运往东南亚，完成组装之后再出口到美国。然而，美国商务部认定，只是将电池和面板组装业务放到东南亚国家，并且使用中国生产的硅材料，依然属于倾销。光伏电池的上游供应链也变成了美国紧盯的对象。美国商务部将范围扩大到常见的 6 种辅材，包括银浆、铝边框、玻璃、背板、胶膜、接线盒等。只要两种以上的材料产地在中国，出口美国就要提高关税。而这些辅材的生产加工则是中国光伏产业的优势供应链，而且是一步步攻关下来的。例如银浆市场，在 2011 年前后，基本就是美国杜邦、德国贺利氏和三星 SDI 的天下。如今，国内银浆产品已经占据了市场主导地位，仅上市公司就有三家，即常州聚和材料、常州帝科股份和苏州固锝。对待强大的中国供应链，美国采用了两种封堵方式：一种是“脱钩断链”，在小范围内直接切断产品和技术上的联系；一种是“调虎离山”，逼迫供应链从中国大陆转移。现在，随着美国对光伏产业进行贴身紧逼式的调查，供应链上的这些企业不得不开始向外转移，这些都与中国制造业的发展息息相关。

沉浮：“中国 +1”备胎计划

离开中国生产基地的想法，从来就不陌生。日本学术界早在 2010 年就提出了“中国 +1”的备胎计划，也就是在中国生产基地之外，增加一个备份基地。其主张就是要开拓中国之外的基地，以摆脱对中国供应链的依赖。2012 年由于所谓的“中国风险论”而一度掀起热潮，很多日企考虑去东南亚建厂。但是，这个计划从未真正成功过。

到了2020年，当“中国+1”战略的声音再次回响起来时，美国对中国制造的产品加征关税，叠加疫情的影响，都明显浮现出来。初期，美国推动制造业回归本土的计划进行得并不顺利。美国曾经寻求与中国脱钩，在经历了贸易征税、出口管制、人才审查等多种措施之后，效果并不明显。中国供应链呈现出极大的韧性，中美经济关系依然紧密地绑定在一起。美国政府也逐渐意识到，短时间内并没有办法实现匆忙脱钩，或许拉长时间拆解中国供应链是更好的方式。2022年，美国力推的“供应链去中国化”策略，从模糊开始变得明晰起来。

疫情是供应链发生剧烈变化的催化剂。疫情之后，许多国家开始整理供应链上的脆弱产品名录，并在各种报告中发布出来。

2021年欧盟委员会发布了《欧洲新产业战略》，初步确定有137种属于欧盟“高度依赖”的敏感领域的产品，占欧盟以外进口货物总额的6%。这些产品的进口来源主要是中国、越南和巴西，其中从中国进口的比重超过半数。有34种产品因为无法做到多样化布局或者欧盟无法生产，被委员会认定为具有比较高的依赖性，占欧盟进口总额的0.6%。这些产品涉及活性药物成分、稀土原材料、电机马达甚至防护衣零件，并非具有独特的高价值。它们只是以最经济的方式，找到了效率最高的生产地而已。

澳大利亚也展开了同样的行动，并在2021年3月提出《脆弱供应链期中报告》。在澳大利亚进口的1 327项产品中，有292项具有供应链脆弱性，其中2/3的产品来自中国，但这些产品在澳大利亚生产的必需品中并不占有关键地位。

美国利用各国焦虑的心态，使得“供应链去中国化”的计划纷纷活跃起来。2020年，美国推行了“经济繁荣网络”（EPN）计划，拉拢日、澳、印、韩、越等国家，以期将关键领域供应链从中国剥离。这个计划后来草草收场，证明了只有政治牵头很难撼动多年形成的供应链根基。但这个针对中国的计划指向了一系列新的问题：未来是否会有两套制造系统？未来的技术标准是否会分道扬镳（例如华为的鸿蒙系统与谷歌的安卓系统）？未来是否必须具备平行供应链？这些问题都让供应链主权的在地权属性逐渐展现出来。

一些企业开始尝试新的做法。日本住友电工从 2021 年开始在美国量产信号放大晶体管，这是用于 5G（第五代移动通信技术）基站的关键部件之一。在这个领域，住友电工已经垄断了全球 70% 的市场份额。目前，住友电工的供应对象大约九成是中国企业，但它正在把生产分散到日美两国，从而使供应能力增加一倍。住友电工在美国生产的半导体产品，将供应给瑞典爱立信和芬兰诺基亚等企业。这种产品使用的是新一代氮化镓材料，在未来高速、大容量化的 6G（第六代移动通信技术）时代将更加有优势。与目前主流硅产品相比，可以增加通信容量，减少耗电量。住友电工的做法是制造商全球化分散供应链风险的一个缩影。供应链一分为二的局面越来越明显。

日本制造商又走向了一个十字路口。在机床、机器人、电子器件等中国消耗巨大的市场，日本制造商正在选择坚定地投入。日本很多机床企业的看法是，世界最大的加工市场不可能转移到在信息产业称霸的美国。但“备份基地”的理念越来越盛行，也影响了企业的选择。

日本经济产业省（METI）在新冠疫情期间，曾经着力促使日本制造业回归国内。针对回归企业，2020 年 4 月提出“针对供应链对策的国内投资促进事业费补助金”。该补贴政策在 2020 年和

2021 年两次公开募集的预算金额合计是 3 060 亿日元。

实际上，这种激励效果对于企业家而言，并不具备太大的影响。这些“中国 +1”的想法，不过是承接了此前空荡荡的回响，余波荡漾而已。但到了 2022 年，一种恐慌的情绪似乎开始发酵。

越来越多的日本电子零部件厂商，开始把一种产品的生产放到多个基地中去。例如日本 TDK 公司将以往只在马来西亚和中国生产的约 100 种电源零部件，转向在日本本土也能够生产。在两个以上的基地，就可以生产 4 000 种产品中的大多数，而避免出现只有一个基地能生产的产品。

分散生产日渐成为企业的主流选择。以汽车导航系统为例，全球生产的 50% 的汽车导航系统依赖中国。但是为了避免中美贸易摩擦和关税等风险，汽车零部件厂商正在将可能的生产转移到日本和墨西哥等地，从而大大降低了在中国生产的产品比例。

有些企业相关决策的实施效果立竿见影。如日本“空调霸主”大金工业，2020 年对中国供应链的依赖程度高达 35%，只用了一年时间，2021 年就已经下降到 20% 左右。而大金工业的目标是再用一年时间，打造一个备战“极限时刻”的不依赖中国制造零部件的空调供应链。该企业要求所有在中国基地生产的零部件，必须在中国大陆之外的基地，再备份出一套产能。大金工业继续使用中国生产基地，但也保留了随时切换供应链的自由度。

在中国生产的产品只为了满足中国市场需求，这也成为一些企业的战略决策之一。例如索尼集团已将面向日美欧销售的相机，从中国转移至泰国工厂生产。索尼的中国工厂不会转移，但只生产在中国市场销售的产品。一种“α”品牌的高端无反相机受到很多专业人士的青睐，2022 年索尼相机在全世界的销量达到 211 万台，大约是230亿元人民币的销售额，占到包括电视机在内的电子业务的将近两成。在中国，相机大约占有7%的市场份额，达到15万台，而日美欧等市场的份额则为93%。以前所有的产能基本由中国制造来实现，中美贸易摩擦之后，面向美国市场的相机生产先转移到泰国，此后只用了一年时间，面向日欧市场的相机生产也在2022年底之前转移到了泰国。2022年以前，还是中国和泰国的两个生产基地向全球出口，到了2023年则变成“中国本地造，中国本地卖”。转移速度可以说非常快。针对这次生产体制的重组，索尼声称“不会从中国撤出。电视、游戏机、相机镜头等产品，将继续通过中国工厂向海外供货”。这种说辞，表达了跨国公司正处于一个艰难的抉择时刻。

无论是索尼在中国关闭了部分工厂，将生产转移至日本国内，还是大金工业已经明确调整供应链计划，在中国大陆之外建设备用产能，这些生产转移现象不只是在一些龙头企业才发生。龙头企业上游的供应链也会随之结队迁徙。这不是产业的自然溢出，而是人为的迁移，很多并非劳动力成本问题所导致。

以上这些现象不过是全球制造的缩影。2022年欧洲在经历了能源价格急剧上涨之后，部分产能从欧洲本土仓促转向美国、东南亚等地，而对中国制造基地进入新的评估期。**众多的大型跨国公司，都在围绕供应链的流动性，重新安排全球的生产基地。未来的世界工厂将呈现分布式的特征。既有集中式的生产基地，也会有很小的分布式工厂。**

“中国+1”这个看上去陈旧的理念，似乎又重新活过来了。它的含义，也被修正为充满柔性的首都和陪都似的“平行供应链”做法：既保留中国作为生产基地，又在其他地方实现产能多元化。中国制造需要应对一个新命题，即如何留住那些“长腿溜走”的跨国企业供应链。

蜕变：挑战传统秩序

美国一家自动化视觉检测公司近两年在本土工厂的订单大增，业务风生水起。但让它感到困惑的是，同样的产品在中国却不得不做出很多改变。中国客户提出了与美国工厂不同的非标准化要求，企业总部不知道在中国发生了什么。

行业正在发生巨大的变化，速度成为一种新的制胜要素。电动汽车、动力电池这些高速发展的产业，产能不断释放，工厂迭代速度飞快，这挑战了传统稳重少变的秩序。在用于质量检测的机器视觉领域，日本基恩士和美国康耐视一直是名列前茅的两大标杆。从工业相机、视觉系统到软件形成了一套封闭的系统，打造出行业的标杆产品。它们的供应链就像又宽又深的护城河，常规方式很难攻破。

然而供应链上的技术细节正在变化，数据流分析被广泛关注。人工智能图像识别、深度学习以及在反馈循环中实现自我改善等方式，改变了传统光学检测中基于规则库的识别机制。

速度和数据形成了产业新的关注点，新的角色正在挤进来。国内类似阿丘科技这样的人工智能公司，通过开放算法，允许用户结合自己的数据系统来使用。新能源设备产品或者手机的质量缺陷大概有 50 种。这种中等复杂程度的领域，正是人工智能极佳的切入角度。它的巨大好处是开放数据系统。这使得日本基恩士用极致的标准产品打天下的模式受到了挑战，它的镜头和算法一体化绑定的模式，使得很多“黑盒子”数据无法透明化。但面对中国高速发展的用户，基恩士的封闭、缓慢的模式，也有点跟不上快速响应和开放数据的要求。

这些曾经占有压倒性优势的跨国企业，如果不能做到像其他企业一样快速响应，订单就可能会丢失。尽管后者在技术方面略逊一筹，但凭借不断更新的产品和极致的现场服务，依然有可能将技术领先者挤出市场。

这就像生物学上的蜕皮现象。老皮正在蜕去，原有的斑纹逐渐失去颜色。新的形态和图案长出来，每一种纹路都需要重新附着在全新的骨架上。这种供应链的骨架，在过去一直是跨国企业所确定的。

跨国企业是富有实力的全球化耕耘者，它们将知识、人才、能力和管理的哲学带到世界各地。跨国企业对于供应商有着完善的管理机制，这也成为企业从本土化走向国际化的重要推动力。能够成为知名外企工厂的供应商，本身就是本土企业实力的象征。而进入合格供应商清单，往往需要经过严格的认证。在中国制造与全球化接轨的过程中，获得 ISO 9000 质量管理体系标准的认证成为很多企业的首选。20 世纪 90 年代，ISO 证书在全球受到广泛欢迎，中国厂家往往将这种证书视为企业晋级的荣誉。质量理念得到强有力的普及，进入企业家的视野。

实际上，符合 ISO 9000 族质量标准认证基本只是达到及格线。跨国企业对于供应商大多有着更加明确的考核，制定了严苛的企业标准。跨国企业的经验和知识，通过制度规范和口口相传的熏陶，不断推动中国制造提升能力。与此同时，它们也将国外的设备带了进来。

以汽车行业为例，中国汽车行业是在合资背景下大力发展起来的。在中国合资工厂的车间里，很多设备都是由外资企业指定的。例如，压力机、机床等设备由大众汽车、通用汽车等合资公司直接订购，中方人员连检测设备都不能自主选择。工厂之所以从各个国家采购“万国设备”，就是在这种背景下形成的。在早期合资企业上汽大众的桑塔纳工厂，生产车间如同神圣的庙堂，而机器设备就好像是神像般的存在。在制造环节，即使只是变动一颗螺丝钉，也要请示德国的企业总部。在这一背景下，外资企业进入中国的时候，也带来了不可更改的供应链体系。

可以说，在21世纪初，中国汽车行业通过合资试图融入全球化的时候，几乎整个行业都是按照给定的图纸进行建设的，各种设备和零部件的供应商也被严格限定。当然，彼时中国的零部件企业无法支撑汽车工业的发展，合资企业直接引进国外设备成为惯例。

跨国企业对于中国制造起到了两种作用：一方面淘汰了一批竞争力不强的企业，导致原有秩序崩坏；另一方面培育出浴火重生的公司，促进它们茁壮成长。在这个过程中，那些被挤垮的企业的失散的人才重新聚集起来，组成新的公司再次加入竞争行列。

很多跨国企业在搭建供应链上，可以说是倾注了大量心血。这是优秀企业的必修课：只有外部供应链的整体运转效率跟公司本身一样高效，这个企业才能真正发挥全球化的最大价值。

然而，当产业形态发生激烈变化的时候，供应商的布局也会更换。像光伏、动力电池等新兴产业的崛起，正在悄悄打破原有的平衡。这些产业显著的特点就是更新速度快，产能提升要求很高。产能1吉瓦的动力电池规划好之后，两三年后就要继续扩产，原有的设备也需要升级。而在欧洲一些国家，两三年才能建成一个工厂，它们很难适应新兴产业高速迭代的发展节奏。

不断更新迭代的产业背后，需要的是非标准自动化设备的支撑。尽管跨国公司在标准自动化设备领域占尽先机，但是在非标设备领域，中国制造已经开始显现灵活性优势。有些企业一开始为消费电子产品制造提供简单的设备，后来跟随大型跨国公司一起进化，逐渐形成强大的非标设备制造能力。当太阳能光伏制造、锂电池制造开始放量发展的时候，这些企业已经拥有强大的非标设备的迭代能力，足以跟得上快速扩产。而这种迭代速度，往往是许多跨国企业所不具备的。工厂与设备同时进化，推动了供应链的蜕变，原有的秩序可能会被打破。国内动力锂电池工厂的兴旺，给本土传感器企业的发展带来机会。例如，锂电池行业的工厂生产线比较长，检测点较多且密集，对粉尘的防护有一定要求，而且能够热插拔连续生产。这使得天津宜科可以凭借多类型的分布式传感器轻松进入这个行业，在此之前，这个领域一直被德国巴鲁夫等企业垄断。

这种现象比较普遍。日本曾经是光伏设备的领先制造商，在2000年已经拥有全供应链的优势，这也得益于其下游光伏制造商的发展。但在经历铝背场电池、钝化发射极背面电池等两代技术的发展，进入第三代技术时，日本光伏产业几乎全军覆没，很多反应速度慢的日本设备制造商随之出局。

在过去30年间，外资企业是推动中国制造蜕变的主力军。它们活跃在各个行业，将加工装配的知识、经营管理理念、全球渠道知识，悉数带入中国制造现场。巨大的成果之一就是塑造了一批训练有素的职业化人才队伍，无论是高管，还是现场工人。

但是近年来，外资品牌逐渐失去了魔法，部分原因来自国内先锋企业的冲击。**外资品牌对本土供应商的锤炼是细致且全面的，而这种能力沿着供应链，逐级向前传递，蔓延到了中国制造的各个角落。**正是这些供应链能力的再次组合，形成了中国制造的新脊梁。外资企业培养了很多早已具有全球视野的人才。这些踌躇满志的管理型人才，已经成长为本土企业的栋梁，正在推动市场形成新的冲击波。

还有一些人才已经着手创业，这些新生企业一开始就具备国际化视野。随着大量外资机床厂落地中国，经过 10 多年的发展过程，日本机床、德国机床的机械设备装配精度大多已被中国工厂掌握。只要引入管理层的新理念，新的机床品牌也能带来很大的市场冲击力。

还有大批外企高管涌向了民营企业。对于早期野蛮生长且缺乏精细管理的民营企业来说，有外企工作经验的高管能够发挥积极的作用。尽管双方还需要时间磨合，但这是面向民营企业的一次高级改良。国际化规则，进一步成为企业家的基本共识。

随着消费者的需求变得多元化，市场也在寻求快速变化。企业开始提出非常多的要求，这对供应商构成了极大的挑战——甲方总是想要更多。快速提交方案，快速提供服务，已经成为国内供应商必备的一种生存技能。在与外企的竞争中，有些国内供应商就是用过度服务和整体方案来弥补技术和产品劣势的。一些国内供应商提供驻厂服务以保证随叫随到，这对于很多外企来说是无法实现的。

这种即时反应的速度，暴露出很多外企系统笨重的缺陷。简单地靠“外企总部研发 + 中国制造”这种供应链分离的模式，已经失去往日的优势，正在显著缩小版图。既然中国本土竞争对手已经在很多领域强势崛起，外企公司也必须学会本土研发，立足本土打拼，才能继续成为引领者。

跨国企业也在告别黄金岁月。从总部拿配方，在中国用开水稀释后一服就灵的外企时代，已经结束了。外企仍将是中国制造需要依靠的一支重要力量，但已经很难像以前那样成为绝对主导型的知识提供者。**中国制造将继续保持全速前进而不停歇。这正是供应链**

新旧交替的季节。

如果说新兴产业是在加速蜕变，那么中国已经在这些产业占据了先机。而对于传统行业，则需要等待大的产业升级转折点。汽车行业曾经是一个缓慢进化的行业，它所确立的市场格局几乎没有变化，这也使得传统汽车零部件的秩序早已排定，排行榜前 20 名几乎一直是熟悉的面孔。然而，当汽车行业转向电动化的时候，它也成为供应链蜕变的急先锋。

电动汽车在全球尤其在中国普及速度意外加快，民众接受意愿很高。与传统燃油汽车的上万个部件相比，电动汽车只有上千个部件，制造过程大为简化。传统车企具有核心竞争力的三大件——发动机、变速器和齿轮箱——不见了，取而代之的是电池、电机和电控。相应地，这自然会涌进来很多年轻面孔的供应链。大量造车新势力也借助于全新的供应链体系争抢市场，以往燃油发动机时代的生产秩序已经彻底发生了动摇。

生产线上的零部件，连一颗螺丝钉也要由外方人员指定的时代过去了。中国造车新势力、电池巨头的崛起，造就了自主研发生产线的能力，给设备制造商带来巨大的机会，开启了新的窗口。

理想、蔚来、小鹏、问界等中高端品牌的汽车在市场上快速销售，掀起了国产汽车零部件入列的热潮。国产品牌如禾赛科技的激光雷达、孔辉科技的空气悬架、上声电子的高端音响等产品，得到了前所未有的起步发展的机遇，而禾赛的激光雷达一度占据了全球市场的 50%。这些零部件厂商的崛起，大大促进了国产汽车产业链的高端化。

动物的每一次蜕皮，就意味着肌体重获新生。这是一个生命与外界交换能量并获取更大自由的方式。对于供应链而言，一个国家

整体供应链的焕新，意味着新生代充满了机会。无论是成本驱动型行业、工艺驱动型行业，还是新兴产业，都能找到蜕变的机会，挑战既有的供应链秩序。

中国企业也会发展成为跨国企业，在全球市场开疆拓土。正在崛起的中国供应商，要在全球各地跟随客户的国际化发展步伐。新崛起的供应链，需要跟着特斯拉、宁德时代电池、隆基绿能等进入国外的市场，而保持合规、入乡随俗、遵守员工纪律都成为当务之急。这给习惯于灵活用工的中国供应商提出了挑战。如果中国供应商在海外的制造能力无法达到与国内相同的水平，也可能会丢失阵地。精细化管理和国际化发展的差异性，正在考验快速增长的中国企业，这些都构成了巨大的挑战。

供应链的蜕变，意味着工业正在全球范围内进行着一场新的较量。外资企业正在告别在中国的黄金时代，不过它们拥有领先的技术和组织管理能力，依然是可敬的对手。中国企业要想更广泛地走出国门，必将直面这场全新的蜕变。

交汇：回归中国制造

中国供应链正在主动迁移而非自然溢出，东南亚和印度都是自然承接之地，北美的墨西哥、欧洲的匈牙利也都是受益者。中美之间直接的贸易量开始缩减，曲线供应链的方式正在形成新的连接。全球化正在呈现新的方式，中国工厂集群开始扩散，很多指向中国的物流，被分散到新的地盘。而这些新基地，依然跟中国保持着密切的联系。

中间环节在不断增加，越南成为一个重要的承接地。透视越南的工业结构，可以更好地理解其中发生的变化。越南的进出口贸易快速发展。2022 年越南对美国的出口增长了 13.6%，总额达到 1 094 亿美元，贸易顺差扩大至 949 亿美元，打破了以往最高水平。对比 2021 年，越南对中国的贸易逆差达到 546 亿美元。对中国进口多、出口少，正是中国制造的大量半成品借道“越南组装”再次出口的写照。越南像是一个四处收粮食的米商，再统一运送到美国。它对美国的贸易顺差大幅度增加，但由于需要大量进口原材料和半成品，越南对中国、韩国、日本等国家的贸易逆差也同步大增。

纺织服装行业在国内市场的地位，因为被贴上传统行业的标签而被严重低估。实际上，人们应该对这个行业保持足够的敬重，因为在 2020 年以前，就国际化出口赚外汇而言，它一直是中国在全球化市场上最赚钱的行业。从 2001 年到 2018 年的 17 年间，纺织服装行业创造了中国外汇净收益的 75%。2018 年，它创造了贸易顺差，占比达到 71%。尽管到 2021 年，纺织服装行业贸易顺差下降到贸易顺差总额的 44%，这个“奶牛之王”的整体产出依然在增长。作为一颗耀眼的明星，“传统”的纺织服装行业是值得守卫的。

纺织业是全球工业化最早的产业，也推动了“中国制造”在世界的第一轮崛起。纺织业在亚洲的迁移路径非常清晰和果断，展现了制造业犹如游牧民族一样四处迁徙的特性。迁移路径起初从日本开始，然后是韩国、中国台湾，此后进入中国大陆。之后，它就像河水涨满一样，继续沿着中国城市蔓延。上海纺织业敲响“砸锭”第一锤后，江浙一带成为承接地。随着太湖流域水环境治理的严厉措施的施行，纺织业开始向新疆等西部地带延伸。其间，纺织业向东南亚的转移也非常明显，越南、孟加拉国都开始成为纺织服装出口大国。如果说越南纺织服装行业的出口贸易是龙头，那么其供应链的腰部和更长的尾部，基本盘踞在中国。

美国正着力于减少对中国供应链的依赖。2017 年，中国占美国贸易总额为 16%，到 2022 年下降至 13%。作为曾经最大的贸易伙伴，2023 年上半年，中国降为美国的第三大贸易进口国，墨西哥和加拿大分别排在第一和第二。

尽管中国制造的优势看起来有所下降，但是中国的纺织服装出口总额是越南和印度的数倍。中国纺织服装出口额在全球占比超过 1/3，美国进口的纺织服装有 1/3 来自中国。正因为如此，在反对美国政府提高进口关税中，纺织服装行业的商会组织也起到很大的作用。然而这种缓冲作用会随着更多替代国家的崛起，变得越来越微弱。

2022 年越南纺织服装出口额达到 440 亿美元，位居全球第二，而位居第一的中国出口额达到 3 233 亿美元。体量差距大只是一方面，越南的服装产业升级还受到供应链不完整的影响。如果只讨论纺织服装行业的出口总额，就会掩盖其中很多重要的细节。只有从供应链的角度，才能看清楚国家之间贸易数字背后的财富导图。纺织服装行业大致涉及纺纱、编织、印染、缝合等环节，其中仅印染就包含八大类产品。供应链的各个环节难易程度各不相同，受到重化工、机械装备等多个交叉行业的影响，而越南完全无法独自搞定供应链的所有环节。该国纺纱、制衣能力较强，但在织造、染整能力等关键增值环节则有较大欠缺，因此仍然需要借助中国的供应链来实现。

这也促使中国企业加大在越南的直接投资。供应链跨越国境，情况变得更加复杂。越南的纱线被运往中国进行纺织和印染，织好的布料被运回越南国内的服装厂缝制。越南纺织业 55%~60% 的辅材供应均来自中国，特别是服装原材料、纱线、布料等。这也使得 2022 年中国纺织面料、化纤等产业链配套产品出口成为重要的增长点，物流自然是去往东南亚。

很显然，如果只是看出口数据，而忽略产业形态的构成，就容易产生认知错觉。孟加拉国也是全球重要的纺织服装出口国。纺织产业是孟加拉国主要的产业之一，产值占总 GDP（国内生产总值）的 13%，而出口占比达到了惊人的 85%。虽然孟加拉国拥有 2 000 多家纺织厂和 6 000 多家成衣加工厂，但整个供应链却是支离破碎的。它的棉花严重依赖进口，作为全球第二大棉花进口国，国内棉花产量仅能满足需求的 1%。从整个链条看，孟加拉国的纺织环节较为完善，但是在纺纱、织造、印染等环节则有较大的缺口。

印度是全球第二大纺织服装生产国，纺织服装行业对印度 GDP 的贡献率为 2.3%。原料丰足，纺纱业发达。整个产业高度多元化，供应链相对完整。这是一个基础比较健全的国家。纺纱设备已基本实现本土化，但在纺织机械设备领域非常依赖进口。机电设备一直是印度的弱项。就轻工业与装备制造的平衡度而言，印度还需要很长的时间弥补差距。

纺织行业的供应链，正在全球扩散。对于急于寻找产业新基地的欧洲而言，土耳其成为极具地理优势的国家。土耳其的纺织服装行业占 GDP 的 5.5%，纺织原料相对完善，但是机械设备严重不足，本土供应链无法支撑。

这些正在充当纺织产业急先锋的国家和地区，除了半成品短缺，机械设备也非常依赖进口。这也正是近两年中国纺织机械设备大量出口的原因。中国纺织机械主要出口至印度、越南、孟加拉国、印度尼西亚、土耳其等国，印度是其中最大的市场。印度纺织机械制造业除纺纱设备外，尚无足够的能力满足本土需求。在越南纺织机械制造业市场，中国制造的设备占比同样可达到 42%。

在纺织行业的贸易顺差占比减少的时候，可以看出中国纺织机械也开始发生变化。由于高端设备一直从国外进口，以前纺织机械常常存在贸易逆差。2019 年开始，中国纺织机械也开始大量出口，这一年贸易顺差达到 4 亿美元。随后开始加速，到 2022 年，纺织机械贸易顺差约 23 亿美元。中国纺织机械的大量出口支撑了东南亚纺织基地的建设，也为中国的贸易顺差做出了贡献。供应链的痕迹变得更加明显，在贸易统计报表中越发凸显了自己的存在。

这些纺织服装行业的基地，往往面临着无法独自组局的局面：或者原材料短缺，或者机械设备无法自主生产，或者供应链参差不齐。在一段时间内，这些基地就像卫星一样，仍然围绕中国供应链在旋转。但中国纺织服装行业也面临一些问题，比如人工成本上升、环保压力等。纺织服装在很长一段时间一直是中国赚取外汇最多的行业，一定不能被看成是可以自由迁移的低端行业。相反，需要加大投入，继续保持高水坝对低池塘所形成的压强差。只要东南亚、印度和土耳其无法追平供应链的效率，这种以中国纺织基地为中心的“供应链卫星模式”就会一直存在。

值得关注的是，在纺织服装与家具行业的基础上，越南也开始布局电气设备、机械设备等领域，而机电产品恰恰是中国制造极其重要的腰部。2022 年，中国机电产品出口额超过 13 万亿元，占出口总额的 57%。这是中国制造的锚。而在越南，出口额超过 100 亿美元的八类产品中，名列前三的手机、电脑和机械设备都达到了四五百亿美元的规模。越南已经熟练掌握摩托车的阀门配件以及压铸件机加工设备，这些产品是通向机电产品体系的重要关卡。可以说，越南制造的产业增长基础，已经发生了结构性的变化。跨国公司主动寻求供应链的搬迁，也在加速这个进程。

在培育越南产业链方面，中国厂家也是急先锋。它们在中国积累的经验，也会逐渐复制到越南。一个重要的事实是，即使向海外有所转移，大部分仍是中资企业在承接。全球最大的针织代工巨头浙江宁波申洲服饰，是耐克、阿迪达斯、优衣库和彪马的主力供应商，2022 年营收近 278 亿元。2005 年它在柬埔寨设立工厂，开始在东南亚布局，并在 2014 年投资越南，陆续布局面料厂和成衣厂。2022 年，这两个国家的中国员工数量超过 3 万人，占整体员工数量的 30% 以上，而产能也大约为整体的 30%。未来，这一数字将达到 50%。这也正是商场里耐克卫衣的标签从“Made-in-China”变成“Made-in-Vietnam”的原因。然而，这些产品大多由申洲服饰制造，而很多面料和辅材也来自中国。

原材料和人工是服装企业两大重要的成本。沃尔玛曾经提出“美国灯塔”计划，就是为了寻求美国服装和纺织品公司实现回岸制造。但原材料的可获得性和劳动力的高成本，阻碍了这一点。美国盛产棉花，但缺乏纺织品生产所需要的纺纱厂、织布厂和印染厂。虽然其在亚洲低成本国家和地区实现了突破，但中国仍然是最大的布料供应国。供应链虽然发生了迁移，但很多领域就像扔出去的飞镖，飞旋一圈后仍然回到原有的制造商那里，只是地域属性发生了变化。

并非只有纺织服装行业如此，极具供应链优势的中国光伏产业，也在东南亚国家安营扎寨。从 2012 年欧洲和美国发起旷日持久的反倾销开始，规避反倾销关税的中国光伏厂家就已经陆续迁到越南、泰国等地。这也代表了供应链转移的两种动因：一个是成本驱动，另一个是打破贸易壁垒。近年出现了第三种情况，就是跨国企业为了避险而要求供应商进行强制性迁移。苹果、戴尔等公司明确提出了供应链迁移的计划时间。如果迁移顺利，将能保证更多订单，否则就会减少。这种高高举起的“皮鞭订单”，也使得供应链迁移不再是简单的溢出问题，而是被迫迁移。供应商在海外的生产基地重新汇集，依然是中国制造能力的另外一种形式的输出。这种主导地位还可以持续多久，取决于本土供应商的崛起速度。这也意味着中国既有的供应链体系呈现出强大的支撑弹性，使得曲线出口依然在可控范围之内，然而这种弹性缓冲预计只能保持一段时间。**在这样的窗口期内，如何设计富有张力的兼顾国内与海外的混合供应链，还需要有更宽广的格局。**

要设计面向未来的供应链，就需要思考全球化是如何发展到这一步的，以及未来将发生何种变化。

第二节　全球化 1.0：供应链的集中式生长

松绑：美国制造的分解

作为昔日全球制造份额最大的国家，美国在推动全球化进程中起到了巨大作用。经过越来越专业化的分工，诸多国家在合作中形成了命运共同体。但供应链的格局，则是精心设计的结果。它具有完善成熟的“骨架”，可以通过形态加以分别。比如“离岸制造”（Off-shoring）这个概念，就很好地解释了“制造外包”这种指向。

“离岸制造”意味着走向深海，从中可以简单地表明这种方式的设计者一定来自海权国家。它有着明显的海权中心的影子，也充满了开放的态度。当发达国家将看上去并不挣钱的生产基地分解到全球各地的时候，有了海权力量的保护，供应链就有了开放空间的属性。可以说，全球化企业是以供应链向外伸展的方式来扩充自己的力量。在这种情况下，空间地理的相关性并不重要，效率至上才是优先法则。

生产过程彼此分离，生产环节分散到各地，供应链的价值开始凸显出来。在供应链全球化的带动下，中间产品和半成品在各大洲之间穿梭。这跟以前以制成品贸易为特征的商品全球化流动有着很大不同。

更加松散意义上的全球化，可以追溯到更早的时间，包括两次工业革命时期英国、法国、美国、德国、日本等国家的崛起。1950年，美国的制造能力大约占全球的40%。在随后相当长的时间里，全球化无疑都与美国制造的布局紧密相关。

从20世纪70年代开始，处于巅峰的美国制造开始出现不可逆的变化。1971年，美国制造第一次出现贸易逆差，除了1975年有过一次反弹，一直呈现加剧的趋势。与此同时，美国的就业人口数量在1979年达到高峰之后，就开始扭头朝下。这意味着美国正在将制造不断外包给其他国家的工厂，其中，亚洲工厂是主要的受益者。

彼时，日本汽车、家电产品也正在大举进入美国市场。日本凭借强大的制造能力，在美国市场取得了它在军事上无法取得的优势。日本汽车是美国市场尤为青睐的产品之一。借助石油危机引发的节能潮，经过多年耕耘的日本汽车终于一举成功占领美国市场。而钢铁、纺织、家电、消费电子产品等，也在分头大举进入。

日本产品的质量与价格优势，让美国陷入一片恐慌。美国将迎接日本制造的挑战作为紧要事务。各种针对性的贸易政策和制裁手段纷纷出炉，公众甚至出现打砸丰田汽车的激烈事件。然而，美国的跨国企业已经意识到，仅仅依靠本土制造，是很难击败这个竞争对手的。

重视资本市场效率的美国华尔街，逐渐看轻笨重的工厂，极力鼓吹脱离制造的轻资产运营。跨国公司成为急先锋，纷纷剥离代表重资产的工厂，此后制造和设计开始分离。以生产要素的广泛分离为特征的国家化分工制造，才是真正意义上"全球化"的开始。

1984 年诞生的戴尔电脑公司，迎合了资本的口味。作为当时高科技产业的热门代表，电脑这类产品完全采用直销模式，因而无须自有工厂。戴尔将设计与制造分离，制造交由品牌商以外的制造商来负责。像戴尔这样的公司，只需要将供应链看成是公司的一个外部插件。而离岸制造则将这些插件进一步推离本土，在全球寻找最适合它的土壤。轻便且容易运输的电子产品，成为率先向全球移动的突击队。新兴的电脑产业，将全球化的起步速度大大提高。

也是在这个阶段，半导体行业极具里程碑意义的事情发生了。1980 年，美国国防部高级研究计划局（DARPA）提出了"芯片制造"的革命性概念，使得设计可以与制造分离。在此之前，芯片的设计与制造都是在同一个工厂完成的。芯片的早期推动者，英特尔、仙童、德州仪器、IBM（国际商业机器公司）等都是采用了一体化集成的方式。而设计与制造过程的分离，将芯片的高速发展推向了更广阔的空间，人们不必集中在一个地区完成所有的事情。在美国学者克里斯·米勒撰写的《芯片战争》一书中，这被称为“谷登堡时刻”，就像德国谷登堡印刷术对于信息传播的巨大作用一样。

具有讽刺意味的是，这种芯片设计与制造的分离，本来是为了应对来势汹汹的日本半导体的崛起。此时，日本6家半导体公司将存储芯片DRAM的制造优势发挥到了极致，将英特尔、德州仪器、IBM等大量的美国同行挤出了赛道。日本的本土设备制造商，如佳能和尼康，它们的光刻设备也顺势成长。对美国而言，日本芯片成为当时极具威胁的力量。

芯片设计、芯片制造各自成为相对独立的产业，供应链也开始进行分离。这种分离促使半导体成为全球化烙印非常深刻的一个行业。它也使得芯片行业后起之秀美国高通（1985）、ARM公司（1990）、英伟达（1993）的高速发展成为可能。在全球化发展的同时，专业化分工得到了极大的膨胀。半导体是全球化最典型的行业之一，专业化也是非常彻底的，在每个细分领域都形成了垄断。而1987年创立的台积电，在那个时候不过是火山般喷发的半导体行业中的一束火苗。

几乎没有人意识到，新的专业化分工时代开始了。直到很久之后，人们才能看清楚这种分工的意义。台积电成立33年之后，成为亚洲最大、市值最高的公司，这一巨大的成功也使它陷入供应链争夺的旋涡。为了打败日本对手，美国处心积虑地推动芯片行业实现设计与制造分离，然而多年以后取得的成功带来了新的焦虑。美国极力修复制造被分离之后所留下的创伤，拥有晶圆生产能力的台积电和三星成为被再三拉拢的对象。供应链形态多变，常有意外发生。三十年河东、三十年河西，总会再出现巨大的分水岭。

没有工厂的戴尔电脑诞生了，1985 年只做设计的高通诞生了，1987 年只做芯片制造的台积电诞生了，它们共同见证了美国产业开始浩浩荡荡向外转移的一幕。“制造”已经被贴上不受欢迎的标签，离岸制造外包导致供应链向四面八方扩散。作为追求高利润的先锋，美国制造商主动参与设计，推动供应链在流动中寻找价值洼地。人力成本低的优势使得亚洲成为最好的承接地。“四小龙”应声而动，利用了这次发达国家向发展中国家和地区大量转移劳动密集型产业的机会。而在 20 世纪 70 年代之前，这些国家和地区基本是以农业和轻工业为主导的。

这 4 个国家和地区开始推行出口导向型经济战略，一路接手了以美国的纺织、服装、玩具为代表的劳动密集型加工产业，随后继续推动产业升级，发展了电子、家电、半导体、汽车等技术密集型产业。供应链整体搬家，伴随着大量的资金和技术与本地廉价但好用的劳动力相结合，“亚洲四小龙”被缔造出来，继日本之后迈向发达国家和地区的行列。

日本汽车在 20 世纪七八十年代国际市场的崛起，被看成是从车间现场赢得的胜利。日本工厂延续工程师视角，进行了卓越的改造。麻省理工学院教授们对丰田汽车的生产方式展开调查，并命名为“精益制造”。这震动了美国产业界，精益生产的理念被车间广泛借鉴。

然而精益制造对供应链的革新往往容易被人忽视。这一点历经很长的时间才被人们发现。无论是美国还是欧洲的汽车制造商，都在反复实践之后意识到一个深刻的教训，那就是在全球推广丰田汽车精益制造的理念，其实是非常难的。丰田开放了所有的要点，并且展示了清晰的理念，包括“看板”、“自働化”（Jidoka）、零库存生产等。

但是对于精益制造的拥戴者而言，只学习这些理念是远远不够的。丰田所具有的能力，其实还隐蔽地根植在一个复杂的供应链系统之中。丰田在名古屋经营多年，跟供应商形成了一个复杂决策的“巨系统”。工艺设计、质量管理、生产调度，都成为巨系统的一部分。名古屋这座汽车城，早已被“调教”成一个适应丰田生产方式的供应商体系。简单地将精益生产理念从城市“挖走”，根植在另外一个地方，其实并不容易存活。供应链的作用被折叠了。

这是日本制造经过长久实践而获得的能力。为了应对激烈的竞争和贫乏的资源，日本制造开始形成将原有的部分岗位变成外部企业的趋势。这跟福特汽车在胭脂河工厂实行的垂直一体化几乎包办所有环节的方式大不相同。日本形成的是一种外部分包的制度（日本称之为“下包”），让发包方与供应商紧密结合。早在 1959 年，丰田汽车就开始跟供应商密切合作，从价值流的角度，分析一切可能节省成本的地方。组装厂与供应商共同解决问题的方式成为惯例。这种方式开始在日本的电子、电机、仪器等行业扩散。在这个时候，日本整个制造界都陆续启动了层层外包、层层利益共享的实践。一级外包企业负责管理二级外包企业，二级负责管理三级。供应链的等级制度由此形成。

这不仅仅是外包形式的变化，它还同时带来了供应商之间的新关系：确定价格是核心。在 1983 年的一次调查统计中，83.4% 的日本企业回答“价格是双方商谈后达成的”。双方从不对等的关系，转向共同解决问题。供应链变成一种文明的伙伴关系。

然而一级主力分包商的分层思想，在欧美仍然不入流。供应链集中化管理的价值并没有受到重视。1987 年，美国通用汽车公司与

12 000 家厂商保持着原料和零部件的供应关系，另外又与 25 000 家服务商进行"直接交易"。[①]需要处理如此多的供应商，使得美国整车厂已经陷入细节管理的泥沼。日本成熟的供应链分层管理方式终于受到重视，福特、雷诺、宝马也都开始行动起来。1988 年奔驰汽车才计划与众多非关键零部件供应商脱钩，将责任集中到系统组件厂商的一级外包企业。汽车行业的 Tier1、Tier2 的供应商等级秩序，因此得以确立。

供应链的秩序，终于在欧美最重要的汽车行业得以确立。可以说在进入 20 世纪 90 年代的时候，美国制造已经做好了供应链的解耦准备。1990 年之前美国企业在谈论"全球竞争"的时候，其实还是针对日本和欧洲企业在美国本土进行竞争。[②]在此之后，全球竞争开始走向更广阔的战场。

制造过程的各个环节之间已经开始松绑，围绕分工而形成的全球化即将拉开帷幕。1993 年，美国对中国贸易逆差占美国贸易总逆差之比仅为 3%，加入 WTO 的 2001 年，该比例为 8%。这个比例逐步增加，在 2015 年前后达到了 50%。这意味着全球所有其他国家形成的对美贸易顺差，大约和中国持平。这是一个值得注意的数字和年份。

基于供应链视角的全球化大概可以分为两个阶段。第一个阶段从 1992 年到 2015 年，我们可

① 西口敏宏. 战略性外包的演化：日本制造业的竞争优势 [M]. 范建亭，译. 上海：上海财经大学出版社，2007：174，179，187.

② 加里·皮萨诺，威利·史. 制造繁荣：美国为什么需要制造业复兴 [M]. 机械工业信息研究院战略与规划研究所，译. 北京：机械工业出版社，2019：123.

以称之为“全球化 1.0”；第二个阶段从 2016 年开始至今，我们称之为“全球化 2.0”。它依然处在变化和成长之中。

同步：全球化与信息化的到来

20 世纪 90 年代，全球化的资本流动开始明显加速，印度敲响了这个钟声。1991 年，处于严重经济危机之中的印度进行了一系列改革，极为重要的是实现与全球经济接轨。它开始允许外国投资者进入，开创了经济自由化模式。这意味着国外资本在印度的投资可以自动获得许可，资本开始向这个交易成本的洼地流动。这个濒临崩溃的人口大国，趁着融入全球化进行了重大调整。

繁荣的物流景象也能反映全球化进程，平静的海面上行驶着忙碌的货船，海面之下正在酝酿新的力量，那就是海底光缆。从 1970 年到 1990 年的短短 20 年，异军突起的光纤打败了铜材料，实现了长途通信的革命。光纤成为连接长途电话中转站的角色，而且将从城市局域网一直延展到跨洋长途光纤。[①] 至此，以光纤作为跨洋通信基础的全球化，才能够真正开始。以互联网为基础的全球信息平权时代，也徐徐拉开帷幕。1992 年，跨太平洋 4 号电缆 PC-4 连接美国和日本，是全球化极具象征性的节点。信息流的传

① 约翰·奥顿．半导体的故事 [M]．姬扬，译．北京：中国科学技术大学出版社，2015：296.

递，被附加在物流之上。跨洋电缆对北美和亚洲之间货品往来的物流而言，有了更强大的控制神经。距离和时间，都不再成为沟通的障碍。第二年，中国第一条国际海底光缆——从上海南汇到日本九州宫崎的中国到日本（C–J）海底光缆建成。它的通信能力是 7 560 条通话电路，这是 1976 年建成的中日海底同轴电缆能力的 15 倍。

此时的中国，正在为融入全球化的通信网络世界积极做准备。在 20 世纪 90 年代，中国建设了近 20 条国际海底光缆。广袤的海洋形成了巨大的物理距离，但就信息流而言，光缆则将这些距离清零。中国与全球的信息开始同步。高容量光缆的带宽，让信息流动以空前速度发展。PC-4 跨太平洋的带宽频率，在此期间从每秒 0.56GB（吉字节）一路跳升到每秒 640GB，10 年间增长了 1 000 倍。[①] 信息高速公路一直在扩容，在海面之下不动声色地承托起陆海空繁忙的交易，以及各个制造基地之间频繁的信息交换。外包、离岸制造被看成是优秀的管理手段，受到经营者的追捧。信息技术也开始崭露头角，它影响了企业家的管理理念。

离岸制造确立了一种完善的商业模式。跨太平洋通信使得贸易与决策信息可以被即时传递，加上空运和海运的有机组合，使得低成本的制造和高效率的贸易网络二者有机地结合起来。但更

① 约拉姆·科伦. 全球化制造革命 [M]. 倪军，等，译. 北京：机械工业出版社，2015：9.

重要的，还是面向管理者的信息化软件的支撑。

此时的企业信息化已经开始展现巨大的力量。独立的企业资源管理软件 ERP 公司德国 SAP 以模块化、共享数据库的形式，提供了全新的信息化支撑。任何一个部门进行数据更新，其他部门也会实时更新。这意味着企业各部门协同处理信息的效率大大提升。SAP 这种打通企业各部门之间信息壁垒的信息化技术，改变了企业组织生产的形态。正是这一点，支撑了美国戴尔能够采用直销的模式进行生产。先订单后制造的模式，决定了它可以将制造工厂迁移到任何离用户最近的地方。而生产组装销售周期，则从 22 天缩减到 3 天时间。没有信息化系统，是不可能支撑供应链如此高效的。1989 年，Oracle 首次发布面向制造应用的库存管理模块，这是它面向制造业 ERP 软件的开始。SAP 和 Oracle 成为日后全球制造业最受欢迎的两大 ERP 软件。

信息技术使得管理者似乎拥有了无坚不摧的武器。1993 年出现的企业再造理论，完全迎合了这种技术思维与管理理念的结合。管理学家已经为企业家准备了砸碎传统流程、果敢拥抱全新流程的各种武器。供应链渐渐变成企业家手中的利器，只需要做好设计和品牌营销，将琐碎、无聊、危险的生产外包出去，就可以实现财富的集聚。而企业和机构之间只需要控制供应链的接口，用订单、信息、物流就可以相互紧密地嵌合在一起。这真是完美的商业模式。

商业的本质就是高效。如此依靠外部组织结构所形成的嵌合，需要高度精确的对接和控制。成本、质量、交期，样样都不能出差错，一定要有合适的承接地。**供应链就像是奔腾的洪流，四下散开去寻找最稳妥的巨大洼地。**

联手：制造能力与知识经济交织的繁荣

以“亚洲四小龙”的分工作业为代表的全球供应链体系，使20世纪90年代的全球化有了初步的形态。尽管这依然是局部的全球化，但制造外包、供应链四处安家，已经证实了经济上的可行性。

1998年，亚洲金融危机是东南亚作为供应链基地的一个转折点。它意味着体量小、市场容量不足的国家，还不足以成为全球化的支点。不过，2001年中国加入世界贸易组织可以看成是全球化走向成熟的标志性节点。全球最有效率的产业工人对摆脱贫穷的渴望，加上地方政府的有效运转，承接了这股喷涌而来的巨流。此前供应链在东南亚生产基地的流动、“亚洲四小龙”的崛起，似乎都只是序幕，中国制造正式唱响了全球化的主旋律。

只是当时人们还未意识到这件事情的全部意义。2001年，中国GDP总量约为美国GDP总量的1/8。人们需要等到20年以后，才能看清楚这一分工的意义。2022年，中国GDP总量是美国GDP总量的70%。中国全部工业增加值突破40万亿元大关，占GDP比重达到33.2%；其中制造业增加值占GDP比重为27.7%，占全球制造业比重接近30%。而美国制造业增加值占GDP比重以及占全球制造业比重分别约为11%和17%。2009年中国制造业增加值成为全球第一之后，就一直保持强劲的增长，制造业规模连续13年居世界首位。

不过，美国也是巨大的受益者。全球市值排名经常位列第一的苹果公司，90%的手机制造是在中国工厂完成的。从2014年起，连续9年排名世界500强第一的沃尔玛，在中国的供应商达到了20 000家，每年从中国采购的商品总量占全球采购总量的70%左右。而市值超过德国大众和日本丰田总和的科技明星特斯拉，2022年在中国市场的电动汽车销量占全球总销量的40%。特斯拉设在上海的超级工厂全年交付超过71万辆，占比高达54%。

美国这些顶级财富都建立在中国供应链的基础之上。中国不仅提供了市场，也提供了强大的制造能力。这是美国设计与中国制造联手所赢得的胜利，二者形成了系统性嵌合。

如果从股市的总市值来看，美国形成的资本财富是遥遥领先的。1990年，美国排名第一，达到3.09万亿美元，仅仅比排名第二的日本多出100亿美元，差距可以忽略。中国股市刚刚起步，中国企业的市值只有20多亿元人民币。然而到了2020年，美国为44.5万亿美元，是排名第二的中国的4倍，也是日本企业市值的6倍。日本企业被甩在了后面。

可见，全球化分布制造让中国变得更强大，让美国变得更富有。

如果说中国制造之所以发展，得益于中国是全球供应链的中心，那么将供应链外包出去的美国，它的经济增长靠的是什么？美联储前主席艾伦·格林斯潘在《繁荣与衰退》一书中给出了一种解释：美国GDP的增长，已经脱离了跟实物之间的联系。

从1980年到2000年，美国实际GDP翻了一番，但消耗的非燃料原材料却基本保持不变。2000年以后，美国单位GDP所消耗的单位矿物商品（铜、铝、铁、镍、水泥等）显著下降。2019年，美国单位GDP能耗仅达到中国单位GDP能耗的45%。美国GDP在增长，但消耗的石油和煤炭却在下降，其主要原因是知识经济在发挥积极的作用。

信息技术本质上加速了思想和知识的传播，产生了比制造业更大的增量财富。这就是为什么美国的谷歌、苹果、脸书、微软创造了惊人的市值，而传统的工业巨头如通用电气、波音都只能排在后面。美国资本也对此做出了选择，2022 年软件行业继续在风险投资领域占主导地位，约占美国所有风险投资的 37%，而面向 IT 硬件设备的风险投资仅占 3%。

信息技术让知识更值钱，也可以让 GDP 增值，而且无须消耗更多实物，而这些实物承载在供应链中。**全球化分工带来了信息高地和制造洼地的价值交换。**

跨国企业成为模糊民族国家界限的一股非常强大的商业力量，而供应链就像藤蔓一样，将这股力量蔓延到各个角落，它需要充足的养分。美国是推动供应链洪流的主导者，中国就像一个超级盆地，满足了美国的需求。如果说全球供应链的力量是一个变化的函数式，那么最大的变量无疑是美国和中国。

全球化是人类社会组织在全世界范围内跨地区膨胀深化的现象。[①] 它所形成的跨地区连接，其实也是权力关系的延伸，包含政治、军事、金融和制造体系。就制造视角而言，供应链是全球化最有力量的触角。

然而，全球化的形态在 2022 年有了非常明确的变化。疫情对生活的影响到 2022 年底已逐渐消散，但对供应链的长远影响却愈加明显起来。供应链过度集中的问题，被视为一种影响

① 木村诚志. 赶超或升级：日本商用飞机产业的后发挑战 [M]. 彭英杰，孔子成，等，译. 上海：上海交通大学出版社，2022：5.

未来的不安因素。

美国在 2022 年接连出台了三个与产业政策相关的法案，这对于信奉自由市场经济的美国来说是非同寻常的举动。这些法案连同更加严厉的制裁、脱钩、围堵等手段，都指向了中国。

俄乌之间的冲突彻底打破了欧洲廉价能源的格局，这给欧洲工业的未来蒙上了浓重的阴影。

这些事实，让既有的供应链自由化布局受到重击。廉价且自由流动的全球化开始受到质疑，**供应链主权的意识也飘散过来。一种全新的“地理再发现”的全球化模式开始出现。**供应链的专业化、集中度和高效率，一度是全球化的极佳刻度尺，但这种思路似乎走到了尽头。

第三节　全球化 2.0：供应链的分布式工厂

布局：“地理再发现”

跨国公司的供应链迁移，不是基于财富增长性的不足，而是基于对财富再分配的恐惧。美国依然是维持供应链秩序的主要操盘者，它通过设定供应链上的价值节点分配，从而保持整体的控制权。这也正是发达国家所谓“基于规则的国际秩序”在工业领域的体现。世界贸易组织作为全球化的基石，从 2016 年开始就受到巨大的冲击。美国极力推动双边贸易，来取代过去久经考验的多边市场，这离不开对供应链的控制。供应链主导权的争夺，是贸易交锋背后的主战场。

企业之间的国际供应链，本来是自由发展、效率至上的逻辑，现在变成了安全至上的国家竞争。国家间的供应链角力，开始被严肃看待。国家效应这个被折叠的因素开始活跃起来。当供应链的安全变得需要捍卫的时候，“战争思维”难免会出现，人们再也不能按照20年前的全球化分工原则以及惯例行事了。在海外和本土的生产基地，一场“供应链去中国化”的争斗已经展开。

2023年，飞往墨西哥各个大城市的飞机上有很多中国面孔。前往此地并非易事，签证往往一证难求。在这些活跃人士中，有大量的汽车工程师前往新莱昂州的蒙特雷等城市。墨西哥汽车在这里聚集生产，尤其是新能源汽车正在这里扎堆，大批来自中国的汽车零部件企业也在这里创建。不到一年的时间，已经有十多家汽车铝合金压铸件的上市公司，在墨西哥进行投资或者扩增工厂。由于当地工程师非常缺乏，于是大量的中国工程师就会到这里进行手把手的帮扶。

而就在2023年3月，美国50多家跨国企业的领导人也高调现身越南。美国正在成为越南最大的出口市场。这个日益兴起的东南亚制造业中心吸引了来自国防、飞机、金融、互联网等领域公司的注意力。

频繁的商务活动正在改变供应链的面貌。制造基地应该在哪里落脚，成为美国尤为关心的话题。

离岸制造开始成为跨国企业极其重要的经营武器，它也对美国产生了新的冲击。制造基地如果远离创新源头，就会大大损伤创新的活力。由于很多创新都发生在初创公司或者小公司，而这些公司需要依赖良好的供应链才能快速做出产品并进行迭代。当供应链上成本变得昂贵的时候，产品的开发就会拖延，成本也不可接受。一个美国公司打算为美国先进功能纤维制造创新研究院提供让衣物面料坚挺的硬化剂，需要快速风干的胶水。它采用定制的配方，需要用不同的胶水反复测试才可以完成。这个初创公司所在的小镇没有胶水供应商，那么这里就会缺乏化学粘接的知识。而千里迢迢邮寄来的胶水还需要进行改良才能适用。受限于简单的胶水，这家硬化剂制造商就很难往前走得更远。这些从产值来看不值一提的胶水，或者特殊的自锁螺钉厂商，都会拖累初创公司那些富有新意的创新能力。

将制造重新拉回美国本土的“回岸制造”呼声一直很高，尽管它被浮夸地称为“再工业化”，但只不过是将一些大型工厂在本土落地而已。然而回岸制造的难点并不在于一两个大型工厂的回归，而在于它周围的生态是否足够强健。任何一个工厂都不能独自建立起来。**一个投资巨大的大型工厂，如果周围没有如毛细血管般存在的供应商，也没有训练有素的劳动力，那么这样的制造是很难有竞争力的。**

20 世纪 80 年代美国的钢铁、机床、家具、家电等制造行业都在加速离开，带走了周边的供应链。这些多年来逐渐“硬化”的土地，也很难真的再将制造业带回来。而现在，“近岸制造”（Near-shoring）成为美国政府的一种选择。作为美国的近邻，墨西哥是“近岸制造”快速成长的典型。2023 年墨西哥已经成为美国最大的贸易伙伴，其中也有中国制造的背影。墨西哥大量产品来自中国，实际上中国已经成为墨西哥的第二大进口来源国，仅次于美国。在墨西哥，中国的投资也在快速增长，已经有 1 300 家中国企业入境投资。浙江华立集团擅长在海外建造工业园区，它在墨西哥的华富山工业园成为中国制造新基地。国内办公家具行业的龙头企业圣奥和青岛海信，也都在这个工业园。墨西哥传统的电子、汽车和服装产业，借着“近岸制造”的加强而得到极大提升。墨西哥供应链的繁荣，正是“近岸制造”的一个样板。

这种供应链的落地制造，只是硬币的一面。另一方面，为了确保对于重点技术的把控，美国也在推动一种“友岸制造”（Ally-shoring）的策略：按照价值观来选择供应链队伍。2020年5月，美国国际开发署官员提出“友岸制造”的说法。一年之后，美国政府发布供应链百日审查报告，正式采用“友岸制造”的概念。涉及关键矿产资源的供应链受到重点关注，包括电动汽车的上游矿产资源，以及军工行业不可缺少的稀土元素等，自然还有芯片，都成为“友岸制造”的重点。“友岸制造”推动选择性的技术联盟，并以此划分供应链围栏，商业上自由流动的合作伙伴变成了一种俱乐部会员制。

这些对于生产基地的各种想法，意味着全球供应链形态正在重塑。原有的供应链体系就像开始缓慢启动的大陆架，沿着新的地理方向，寻找新的落脚点。

移动：从哪里开始

关于一个国家或地区的产业转移，人们往往从简单的分类逻辑进行推理。劳动密集型产业，例如纺织服装、家具行业等会先发生转移，这类产业往往对劳动力成本极其敏感；技术密集型产业，如汽车、航天航空或者通信设备，则转移速度很慢；而资源密集型产业，自然极难转移。

然而这种简单的分类其实无助于理解供应链的迁移，它有着更复杂的影响因素。一个产业的供应链，不能只被视作一个整体，而要拆开进行分析与选择。有的供应链很容易迁移，有的则难得多。一般而言，纯零部件组装的容易发生迁移，但涉及化学过程、工艺复杂的则更加依赖周边的环境。哈佛大学商学院教授加里·皮萨诺等人曾经给出一个确定研发与制造是否容易分离的模型。它通过产品模块化程度和工艺成熟度，将产品分为 4 类：工艺驱动式创新、工艺嵌入式创新、纯工艺创新和纯产品创新。工艺成熟度高、模块化明显的纯产品创新，如电脑就很容易分离，但相反的工艺驱动式创新，如纳米材料就很难移动。这种模式对于判断产业属于易于流动的“浮萍类”，还是很难撼动的“老树根类”，会有很大的帮助。

消费电子产业可以看成是一种典型的“浮萍类”产业，它远远不如其他行业稳固。由于它的零部件比较小，运输成本低，因此比较容易四处移动。它的零部件研发也来自全球各地：美国提供了创意研发和芯片设计，日本提供了电子零部件，中国大陆提供了大量的模组并且负责装配制造，中国台湾提供了大部分的芯片，马来西亚成为封装基地，而制造设备主要来自美国、日本和荷兰。

在这样的分工过程中，往往先移动的就是装配制造。它可以在其他部件产地不变的情况下，变换生产基地。唯一可能受限制的，就是它需要大规模有组织的劳动大军。

服务器产业是一个容易捕捉到迁移迹象的样本。中国大陆服务器的制造数量，已经从 2019 年的 90% 降低到 2021 年的不到 60%。这个下降趋势是惊人的。服务器的代工厂，几乎都集中在中国台湾。而超大客户则来自脸书、戴尔、亚马逊和惠普，还有浪潮、联想和华为等。这些厂商包揽了排在前 10 的客户名单。

从 2019 年开始，很多国外采购商都要求设计制造代工厂（ODM）的基地向中国大陆以外的地区转移。谷歌或者脸书等北美云端服务提供商所涉及的高等级的装配线，已经迁移到中国台湾和东南亚。除此之外，毗邻美国市场的墨西哥的服务器组装工厂，已经逐步安装新的服务器主板生产线。

这些台湾地区企业产能的急剧增长，跟中国大陆服务器制造份额的显著下降，形成了鲜明的对比。整个服务器供应链已经开始发生显著的地域变化。

为什么服务器可以率先“逃离中国大陆基地”？这跟它的产业形态有关。2022 年，全球服务器产量为 1 800 万台，主要是面向大客户的采购。由于服务器充满了定制，生产效率要求并不是很高。在很多工厂，会由四五个人组成一个生产岛，来完成不同订单的配置。服务器很多都是机柜，有着庞大的运输需求，因此一般都会安扎在更加靠近客户需求的地方。在笔记本电脑的生产过程中，主板占了绝大部分工作量。但服务器不同，它往往有很多主板，工作量更多是在最后的装配线上完成的。

墨西哥早期只是简单装配，比如电脑线缆、电源、硬盘、内存等。在这些岗位，工人往往三五天就能成为熟手，对技术的要求很低。但另外两种更高级的制造类型，也已经转入墨西哥。一种是重资产技术，比如贴片机（SMT）生产线，主要是因为设备投资比较高；另一种是复杂的机构件，如塑料成型、冲压成型、喷涂、烤漆等高技能，这对于墨西哥劳动力而言，初期会有比较大的困难。

相对而言，笔记本电脑下滑速度就慢得多。比如笔记本电脑类的电子制造，一方面产能很大，对效率要求非常高。联想的主力工厂合肥联宝，年产量将近 4 000 万台，平均不到 1 秒下线一台；另一方面，它仍然需要靠许多训练有素的劳动力，来完成很多无法自动化完成的工作。从生产能力来看，中国台湾在全球服务器和笔记本电脑的生产中占据主力，贡献了国际品牌电脑代工的绝大部分份额。但就笔记本电脑而言，联想的自有制造能力立足于大陆。尽管联想是一个高度国际化的公司，在海外的销售额占比超过 70%，但它在中国的制造产能达到了惊人的 90%。这意味着有很多工厂，深深地扎根在中国大陆。这使得中国笔记本电脑制造的供应链形成一种可依赖的主心骨，容易留在本地。

服务器的制造，更容易脱离中国的基地。这是观察中国供应链受到侵蚀的一个窗口。品牌制造商对于产能转移的要求，是很难抗拒的。为品牌制造商进行代工的工厂首先移动，随之而来的就是上游供应商的依次迁移。

在苏州，当三星、戴尔电脑迁往越南的时候，上游的友达光电的液晶屏就会随之移动。友达光电还会要求它的背光液晶屏生产厂家（如璨曜光电）一起迁往越南。后者不得不专门在越南设立智能制造部门，建立全新的工厂。同样，作为焊接材料供应商的日本弘辉（KOKI）在昆山的制作工厂，也开始在越南寻找场地。在新的生产基地，KOKI 将复制昆山工厂的生产线，将来自日本的原材料进行搅拌，制作成不同的电子黏合剂。

这种受到链主要求的工厂搬迁，是一种无奈的供应链流动。它会形成一种多米诺骨牌式的连锁反应，每一家工厂都身不由己，很难独立决策。作为全球第二大连接器的美国安费诺集团，在中国建有多家工厂，一直保持着高效的生产模式。然而，即使这样的公司，也会被下游品牌商要求从中国搬迁产能，否则订单就会转移给竞争对手。而如果安费诺要移动，就会要求它的零部件供应商随厂搬迁。

如果到处都在拔萝卜，中国制造的土壤就无法一直保持肥沃。

这些留下的窟窿，并非立即可见。**供应链就像延时函数。对于外部的刺激，它需要几年的时间，才能显现这种空心化的结果。**

摆脱："火鸡思维"

一只火鸡每天都在固定的时间打鸣、吃食，对此它已经养成了一种惯性思维。直到感恩节这天早晨，等待它的是突然被宰杀，事情朝着意料之外的方向急转直下。面对每一天，人们容易不假思索，过往的经验悄悄地接管了判断未来的方向盘。惯性思维压制了警醒的思考，新的危险容易被置之不理。

很多人不愿意相信东南亚或者印度对中国制造的替代性，这些地方的种种劣势被反复提及。然而，跨国企业正在考虑那里，以便躲避危险的地缘政治危机。越南和印度，是中国制造面临的两个极为典型的竞争对手。

越南的人口不足一亿，甚至不及河南一个省的人口数量。这种人口规模似乎让人很容易忽视它，认为越南无法形成一个足够大的劳动力市场。越南国土狭长，位于该国北部的首都河内和位于南部的胡志明市构成了两大经济中心。越南的供应链很难横向扩展，形成绵延不断的支撑，而且它非常依赖中国南方的供应链。基础设施、电力、劳动力组织纪律性不足等，容易让人忽略越南制造的重要性。

火鸡思维使人们忽略了正在发生的变化。越南并不能取代中国成为下一个全球制造中心。任何一个国家要想全盘复制"中国制造"的成功经验，可能性都很低。但是对于中国来说，这些国家和地区交叉融合的供应链，会让大量的供应商迁移到那里。中国在越南的制衣厂所用到的化纤布边，有一部分来自日本东丽集团建在泰国的化工厂。填满一大张清单的全部选项会是缓慢的，但进度显然是可见的。

越南的增长并不缓慢，它已经成为中国制造出口的桥头堡，最终目的地是欧美。经过纺织服装行业的大发展，越南也有了积极的目标。它正在布局医疗设备领域，寻求将其作为汽车和电子产品之外的第三大潜在制造业支柱。它制定了医疗器械市场的目标，在2030年可以满足40%的手术室设备的需求。越南的大型企业集团在制造产业结构的升级战中表现得非常活跃。例如越南最大的房地产企业集团VinGroup拥有多项产业，在汽车、电子领域都成为越南制造的佼佼者。它旗下的VinFast电动汽车不仅在美国上市，还在墨西哥建立新的工厂。它与全球医疗器械巨头美敦力公司也开始建立合资公司，共同生产精密零部件。能够参与顶级品牌的复杂供应链，是每个国家都要迈出的重要一步。而极具特色的是，大型本土企业站了出来，完成了与跨国供应链的对接。

“全球化经济+集中化制造”的范式正在被修改。未来的全球制造，不会再围绕着一个“拥挤的世界工厂”而展开。快速反应的本地市场、数字化技术的发展都助推了分散式制造，世界各地的“分布式工厂”将开始繁荣。跨国公司未必会大规模撤离中国，但分散生产基地已经成为重要战略之一，这会削弱中国作为超级网络节点的优势。

为了应对中国的高效供应链，这些新工厂也找到一些现实的方法，“更多的库存”成为流行做法。库存很高，这是一种新的成本负担，对于在中国已经娴熟运营工厂的企业家而言，他们很难忍受这种浪费。但是，这就是供应链在迁移初期必然面临的阵痛。在越南，光伏组件制造商所使用的化学酸碱材料，在中国国内只需要备货一周的库存，更卓越的公司干脆做到零库存——背后依靠的是强大的供应链的支撑。而处于光伏产业发展早期的越南，组件制造商必须准备三个月的库存。只要下游供应商能够运转起来，供应链瓶颈就会被一点点消除。当化学酸碱材料工厂也搬到越南时，沉重不堪的高库存问题开始缓解，整个光伏产业的制造效率就会显著提升。

只要工厂的数量和规模在持续增加，就会带动供应链和技工的发展，不断生成新的能力。

大工厂会形成“领头羊效应”，吸引其他供应商的跟随。很多小工厂会逐渐围绕汽车整车厂来建立工厂。更多的企业一旦到来，就可以相互借力。池塘的水越来越多，除了大鱼之外，小鱼小虾也会让池塘生态丰满，生机盎然。

这些供应链的迁移已经完全不同于以前零敲碎打的单个企业行为，它呈现了集体移动的特征。超级工厂的模式开始遇冷，多元化供应链开始出现。对于中国而言，需要守卫并加强供应链，重新建立应对框架。

苏醒：制造的一极

印度人口庞大，难免会给人更大的想象空间。但复杂的宗教信仰、土地问题、多种制度约束等，一直在束缚印度制造业的发展。印度在 2014 年提出“印度制造”，当时计划到 2021 年，制造业占 GDP 比重从 15.1% 增长到 25%。然而，7 年时间过去，实际占比只有 14.1%，反而下降了一个百分点。

尽管印度经济在持续发展，但它丰富廉价的劳动力未能有效地转向劳动密集型制造业。在印度的产业结构中，工业领域吸引的劳动力就业是最少的。2010 年，有 49% 的劳动人口属于农业，31% 属于服务业。随后 10 年，有 10% 的农业人口投身到服务业，而工业人口占比几乎没有增加。

这意味着，中国高速发展模式中的关键环节，如“城乡二元经济”“城乡接合部”，在印度并没有发挥同等作用。在广大的农业人口中，中国呈现了亦农亦工、亦农亦商的混合身份，为工业储备了循序渐进的劳动大军和深厚的经济基础。这就像温铁军教授说的，印度很难模仿中国“自力更生，艰苦奋斗”来完成原始积累而成为工业化国家。印度唯一的希望，就是依靠外资。

然而，这并非印度的障碍。对印度企业家而言，他们也从来不缺乏国际化的思维。印度的 IT 产业在全球化过程中发展得非常快，班加罗尔成为美国信息化的重要合作伙伴，也是全球 IT 外包服务的大本营。而在制造业的国际化方面，印度企业则走上外向型的全球化发展道路。印度著名的大型企业塔塔集团一直坚持走国际化的道路，国外收入占比超过一半。它从 2000 年开始，陆续收购了英国茶叶公司、韩国大宇商务汽车公司等 20 多家企业，2008 年以 23 亿美元收购豪华汽车品牌捷豹和路虎，当时的国际声誉达到巅峰。当中国致力于成为全球供应链中枢的时候，占 GDP 约 6% 的印度第一财阀集团正在大力向外拓展疆土。

更加具有代表性的，是在国际化的价值洼地一路驰骋的全球“钢铁之王”安赛乐米塔尔集团。创始人米塔尔在 1998 年的全球钢铁大会上，提到在当时听起来惊世骇俗的“集中化和全球化”论断。他认为只有进行“两化”，才能避免周期性的大起大落而给钢铁行业带来毁灭性破坏。凭此信念，米塔尔集团四处收购，吞掉了欧洲曾经最大的钢铁集团安赛乐。

可以说，印度大型企业的全球化征途从未停下脚步，但彼时的全球化更多是向外拓展。

现在，印度开始熔炼本土供应链。原本外向型的印度跨国企业正在向内看，与外部涌进来的资本形成一种合力，推动“印度制造”的升级。而苹果引人注目的行动，则让印度成为电子制造的焦点。苹果决心将印度升级为一个不容忽视的代工制造基地，以平衡中国大陆压倒性的产能优势。印度在 2022 年第一次跟中国同步生产最新型号 iPhone 14，2023 年甚至连最新的 iPhone 15 的新品导入流程（NPI）也放在印度和中国分别进行。这是一个根本性的变化。

从工程化角度而言，NPI 是从试制到实现规模量产的关键一环。对于企业来说，它是极其精髓的研制环节。如果说研发是侦察兵，规模量产是野战军，那么新品导入就相当于特种兵。它同时执行二者的任务。新品导入本来是苹果上海研发中心的独门杀器。每年春季，苹果总部每周从加州飞往上海的航班上，都乘载着这样的工程师。这是苹果供应链的精英部队。

现在，这些工程师一部分人去往印度。中国制造的优势再次出现一个小裂缝。新品导入成功，意味着设计思路可行，就可以实现规模量产。后者考验的是产品良率，那就是一个学习曲线的问题了。以前，大量中国台湾工厂的工程师骨干在大陆提高产品良率；现在，大量中国大陆的工程师骨干前往越南和印度，他们会帮助印度解开这些复杂但绝非无解的规模量产的方程式。

随着苹果的代工商进军印度，供应商们承受着迁移的压力。苹果计划 2030 年在印度完成 30% 的产能，这几乎全部是从中国大陆迁移过去的，可谓是个此消彼长的过程。

手机制造提供了一个全新的视角来关注印度的变化。印度电子产业占全国 GDP 的 2.7% 左右，直接和间接带动就业 1 300 万人，出口额达到 117 亿美元。然而这正是印度电子制造大发展的起点。

在印度，很多新的现象正在发生。随着大量工厂建成，印度工人也在发生变化。印度几年前很少有女工，而现在各地纷纷打开大门，允许女工进入工厂。由于女性更细致、更有耐心，大量代工厂本来就更愿意雇佣女工。富士康印度工厂的女性比例甚至高达 90%，而无论是在河南郑州还是山西太原，都不可能达到这样高的比例。而且，印度劳动力技能水平也比较高，20% 的女工是大学毕业、受过高等教育的工人。印度钦奈的女工完成手机安装的接线速度，并不比中国深圳、东莞、昆山的工人慢。值得关注的细节是，很多中国员工在操作切换中会放下镊子，整理之后再拾起镊子。而印度女工则会将镊子夹在无名指和小指中间，无须切换，节省两个动作。这里年轻女孩的表现跟 30 多岁的熟练工人相比并不差，动作甚至更快。

与此同时，印度正在加快适应劳动力政策的灵活性，以适应融入全球供应链的热潮。在印度，法律一直严格限制工厂延长做工的时间。这样做的目的是保持一定的公平性，让更多的人参与到工作中。于是很多钢铁、汽车工厂，如果需要加快产能，就只能采用三班倒，而无法采用两个班次但每个班次延长两小时的方式。人员编制不得不增加。

但是对于劳动密集型的电子产业，这种规定就令企业主叫苦不迭，因为三班倒意味着需要更多的工人。由于印度员工不喜欢在公司住宿，那么企业就需要调动更多的大巴车上下班接送。这些时候，跨国企业对工业化进程的改良，就会起到巨大的作用。苹果公司会出面跟当地政府协商。除了提出建厂申请之外，还跟富士康等多家公司一起推动，使得印度卡纳塔克邦完成了劳动法自由化。这种立法让“两班制生产”得以在印度实行，核心其实就是“适度加班”成为可能。这正是这类产业生产最需要的一种人力时间安排。成熟的供应链，会推动一个地区人文面貌的变化。印度的劳动力人口组织方式，跟中国越来越相似了。它带来的直接后果，就是供应链的效率也会得以提升。

而欧洲、日本工厂也开始了新的选择。全球电气连接的隐形冠军菲尼克斯开始在印度设立第四家全球竞争力中心。2005 年，德国菲尼克斯在中国设立了德国、美国之后的第三家亚太地区竞争力中心，成为支持整个亚洲的制造枢纽。而在 17 年之后，同样的动作开始出现在印度，这必将产生新的分流。

变局之下，各显神通，企业的战略决策正在发生转变。2023 年全球最大的机床厂日本马扎克开始在印度建立工厂，透露出不同寻常的信号。这家全球机床行业的常青树，企业投资一向以稳重谨慎著称。马扎克在印度建厂，是过去 10 年来首次在海外建立工厂。上一次建立工厂，还是 2013 年在辽宁大连。

回到更早的时期，1999 年宁夏有个小巨人机床厂，原本是合资企业，后来演变成马扎克的独资企业。这家非常有竞争力的机床厂，向中国汽车制造业提供了大量的机床产品。2013 年，其每月产能就已经达到 300 台。而这次在印度工厂，员工人数约 70 人，初期每月预计生产 40 台，这正是 24 年前，马扎克在中国起步时的基础产能。

印度工厂的产能，只相当于中国工厂的零头。但那里制造的数控机床，将面向印度国内市场。这也意味着宁夏小巨人出口到印度市场的机床将被替代，企业的宁夏产能将被迫分流。扩充产能的繁荣，本来可以留在中国西北地区，这是属于宁夏本地的民生。很显然，二者之间有着危险的替代关系。1998 年马扎克在印度首次设立营销基地，主要是进行产品销售和服务支撑，如今却大刀阔斧地建设工厂，这不可避免会在一定程度上侵蚀中国工厂的优势。

被吸引的马扎克是因为看到了印度汽车市场增长的机会。2022 年印度新车年销量首次超过日本的 420 万辆，成为仅次于中国和美国的全球第三大汽车市场。马扎克的决策不过是这些洪流之下的一朵浪花，它把新工厂建在位于印度西部的马哈拉施特拉邦的浦那。那里是印度汽车城，大部分工业企业都从事汽车行业。近年来，信息技术已经逐渐成为浦那经济的第三支柱。而信息技术和汽车产业的深度融合，加速了电动汽车全新时代的到来。印度最大汽车制造商马鲁蒂铃木就在浦那，占有将近 40% 的印度汽车市场份额，是日本铃木控股的子公司。

供应链正在聚集。以前一直在外开辟疆土的国际化集团也开始回归，开始更加关注印度国内市场。塔塔集团投资 900 亿美元，开始做电子、电池行业。这种多元化经营理念，与中国比亚迪的做法非常类似。塔塔甚至接手了苹果代工厂纬创集团，从而形成在本土为苹果制造手机的能力。国际化信徒正在呈现回归本土的决心，这个国家的巨头企业开始向内看。这势必将国际化力量重新注入昔日工业化缓慢的国家。当它一旦进入正轨并开始加速的时候，中国制造难免也会受到巨大的冲击。而两个人口大国在过去 30 年的国际化进程中所做出的不同选择，并非都是来自内部的主动决策。跨国公司的活跃度，作为一种澎湃的外力形成一种不可忽视的引导力量。

现在，这种力量又开始在印度活跃起来。

鸿沟：美国制造难回流

这些重新建立工厂的活跃，也体现在美国本土之上。然而，美国的制造业回流，短期看并不是中国制造最值得担心的问题。美国期望的“回岸制造”，只会发生在一小部分产业上，绝大部分产业仍然无法回流。2022 年美国通过三大法案，经历了热热闹闹的投资，依然无法改变美国制造的基本面。美国所依靠的“近岸制造”和“友岸制造”，只能部分缓解其对安全供应链的焦虑。

美国制造所面临的系统性问题，并不是缺乏高端制造。美国长期以来一直是全球制造强国。在全球前 5 大半导体设备企业中，美国占 3 家。在全球科学仪器仪表的前 10 大制造商中，美国常年稳定占到 6 家以上。在医疗器械领域，全球前 10 大企业中有 7 家来自美国。这些精密的设备与仪器制造，大部分都是在美国本土实现的。

很显然，美国只是缺乏低技术制造业，而这一部分往往是密集吸收劳动力人口的领域。但在 2022 年美国本土所呈现的制造业回流热潮中，只是强化了既有的高技术制造能力，而不是低技术制造产业。投资先进制造业和半导体行业，对于创造就业机会来说，恐怕是无效而空洞的办法，只能产生一种虚幻的“制造业怀旧”情结。

先进制造业往往是高度自动化的，能够带动的就业人员数量实在太少。尽管美国大力发展半导体制造，但芯片制造本身无法解决美国普遍存在的工业铁锈带无就业问题。2022 年，美国发布未来 10 年计划，投资高达 3 466 亿美元，涉及 34 708 个职位。这意味着差不多每 1 000 万美元的投资，只能带来一个工作岗位。2023 年初，模拟芯片巨头德州仪器宣布在美国犹他州建造第二座 300 毫米晶圆厂。其投资 110 亿美元，带来了 800 个就业机会。算下来，每投入 1 250 万美元，只能创造 8 个左右的岗位。

对于迫切希望带动就业的美国政府来说，这是一个完全无法解渴的数字。美国大力投资发展的新能源汽车行业情况略好一些，但也面临着类似的“投资巨大但工人界面不友好”的困境。2012 年通用汽车关闭了墨西哥的工厂，在巴尔的摩建立了一条电动车生产线。这个投资 2.44 亿美元的项目（主要是政府补贴），实际上只为本地带来了 189 个就业岗位。这意味着，每 130 万美元的汽车投资只能创造一个岗位。[①] 这类投资带来的就业强度会持续降低。

美国正在同时将电池产业搬回，但是动力电池行业的工人工资，普遍低于即将被取代的发动机工厂的工资。对于从事燃油发动机以及零部件制造的员工，如果属于美国汽车工会成员，每小时收入可以超过 30 美元，而动力电池行业的工人工资只有 1 小时 20 美元左右。[②] 而且很多新设立的电动车工厂是没有工会的。这也正是为什么美国电动汽车新一轮投资更多集中在南部“无工会法律”的城市，而非传统的

① 大卫·E. 奈. 百年流水线：一部工业技术进步史 [M]. 史雷，译. 北京：机械工业出版社，2017：226.

② 2021 年 6 月 8 日，美国白宫发布《建立弹性供应链，振兴美国制造业，促进基础广泛增长》第 14017 号行政令下的百日审查报告。

汽车城密歇根，这里汽车工人被工会严密保护起来。

美国新兴资本拉动劳动力就业的方式，要么用人太少且过于昂贵，要么用人太狠且过于低廉，都无法改变美国当前劳动力就业的基本局面。投资强度与劳动力有限拉动之间的反差，表明规模巨大的先进制造的投资，无法解决美国底部劳动力市场萎缩的根本性缺陷。

当前这场巨大的芯片投资热，与其说是在扭转美国芯片产能只占到全球 12% 的局面，不如说是美国似乎在攫取台积电和三星所具备的先进制程技术，这正是美国英特尔不具备的技术，而这些制造基地进入美国并不会带来明显的制造业回流。**先进制造就像是金字塔的塔尖，它还需要中部和底部供应链的支撑，才能真正形成完整的工业体系。而这些处于中部和下部的产业，已经很难回流到美国。**

备份：平行供应链的效率之争

美国制造业回流的目标，或许并不在于自身的成功，而在于能否更多地削弱中国供应链。中国制造业所发生的迁移与流失，并不直接对应美国“再工业化”的雄心。中国供应链所要面对的，是“近岸制造”和“友岸制造”的争抢。英国《经济学人》杂志定义了新名词“亚洲替代体”（Altasia），覆盖亚洲 14 个国家和地区，用来跟中国大陆的制造能力进行比对。“亚洲替代体”可以看成是友岸制造的延伸。它拥有跟中国大陆相当的产能、劳动力数量、GDP 总量等，看上去是中国供应链之外一个绝佳的平行供应链。二者对于美国的年度出口额，都在 6 000 亿美元之上。如果将二者看成是此消彼长的关系，那么中国供应链流失的速度，就是在跟“亚洲替代体”的成长速度进行较量。

越南是亚洲替代体中的重要一员，从2018年开始俨然成为“替代中国”的明星，也是一个可以近距离观察态势发展的“战场”。现在的越南，已经开始熟练地通过压铸件、机加工等工艺，来加工摩托车阀门零部件。这类产品好像是通向高端价值链的一块腰部肌肉，而机电产品是中国制造非常重要的腰部。2022年，中国出口机电产品13.7万亿元，占出口总值的57.2%。这是中国制造的锚，也是中国制造崛起的基本盘。如今越南的脚步越来越近，从纺织开始，沿着家居、电子逐步向机电领域爬升。值得注意的是，被转移的订单仍是中国制造的延伸。这些订单中有很多承接者依然带有中国制造商的身影。

在培育越南产业链方面，中国厂家其实也是急先锋。它们在中国积累的经验，也会逐渐复制到越南和印度。这里有企业不得不为之的因素，中国制造需要走“曲线出口”的路线。即使连胶合板这样低成本、低价值的产业，也不得不绕道越南，在组装加工之后再出口到欧美。这些多余的措施，会使中国有限的利润空间进一步被削弱。

光伏产业更是重灾区。中国在光伏产业整个供应链中完胜，但这种供应链效率提升的速度，正在跟欧美的限制性政策进行一场成本上的赛跑。从2012年欧盟对华光伏“双反”开始，供应链的效率提升速度，依然很难抵得过关税壁垒的上升。中国光伏制造正以一种供应链变形的身段，来适应复杂的贸易局面。一开始只是简装版，下游的电池片、光伏组件企业，率先转战越南。而上游的硅片、原材料等，则从中国进口，在越南完成组装，曲线出口。

然而，美国正在对供应链进行逐级审查，供应商也变成被审查的对象。企业需要未雨绸缪，思考如何保障供应链的连续性，于是供应链的链条被拉动。曲线出海的策略越来越变成直线了，一体化出海已经越来越明显。

很显然，这种迁移，无论是下游用户的要求，还是为了逃避美国的关税制裁，都在提高越南的制造能力。越南本地企业也开始崛起。在电动车领域，越南房地产大亨所生产的 Vinfast 电动汽车，正在走中国“恒大版的电动车”模式，背后就借助了中国动力电池国轩高科的供应链支撑。

这也预示着中国制造将面临“再出海”的挑战。如果说过去出海更多是企业的自发行为，那么现在则需要有明确的国家策略。**从一个国家制造能力的迁移而言，需要梳理清楚哪些能力可以走出去，以及如何为走出去的企业保驾护航。**而受到地缘政治影响的迁移，也需要思考企业之间如何分工和协同，因为之前国内的成长模式将很难复制到新的领域。

更大的战场，依然在于中国本土的制造升级。当下，美国对中国断供已成为常态。它在短期内造成了实质性的技术空白，加剧了人们的心理恐慌。然而，人们需要更加系统地思考，如何同时带动供应链链条上的整体突围。

链条上的许多点都很关键，有些只是不显眼而已。在光学镜头、设备、特种气体、上游原料等多个点上涉及数千种产品，如果同时断供的话，那么整个链条就会很容易断裂。

这种恐慌其实并不必要，因为这种假设是基于全球商贸活动的全部中断。而要压制中国的发展，美国政府需要动用太多的资源。它为了对荷兰和日本政府施压而建立的“断供联盟”，其实也并非铁板一块。参与半导体设备制裁的有日本东京电子和尼康、荷兰阿斯麦，以及美国的应用材料、泛林等。这些公司在刻蚀、沉降等设备方面具有高度相似性，而尼康在中低端光刻机上跟阿斯麦也有竞争。它们的产品构成了复杂的竞争关系，而且这些企业都非常看重中国市场。日本东京电子有1/3的销售额在中国；泛林有将近25%的市场在中国；阿斯麦在中端光刻机方面，在中国市场的占比超过1/3，并非最先进制程的深紫外光刻机，最大的客户就是中国企业。**在一个依赖度高的用户市场，以禁售为目的的联盟关系是脆弱的。只要有任何一家出现不等比例的销售现象，断供联盟就很容易破裂。**

不同的芯片需要不同的制程。中国大陆在被美国“卡脖子”后没有被供货的7纳米制程的极紫外线光刻机，其实只占全球光刻机市场的8%。还有大量的中低端光刻机，用于28纳米以及90纳米的非先进制程。日本尼康与佳能的光刻机也占很大比例。而这些制程生产的芯片、传感器、分立器件等，在汽车、工业、航天、消费电子领域仍然大有可为。这正是中国制造的主战场，也是跨国公司不能舍弃的生意。美国正在将技术武器化，不允许含有美国技术或者零件的产品进行扩散。但那些旨在扩大市场份额的跨国企业厂商，也有可能去掉美国技术，避免美国的“长臂管辖”。这意味着“供应链去中国化”也可能会导致“去美国化”。因此，将供应链作为武器，是一个危险的游戏。

供应链的对抗越来越明显，表明了产业竞争的核心，就是供应链的控制与反控制。过去的稳态供应链，经过大约30年黄金周期的积淀，已经基本被打破。而任何一方提出新的意愿，都无法通过简单的方法得以实现。“妥协”的支点需要在移动中寻找并达到新的平衡，于是供应链攻防战就这样打响了。对追赶者而言，需要寻找动态的平衡点。在这个过程中，争取更多盟友，如欧洲供应链的支持，也是必不可少的。而要满足创新突破，还需要更复杂的机制，去释放上游大学院所的科技潜能。

在这场供应链迁移的争夺战中，供应链的三个维度逐渐显现，那就是高效互动的连接力、关键价值节点的控制力，以及整体设计力。它们共同构成供应链韧性，代表了整体供应链的效率、安全和生长的三种平衡能力。我们注意到，美国国防部每年都会出台《国防工业基础和供应链韧性报告》，这就是对供应商的稳定性、经济性和风险的年度审核。

控制力往往跟人们观察到的“卡脖子”现象吻合，因此特别直观。它并非着眼于数量的多寡，而是着重于独特的价值。连接力更多体现的是多样化企业之间的连接性。它包含了一种深刻的组织关系，往往藏在企业背后而并不显眼。设计力则展示了供应链是可以通过人为的规划，使新兴产业得以发育成长，也可以修复业已陈旧的产业。在必要的时候，它也会呈现司法、法规等无情的一面。设计力通过改变整体的规则，从而改变以企业为主体的连接力和控制力的市场形态。相对而言，前两个维度更接近商业行为，更多为企业所熟悉；而设计力则更多体现在非商业手段，为政府所使用。这三个维度合在一起构成了供应链的一种韧性，体现了当失去平衡的时候，如何可以快速回到原位的特征。而当安全被过分强调的时候，供应链的冗余（某种程度上的浪费）也变成了一种成本之外的必要考量。

在全球化局部加速的时代，中国供应链的向外迁移，并非只是自然的产业溢出，而是既有溢出又有迁移。一场平行供应链的攻防战已经打响。中国制造正在进入一场供应链保卫战的关键窗口期。而只有认清供应链的规律，才能有更大的胜算。

中篇　三力的较量

第二章
连接力：效率的来源

供应链的**连接力**，

代表了企业之间互动的紧密度，它决定了供应链的效率和经济流动的活力。

要真正理解一个公司的社会价值，

不能仅仅看财务报告。

想要更多的理解，必须躬身下场，

细看整个产业的知识流动强度和财富阶梯拉动效应。

中国制造的优势，经历过政策优惠和人口红利的阶段，如今呈现了**“供应链红利”**的一面，体现在产业的关联性、互补性和易获得性。

科技创新是一场接力赛，它需要在不同组织之间经过一连串的交接棒，才能转化成实用成果。

供应链是企业积累知识并创造产品的系统。一个企业的**运营效率**不是来自一个企业，而是来自整个系统。

如果一个国家的制造能力萎缩，**可能会导致工业空心化走向不可逆转的旅程。**

失去了与制造现场的深度连接，
源头创新也会失去光芒。

供应链的学问，就是一门被隐藏起来的社会学。
它是国力的折叠，为城市活力提供有力的组织保障。

2022年秋，美国福特汽车正在迎来大好的车市行情，各地经销商都在焦急等待着提货。然而4万多辆已经装配完毕的主力车型，却滞留在工厂无法出货。这一次，引发混乱的并不是抢手的芯片，而是车标。福特汽车那种带有兔耳朵标识的椭圆形徽章，还有一些车型的铭牌，没有库存了。生产车标的供应商由于向当地下水道排放了工业化学品，被底特律市政机构责令暂时停止运营。环保部门对中小企业的一次限制行动，极大地影响了工业巨头。

这次缺货可以说是福特过去三年供应链危机中的一桩小事。经历了芯片、线束和原材料等关键部件的短缺，就连小小车标的缺失，也导致福特汽车不能按时交付。尽管价值完全不同，但在供应链上，汽车车标跟芯片一样重要。福特汽车需要将数千家角色不同的供应商，编排在同一出舞台剧中，而每一个角色都在用自己的方式影响着舞台效果。

滞存的车辆基本是能带来高利润的卡车和SUV（运动型多用途汽车）。由于供应链问题，福特当年第三季度不得不额外计入10

亿美元的成本。受该消息影响，福特股票大跌，市值蒸发近 500 亿元人民币。这是福特 11 年来极其糟糕的一天。那些微不足道的车标，似乎点燃了股市对福特电动汽车转型缓慢的不满之火。

福特宣布计划重组其全球供应链，设立首席供应链官是第一个重要议题。对于大型制造商来说，这正在成为一个极为重要的角色，未雨绸缪的企业早已设立这样的岗位。在高德纳咨询公司发布的“2023 年度全球供应链 25 强”排行榜上，联想成为唯一一家上榜的亚洲制造商，而它早在多年前就已经设立首席供应链官这个角色。

供应链是企业供应商之间关系的总和。**供应链的连接力，代表了企业之间互动的紧密度，它决定了供应链的效率和经济流动的活力。**一个地区的供应链完备性越高，企业之间的连接性就会越好。当出现意外风险的时候，连接力越强，企业的自我修复能力就越强。

供应链天然具有多元性和复杂性。“供应链”并不是像直线一样延展的链条，而是有着多个节点，呈现四下散开的网链结构。企业通过商业订单进行利益交换，和其他企业保持着或强或弱的依赖关系。

在一个地区发生不可预见的天灾或者其他突发事件的时候，供应链可能很快就会受到全线冲击，这种影响甚至会很快传遍全球。马来西亚是全球硬盘的重要生产基地，这里的洪灾会导致全球硬盘突然缺货而价格急剧上升；美国得克萨斯州的火山爆发会导致电力供应不足，像德州仪器那样为全球供应模拟芯片的公司就会库存告急；位于合肥的京东方生产的液晶显示屏可能会因为缺乏电源驱动芯片而缺货。产业集中度越高，供应链的体系往往越脆弱，它更容易受到蝴蝶效应的破坏性影响。

福特汽车车标缺失产生的一系列影响，透露出美国底特律汽车供应链的不足。如果在中国重庆或者是湖北武汉等汽车基地发生供应商缺货的情况，很容易就能找到第二家、第三家生产车标的公司来替补。一个运行良好的系统在受到干扰后，应该能够迅速复归原位。供应链的连接力，就是要确保这些节点不会因为异常事件而停滞太久。而在正常时刻，它则展现出令人满意的效率，让整个世界的经济秩序和贸易得以平稳运转。

第一节　隐形力量

邻近：链主企业与产业集群

连接力无处不在。每个企业都与上下游的诸多企业形成各种关系，包括商业契约、人员流动、信息交流、物流运输等。如果从企业的视角来看，每个企业都处于某个网络节点的上游或者下游，构成一种垂直连接。这些网络往往跨越地理界限，分布在全球各个角落。地理位置相近的企业通过共享资源，例如大学资源，构成平行连接。

那些拥有知名品牌的企业和大型公司，往往会成为供应链上超级密集关系的关键节点。它们是供应链的关键枢纽，可以称其为“链主”。任何一个制造企业都面临三种能力的选择和平衡，分别是工程技术能力、制造能力和界面能力。工程技术能力往往是研发工程导向，能够熟练地将基础原理进行应用转化；制造能力表现为建立复杂的生产线，并将多种元素组合在一起的集成能力；界面能力代表着用户友好的交互能力，它往往需要面对广泛的用户。

发动机并不能单独使用，只有安装了发动机的汽车或者工程机械才可以创造价值。制造柴油发动机的山东潍柴集团和广西柳工集团两家企业，尽管都可以被看成“链主”，但二者其实是有差异的，后者会面向更多的用户。

界面型链主需要面向终端用户，它的产品可以独立完成使用价值。苹果手机、联想电脑、九牧卫浴、三一重工、沈阳机床等，都要面临用户的多样化需求，这是整个供应链运转的第一推动力。拥有丰富的用户理解与营销知识，是界面型链主企业的重要能力。理解用户的多样化需求是必不可少的技能，几乎跟技术同等重要，哪怕有时容易被忽略，而技术集成和制造能力无疑是重要支撑。这类企业的战略价值值得尊重，因为这个节点往往是一个产业的终极之地，也是供应链庞大的连接网络的第一节点。它是供应链攻防战极其重要的环节，成为防守或者进攻的第一阵地。

以整个飞机制造的供应链为例，波音飞机是界面型企业，而发动机供应商，如通用电气、普惠、罗罗，则是模块领导企业[①]，工程技术能力至关重要。波音飞机需要展现更高的界面能力，而一级零部件供应商罗罗则需要更强大的工程技

① 木村诚志. 赶超或升级：日本商用飞机产业的后发挑战. 彭英杰，孔子成，等，译. 上海：上海交通大学出版社，2022：51.

术能力。工程技术型链主往往依赖界面型链主的存在，例如华星液晶显示屏需要依赖联想电脑、德国博世零部件会依赖德国大众汽车等。尽管如此，二者并非在技术能力上存在依附关系。这些一级供应商也是供应链的关键组成部分，担负着生产完整模块系统的能力。实际上，它们同样可以建立强有力的话语权。就汽车芯片而言，尽管英飞凌的芯片会提供给大众汽车使用，但它往往绕不开博世。博世会将包括英飞凌在内的各种芯片集成到自己的部件模块上，之后才提供给大众汽车。至此，博世毫无疑问地获取了芯片的议价权。因此，尽管大众汽车是供应链的火车头，但它的利润率却往往没有博世高。行业的创新力量，未必都是火车头提供的。正如博世前 CEO 在离任的时候不免志得意满地说，在过去几十年，汽车领域的创新都是由零部件供应商提供的。

人们对于供应链的认识，更容易从链主企业开始。**而在供应链的远端，还有很多看不见的企业，这些企业与界面型企业保持着一层又一层的联系，就像是水面上的涟漪，哪怕经过多次扩散，依然跟中心点保持着联动效应。**链主不必一定是大公司。日本的岛田制作所是一家只有 18 个人的钣金加工小企业，一年的人均产值却可以达到 140 万元。尤为可贵的是，这么小的企业也在培育自己的供应商队伍。该企业的供应商有三个是固定外协：一个冲压工厂，只有两个员工；一个涂装工厂，只有三个员工；还有一个专门做丝网印刷的工厂，也只有两个员工，堪称一个迷你版套娃式供应链。这类微型供应链的存在，意味着无论工业化发展到何种程度，除了分工高度专业化的大工业体系，手工作坊级别的企业同样有生存空间。作坊式企业也会凝聚顶级工程师的梦想。岛田制作所作为微型链主，它与上游供应商是通过信用凝聚在一起的。而它们一旦连接，就可以像蚁群一样产生巨大的群体力量。

连接力也体现在地理临近性。同一产业的不同企业聚集在特定的地理位置形成产业集群，这是中国县域经济尤为重要的一种形态，也是各个县市的民生所系。中国有 2 000 多个县域，分布着大量产业集群，如山西祁县的玻璃器皿产业、辽宁彰武的铸造用硅砂产业，或者江苏扬州杭集镇以牙刷为代表的日化轻工行业等。它们的起步都有偶然因素，比如对本地资源的利用，如山西朔州怀仁之所以成为“碗碟之乡”，就是因为这里的煤矸石经过陶瓷加工工艺后可以制成白瓷；又或者企业倒闭导致人员流失，干练的技术专家带头建厂形成了示范效应，比如江苏常州郑陆镇专业生产干燥机，就属于这一类型。强人工程师、能人经济往往是这类产业圈典型的特点。每个产业集群都很容易有一个关于“源头创业者”的故事。

产业集群是一种古老而有效的供应链形态，企业之间既有密切的合作，也有激烈的竞争。有着“干燥机之乡”美誉的江苏常州郑陆镇，有四五百家干燥机生产商，产值大约 50 亿元人民币。由于市场参与者众多，所以上游的板材和物流都非常充沛，干燥机生产商可以坐享低成本之利。这种好处是相互带动的，它也成就了江苏武进不锈钢管厂。这家国内不锈钢管龙头企业初创时正位于这个小镇上。然而，连接既有便利性，也有反面作用。这些厂家的连接如此之密，以致一家的设计图纸很容易就会传到另外一家。这导致一种恶性竞争，人才流动也非常普遍。很多技术总工往往自己就是企业家，公司规模普遍较小，年收入超过 1 亿的没有几家。而为了拿下标的，企业在相互竞价的过程中也渐生嫌隙。此外还有系统性的挑战，比如干燥设备作为非标产品，在出厂之前必须进行小试，这会产生大量的污染物。由于企业各立山头，规模小、污染大、治理成本高。在严守环保刚性要求的背景下，小企业的生存变得越发艰难。有一种解决方法是企业联合，建立共同的小试平台以降低污染。然而多年竞争形成的敌意，使企业相互之间很难妥协。

随着中国制造的崛起，这类产业集群经历了自然而然的爆发，目前大部分已经进入成熟阶段。对于大量产值不到 100 亿元的地区，产业集群的连接性并不牢靠，甚至进入一个危险的阶段。这些地区的连接力需要注入新的要素才能得以修复。

分层：连接产生价值

任何一类制造企业的发展，都依赖庞大的制造系统来运转。这类制造系统的供应链结构往往呈现为金字塔型。然而，要真正了解金字塔的奥秘，不能只停留在宏伟的建筑面前。只有走近金字塔，才能看到那些宏观印象之下的根基。金字塔呈现了尖尖向上的视觉效果，但它是靠一方又一方石土层层嵌入形成的。顺着小台阶向上看，才能发现金字塔的真相。每一层都与另外一层紧密嵌套，这正是供应链的构建机制。

例如手机行业的供应链，人们从上向下看时很容易看到苹果公司是顶层的界面型链主企业。苹果手机营收占到全球智能手机市场的 40%，利润占到 75% 左右。与其紧密相连的是苹果手机的代工厂富士康，这类链主企业也是全球先进制造力的代表，它基本包揽了苹果每年 2.3 亿部手机的 90% 的产能。2021 年，富士康营收约 1.35 万亿元，但是仍然经常与百万工人、装配工厂和“血汗工厂”这样呆板的印象联系在一起。支撑苹果的关键基石中还有很多备受瞩目的链主，如提供芯片的高通、提供镜头的索尼、提供闪存的三星以及提供显示屏的京东方等。这些链主企业同样需要大量的设备和材料提供商来支撑。

人们对全球化制造的格局，通常有这样一个粗浅的印象：苹果公司是一个营收高、利润大的高科技公司，位于“微笑曲线”的两端；富士康是一个只负责装配的“血汗工厂”，下沉在“微笑曲线”的底部；日韩零部件厂商拿走了大部分收入，只给中国供应商留下了微薄的利润。高低不平、差异性极大的价值分配曲线，会让人们对制造业创造的价值产生疑惑。

制造一部手机涉及设计、模组、零部件、材料、机器与集成等方面。这使得供应链就像一张网，每个网点都在进行各个方向的连接。

苹果直接为用户服务，代表了供应链的终极价值。然而，苹果并非只强调“设计”与“品牌”，驻守在“微笑曲线”的两端，它对制造能力也有非凡的理解。每一代苹果手机的发布，都代表了当时电子制造业的极高水平。苹果的设计师也非常了解制造的极限能力。2010 年苹果 iPhone 4 推出铝制手机外壳的时候，光滑的表面大大吸引了人们的眼球。然而这样的镜面雕刻却需要一种复杂的机器来制作。如此高速以及高精细度的铣削，对于小型机床来说是一个巨大的挑战。当北京精雕接触到这样的机器询单的时候，相关人员和制造工厂的工程师们的第一个反应基本上是“这不可能”。在双方经过反复讨论和联合研发之后，才将这种机床推向市场。苹果的每一次设计，都推动了电子制造能力再上一个台阶。灵巧的设计会达到制造的极限。苹果的设计师需要对供应链的制造能力有足够了解，才能贴着制造商的头发尖画出制造能力的上限。好的链主，可以对供应链提供无穷的知识灌溉。

富士康一年要为苹果生产 2 亿部手机。能够承载如此制造能力的工厂并不多见，这种超大规模的制造能力需要依托精湛的制造技术和完备的工业组织。当人们谈论“工业化”的时候，无法忽视其根基正是那些庞大流水线的运转和万千劳动力的协同。尽管早在 20 世纪初期，福特汽车已经开发了流水线作业的巨型制造系统以应对大规模生产，但是与手机相比，汽车的产量还是少得多。全球汽车一年产量大约 8 000 万辆，而智能手机则达到 12 亿部，二者规模相差超过 10 倍。理解规模的差异性，是理解制造复杂性的关键因素。全球两大飞机制造巨头之一的空客公司，每年产量大约 800 架，汽车销量之王丰田年产量为 1 000 万辆。就零部件数量而言，飞机上大约 300 万个，汽车上近 3 万个，手机上约 2 000 个。这三种规模的生产方式各不相同，但是都非常复杂，代表了三种顶级生产力，其背后都需要高效运转的制造系统，也都对供应链有着苛刻的要求。比较哪一种制造系统更高级，并非明智之举。

这样的制造工厂，好像织布机一样将万千条纱线交织在一起，背后靠的正是集成制造的能力。这也是一门复杂的科学，需要控制整条供应链的运转节奏、成千上万个组织协同作业的同步性，以及产品走出工厂进入配送中心的节点等。这里有制造工程、管理法则、人力组织以及质量管控，从而能够奏响一场气势恢宏的交响乐。

链主企业对于本土制造的提升，起着关键的作用。例如联想在合肥的笔记本工厂，依赖于周边精密结构件供应商的效率。联想必须使自己的质量理念和设备要求深刻地影响供应商，才能高效地生产优质的产品并快速运往全球。一家做笔记本电脑外壳的制造商，借助联想工程师对模内注塑的认识，学会了将螺丝钉直接注入电脑转轴的新工艺。而以前都是先注塑再打进钉子，这样容易产生裂缝而影响转轴的寿命。

这让人们意识到，集成科学正在带动供应链的发展。这可以说到达了制造系统供应链金字塔的第二个层级：机器科学。如前面提到的，起初只是做广告牌雕刻的北京精雕，依靠对铝合金材料的雕铣能力，成功地转型为高级机床制造商。在机床领域，德国企业、日本企业长期以来一直是全球的顶级代表，它们主导了汽车、航空航天、家电模具等行业的市场。但在以手机为代表的消费电子制造领域，中国企业率先找到生存缝隙并在德日机床产业主导中成功突围。富士康在采购日本发那科公司生产的钻孔机床的同时，也将北京精雕这样的本土公司加入进来。富士康在车间单独建立了一条国产机床中试线。在与富士康的合作中，北京精雕逐步具备消费电子机床的加工能力。同样，还有大量类似深圳市创世纪机械公司、苏州博众机器人公司等设备供应商，均实现了大幅进步。正是这些工装夹具和机器，支撑了手机庞大生产线的运转。而这些企业积累的知识，很多是来自苹果和富士康。

供应链从来不是简单的采购关系，上下游企业之间容易形成复杂的知识交换。这种知识交换的价值，被悄悄地隐藏了。当人们在计算价值链上各个企业的利润对比时，知识流动所形成的供应链能力被隐藏起来了。

金字塔的另一个层级零部件也是藏龙卧虎之地，这里固然有高通、英特尔、三星等知名的大企业，也有很多默默无闻的隐形企业。它们同样是巨头般的存在。一部手机堪称一个电子元器件的博物馆，内部有很多芯片和电容电阻。例如用量巨大的多层陶瓷电容器，其长度只有 1 毫米，仅仅一部手机就需要 1 000 多个。这种颗粒微小但数量众多的电容常常被称为“工业大米”。日本村田制作所是这个市场的领先者，占到全球份额的 40% 左右。类似的还有电路板之间的高速连接器，该市场被美国的泰科电子、安费诺等企业主导。这些营收在千亿元级别的公司，蛰伏在很多复杂的电线、电缆之中，无论是汽车还是5G基站。对于制造商而言，需要很好地理解这些电子零部件的特性和使用方式。

企业能够加工这类电子产品，不仅代表其拥有精度制造的能力，还要有对材料科学的深刻理解，二者密不可分。材料科学与精密制造二者呼应，需要长时间的积淀。

有了这些零部件，还需要拥有一种特殊的小集成能力，那就是模组。例如，为手机提供光学模组的欧菲光、提供高保真耳机传感器的歌尔以及提供汽车后视镜的舜宇，它们这些企业中，极其重要的是一种工程设计能力。模组制造商需要将零部件厂商提供的电子原材料组装在一起，组合成可以10倍变焦的摄像头。为了达到物理、化学、机械极致的性能表现，模组的工程师们反复进行工艺研发，例如如何让摄像头的背光补偿、色彩校正表现得更好，此外还需要对胶水提出各种要求。这需要一种高级的组合能力，而这些技术的成熟是依靠工程师们反复实验，才在数万种排列组合中找到最优解的。

材料科学并非其中的重点，功能科学反倒闪亮登场，这也是中国制造大放异彩的时刻。组装流程往往意味着工艺和自动化创新，它需要和后端的集成制造紧密相连，否则一个国家的工业空心化很容易从这里开始。就产业迁移的所在地和目的地而言，这些模组的设计能力和工程能力会处于激烈交锋中。

然后轮到集成设备制造商登场。供应链无法像资本或信息流那样自由流动，它是由一系列具体的动作所组成的，背后依靠大量的人群协同作业。对于富士康而言，如何指挥100万人的劳动大军，每年用5个月左右的时间，制造完成2亿部手机？只有训练有素、整齐划一的直接劳动力，才可能完成那些令人望而却步的订单。供应链具有强烈的产品嵌套性，但它同样需要娴熟的技术工人以及优良的组织。

一个企业内部需要严密的组织培训，而在企业外部能够组织劳动大军的，是一种独特的管理着大量劳动力的外包组织。它们从不同的城市招募寻求致富的青年。这种劳动大军是周期性的，就像候鸟一样在不同的工厂和城市之间迁移。一到每年的2月，苹果手机制造的旺季结束之后，潮汐一般的劳动大军会从郑州富士康涌向合肥的联想工厂。**大规模生产不仅仅意味着一个工厂车间的机器秩序，也是供应链成千上万个组织的合力，背后则是井然有序的劳动大军。**

当一切就绪，供应链就成为一台精密的机器。它连接着无数节点，无论这些节点规模是大还是小。比如苹果每年发布新机型的时候，成千上万条指令发往不同国家和地区的不同公司。金字塔的各个层级开始联动起来：村田制作所收到成百上千亿日元的电容订单；重庆京东方为了制造柔性屏幕，向美国康宁采购玻璃；韩国三星在西安建立的内存工厂即将高速运转；郑州富士康需要精心为自动化装备制造商进行仔细的指点，并且在旺季开始之前寻找足够的劳动力；在贵州的一个乡镇里，劳务中介机构正热心地向为数不多的年轻人承诺可观的薪水。

隐身：不起眼的制造商

从GDP数据往往很难看出制造业的能力。1吨石油的价值，看上去可以跟100种针头线脑类商品的总价值相当，但后者产生的复杂分工关系，却远远胜于前者所产生的连接。

在一个庞大的供应链生态中，必然会有大量利润微薄的中小企业。这些企业是生态中相对脆弱的部分，抵御风险能力也较差，往往就是这些中小企业导致生产秩序产生混乱。上海一家工厂的纸箱如果备货不及时，惠普电脑就无法完成发货。

连接力，是供应链高效运转的关键要素。

美国制造业面临的主要问题之一是，先进的研发成果无法向现实的生产力转化。而其中的重要原因，就是缺乏转化所需的产业生态，尤其是没有全面的供应链支撑。通俗地说，能画出图纸却做不出产品。既能画出图纸，又能变成产品，需要具有一种生态集成的能力。它需要丰富多彩的隐性供应链，才能建立起巨人的殿堂。而美国的制造根基，就是在这些看上去并不高大上的普通供应商部分受到侵蚀。

对于苹果这样年营收约 4 000 亿美元的企业，它在全球的核心供应商大约有 200 家，分布在近 400 个工厂基地。这些厂家占到苹果 98% 的采购成本，而它们又以几乎同样的辐射方式，向外扩展着自己的供应商网络。这种像套娃一样的供应链体系层层延展下去，每一个层级，每一个企业，都有一个完整的故事。

苹果手机的镜头传感器来自索尼，它占据了全球手机镜头传感器 50% 以上的市场。大立光这样的模组厂商，使用索尼的传感器来为苹果提供镜头。苹果手机上安装着一堆耀眼的明星企业生产的零部件，但是背后更多的是默默无闻的企业。

手机卡针是一个非常简单的零部件，用来操作弹出用户识别模块（SIM 卡）。一枚卡针的长度仅为 1.2 厘米，售价也就几美元，在苹果手机的价值占比只有 0.4%。但是，这并不妨碍它延展四通八达的制造网络。这种卡针的抗压性能好，即使双手用力掰也不会变形。它较好的力学性能表现来自独特的材料。这是一种非晶态合金材料，具备一种无序的原子结构，是由加州理工学院等几个大学的研究团队联合开发的。1984 年，研究人员成立了液态金属公司 Liquidmetal Technologies，并获得了该材料的专利权。这种材料的熔点仅为钛合金熔点的一半，然而当冷却成固态之后，硬度却是精钢的 3 倍多。除了耐磨损、超高硬度之外，它也非常轻巧。并非只有航天器或者火箭在寻求每一公斤的减重，即使是手机这样轻便的产品，也在寻求各种减重的可能性：“减重”在供应链一直是长盛不衰的努力方向。早在 2010 年，致力于为每一层供应链寻找最优供应商的苹果找到这家液态金属公司，取得了将合金材料应用于消费电子产品的独家授权。换言之，苹果手机卡针在遥远的供应链上，为自己锁定了独特的配方。

苹果手机供应链的故事，到此就可以结束了。但是对于那些几乎隐形的小企业来说，则有全然不同的供应链之旅。在欧米茄经典系列海马腕表发布的首款陶瓷材质与合金材质限量款中，仍然可以看到这家液态金属公司的合金材料，它的防腐蚀、防磨损性能使得同轴机芯可以长久精确地运行。闪迪制造的闪存盘，外壳也采用这家公司的合金材料，坚固的外壳使闪存盘可以承受刮擦、磨损、腐蚀等破坏极限。而罗林斯体育用品公司作为美国职业棒球大联盟的官方供应商，拥有这种材料在棒球产业的独家使用权，制作独一无二的棒球棒。

这样的故事，可以从不同的维度不断展开。就像是转动万花筒一样，会呈现不同的组合图案。材料技术作为整个供应链的基石，更是会嵌入在许多不同的供应链之中。2017 年，这家公司被中国一家企业出资占据大股东位置。供应链转了一个圈，看上去又回到了中国制造的原点。而在中国，它所关联的东莞宜安科技也是一家上市公司，提供基于液态金属和精密模具的铰链。在 2023 年开始爆发的折叠屏手机市场上，液态金属是制造折叠屏铰链的关键一环。

当这样的供应商突然断货的时候，它会引起震荡，并扩散至多个链主企业。如果不能快速找到替代者，链主企业就会面临断货的风险。当洛克希德·马丁公司的海上民用项目需要一种穿孔板时，它就需要求助于宜安科技这样的新材料公司。

一个企业会处于不同的供应链节点之上，从不同的角度看，供应链有着不同的连接线索，巨大的信息和能量以非线性、跨网格的方式得以展开。

一个公司的价值，不能只从财务维度去考量。供应链能力是另外一个容易被忽视的维度。尽管呈现了隐形的特征，但供应链能力所形成的积累，往往比财务盈利更可观、更持久，而且具有广泛的溢出效应。2018 年从 iPhone X 拆解数据来看，零部件材料清单的总成本为 409 美元，而中国大陆企业占到 104 美元，约为总制造成本的 1/4。而在 2009 年制造 iPhone 3G 的时候，只有富士康参与进来，附加值为 6.5 美元，占总生产成本的 3.6%。[①] 不到 10 年的时间，中国已经在苹果价值链上获得了巨大的成功。2018 年，苹果公司在全球范围内销售超过 2.2 亿部手机，它带来了约 226 亿美元的附加值。然而，还有更多的能力隐藏其中。中国在材料、电子、化学、光学、自动化设备等方面也同步发展起来。

跨国企业和中国企业的生产触角交织在一起，

① How the iPhone Widens the US Trade Deficit with China：the Case of the iPhone X，2019 年 10 月，邢予青. 日本国立政策研究大学院大学。

形成了庞大且繁杂的供应链网络。**连接力是供应链容易被忽视的力量。那些从贸易账单上完全看不出来的连接，构成了中国制造的坚实底盘。**

繁荣：城市与供应链

企业对于内部研发与制造的投资，是为了保存竞争力；而对于外部供应商的支持，则会提高整个供应链的竞争力。它会将与企业竞争力相配套的专业知识传递出去。惠及供应商的不全是订单，更是一种能力，技术要求、管理规范或者使用习惯等，都可以让外部供应商接受知识的催化作用。这些可以看成是对供应链的培育与投资。与内部研发不同，其对投资供应链有着巨大的溢出效应，具有非常好的社会回报。但是，大多数情况下这种利益往往是隐性的，它并不直接体现为企业的营收，也不体现为一个地区的 GDP。

有的企业跟很多制造商产生连接，需要为不值钱的零部件而操心，甚至需要去培养供应商的质量体系，这些细节消耗了大量的公司资源，自然也使公司的利润降低。然而这样的消耗并非一无是处，它滋养了无数的中小企业，而且将大公司的管理体系灌注给能力薄弱的中小企业，反过来也使大公司的供应链效率保持高效。这依靠的是整个链条各个环节的进步。

供应链背后的关系是一种隐形财富，只是人们很容易忽略它。

在工业圈里，合肥是一个辨识度极高的城市，以“再造工业”快速崛起而闻名。在 21 世纪的前 20 年中，这座城市陆续吸引了海尔、京东方、长鑫存储和蔚来汽车等不同时代的产业先锋。工业立市也使合肥从全国 GDP 排名第 80 的城市，进入了前 20 名。这些企业的落地，给城市带来了极高的声誉。但它们的成长，也离不开其他在当地扎根的界面型链主企业。合肥的联宝科技、江淮汽车和芜湖的奇瑞汽车等，都提供了大量养分。

京东方在合肥的六代线于 2009 年开始建设，那也正是中国液晶屏开始艰难追赶的时刻。此时的联想电脑刚开始走上扶持国产供应链之路，对京东方的液晶屏采取了谨慎但坚定的态度。特别是采用了 5% 替换原则，即每年留出 5%，对京东方生产的液晶屏进行试应用。应用场景的使用，一直都是液晶屏攻关的重要环节。联想的部分工程师入驻京东方工厂，一起打磨显示器与整机磨合的工程细节，而联想最大的生产基地联宝科技也在 2012 年落地合肥。在京东方极其艰难的时候，联宝一口气吃下京东方 40% 的产量。这不仅仅是救急京东方，合肥的电子工业之火也被点燃了。

北京的京东方和深圳的华星光电，一起开启了中国液晶屏行业高歌猛进的 10 年。液晶屏从日本到韩国，再到中国的变迁，就像一幅宏大的史诗画卷，描绘了产业在不同疆土上的迁移。然而，它们的成长也依赖于联想电脑、海信电视这样的界面型链主。联想这样的电脑厂家，对于中国液晶屏的拉动所起到的重要推手作用，恐怕很少有人了解。作为安徽最大的电子产品出口企业，联想之于合肥，就像富士康之于郑州。如果将合肥政府的运行效率比作长于投资的公司，那么就应该看到背后有着一个又一个制造巨人对整条供应链的拉动。

位于芜湖的国产汽车品牌奇瑞，在合资车企成为主流的中国汽车市场上，艰难地杀出一片天地。奇瑞的成长，自然也带动了很多供应链资源。2002 年开始成立研发设计白车身模具的合资公司，初衷就是为了降低成本，突破外资白车身模具的垄断。经过漫长的培育，这家模具公司终于得以上市。有整车的拼杀，就会有供应链的跟进。这里很多上市公司都是汽车整车厂供应链上的企业。埃夫特机器人是奇瑞旗下设备公司分离出去建成的，而国产伯特利刹车系统在相当长时间内只有奇瑞一家客户。自动化系统公司安徽巨一科技，是在江淮汽车的支持和入股下建成的。巨一研制的大量首台（套）设备，初期都是在江淮或者奇瑞的工厂进行验证。如果没有国产车企对初创企业的包容，这些供应商就很难有机会发展起来。随着国产品牌被认可，这些能力逐渐提升的供应商开始进入合资车企的白名单。这是一个循序渐进的过程，就像培养一个孩子长大一样。长大后的孩子顺势成为供应链上的主力部队时，它们会继续带动上游的零部件厂家进步。而从零起步培育出 4 家这样的上市公司，奇瑞汽车前后需要陪伴 20 年。这是一个生命力不曾中断的供应链。

要真正理解一个公司的社会价值，不能仅仅看财务报告。想要更多的理解，必须躬身下场，细看整个产业的知识流动强度和财富阶梯拉动效应。一个强健的供应链，是这些企业为本地积累的宝贵财富。

《美国创新简史：科技如何助推经济增长》一书分析过地方税收与招商引资的得失，作者认为美国州政府为大企业提供税收政策太慷慨了。总部位于西雅特的亚马逊，在 2017 年对外宣布建立第二总部的时候，美国有 238 个城市参与了竞争，人口从 10 万到 2 000 万不等。在这些数不尽的红地毯上，亚马逊还是选择了大城市华盛顿和纽约的曼哈顿地区。尽管该书作者已经意识到，这些大公司的加入，会让那些明星城市变为超级明星城市。但让作者不满的是，大公司会充分利用地方税收竞争，巧妙避税，从而损害美国国家的整体税收。[①]

即使是睿智的学者，也未能注意到供应链的壮大，会让一个城市不断地发展。它会不断催生、裂变出新的就业，从而让本地制造枝繁叶茂。当台积电前往亚利桑那州兴建3纳米先进制程工厂的时候，与它同去的就有特种气体、机械装备公司。它们带去了多种知识结构，并在城市里培养多元用工人群。技能多样性的人群，是一个城市繁荣与创新活力的基础。供应链是财富效益的倍增器。如果只注重经济收益和财政税收，就会陷入“唯税收论”。一叶障目，会遮住通往财富大门的视野。企业通过供应链所获得的倍增效益，才是一个城市值得珍惜的宝藏。

亚马逊这样的公司，即使不是制造业领域，也会带动周边产业的发展。它引发的链式效应，是远远超过自身的产出价值的。同样，如果考察中国崛起的明星城市，制造业无疑是重要的支撑。昆山、合肥、郑州都是这样的城市，交织分层的工厂、高技能劳动力，都是明星城市的加分项。有了广泛的制造业作为支撑，有了丰富的供应链，就需要各种技能的技术人才，这会使大学毕业生更容易留在本地，也是保持明星城市活力的重要基石。

① 乔纳森·格鲁伯，西蒙·约翰逊．美国创新简史：科技如何助推经济增长[M]．穆凤良，译．北京：中信出版集团，2021：172，183．

涌现：超级连接的化学反应

供应链的迁移，往往呈现三轮。首先是链主企业会发生移动，逐级向上扩散。在 20 世纪 90 年代，美国家电产品、电子产品制造商通过代工的方式，将大量的生产外包至亚洲，只留下产品设计和品牌营销。按照微笑曲线的观点，产品价值最大的部分并没有移动。这是供应链的第一轮迁移，它是非常典型的海面冰山的移动，人们很容易捕捉到这种现象。

然而，最终产品的制造环节一旦开始迁移，那么掌握关键工艺和零部件的配套企业往往也会随之迁移。很多为家电、电子制造商提供模具或者零部件的工厂，会转移到离主机厂更近的地方。这就是第二轮迁移。第二轮迁移往往很难成为热点话题，它牵涉很多难以归类的行业和大量默默无闻的公司。然而这个环节产生了爆发性的扩散效应，因为这些公司开始与当地的产业产生广泛的连接。它们的知识能力和管理理念，会传递给当地的各条供应链。这种扩散效应犹如涟漪，可以扩散到整个湖面。尽管不显山露水，但第二轮迁移在本地引起的成长，反而是更值得关注的现象。

链主企业往往拥有一些重要的供应链，它可以成为支撑一个地区的“产业护腰带”。如果一个地区拥有“水草繁茂的半山腰”，它往往会催生供应链的第三轮迁移。这一轮涉及基础工业能力，如可以让零部件就像模板复制一样容易的模具、精细化工等具有横向支撑能力的供应链。供应链具有行业溢出效应，它在不同的产业之间形成交叉支撑点。为手机提供模具的企业，也容易服务于汽车行业。而用于控制液晶盒厚的间隔物微球，是一种高附加值纳米硅基材料，对于液晶面板来说必不可少。而生产这种微球的底层技术，也可以用作生物制药的分离纯化介质。这意味着液晶面板和基因治疗可以在不同的供应链上交叉。当拥有光学镀膜、平板显示器的供应链时，另外一种产业如光伏，就可以借力。

除了横向扩散的特点，供应链也具有鲜明的线性增长特征。一家电池供应商一开始只能为手机提供三天的电量，但当电动汽车时代到来时，这家快速进化的公司，已经可以为近 2 吨重的电动汽车提供连续行驶 500 公里的电池动力。这样的线性增长只用了 20 年。当新兴产业开始繁荣的时候，它很可能依靠的是既有的同一条供应链，而技术则已经经过彻底的改良。

中国制造的优势，经历过政策优惠和人口红利的阶段，如今呈现了“供应链红利”的一面，体现在产业的关联性、互补性和易获得性。供应链相互交叉，就会产生新的变化。老树根连着老树根，产生了乘法效应，甚至幂数效应，由此带来很多新物种。这是由供应链网络相互重叠造成的。

中国作为制造大国的崛起，几乎凑齐了各种配套制造的资源。工厂纷纷落地中国，使得供应链变得丰富起来。不同供应链相互交织，重新嵌套，编织成供应链的超级连接性。比如光伏、液晶面板、发光二极管（LED）等和半导体有类似的底层涂覆和基板技术，这意味着四条供应链之间会有很多技术起到横向连接的作用。

相比于改变既有物质特性的化学反应，人们更容易理解物理效应的叠加。当全球丰富的供应链一条一条铺开的时候，它们相互之间也产生了全新的组合。这改变了原有的供应链单线发展的技术线索。光伏产业、液晶电视和发光二极管等产业，几乎差不多时间在中国落地并茁壮成长，它们都是有产业基础的。光伏和液晶电视可以归类为玻璃基，尽管对玻璃的要求有所不同。而发光二极管则属于硅基，更接近如今的某种半导体工艺。将液晶电视推向商业化的日本夏普公司，也是光伏产业的先驱。材料和半导体都是这些公司的强项。液晶显示器的前段工艺跟半导体工艺在流程和原理上是类似的，包括沉降、刻蚀等环节，只不过前者是玻璃基而非硅基，精度也更低一点。

液晶显示器是电变成光，而太阳能光伏则是相反的过程。尽管后者要比前者精度低很多，但一种产业的供应链，可以对另外一种产业提供相近的技术和专业的技术人才。熟悉电子制造的产业工人，也可以进入光伏。合肥的联想电脑供应链上大量的模具工人，让同一个城市里的比亚迪和蔚来汽车也从中受益。这是复杂的供应链能从丰富的产业形态中所获得的巨大能量。中国光伏排名前 10 的制造商，如西安隆基、天津中环都是从电子产业进入了光伏产业。中环一度是电视产业的中坚力量，提供电视机的显像管。当阴极射线管（CRT）电视机被液晶平板电视机取代的时候，提供硅整流器的天津中环，差点也跟着电视机产业一起沉没。而中国光伏产业的兴起，则挽救了中环。它只需要稍微调整技术方向，就可以借助原有的积累，进入方兴未艾的光伏制造领域。而原有的供应商，则仍然可以提供很大的支持。缺乏这些供应商的支持，即使在早期高效光伏设计方面有很大优势的美国无线电公司（RCA）、波音公司和 IBM 等，后来也只能从光伏行业出局。

浙江宁波慈溪是全国三大家电之都，也是生产打火机的重镇。然而这里原来并不生产打火机，也没有家电产业。它和周边的余姚，一直以传统的模具制造著称。20 世纪八九十年代，韩国打火机厂商看中这里的模具制造能力，于是慈溪的企业开始为韩国提供一次性打火机的塑料模具。在掌握这种零部件制造能力之后，慈溪的新海公司顺势进入打火机领域，并且带动当地的产业集群发展。随后，这些模具技能陆续向家电产业扩散，当时上海电风扇等小家电的外溢订单也落到了慈溪。这些订单的积累，促使当地形成了全国首屈一指的小家电产业。

相比于大家电而言，由于尺寸较小，小家电的模具需要更加精细，这也使它发展出精密模具的能力。很多企业会拥有高速精密模具中心，需要操作精度很高的加工机床和线切割设备。当打火机市场接近饱和的时候，新海公司就利用自己生产精密模具的能力，进入医疗器械领域生产导管和喷嘴。而它上游的原材料粒子，也会跟随它进入全新的领域。这些会进一步催生慈溪医疗器械产业的发展。而这里面像小家电产业的供应链，无论是电机电控电源线，还是包装纸箱，将会加速成长。

上海通用五菱汽车的小型电动车宏光 MINI 风靡一时之际，在日本负责提高制造效率的能率协会拆解了这款汽车，寻找低成本制造的奥妙。它发现这款汽车在设计时，很多地方应用到家电产品的技术。尽管逆变器和充电器等关键电子零部件采用了美国德州仪器、德国英飞凌科技等生产的半导体。但是一些要求并不高的车载器件，则完全可以使用家电用的半导体。而考虑到很多地区充电桩并不丰裕，这辆汽车采用了可以直接采用家庭插线板进行充电的方式。实际上马斯克旗下的 SpaceX 的研发人员，会从 eBay 网站购买家用零部件进行测试。汽车、家电、电子甚至航天等产业相互缠绕，就会形成新的化学反应。这促使上汽通用五菱能够制造出让极擅长小型汽车的日本也感到惊讶的中国潮的电动车。

当美国丢失电子制造和玻璃制造产业时，水面之下的大陆架就会断裂，让美国的光伏制造也成为无源之水。这就是为什么这些产业在初创期还有很大的号召力，但在真正大规模量产的时候，就会失去竞争力。因为周边供应链无法支撑，每一个新兴的产业都不会完全从头开始建设一条供应链。在绝大部分情况下，它要搭上其他成熟行业的便车。不同行业之间的关系，远比表面看上去的要紧密得多。

这是不同的供应链聚集在一个区域所留下的痕迹。**供应链具有工蜂效应，它可以在基于地理距离和配套性的基础上传播知识花粉。**换言之，供应链是一种共享的资产，越是存在多家业务相似的公司，它就会变得越强劲。而它们之间一级、二级、三级交叉连接，不断让新的创意设计快速落地。反过来，当链主企业的移动让人觉得供应链显得脆弱的时候，那些“产业腰带”则强化了供应链连接力的韧性。层层交错的根系，形成巨大的阻力。

第二节 连接力的建立

齿轮：666 个工业小类的价值

如果将供应链看成一组庞大且精密运转的齿轮，每个企业就是其中的一个。剑桥大学经济学教授戴安·科伊尔提到，“齿轮”是主流经济学对个体的看法。这些个体关注自身利益，精打细算，以独立的身份进行互动。[1] 同样的齿轮运行法则，其实也适用于每个企业。尽管个体可以自由选择进退，但事实上的利益绑定，会让每一个齿轮想尽一切办法跟上群体的节奏，形成整体齿轮组的最大效率。每个企业都要学会适应从其他企业传导过来的压力，不适应的则被淘汰。此后，整个供应链的效率，往往达到所有企业磨合后的稳定状态。不同的链主企业，指挥着不同效率的齿轮组。可以说，龙头企业之间的竞争，就是以整条供应链的效率为基础的。如果进一步细看，其实每个齿轮都担任着“指挥”的作用，只是作用力的大小有别而已。**企业之间的竞争，本质是供应链效率的竞争。当不同企业、不同行业的供应链叠加起来，就会呈现一个国家制造的竞争力。**

这些齿轮啮合的密集度，反映了供应链连接力的强弱。当它集中在特定的国家和地区的时候，确定性会使企业之间增强协同性，因此容易呈现出更高的效率。

中国工业体系具有很强的完整性，拥有联合国产业分类中全部的工业门类，包括 41 个大类和 666 个小类。这些小类之间并不是孤立的，严格的分界线并不存在，它们会不断交叉组合，重复出现在不同的供应链上。不同的工业分类产品在一条供应链上所呈现的关联性，远超它们的分

① 戴安·科伊尔. 齿轮与怪物[M]. 田恬，译. 北京：中译出版社，2022：6.

类所显示的差异性。在真实的世界里，它们相互靠拢。拥有这么全面的细小分类，对中国这样一个人口大国来说非常重要。它们呈现出多样化的内部连接，从而可以提供丰富的产业组合。这也使得掌握各种技能的人能够聚在一起，共同以高效的方式创造工业财富。

以手持便携式标签打印机为例，可以看出这种供应链关联性比分类差异性更有意义。这个看上去简单的设备，需要完成标签和碳带材料的传动、加热、转印、剪切等过程，一套庞大的工业体系在支撑着一次瞬间完成的标签打印。菲码（江苏）智能科技有限公司作为德国菲尼克斯电气的供应商，体量并不大，像是一个从动齿轮受到驱动力而运转。但它其实也是一个主动轮，指挥驱动着另外一个齿轮组的空间秩序。它需要完成对金属（切刀）、化学（粘胶剂、打印涂层）、热学（热转印加热控制、散热）、流体力学（油墨颗粒）等不同学科知识的整合。标签胶水要有足够的黏性，但它又不能粘在切刀上。于是切刀表面就得涂上特氟龙涂层，让它不容易粘胶。而这些切力之下产生的多余胶水，则需要一种特别设计的储存多余液体的凹槽，这又关联到注塑领域。每一个细微处的创新，都需要不同领域供应商的支持。学科不断交叉融合，国家间的物理边界也不断被打破。碳带来自日本的理光公司，打印头基本被日企垄断，如在半导体元器件和芯片领域称霸的日企罗姆半导体，也会出人意料地出现在这个领域。不同门类的不同供应商，在一个企业所形成的相互联系，已经远远超过想象。此外，菲码还需要让 20 多个塑料齿轮啮合在一起，完成狭小空间里的精密传动。每个企业都有对外广泛连接的能力。如果说工业运转秩序是一段可识别的旋律，菲码就是其中的一位指挥大师。

可以说，整个制造业的世界，都是供应链齿轮组的叠加。即使一个业务单一、体量只有数千万元的企业，也需要依靠几十、上百个工业门类的供应商的支撑。正是这些星罗棋布的齿轮组，相互啮合，相互竞争，不断进化，才形成了中国制造所特有的超级连接力。这也正是大工业化的效率源泉。

复杂：超级工厂成为超级节点

中国从 2010 年开始连续成为全球第一制造大国，2022 年中国制造业增加值占全球比重将近 30%。规模增长的同时，中国全球供应链的地位也在与日俱增。目前中国已经成为全球货物贸易第一大国，2022 年货物进出口总额为 42 万亿元人民币。其中，出口 23.9 万亿元，进口 18.1 万亿元，根据数据测算，中国出口国际市场份额为 14.7%。无论是需求端还是供给端，中国都成为全球供应链和消费市场的关键一环。

从供给端看，中国已经成为全球重要的资本输出国，是全球生产力的重要支撑。中国装备制造业规模占据全球 1/3 以上，2022 年机电产品出口 13.7 万亿元。从产品结构看，汽车整车、工程机械、发电设备、矿山设备等整机、主机对出口的带动作用持续增强。根据联合国贸易和发展会议（UNCTAD）的数据，中国是世界最大的电气和电子零部件出口国，其出口额是德国的 5 倍，占全球总出口额的 30%。

从需求端看，2022 年，中国已连续 14 年成为全球第二大进口市场。大量的原材料、零部件和生产装备进入国内工厂，成为全球生产力的首要支撑。中国一直是集成电路最大进口国，多年来，中国集成电路进口金额占全球比重稳定在 60% 以上。而从机械加工的源头工作母机来看，中国持续多年作为全球第一大机床进口国。2022 年，中国金属加工机床消费额 1 843.6 亿元人民币（约 274.1 亿美元），在全球机床消费中占比达到 1/3。

中国已经成为全球工业机器人最大市场，同时也是诸多国家出口的最大市场，包括德国机械等。据统计，2021 年，中国工业机器人安装量达到 24.33 万台，占全球工业机器人总安装量的一半。

2021 年，中国制造业中间品贸易在全球的占比达到 20% 左右，开放合作不断深化。如此庞大的贸易周转体系，使得制造业供应链早已不是简单的上下游关系，而是各种复杂的供应链交织融合的网状结构。相互借力，中国的供应商和跨国品牌商共同形成了多元交叉的群落。

供应链是制造体系的完备性和可靠性的汇总。当全球化的繁荣建立在中国供应链高效运转的基础之上，一个“超级工厂”就是全球供应链网络的“超级节点”。

而这个超级节点，正是靠一个一个工厂和它身后的供应链构建起来的。每落地一个工厂，就会增加一圈连接力。晶圆制造过程包括 7 个相互独立的工艺流程：光刻、刻蚀、薄膜生长、扩散、离子注入、化学机械抛光、金属化。在每个流程中，都有关键的半导体设备在发挥作用。而其中的化学机械抛光，则是半导体制造过程中实现晶圆全局均匀平坦化的关键工艺。这个市场并不大，全球市值估计也就在 150 亿元人民币。全球半导体设备的龙头企业美国应用材料公司（AMAT）与日本荏原（EBARA）基本垄断了全球 90% 以上的市场，而天津华海清科正在艰难突破，致力于打造国产化产品。

这种设备有 30% 的市场需求都在中国，它需要有耗材和维护。而这些设备有了用量，就会有新的供应商进入。3M 在 2021 年投资数千万元人民币，在苏州工厂建立了一条半导体研磨盘生产线。这是化学机械抛光研磨盘细分领域内首个实现本土化生产的外资企业。

在整个半导体设备环节，像 3M 这种关键配角非常多。它看上去是小玩家、不起眼的配套商。但其实研磨盘的生产并不简单，也是一根难啃的硬骨头，全球也只有少数几家做磨料的企业能够生产。当 3M 工厂落地的时候，就会触发上游供应链的落地，以及对工厂人才的培养。即使并不考虑这种技术会扩散，它对周边的溢出效应，也已经为这条供应链带来充沛的养分。

从顶级的晶圆制造商，到化学抛光设备制造商，再到其中的配件，放眼看过去，每一级都有上游供应商和一条庞大的供应链跟随其后。层层叠加，逐级嵌套，构建了庞大的制造能力。

从零形成一种连接性，需要多长时间？不同的行业、不同的起步条件，多种因素都会影响供应链的完整连接力。例如，1984 年德国大众汽车与上汽集团成立上海大众汽车公司，生产桑塔纳轿车。当时国内的供应链几乎一片空白，国产化率不到 4%。当时的上汽集团生产的主要还是拖拉机。从头建立上海汽车的供应链，成为政府和工业界面临的挑战。上海市政府专门成立了桑塔纳国产化横向协调办公室，多方协调资源。而在企业层面，则由重点零部件供应商、轿车销售公司和科研院所组成国产化共同体。汽车供应链的培养，几乎是从零开始的。到了 1996 年，上海桑塔纳轿车的国产化率已经达到 90%。发动机、变速箱、车桥等，尽管还是采用外资品牌，但基本实现了本地制造。即使上海这样的工业城市，也历时 12 年，从零起步建立了基本完整的供应链。进入 2000 年，中国汽车合资迎来了井喷式发展。已经打磨完毕的供应链，可以精神抖擞地迎接百花齐放的中国家庭轿车时代。

依赖：隐蔽的少数派

既然供应链具有强烈的结网效应，用进废退，有些节点往往会呈现出强者恒强的特点，很难突破。这些节点有的非常典型，表现为独家供应商的格局。例如先进制程的芯片设计商高通、美光很难离开代工制造商台积电，而台积电却高度依赖荷兰阿斯麦的光刻机。阿斯麦也有自己独家依赖的公司，它的某些光学镜头只有德国蔡司一家企业能够提供。

然而，供应链上往往有更多的依赖，也非常隐蔽。丰田汽车格外注重维持多元供应商的局面，但也会在不知不觉中形成特殊的依赖。以控制燃料喷射的电子控制单元为例，1992 年丰田对日本电装公司的依赖程度是 75%，到 2007 年只有 43%。用于防抱死制动系统的电子控制单元，依赖程度则从 1992 年的 64% 下降到 2007 年的 1.7%。尽管如此，随着芯片的微型化发展，深层的地基越来越隐秘地由寡头控制。看上去丰田有多个供应商，但经过更上游供应商的扩散，后来又回到了对于日本瑞萨汽车芯片的单极依赖。这种风险在 2011 年关东大地震之后集中爆发。当时瑞萨工厂受损严重，因此丰田同一零部件的多家供应商全部断货。丰田派出 2 500 人前去地震现场援助瑞萨电子的工厂，逐一恢复供应链二级承包商，再到一级承包商，最后终于恢复启动丰田的产能。究其背后的原因，就是各级供应商都有严密的工艺流程耦合，涉及几百个工序，一旦完成“生产线认可”，再次改动将很可能是伤筋动骨的大事。因此临时换流程几乎是不可能的。

《哈佛商业评论》描述过美国福特汽车的供应链分布，及其造成的意外风险。[①]2012 年 3 月，福特发现亚洲的汽车生产线不得不停下来，因为燃料箱、刹车盘等供应商无法供货。而顺着供应商的上游看过去，一种名为“尼龙 12”的材料供货进入了视野。

“尼龙 12”是长碳链尼龙，这种高性能工程塑料，又轻又耐低温，可以抵御较大冲击力。20 世纪 70 年代，德国赢创工业集团的前身德固赛公司将其实现了工业化生产。EMS 瑞士化学公司、法国阿科玛和日本宇部兴产随后也实现了量产供应。全球“尼龙 12”的产能主要掌握在这 4 家企业手中。赢创在德国一家工厂生产“尼龙 12”上游的前体材料，既为赢创也为赢创的竞争对手阿科玛供货。当该工厂在春季出现爆炸事故后，原料供应中断，“尼龙 12”供货自然短缺。尽管有部分库存的缓冲，但无论是汽车制造商，还是上游的座椅生产商，生产线都像是解除动力的火车，在滑行中越走越远。而这些减缓了生产速度的流水线，会使得原本正常的其他零部件也开始减少供货，进入产能减速模式。虽然只是一个节点发生异常，但它的影响却朝四周扩散。

这样的漏洞需要多方来填补。在德国工厂之外建立新的产能基地，自然是一种分散风险的重要方式。尽管赢创并非福特的直接供应商，但福

① 供应链风险来袭，《哈佛商业评论》中文版 2014 年 2 月刊。

特仍然会主动联系前者，加快其在新加坡建立工厂的计划。

考虑到一家新建工厂的产能释放往往需要几年时间，情况会变得更加糟糕。这就是供应链死结不容易打开的关键，风险在于它的隐蔽性和扩散性。而连接性越强的节点，供应链的修复越不容易。连接形成体系，自然也会形成脆弱性。

这些脆弱性，并非只是来自高价值产品。高价值零部件，如汽车座椅、仪表盘等，往往作为“战略部件”得到足够关注。这里很容易看到“二八法则”在发挥作用：20% 的供应商数量，占据了 80% 的企业采购成本。战略部件往往是可靠的、稳定的。

事实的确如此。但令人意外的是，对福特公司利润影响重大的，反而是其中约 2% 的供应商。这些影响重大的供应环节，往往是年度采购额度相对较低的。这一发现震惊了福特公司的管理者：此前的风险管理工具箱里，并未将这些低价值供应商作为高风险的来源。福特为此采取行动，进行风险评估和管控。

这种不起眼的供应商所导致的整体性灾难的现象，反映了供应链的每个节点都需要得到重视。连接的重要性，并不都在于价值高低。例如，1986 年“挑战者号”航天飞机升空后就发生爆炸的原因，后来被确定为橡胶垫圈出现低温老化而导致高压气体泄漏。

这让人意识到供应链也有不足的地方。2022 年比亚迪汽车实现了销售的巨大突破，秘诀在于它自己生产动力电池和功率器件。这表明在快速发展中，采用垂直一体化而非供应链方式，对于组织高速生产会更有优势。关键零部件不再通过供应商，而是在企业内部实现。这反映出供应链在应对高速变化的世界时也有脆弱性。

等级：融入高级供应链

越是复杂的制造，供应链等级越是森严。新玩家往往只能从入门级开始逐渐获得认可。只要能参与分工、融入体系，哪怕从底部进入，对于追赶者来说也是胜利。

航空发动机是人类挑战工业制造的巅峰，它被称为制造业皇冠上的明珠绝非偶然。它的供应链很长，涉及机械加工、材料制备、电子元器件等学科，每个环节都有对极限制造的考验。

航空发动机供应链上的企业可以分为四级。第一层级就是金字塔尖的统治者，主要是三大企业：通用电气、普惠、罗罗。这三家发动机整机制造商，尽管在商用飞机和军用飞机领域都展开了跨世纪的角逐，但多年来几乎已经占据整个航空动力的市场。通用电气目前运营的商用发动机型号不到 20 个，每个型号都是实打实地在市场上百炼成钢。除了这三家企业，也有其他合资公司，广为人知的是美国通用电气与法国赛峰军工集团的合资公司生产的 CFM56 航空发动机。这是全球供应链的一个典范，它为商业航空提供了可靠的动力，而为中国商飞 C919 提供新型发动机的也是它。一个成功的商业化产品，在建设供应链的时候，经常一波三折。当通用电气和赛峰两家组建合资公司的时候，曾经受到美国军方的强烈阻拦。美国国防部担心发动机技术将流失到法国，后来两个国家的总统出面协调，先由通用电气在美国封装部分组件，之后运到法国，两个跨国公司的巨头联合研发新型发动机。

航空发动机供应链的第二层，由德国 MTU、意大利 AVIO 和日本石川岛播磨重工业等组成，它们主要负责子系统和大部件等。在这一层，日本制造开始活跃起来。日本企业一直是美国波音和欧洲空客公司的联合开发的得力伙伴。第一层与第二层的伙伴关系是不一般的，并不只是甲方与乙方。这是真正的利益共同体，从一开始的研发阶段就共同承担风险，后来成为行业惯例。

第三层是零部件，范围开始扩散，中国、韩国的制造企业陆续参与其中。而第四层则是原材料的供应商，日本企业起到主导的作用。层层渗透，全球分包，如同一棵大树盘根错节，这就是航空发动机领域像老树根一样的产业体系。中国航发动力等百余家公司也以外贸转包的形式，参与到老树根体系中去。但是，这套老树根体系的规则设计是非常完美和相互制衡的，技术很难外泄。外部供应链上的生长，其实是被严格限制的。

在航空发动机的零部件中，高压涡轮叶片和发动机燃烧室都是美国出口限制严格的热端部件。高压涡轮叶片并不在中国制造，但高压涡轮盘在中国制造。发动机燃烧室不能在中国制造，但燃烧室的头部已经在中国生产制造。从头到尾的机匣，也是在中国制造的。发动机有非常多的转子，这些转子的盘也是在中国制造的。发动机的两根轴中，高压转子轴已经在中国制造，尚没有实现低压转子轴的技术突破。中国已经能够制造低压涡轮叶片，比如无锡航亚科技专注于航材制造技术在发动机零部件领域的科研生产，就可以进行低压机叶片的加工。至于更高端制造的高压机的 9 节叶片，则根本看不到。

知识进行了层层封锁。发动机维修的时候，也不允许在中国进行拆解，很多都运到了新加坡去维修，中国工程师甚至连看都不能看。这就是为什么当时美国曾经考虑不允许通用电气出售 LEAP 发动机给 C919 大飞机配套的时候，通用电气的高管认为，即使把发动机交给商飞，中国也加工不出来。当供应链没有完善到一定程度时，仅仅看实物也很难逆向制造出来产品。

一台发动机的机械制造部分，80%~90% 都是在中国完成的，这意味着中国已经积累了大量的制造技术。航空发动机供应链的就绪度已经很高，但即使如此，供应链仍不完整。在这种情况下，仍然无法有效制造发动机，还需要更长时间的积累和工程上的突破性进展。

全球航空供应链分工，好像是一个庞大而且等级森严的工业迷宫，通过严格的技术保密形成精密的保护。在这种相互嵌套的分工体系下，能够整合进入，成为全球资源网络的一环，已经是难能可贵的能力。

中国制造业的主要特征是两头在外，原材料是进口的，市场在国外，只有加工在中国。这种供应链的模式也在成长，制造技术进步以后，就会带动原材料的落地。通用电气的发动机有很多锻件在中国制造，进一步就是突破铸件，然后是上游的高温合金。这是一条完整的供应链组合的能力，从高温合金的生产，到锻件、铸件的生产，一直到机械加工。

反过来，如果有了这样的发动机供应链，就可以向发动机设计，甚至向系统集成方面进军。2010 年通用电气在讨论全球分工战略会议上，面对印度、墨西哥、波兰都是五六百人以上的团队，通用电气中国在飞机系统领域的团队能力是 0。但是，如果考虑中国研发中心的存在，团队能力就从 0 增加到 1。如果再考虑供应商的能力，前面可以再增加一个 1。全球工程团队所在国家里，只有中国可以制造飞机、火箭。通用电气中国从 0 开始，建立了一支系统结构设计团队。通用电气为 C919 设计短舱风扇罩的负责人就来自中国。进入了供应链，可以反向促进整体设计能力的提升。

供应链是价值交付系统的全部，它不是一个企业的制造能力，而是一连串企业制造能力的总和。一家出色的制造公司，一定同时拥有出色的供应链。在等级森严的致密供应链网络里，要想插进去一个新的连接是非常困难的。一套供应链体系，很容易呈现独立封闭的姿态，它天生就是排外的。单纯靠一家新面孔公司的一己之力去单点突破，会有很多难以克服的障碍。它需要一个体系为它服务，才能形成有力的尖刀。

黏性：企业之间的连接

龙头企业要想发展，离不开中小企业的推进。如何形成供应商之间的连接，是一个值得深度挖掘的命题。只有将中小企业有机地嵌入供应链之中，才是一个健康的产业升级。

中国大飞机 C919 的成功制造，很容易让人觉得中国飞机制造水平相当高。就集成能力而言，这的确是惊人的一跳。但在整体供应链能力上，中国制造依然有很大的提升空间。飞机是典型的全球外包行业，这被称为“转包”。中国在这方面起步还算比较早，早在 1985 年跟麦道合资的时候，就掌握了一些飞机零部件的制造技术。到 2007 年空客 A320 在天津组装，中国飞机制造才算是融入全球飞机供应链。

空客的民航客机供应商有上万家，主要厂商也有大约 4 500 家。空客采购支出通常占公司收入的 2/3 以上。按照 2019 年 705 亿欧元的业务规模（受疫情冲击，2021 年只有 500 亿欧元），全年采购额接近 500 亿欧元。空客虽然说是全球化采购，但其实前 6 个国家就占了 80% 以上。2021 年，法国排在第 1，占比将近 1/4。德国排在第 2，美国排在第 3。英国、西班牙也是空客主要支撑单位，位列其后。中国供应链的数量从 2016 年的 72 个，上升到 2019 年的 97 个，到 2021 年进一步上升到 107 个，排名第 6，也是空客合格供应商数量过百的 6 个国家之一。

中国参与航空转包生产 30 多年，但零部件采购额不到空客的 5%，只有 25 亿欧元，分布在 90 家大陆供应商。这种速度并不完全令人满意，因为中国飞机供应链也在遭遇新对手：韩国。在很多其他行业，都有中国制造赶超韩国的现象，飞机制造行业则出现了一些新的局面。

韩国飞机转包生产，国际合作落后中国近 20 年。经过十多年的发展，已经有了明显进步。波音 737 飞机的垂尾、平尾生产量中，70% 在中国，30% 在韩国。中国实现月交付 10 架用了 6 年半的时间，而韩国航空航天工业公司只用了 3 年，它仅仅在民机转包项目上的收入就超过 5 亿美元。照此速度追下去，或许比例还会更高。

韩国的人工成本也很高，如何做到竞争力反超中国？这得益于极致的专业化分工和深度的供应链连接。韩国航空航天工业公司是三星、现代和大宇的合资公司，也是韩国供应链的链主企业。该公司位于韩国庆尚南道，那里有 40 多家供应商的产业园区。这家公司会细化供应链上的每一把尖刀，做强做尖，有的厂家甚至只需要负责一道工序。这种连接方式让人印象深刻，其中自然有对知识的关注。该公司会把自己的顶级工程师派到上游入驻工厂，只收取非常少的费用。这种下游用户主动上门传道的方式，大大强化了供应商及其上游供应商的突破能力。

核心企业与供应链紧密嵌合，意味着所有供应商同气连枝，都在一个频率上。而核心企业也会放心大胆地让供应商直接去见客户，以便更好地研发工艺。这样一来，韩国转包生产发展速度很快。可以说，韩国航空航天工业公司不是一家公司在竞争，而是通过供应链群在作战。

供应链的力量，蕴藏在龙头企业与无数中小企业的连接中。订单只是表面现象，二者的配合默契度、对时间节点的把控、在相互交流中的知识交换，以及对彼此的信任等，都成为供应链连接的重要组成部分。这一点，日企早已经熟稔在心，成为日本产业发展的一种特色。日本著名管理经济学家西口敏宏在《战略性外包的演化：日本制造业的竞争优势》一书中，描述了日本如何在 20 世纪 60 年代就着手培育战略性外包。日本政府建立了大企业和小企业紧密相连的“下包”制度，也就是加强合作关系的战略性外包。为了鼓励中小企业的下包，政府可以提供灵活贷款。1970 年前后，大企业需要收货之后 60 天就及时付款，大大提高了灵活性。这在当时缓解了中小企业的回款压力，有力地促进了毛细血管的循环。

日本的下包制度，有很多值得挖掘的地方。它从主机厂主导的单边设计，走向双方共同解决问题的双边设计。而“黑盒子设计”的理念，也开始深入人心。发包企业提供边界尺寸和性能要求，同时提供详细的使用场景，然后由供应商发挥专长去解决。日本汽车零部件开发依赖“黑盒子设计”，依赖度达到 62%，而美国只有 14%。[①]

① 西口敏宏. 战略性外包的演化：日本制造业的竞争优势 [M]. 范建亭，译. 上海：上海财经大学出版社，2007：189.

同样，供应商向主机厂派驻的“驻厂工程师”，或称“客人工程师”，也开始流行。工程项目怕的就是中间配置发生变化，产生所谓的“工程变更”。这种变更对于上游零部件厂商往往是毁灭性的灾难。而“驻厂工程师”则通过一种平行设计的理念提前介入，加强事前沟通，从而在很大程度上降低“推倒重来”的可能性。即使到如今，相比通用汽车和供应商一年一签的做法，日本供应商往往合同一签就是4年，而这正是更换一套模具所需要的时间。[1]

供应链的关联性值得高度关注。**建立大企业和中小企业之间的紧密关系，让小企业成为供应链坚实的一部分，这样才能成就一个韧性十足的健康产业。**

养分：用户的反哺

让人略感意外的是，很多供应商其实并不清楚，用户是如何使用自己的产品的。而这种使用方式，往往是极为宝贵的知识源泉。在用户的使用现场，应用场景中隐藏着可以推动供应商创新发展的秘密。

很多产品没有取得技术突破，往往是与用户端的结合不足所造成的。“好软件是用出来的”，但是在很长时间里，中国软件供应商都是与用户

① 池田信夫. 失去的二十年[M]. 胡文静，译. 北京：机械工业出版社，2022：129.

相隔离的。比如航空航天、汽车、电子行业都已经习惯使用成熟的软件，包括法国达索系统、德国西门子的三维计算机辅助设计软件，或者美国新思科技的电子设计自动化软件。国产软件不常有入场比赛的机会，它会因为久久隔离在用户大门之外而变得虚弱。

更值得注意的是，很多软件的起步往往是从用户内部孵化出来的。通用汽车、波音、通用电气都孕育了自己的工业软件。达索系统软件一开始就来自达索公司，它继承了这家公司飞机制造的基因。当它历史上极其重要的版本 CATIA V5 采用 Windows 版本进行发布的时候，中国航空工业集团作为早期的用户，提出了很多的反馈建议。这些用户建议就是用户养分，使 CATIA V5 的能力得到加强，甚至连波音公司也派人到中国学习这种软件的使用经验。从某种意义上说，“工业软件是用出来的，而不是开发出来的”。供应链上由于连接而产生创新的情况并不少见，很多跨国企业的能力建设，就是依靠中国客户培育起来的。

与用户的连接，可以作为一种宝贵的财富。只有供应商的设计师们理解了用户的使用习惯，才会设计出用户更喜欢使用的功能。然而，实际上设计师与用户之间相隔了漫长的距离。设计师与制造工程师本身就有断层，而产品往往通过销售渠道甚至是分销商进入用户手中。如此多的环节，容易让宝贵的用户需求与研发阶段彻底隔离。经常发生的情况是，很多所谓“卡脖子”的产品，就是因为用户知识无法被设计师捕捉。

日本一家气动执行机构公司 SMC 是股市的常青树，大多时候，它只是一家配件供应商，为机器设备制造商（如机床）提供动力机械元件，后者将机器提供给工厂用户。虽然 SMC 并不是直接面对终端的工厂用户，但是 SMC 格外注重从用户端获取信息，派出专门的工程师驻守在汽车、医药制造商的工厂，从而获得了对机械设备更深入的认识。该公司对于机床加工流程的了解，有时候甚至比机床厂家还多，这促使日本机床厂家马扎克在面向下游用户设计产品的时候，会反过来向上游厂家 SMC 寻求更完善的知识。

供应链不能只往前端看供应，也要向后端看客户，这同样是供应链的重要组成。客户不仅仅是衣食父母，提供商业订单；也是营养师，提供养分让企业变得更加健壮。

如果忽略了连接的价值，就会造成双方知识无法流动，也容易侵蚀供应商的制造能力。纯商业化的采购行为，容易导致这一点。

“低价者中标”就是一种用户跟供应商切断“连接力”的恶习。它之所以令人困惑，就是因为它将供应链的伙伴关系简化为单一的供应商关系。单纯的买卖和供货关系，是供应链的最低水准，并不等同于供应链的连接力。这是一种脆弱的交往，割裂了对创新养分的输送。面对这种理念，供应商很难有动力去进行开创式创新。而“最低价中标”更是供应链上的一匹害群之马，破坏了养分的吸收和输入。在低价思维所决定的行事规则中，只追求短期效益的短视行为开始扩散。

对于推崇创新的企业而言，与上游这种短视关系简直不可想象。很多优秀企业往往会有专门的预算，让上游去进行开发。例如苹果就有专项资金，支撑供应链去开发产品。它拨出数亿美元的预算，支撑玻璃制造商美国康宁公司开发新一代的屏幕玻璃基板。在高速、动态发展的时代，只有建立伙伴关系的连接，才能成为高效的供应链。

扶持“连接力”往往需要花费很长的时间，不能一蹴而就。这在科技攻关转化的时候尤其明显。**科技创新是一场接力赛，它需要**

在不同组织之间经过一连串的交接棒，才能转化成实用成果。

政府往往鼓励创新型企业开发首台（套）设备的各种模式。这是鼓励创新的一部分。但是，这类首台（套）产品往往走得并不长远。当新机型开完鉴定会之后，容易被束之高阁。之所以造成这种现象，也是因为割裂了与用户的连接。课题攻关机制往往会采用定期定向的开发，开发完成就进行指标考核。考核过关，课题基本就会结束。在绝大多数课题的验收情景中，这些设备的技术参数通常都会达标。然而，这些达标基本是实验室静态测试的特性指标，并没有在恶劣的工厂环境下真正检验过。随着工厂环境变化而呈现出来的动态指标，才能真正体现机器性能。显然，这些新设备并没有深度触及用户场景，也没有被广泛使用并进行纠错和调优。一台设备仅仅从技术指标来验收，并不能算是真正意义上的成功。只有在运营过程中反复调优参数，才有可能真正变成商业化的产品。

很显然，**与用户建立起持续连接，才是技术快速进步的关键。**然而，这样打磨产品的实用工程化过程，需要很长时间的积累和巨额的二次费用的投入。样机突破是创新，但是不能忽略它在向成熟商品转化的过程中，还需要消耗比研发样机高得多的工程化费用。然而，这笔费用已经失去了支撑来源。课题项目既然已经结项，也就很难再找到更多的预算支撑技术改善。供应链因为缺少连接，无法持续吸收养分，进而造成科技转化失败，这是一种常见的场景。失去连接性，是首台（套）经常半途而废的重要原因。

第三节　被低估的“低端制造”与高效连接

反差：低技术产业的高效运转体系

“低端产业”是一种充满偏见的分类。这是人们不假思索对于“低技术产业”的描述，而“战略性新兴产业”的提法，则在对比的意味中加重了人们对于传统制造的偏见。事实上，全球化发展到今天，几乎所有的产品都经受过技术的持续打磨。市场则经过一轮又一轮的洗礼，能够生存下来的产业和企业，都必然有其独特性。

中国制造的打火机，竞争力是无人能及的。而作为中国三大家电生产基地之一的浙江慈溪市，也是打火机的生产基地。虽然出口总额只有数十亿元人民币，但是小生意背后是高级的组织管理。它不仅需要高精尖的机床，也需要发达的供应链组织。

生产一只打火机并没有看上去那么简单。能够在原材料、人力不断涨价的前提下保持低成本制造，更是不易。打火机制造涉及材料、精密模具、电气自动化等多方面工程技术。它有 30 多个零部件，如倒扣阀座、大小 O 形环、气弹簧、恒流阀、风罩等，仅弹簧就有五六种。生产环节也复杂，达到 50 多个工序，包括注塑、打孔、焊接、加气、翻板组装、检验等。在过去 10 年里，物价上涨，但打火机的售价始终保持一元钱。企业要想赢利，必须通过持续改进工厂装备与工艺来降低成本。2010 年，在浙江慈溪市的新海公司，生产一只打火机的人工费是 1 角 5 分。10 年之后，人工费只需要 3 分钱。这背后正是制造能力的巨大进步。3 分钱的劳动力成本，筑起深深的护城河。在许多国家，打火机是一个萎缩的市场。2006年新海的产品进入日本7-Eleven便利店。当时日本打火机市场容量大约为6亿元人民币，新海的市场占有率达到1/6。随着日本烟民逐年减少，市场容量降到3亿元左右，新海不降反升，占到日本市场的60%左右。

低端制造被低估之处，就是它拥有巨大的连接力。它的供应链体系并不简单，背后也有高级的组织形态在支撑。

新海拥有上百家供应商，包括材料、化工、机械、精密模具、注塑、焊接等。它们都可以根据订单要求，快速安排产能。而本地非标准化的自动化设备制造商，则专门为新海的设计思路提供专用的设备。在天然气和塑料粒子的储备方面，附近就有几家供应商就地提供服务。物流中心每天可以将货柜送往附近的世界级大港：宁波舟山港。所有的环节，都在高效运转。

很显然，这些所谓的“低端制造”有着惊人的效率，也只有这样才能够在国内扎根。可见，**深耕细作的供应链已经是决定一个产业能否落地生根的关键。**

从行业属性而言，纺织行业能满足人们基础的需求，因此看上去很容易起步，但其实是一个巨大的陷阱。这是一种高级供应链，背后也需要一个强大且高效的组织运转。美国学者贾雷德·戴蒙德在《枪炮、病菌与钢铁》一书中提到，枪炮不仅仅代表了技术，也代表了组织。训练有素的团体组合，会对松散的组合形成压倒性的力量。生产能力背后是一套严密完善的组织，纺织行业正是如此。

作为全国快时尚行业的服装制造中心，广东康乐村有着惊人的服装制造能力。在它的1公里之外有着全国最大的面料市场：广州中大布匹市场。康乐村附近有10万打工者，大部分来自湖北。这里的成衣店老板每天重复同样的事：凌晨把货送走，起床后接订单，然后去中大采购面料。早餐后，拿着服装样式和要求，在马路两旁现场招工。流水线运转一整天，到了晚上10点，工人下班去吃夜宵。那些已经做好的衣服，由等候多时的货车送到相距10公里远的沙河、十三行、广州火车站附近的服装批发市场等地。

这种所谓的“低端制造”需要的其实是一种高端组织，确保用最高的组织效率运行。

暗力：制造能力大于产品本身

在二战期间的太平洋战场，日本和美国的军舰数量基本相当。然而，战争爆发后，双方真正比拼的是制造能力和自然资源。美国福特汽车、通用汽车从生产民用汽车转为生产军用物品。就连消费者熟悉的科勒卫浴，也开始为军工行业提供黄铜阀门零部件。

显然，有的企业很容易制造出以往并不熟悉的产品。企业所掌握的知识，远远超过它所能表达的；企业拥有的能力，也不局限于它制造出来的东西。当这些能力叠加在一起，就会让人意识到：**一个国家重要的不仅是制造产品，更是制造能力。这种能力可以改变制造流程，也可以让有效的供应链指向不同的生产方向。**

2020年新冠肺炎疫情暴发期间，公众措手不及，口罩严重短缺，成为第一急需品。口罩厂一时无法面对巨大的需求缺口。位于广西柳州市的上汽通用五菱完全从零开始，在春节过后一周，就开始提供社会急需的宝贵的口罩。上汽通用五菱如何从制造汽车转向生产口罩？

在通常情况下，河南长垣是中国的“口罩之乡”。它所用的原材料聚丙烯，起初来自浙江的镇海炼化，之后运往山东被加工成中间产品熔喷无纺布，之后再运回长垣。口罩机设备来自东莞，必不可少的超声波压焊设备来自苏州，自动包装设备来自上海。长垣还需要从其他城市引进各种零部件，如鼻梁条、挂耳绳、黏合剂，最终制成口罩。

口罩看上去是一个简单的产品，但它的供应商来自四面八方，而且跨越机械、化工、电子等领域。生产一只口罩，可能涉及数百种物品，距离总计几十万公里的物流过程。这是全球供应链集成的产物，涉及各种设备资产。

在紧急启动口罩生产线以后，重整供应链秩序则以另一种方式启动。当上汽通用五菱的高层决定自行生产口罩之后，全厂的工程师都开始行动起来。

口罩一般是由双层无纺布和单层熔喷布组成的，采用的都是聚丙烯原材料。作为汽车内饰的隔音棉，采用的原材料也是聚丙烯，与熔喷布、无纺布的材质没有太大区别。在这一点上，上汽通用五菱可以迅速追踪到口罩原材料的供应商。

再进一步看，口罩其实是在装配线上实现的。它需要将三层布放到模具中切压，热熔之后就是成品。这个过程需要洁净的环境，而汽车车间通常也有洁净度要求。很容易将生产汽车的车间改建为生产口罩的车间。上汽通用五菱改造了10万级无尘车间，形成洁净室，同时开始改造冲压设备，从切断钢板调整为切断熔喷布。

由于无法购买足够的口罩机，上汽通用五菱向上游再迈进一步，决定生产口罩机。一台口罩机大约需要170多张图纸，包括43类电控、气动、机械，涉及800多种元器件的选型。上汽通用五菱的采购部开始向全国各个城市寻求各种元器件的供货，而分布在各地的4S店渠道也变成逆向采购的据点。

一套供应链要发挥作用，需要动用设备、零件、模组、原材料和用户等多方资源。仅仅用了6天的时间，“五菱牌”全自动化口罩机就正式出货。上汽通用五菱从门外汉一跃成为制造口罩的主力军，而且建立了全套供应链。柳州工厂的口罩产能很快达到每天100万只，有效缓解了应急之需。当时全球都在疯抢口罩，最大的口罩生产商3M，在美国保留的唯一的口罩生产工厂，即使放量也无法匹敌。

一家汽车厂“突然”具备从未有过的战略物资生产和战略设备制造的能力，这让人们意识到产品生产的背后，隐藏着更强大的制造能力。与古典经济学家亚当·斯密的绝对优势理论和专业分工理论不同，德国经济学家李斯特认为，仅仅以“交易为基础”的工业发展道路忽略了“生产力”的根本作用。他认为“生产财富的能力比财富本身更为重要”。换言之，一个国家的生产能力，远远比产品本身更重要。它意味着有了强壮的供应链，不仅能够为已有的产品提供保障，而且可以迅速获取全新的制造能力。上汽通用五菱汽车厂制造口罩机的例子，就生动地表明了在极端情况下，一条供应链是如何从生产产品切换到生产机器的。优秀的供应链具备网络组织能力，远不仅是供应商名单的集合。这让人意识到，制造能力远远大于产品本身，然而这种制造能力本身也需要高端的供应链支撑。它让一支训练有素的团队，可以拥有生产全新产品的能力。

代工：被误解的制造巅峰

在人们的印象中，“代工厂”是一个带有贬义的词，让人们想到车间里拥挤的工人忙忙碌碌地拧着螺丝、装配电缆，下班后像潮水一样涌回员工宿舍。

令很多人没有想到的是，一个高效率的代工厂也可能意味着顶级制造的巅峰。它需要很多能力来支撑，包括机械制造能力、物料调度、劳动大军的调配等。那些在工厂里的信息流动和组织流程，正是工业化的关键保障。

当诺基亚黯然离场，将手机市场霸主地位交给苹果手机的时候，其背后所依靠的制造能力都来自同一个企业，那就是富士康。富士康将模具技术引入电子产业，为手机的大规模制造提供了条件。正是依靠这种技术，诺基亚辉煌的 2G（第二代手机通信技术规格）时代一直延续到 2007 年。同一年，苹果第一代手机出现。它采用了触摸屏和极简的设计，充满设计美学的外观吸引了很多消费者。

这种备受关注的外观背后的制造技术，曾经令工程师头疼无比。

首先，苹果放弃了模具制造的方式，这一点在制造行业不太寻常。无论是金属件，还是塑胶件，采用模具翻制实现大规模量产的方式，已经成为行业的惯例。这样做的原因很简单，智能手机外壳的形状很简单，但是外壳的内面结构则复杂得多，需要很多微小的支撑架，焊接各种电容电阻。这些形态各异的结构会导致模具成型极其困难。

更大的挑战在于手机外壳的硬度，这是由触控屏幕决定的。苹果第一代 iPhone 是苹果生产的第一款触屏手机，触摸屏技术在当时并非成熟技术，不同人的按压力量有很大差异，而且触摸屏各个位置都要精确感受压力源以执行不同的操作。这种触摸屏要求更高的屏幕硬度，这是塑料外壳所无法承受的。从按键切换到触摸屏，要硬、要轻、要美，决定了手机外壳不能用塑料，而只能使用不锈钢。

手机外壳的制造路线后来确定为通过数控机床加工，而不再使用模具冲压。这让日本专家觉得难以置信。对于工厂而言，只有将制造能力发挥到极限，才能满足苹果手机每一款革命性产品的需求。创新制造的思维，已经突破了日本制造所设定的边界。

要想加工不锈钢金属外壳，而且要形成光洁度，需要精密度很高的高速加工机床。更重要的是，由于动辄采用数千台机床，昂贵的日本、瑞士或者德国机床都是不可接受的。富士康将目光投向日本在航空航天领域的加工技术。东芝机械曾经将纳米级加工技术应用于航空工业，但加工速度慢，无法实现批量应用。

富士康和日本发那科机床一起，改造了这种航空同源的机加工技术。手机精度不需要到纳米级别，只需要微米级别就可以实现大规模切削加工。在富士康的技术反哺和联合开发下，发那科研制出高速不锈钢加工的钻攻技术，一举成为全球最大的钻攻机床供应商。

连接力是相互作用的。发那科也从富士康的需求中获取力量。发那科原来只为机床研究数控系统，并不生产机床。如今，发那科也开始涉足小型五轴机床，成为电子制造领域的重要供应商。与此同时，富士康开始引入国产精密装备，北京精雕、深圳创世纪等公司也都纷纷进入电子制造的主战场。

以前模具只是下蛋的老母鸡。一套诺基亚手机的塑料模具，可以翻制 50 万个手机外壳。在这种方式下，用来加工模具的刀具损耗并不大。富士康创造性地将手机外壳当成“唯一的模具”，每一个模具都要进行加工，这大大提高了流水线的效率。然而，这种方法需要消耗大量的刀具，这又带动了全新的供应链齿轮的高速运转。

超大规模的制造，往往会超出人们的想象。在模具加工用刀具领域，日本企业一直是王者一样的存在，在市场上独领风骚。东芝、住友重工的刀具在塑料模具加工中占有很高的市场份额。然而，当富士康提出加工不锈钢的需求，而且要求每年 180 万把刀具时，这些久经沙场的刀具老将也难以承担。对他们而言，每月 3 万把刀具已经是极限。这种超大规模的需求量，需要重新组合刀具材料，给生产方式带来全新的挑战。产能提速 5 倍，可不是像旋转音量开关一样简单，这是一种垂直升降的能力。

等不到日本刀具制造商承诺的富士康，只能自己开始研发刀具，并且培育供应商一起制造。专门制造刀具的粉末冶金材料公司，需要跟富士康一起对材料物性进行研发。这个过程中有很多技术细节得以优化。硬质合金刀具的涂覆层一般采用高硬度的碳化钨材料。以前的模具加工用刀具，基本是从日本进口的 50 毫米长的标准刀具。刀尖磨损后，刀体也随之废弃，这会产生大量的浪费。于是供应商开始设计 70 毫米长的刀具。当刀尖磨损后，可以将前面 10 毫米截掉，将剩余的部分重新打磨。这样就可以继续使用刀体，大大减少了废料，降低了成本。而这个重新设计的过程，往往需要刀具公司、机床公司和粉末公司共同研究刀具的刚度，以免影响性能。

只有这些能力一一就绪，大规模的装配才会得以实现。代工厂代表了一种集成制造技术，它需要上游供应链要像钢丝一样绷紧。被低估的装配生产线，恰恰代表着高效率。看轻装配是对中国制造能力的误解，更是对供应链的价值视而不见。

代工巨人的溢出效应体现在对整个供应链的培育，它孵化了一大批拼搏进取的本土制造商。苏州模具行业的繁盛，跟富士康在苏州的工厂有着直接的关系。富士康精密工业（苏州）在 2001 年成立，为2G手机代工生产时，带动了大量配套的原材料和零部件企业发展，使苏州成为电子模具公司的乐园。一些出走的人才，前往苏州建厂。在苹果供应链上地位爬升极快的深圳立讯精密，正是由富士康前员工创立的。2004年，立讯精密创办初期，富士康贡献了50%以上的利润，而它的福地正是苏州。立讯精密在2011年收购了昆山联滔电子，接手生产苹果平板电脑。2016年收购苏州美特科技，进入声学设备领域，抓住了营收贡献巨大的苹果耳机的代工订单。

可以说，富士康几乎从零开始，连同苹果的高端设计与制造，共同推动了中国电子制造和模具产业。各类供应商在这片土壤吸收营养、获得成长，曾经最强的日本模具产业被甩在电子产业身后。在这段并不算漫长的岁月里，制造大国之间供应链能力此消彼长。大国博弈的线索，已经悄无声息地隐藏其中。

对决：供应链之战

供应链是企业积累知识并创造产品的系统。一个企业的运营效率不是来自一个企业，而是来自整个系统。服装是人们接触最多的日用品之一，这背后运转着一个庞大的供应链。它的精密运转，不亚于每天精准报时的钟表。

康乐村是广州市海珠区的城中村，坐落着数千家小微服装企业。这些服装企业的老板，每天就像时针一样，在准确的时间做着相同的事情：早晨盘点订单，上午采购面料，紧接着组织生产力，安排生产计划，直到次日凌晨收工。天蒙蒙亮的时候，大货车准时将服装运走，老板们再开始迎接新的一天。

康乐村代表了一种惊人的服装制造能力。服装的销售周期通常比较短，消费者的购买需求又很难把握，于是服装行业需要先推出大量新品进行测试。一旦市场看好某一款产品，就要快速反应，迅速启动大规模生产。这种“小单快返”的模式源自主导时尚服装产业的“爆款模式”。小订单成为服装行业中常见的形态。企业接到的订单无论多小，哪怕只有几十件，也要快速生产出来。康乐村可以做到24小时甚至12小时内出货，在快时尚产业链中独具特色。

这种快速出货的方式，依赖的正是供应链强大的连接效率。

在5分钟的路程之外，分布着全国最大的纺织面料、辅料市场，布料往往由面料厂免费送到店里供挑选。广州的中大面料市场，蕴藏着中国服装财富密码。这里品种齐全，面料覆盖50多个小门类，品类达到10万多种，但它却与周边大量像康乐村以及番禺区里仁洞村这样的“淘宝村”服装制造厂同频共振。

就在距离康乐村10公里远的地方，是沙河、十三行的服装批发市场和广州火车站，全国各地的服装批发商在这里进行成品服装的交接。

这展现了效率的秘密，即供应链铁三角：原料、生产和渠道。在以速度制胜的行业中，这三者需要精心的配合。

这种制造能力，完全依靠一条通过信息流串联起来的供应链。在铁三角之外，还有一支成熟的劳动大军。康乐村有着大量的成熟工人，身兼数职的技师可以将一件衣服从头做出来，这被称为“做整件”。在所有的制衣环节中，人们呈现了极大的柔性，对完成小订单有着极强的适应力。康乐村及其邻村聚居了10余万湖北人，将“小单快返”的服装生产模式推向极致。

然而，这也只是一种“快制造”方式。作为一种自发形成的产业形态，可以看成是民间力量富有活力的成长。还有一种“正规军”方式，呈现出另一种供应链连接力的形态。

同样在广州，诞生了一家名为希音的跨境服装电商公司。它未上市的资本估值一度超过了美国亚马逊的市值，达到 1 000 亿美元。当西班牙 ZARA、瑞典 H&M 等品牌已经对快时尚女装市场形成了巨大支配力量的时候，还能再冒出这样一个挑战者，实在令人惊叹。ZARA、H&M 惊人的成就，同样得益于它们的高效供应链。虽然这两个品牌的市场定位与服装价格比康乐村要高出很多，但在制造方式与供应链运转方面却是出奇类似，只不过前者做出了更多的整合。遍布全球的 ZARA 门店与其说是销售渠道，不如说是情报入口。它们每周不断地快速铺货，一旦捕捉到畅销趋势，指令就沿着蛛网一样的供应链迅速传回生产基地。如果一个城市的门店缺货，两天内就能将货品补齐。ZARA 在西班牙北部萨拉戈萨市的物流配送中心，不仅连接着通往欧洲的城市公路，也连接着南非约翰内斯堡的羊毛中心，还连接着西班牙西北部和葡萄牙北部的几百个服装制造厂。

ZARA 是快时尚的领导者，但在近几年它还是被发展更快的希音压住了风头。希音不仅拥有更低的价格，而且新品推出速度远远超过 ZARA。希音有时候能做到日更新上千件新品，它在 2019 年推出 15 万余款新品，两个月就可以超越 ZARA 全年生产的产品种类。

根本原因还是在于供应链的连接力。在希音所在的城市广州，周围近千家制造商在为它服务。这些制造商也是按照工业化标准，一点一点被培养起来的。如何让一个工厂每天可以管理 200 个订单和 2 万件衣服，是成衣厂从未经历过的挑战。每天有订单进来，三五天就得履约交付。希音建立了行业标准。术语也要形成标准。广东和外地的术语有所不同，例如“打枣”（“打套结”）、“盘扣”等，在本地有约定俗成的叫法，而这需要一套信息系统，将术语统一起来。再比如面料颜色在阳光下、灯光下、白天或者黑夜，色彩都可能有所不同。希音建立了色彩管理系统，同时开发比色仪，让大家使用统一的测量工具，描述方式也被统一。希音有一套标准的软件，设定产品的加工方式、布料要求等，做到无须沟通，任务自解释，可以说是极其高效的沟通系统。高效的供应链正在压缩一切无效的环节，包括沟通。

从本质上看，希音不是一家服装公司，而是一家数据驱动的供应链公司。不同于 ZARA 通过线下门店捕捉流行趋势，希音是从网上获取潮流走向的。这使得希音服装的信息入口要比前辈们更高速。它同时也有一个庞大的供应链团队，超过 40% 的员工负责管理制造工厂和物流。希音之所以能在广州崛起，跟中大面料市场和深圳的国际物流枢纽有着直接的联系。它将信息处理能力置于全球背景之下，从而形成令人震撼的影响力。

实际上，希音跟 ZARA 一样，都是另一种“康乐村”，只是运转要素有所不同。无论是康乐村、ZARA，还是希音，都将供应链的连接力发挥到了极致。

反过来从企业来看，竞争力除了与企业内部的水平相关，还要看它所在的整条供应链的效率。质量控制能力一流的康乐村服装企业，就很难融入希音的供应链。尽管生产效率同样高效，但两条供应链并不相融。对于小企业而言，如果处于一个低效的供应链上，那么它很难有突出的表现。从另一个角度看，真正有实力的企业，自然也会选择与高效的供应链为伍。

选择与何种供应链连接，取决于企业自身的能力。**一个企业拥有更多的知识能力，就会有更大的议价能力，也就能连接高效供应链。**在四川绵阳，一家做飞机舱门和阀门的机加工企业，完成一个成品零部件需要34个小时，而一个卓越的标杆企业只需要10个小时。

这种效率差异来自哪里？

如果从内部来看，答案或许容易看得到。例如小企业采用的机床是主轴8 000转的普通机床，而标杆企业采用的是德产30 000转的机床。然而，这只是表面差距，并非根本原因。

细细比较二者的运行方式，就会发现不同。标杆企业已经采用了数字化制造技术，它跟上游委托方直接传递电子图纸和加工工艺数据。而传统企业需要委托方提供加工图纸，再由资历深的师傅重新识别图纸后进行机床编程。

在辅料的管理上，二者也有不同。小企业很难对上游提出严格的质量要求，导致经常出现质量缺陷而被迫返工。同样，在处理供应商信息的时候，中小企业往往借助于电话交流。而标杆企业对于来料要求，都是通过质量软件提前进行填报和预检，一旦发现缺陷，就能快速溯源。

两种企业的行事方式不同，是因为二者处于不同的供应链上。两家企业的能力对比，本质上是两条供应链的效率对决。好的企业完全可以通过供应链，获得超越企业边界的能力。一个企业需要警惕自己是否在高效供应链上。

但是，作坊式企业的价值并不一定低于自动化设备工厂。意大利高端服装品牌，如杰尼亚、阿玛尼、菲拉格慕、MaxMara等，一直在本地生产，很多都是手工缝制。这些高档时装产品的设计，其实跟生产是紧密联系的。布料的裁剪或者缝制方式，会影响衣服褶皱的样式。而这一点，正是高档服装所需要体现的品质。因此，这些公司就将生产地点——看上去效率并不高的工厂，保留在意大利这样的设计之都。这样既丰富了专属的设计风格，也降低了被仿制的风险。[①] 当这种供应链与高端设计力相连接的时候，对产品的品质追求就会高于对供应链效率的追求。

① 加里·皮萨诺，威利·史. 制造繁荣：美国为什么需要制造业复兴[M]. 机械工业信息研究院战略与规划研究所，译. 北京：机械工业出版社，2019：161.

第四节 不容忽视的劳动力结构

候鸟：四处迁徙的劳动力

要形成强大的供应链网络，训练有素的劳动力是必不可少的。从供应链的角度看，如果只谈人力成本，其实是一种自我矮化。人力不仅仅是成本，更是成熟的组织沉淀下来的知识载体。组织弹性至关重要，人力成本只是很小的一部分，还包括快速学习能力、组织协调能力，团队成员能否快速融入生产系统至关重要。

中国的劳动力成本虽然不断增高，但可塑性

强。**民族、文化、环境等都对劳动力的组织性有很大影响。**有竞争力的人力资源特点是，产业工人能够展现出强大的柔性，接受组织安排。对于大规模制造，强大的人力组织更是必不可少。组织连接，是一种惊人的能力，不能忽视。人力资本比人口红利，更好地表达了这种组织的重要性。

富士康在郑州的主力工厂，可容纳35万名组装工人，每天可生产高达50万部智能手机。苹果每年9月的第三周发布新机型，而在此之前需要额外招聘20万工人才能满足生产需要，这就会形成潮汐型劳动力市场。

很多电子企业都会面临这种现象。充足的订单就像夏季充沛的雨水，只在特定时间来临。当订单减少的时候，这些临时多出来的人手，就会涌向另外的厂房。

人口大省河南、山东、安徽等的劳动力市场，往往下沉到县级和乡镇。即使一个产值数千亿元的大企业，也很难组织起来这种规模的劳动大军。

用工昂贵也跟劳动力的组织形式有关。在改革开放初期，往往在工厂门口或者人声鼎沸的劳务市场，就能轻易招到工人。随着劳动力市场价格的提高，柔性制造带来招工的不确定性，这就给劳工市场的中介带来了新的市场。

在东莞清溪镇，有200多家劳工市场。这些劳务中介，一方面负责下沉到各地乡镇去组织工人，另一方面则跟企业进行谈判，统一报价。这些中介组织意外起到了“体外工会组织”的作用，它们是企业波动用工的缓冲池。但这也抬高了劳动力价格，例如平时每小时20多元的劳务费用，高峰时期有可能翻倍。

如果将工厂设立在人口大县，情况是否就会好很多？答案并非完全如此。劳动力的可得性，与当地的产业密集度有关。比亚迪投资百亿元建设新的线束工厂和电机工厂，将厂址选在了安徽阜南。由于汽车线束的安装难以自动化，高度依赖人工作业，工厂投产后预计需要上万产业工人。阜南作为安徽的人口大县，有 70 多万农民工，其中近 60 万外出务工。更重要的是，当地劳动力的组织性非常强。

然而，这些劳动力早已进入另一个组织严密的空间，他们往来穿梭，去往新空间打工。一个新厂房的落地，并不一定立刻就能将他们召回。在尚未签署协议之前，比亚迪每逢年中就要招工 3 000 人。由于外出打工者往往年终才能返回，因此即使是人口大县，也不保证能够满足需求。阜南县就只能采用“笨方法”，将用工任务分解到 28 个乡镇，对所有的人力资源进行地毯式搜索，终于在一个月就完成任务。只有当比亚迪能够带动整个供应链都在当地运转起来时，那些远走他乡的打工者才会真正驻守下来。劳动力的配套，仍然是补给供应链的重要因素。

不能想当然地认为，在经济并不落后的地区会有大量的劳动力可供选择。比如在贵阳并不容易招到本地劳动力，他们往往都结伴去了深圳打工。供应链的生态丰富之地，对多样性的技能有着广泛的需求，这使得劳动力有更多的选择机会。**多元劳动力的聚集，正是一个城市吸引力的表现，这跟供应链的丰富度直接相关。**

缓冲：劳动力是供应链柔性的第一要素

每家工厂在不同时期，都会接收到不稳定的订单。传统工厂也有淡季和旺季，但是可以提前预计，而现在，难以预料的临时性挑战很多。例如一辆汽车要用 1 500 个芯片，大致分为电源、控制、通信、传感等种类。在“芯片荒”的时候，很多车企根本不知道芯片可以到货的时间、数量和种类。整个车间处于一种随时准备救火的应急状态。传统的工序被打乱，如果有转向控制器芯片，那就先安装方向盘；如果有点火芯片，那就先安装安全气囊。在这些零部件的备料阶段，只能依靠频繁调动人员来满足生产的要求。

工厂的产能，已经失去平稳性。对于很多电子产品而言，在一个季度中，最后一个月往往需要生产一半以上的产能，而这些产能又大多分布到最后两周。这种急剧不平衡的现象，需要供应商的供货有极大的灵活性，否则就会在每个环节都造成库存大量增加。

每个企业都有自己的极限制造能力，它需要应对“脉冲订单”。以常见的电商直播为例，一个晚上产生的订单可能是正常销售周期的 5 倍甚至 10 倍以上，而且要求 3 个星期内发货。这大大增加了备料和生产环节的复杂性。2022 年英国女王离世时，将近有 2 万面英国国旗的订单，在 90 分钟内涌到浙江绍兴一家旗帜制造厂，限定两三周内快速交货。

一个企业的产能，通常允许在 20% 的幅度内变化。如果超出订单要求，很难靠自动化调整来满足；如果超过 20% 的产能，则需要通过快速建立人工作业生产线、增加夜班的方式去解决；如果超过 50% 的产能，往往就要靠订单转包来实现。

还有一种挑战是小订单，这种订单的产品制造往往很难通过自动化实现。改变生产线用途的时候，所需要的调试必须进行工程变更验证，而这种验证代价过于高昂，于是开始出现迷你型流水线。联想在深圳的南方智能制造基地中，一个订单的服务器往往只有 5 台，最少时甚至只有 1 台。在这种情况下，工厂无法采用大型流水线，而只能通过工作岛的方式，每个工作岛有 5 个员工，同时配备协作机器人来完成辅助动作和检测。这种迷你型流水线通常要求工人具备多种能力，而且需要经过很长时间的培训才能胜任。

自动化与数字化技术的结合也会带来冲击，智能制造正在给劳动就业带来深刻的变革。台达电子在苏州引入的智能制造生产线几乎完全自动化，生产线人员从原来的 42 人减至 3 人。在这种方式下，提高了的劳动力成本被对冲，但就业大军的岗位数量则大幅减少。

组织严密、纪律严明的工人，是中国供应链韧性的重要支撑。然而，当中国企业走向国际化之路时，就会面临巨大的用人差异。那些在中国大陆成长起来的企业，是否真的准备好搬迁到东南亚、欧洲？ 2023 年，中国大学毕业生人数超过 1 000 万人，这是欧洲任何国家都达不到的。在捷克，虽然制造业占比 GDP 是欧洲最高的，但每年大学毕业生只有 20 万人左右。用工数量对于走出去的中国企业来说是一个很大的问题，而文化差异的挑战更大。在欧洲，加班的人很少，通常一周只工作 5 天。很多生产线的灵活性，如果只能依靠中国提供员工支撑，就很难长久下去。**多种方式并列用工的混合文化，会构成一种常态化的挑战。**

流失：数字化与老龄化挑战

日本产业工人受到推崇是因为良好的组织性和精益求精的精神，“终身雇佣制”也是一个好的激励因素。但是，当产业结构急剧调整的时候，原有的技能也可能成为束缚。2021 年本田汽车针对 55 岁以上员工，征集了 2 000 多名提前退休人员，约占本田日本国内正式员工的 5%。这是本田 10 年来首次征集提前退休人员。为了向纯电动汽车转型，日本车企不得不进行员工换代，更换内燃机为主体的员工结构。当一个产业进行剧烈转型的时候，原有的技能就可能成为累赘。

在美国福特汽车的新能源动力转型计划中，这种“技能选择性”的裁员也很常见。2021 年底，福特在全球拥有 19 万名员工，其中近 50% 在美国工作。美国三大汽车厂拥有 15 万名本土员工，汽车依然是美国吸收劳动力的“大户”。但这些劳动力却不再是宝贵的资产，他们正在成为沉重的包袱。福特一直处于 2008 年濒临破产后的艰难转型时刻。2022 年 2 月，福特 CEO（首席执行官）曾说“公司人太多了”。他没有说出口的一句话是，“拥有新技能的人太少了”。没有掌握电动汽车转型所需要的专业知识的工匠们，正在被时代抛弃。

日本老龄化问题尤为严重，为了弥补年迈技师的流失，日本采用了“数字化封装工匠经验”的做法，想尽一切办法将不可言说的经验转换成数字资产。丰田一直强调“自働化”，在人机结合的指引下，机器的稼动率并不是第一指标，而建立人的最高效率才是制造系统的根本。

然而现在，日本制造界必须适应人口结构的转变，推动“去人化”制造。而要做到这一步，必须经历“知识机器化”的过程。很多自动化公司，如欧姆龙、日本电气，都开始尝试“匠师技艺自动化”，就是把匠师技艺与自动化技术结合，例如将熟练工人的视频动作分解，加载到动作监控软件中，当发现工人操作不符合规范时，会主动提醒工人合理操作。

这些尝试都会推动流水线自动化走上一个新台阶，大幅度降低对熟练技工的依赖。如果无人工厂开始盛行，人口红利的优势就会被抹掉。未来工厂的流水线在哪个国家和地区，或许就不那么重要了。

事实并非如此。工厂要想拼效率，与供应链有直接关系。如果供应链无法做到高效，那么这些企业的少人工厂、无人工厂也无法发挥最高的效率。供应链讲究齐备性和多样性，缺一不可。在参差不齐的生产工序中，需要各种工种和技能。**劳动力是供应链的肌肉。要想防止“肌肉萎缩”，就要创造足够丰富的工种。**

第五节　供应链与工业城市的兴衰

浮萍：供应链与城市往事

企业是连接技术与商品的关键场所，城市是连接人的社交空间，它可以帮助企业更好地实现人的连接。企业之间的供应链，也需要依靠城市连接。可以说，城市是一个很好的供应链聚集平台，影响彼此。当供应链的连接力变得松散的时候，它意味着产业之间的紧密程度就会下降。还有一层更深刻的潜台词，那就是人的连接也会减少，这可能意味着城市活力的下降，会进一步导致供应链连接力下降，从而导致恶性循环。

失去了一棵大树的遮挡，无数蚂蚁就需要搬家。天津摩托罗拉和三星等龙头外资向外迁移，天津电子制造的衰落也难以阻挡。

天津是中国电子制造最早崛起的明星。21 世纪的第一个 10 年，可以说电子行业所有的荣光都集中在天津。2006 年，天津滨海新区手机产量达到 1 亿部，约占全球手机总产量的 10%，占中国总产量的 1/4。摩托罗拉、三星是当地的主力，而摩托罗拉至少比苹果早 10 年成为中国电子制造能力极其重要的哺育者。

然而当摩托罗拉、三星走下坡路的时候，整个行业并没有形成可以支撑的力量。2016 年前后，三星电子关闭天津工厂迁往越南，联想收购摩托罗拉以后，将工厂迁往武汉。两棵大树移走之后，天津的电子产业似乎也被连根拔起。只有医疗领域的九安医疗、安防领域的天地伟业等企业顽强地活了下来。

为什么龙头企业的离去，会导致一个城市的产业急速跌落?

天津曾是赫赫有名的国内仪器仪表四大基地之一，天津市电子仪表工业管理局是管理者中的典型。当时天津好几个国营电子厂都有自己的生产车间，并且具备加工能力。当韩国三星、LG 和摩托罗拉进入天津的时候，与电子仪表局合资成立了一些工厂，就是依靠这些工厂的能力，对本地产业形成了一定的辐射。九安医疗的加工厂刚起步时，就是得益于合资企业留下的电子注塑加工厂的加工能力。然而三星在天津的核心供应商，几乎都来自韩国。扶持本地供应商的工作，似乎被遗忘了。

摩托罗拉当时也带来一些供应商。例如连接器制造商是来自中国台湾的连展科技，它需要将塑料件、五金件焊接在电路板上。零件虽然小，但种类却很多。在天津工厂，连展科技主要引入了后端加工代工厂，将塑料颗粒或金属材料加工成型，变成机壳或者结构件。这些材料一般是由摩托罗拉指定。不锈钢材料是从日本进口，用量不大但可靠性要求很高，国内供应商无法供货。塑料颗粒则从中国台湾和日本进口。即使对于连展科技来说，它也并没有将自己完整的供应链引入天津。五金件、塑胶件和冲压件等都是来自深圳龙华的工厂，而天津本地供应商则提供包材、料盘、纸箱等价值不高的产品。

这些产业并没有形成本地的配套能力。如果拆分电子产品，就会发现这类产业的本地根植性非常低。电子产品主要分为三大部分：产品设计、元器件和装配。就制造部分而言，电子装配的生产线成熟度很高，它采用贴片机这样高速运转的自动化设备，良率和速度要求都很高。它考验的是装配厂的运维水平，现场的人员素质是关键保障，但并非劳动密集型。

元器件的生产以及电路板的封装，往往需要更多的人手来完成，它需要更广泛的原材料，因此对于供应链的协同要求很高。但对于电子设备装配厂而言，只需要完成采购即可。元器件的标准化要求很高，只要定好型号，各地采购都是一样的。这些元器件显著的特点就是轻便，物流运输简单且成本不高。

这种特点，容易让人误以为是真正的繁荣。当电子信息产业高歌猛进的时候，地方政府有时会忽略对供应商的培育。既然天津市也没有配套的企业跟进，那么当三星搬走的时候，它自己培育的供应商也就可以一并带走。缺少新的龙头企业的引领，供应链之间也无法相互支撑，天津的电子产业随之大面积衰落。

尽管大量来自美国、韩国和中国台湾的经理人，在天津这个城市进进出出，但这里形成的知识连接却并不真实。如制造连接器的连展科技的中高层管理者往往来自中国台湾，通常跟摩托罗拉美国总部的工程师直接对接。天津本地员工参与得很少。两个公司的关键技术人员实现了空中对接，在空中走廊完成了知识流动，但没有落地扎根。连接器公司极其重要的能力是模具开发和建立标准话语权。连接器的标准主要掌握在国际连接器协会与国际巨头的手里。连展科技在中国台湾新北总部掌控着这些技术和国际渠道。对各种铜合金材料特性的选择和加工、设计模具等是连接器厂商的关键竞争力。由于这些未曾在本地扎根，天津的产业生态养分严重不足。尽管这里培养了大量的生产线工人，但都是围绕单一的手机制造。当原有产业从本地消失的时候，由于缺少新的产业接力第二棒，那些掌握现场机器操作能力的技术人工，也只能就地改行或者离开天津。连展科技虽然没有撤离，但既有业务吃不饱，为养活工厂，便开始拓展光通信业务，并逐渐向小米手机供应商靠拢。

九安医疗留在天津，并非因为这里的配套能力。九安医疗的创始人毕业于天津大学，他的团队成员都来自天津。当年微软选择了西雅图这一美国西北部的重要工业中心作为总部地址，而非明星之地硅谷，就是因为比尔·盖茨是西雅图人。九安医疗选择留在天津，人的因素自然不可避免。其次就是利润。九安医疗的塑料件、模具商、橡胶件等大多来自长三角，而元器件往往来自珠三角。医疗电子设备、技术含量和利润率，都比普通的电子产品要高一些。不算太高的物流能力，加上自己的盈收能力，可以消化掉周围配套能力不强而产生的额外成本。

同样，天地伟业的摄像头、塑料部件也都是从浙江采购的。物流成本对电子产业的影响并不算大，但它与本地的产业连接也疏远了很多。

不同的行业，属性各有不同。例如“工业之母”模具行业，就不太一样。模具行业是定制化，需要在本地建立起研发和制造能力。而且由于模具成品的重量问题，物流成本是不可忽略的。这些原因使龙头企业跟本地建立起更强的联系。2000 年，夏利汽车还是火爆一时的国民车的时候，扶植了一批模具厂。天津汽车模具厂就是典型代表。当夏利走下坡路的时候，完成股份制改革的天津汽车模具积极寻找出路，并与位于河北保定的长城汽车形成捆绑。2005 年它为长城哈弗汽车设计制造了第一套整车模具。此后哈弗 H5 的热销，不仅成就了哈弗 SUV 品牌，也使天津汽车模具厂越战越勇。它开始积极开拓北京奔驰汽车等客户，同时将模具分厂向湖北、河南等汽车零部件产地进行扩散。当夏利汽车退出历史舞台的时候，天津汽车模具厂则成为蔚来、小鹏、理想等新锐造车势力的供应商。

可以看出，传统模具行业往往会和城市深度绑定，而消费电子行业简直就是一个可以打包带走的产业。这意味着只有形成复杂的行业，才能在本地建立支撑。人才、知识、供应链的紧密连接，都会使供应链迁移变得困难，从而可以为本地留下丰富的就业劳动力。遗憾的是，在天津电子非常繁荣的时候，这样的供应链设计，并没有出现在工业规划的蓝图中。

萎缩：柯达衰落与城市收缩

跟机器设备不同，劳动力的流动往往是有限的。供应链转移的时候，将对无法随之转移的劳动力构成很大的伤害。尤其是当专注于某类技能的劳动力已经跟供应链形成很强的依赖关系时，这种影响会更大。

柯达胶卷的衰落，被看成是一个故步自封的反面案例，但这更是一个龙头企业与供应链的陨落导致本地城市衰败的故事。

罗切斯特市曾经有美国最重要的光学产业集群。柯达是这个城市的掌上明珠。它和博士伦眼镜一起，对这个城市的发展起到了重要作用。当时美国政府为避免军工领域对德国的光学技术形成依赖，也着力在这里培养本土的光学产业。

20 世纪 90 年代，柯达跟富士胶片一样逐渐意识到胶卷行业的没落。柯达进行了各种尝试，但并没能找到一个有着同样体量的市场。2003 年，在中国的大街小巷，仍然有 8 000 多家悬挂鲜明的黄颜色招牌的柯达胶卷冲洗店，但这些不过是夕阳迟暮。柯达在破产之前剥离了许多业务，例如将制造业务出售给美国电子制造最大的代工厂伟创力，它也是苹果电脑的代工厂之一。这艘大船就像泰坦尼克号一样慢慢沉没。

暂且不论柯达在前瞻性战略上判断失误，供应链能力不足也制约着它在数码相机领域取得的突破。早在 1994 年，柯达就为苹果生产出首部消费型的数码相机。但它在罗切斯特市建立数码相机基地的想法，却令人空有一番感叹。想一想它的潜在竞争对手，如佳能、宾得、奥利巴斯所具备的供应链优势。在日本长野县诹访市，数码相机供应链正蓬勃发展。这里有生产微型电子显示器的爱普生、可变焦镜头的日东光学、图像传感器的索尼，还有大量电路板、塑料零件、快门按钮的小型制造商。[1] 数码相机是对用户市场高度敏感的产品，从设计到上市，需要快速实现。只有在供应链高效之地，才可能实现设计与制造的多次迭代。与日本同行相比，柯达完全无法望其项背。1998 年，它不得不彻底关闭罗切斯特的照相机全自动化生产线，并且将整个数码相机的设计业务转移到日本，这让它完全错过了随后

① 加里·皮萨诺，威利·史. 制造繁荣：美国为什么需要制造业复兴[M]. 机械工业信息研究院战略与规划研究所，译. 北京：机械工业出版社，2019：107.

十年数码相机的繁荣发展。

当柯达公司的员工急剧减少时，它给城市带来巨大的失业灾难和经济衰落。它在罗切斯特市的雇员人数从 20 世纪 80 年代的 62 000 人，下降到 2012 年不到 7 000 人，再到 2020 年的 4 000 多人。罗切斯特的人口也开始急剧下降，从 1950 年的峰值 33 万人下降到 2012 年的 21 万人左右。罗切斯特城市的人均收入，也从全美平均水平下降到更低。

尽管如此，供应链的尾巴还是坚持着保留了下来。柯达在发展相机的过程中，连同本地的博士伦眼镜一起，形成了本地光学产业的集群。在带动本地就业的时候，也设立了两年制大专学位，培养专门人才操作精密的透镜打磨和抛光。这些技术和人才带动了当地光学镜头的发展。柯达风光不再的时候，这些知识火种重新诞生了一些小的公司，或者制造 3D 电影的镜头，或者为半导体刻蚀设备提供配件。[①]

然而这些企业规模都太小，无法支撑当地人才的成长，而柯达资助的大专学位，基本也是人员寥寥。在这样的情况下，当地政府机构需要有足够的勇气，建立合适的机构，来承担技术人才的培养。唯有如此，微弱的供应链才可能在城市继续保留下来。

而更多的时候，是整体产业随着龙头企业一

① 苏珊娜·伯杰. 重塑制造业 [M]. 廖丽华，译. 浙江：浙江教育出版社，2018：214.

起沉没。山东威海市文登区，曾经是刺绣兴旺的“鲁绣之乡”。在 20 世纪七八十年代，家家户户都有两副长竹竿做的绣花撑子。本地家庭主妇白天上山干活，晚上就连夜刺绣。而本地的龙头企业，则有效地组织绣线、图案和不同村镇的分工。在 21 世纪初期，这里已经走上与国际市场相融合的道路，大量床上用品家纺四件套、抱枕、窗帘、桌垫等销往海外。工厂也代替了家庭作坊，专业化分工更加明确，市场一片繁荣。五六个龙头企业的合计产值几乎做到了上百亿元，在一个 40 万人的小县城已然构成当地重要的民生产业。然而到了 2020 年前后，该产业几乎从这里消失，只剩下一两家工厂接一些外贸订单。如果简单勾勒一下这个产业的没落，一方面是对市场知识了解甚少，外贸订单也只是来料加工，另一方面是忽视了国内市场的开拓。更重要的是，这里未曾建立起有效的供应链基地。印染布匹来自 400 公里外的山东滨州，而更复杂的丝带、配件则来自江苏南通，物流速度也较慢。这使得它对于成本要求越来越高、运转速度要求更高的新形势，根本无法适应。没有供应链根基的产业，又缺乏对外部渠道的掌控，脆弱性可想而知。

当龙头企业离开一个国家，去往其他地区的时候，整个供应链会相应地进行调整。对于已经习惯全球化运营的跨国制造商而言，虽然会带来很多的麻烦，但总体还能够适应。它损失的是效率，因为不得不在本土找到新的制造系统，或者干脆从头培养。例如当苹果的生产基地搬到印度、越南的时候，很多原材料仍然可以从中国运输，只是价格会更加昂贵，但并不会有多糟糕。从中国的电子制造重镇东莞，到越南的制造基地河内，只有 1 200 公里的距离。相比从郑州到上海，也没有远太多。这种地域上的困难对于电子行业来说很容易克服，因为它经常采用航空运输零部件的方式。而在当地产量上升的时候，链主的知识力量就开始反哺本地制造商。多年积累的养分就会再次反哺给新生制造商们。

而原地区的本土制造商，则将面临巨大的挑战。要么追随链主而去，要么可能会就地萎缩。并非供应链上所有的企业，都能负担得起迁移的代价。而就地停留是危险的，如果缺乏更新的迭代机会，无论是设备，还是零部件，科技创新性都会受到削弱。这种损失将呈波浪形，从内环传递到外环。原有供应链体系的整体制造能力，将会失去向上的动力。一个大企业搬走之后，损失的不仅仅是本地的 GDP 和就业机会，而且会降低本土化创新的速度。

那些训练有素的劳动大军，只有在正常的供应链运转之中，才能与工业化大生产相结合。如果链条被破坏，那些凭借手艺活、靠技术吃饭的工人，就业机会就可能会成为泡影。没有了严密分工的大机器，这些人就无法通过制造业来创造社会价值，而整个国家的制造机器也可能会受到影响。**如果一个国家的制造能力萎缩，可能会导致工业空心化走向不可逆转的旅程。**如果一个城市的制造业被搬空，从城市 GDP 来看，也许仅仅是一个显眼的窟窿，或者可以用其他的收入来填补。而供应链创新的循环圈所留下的窟窿，则是无法补救的。一个城市的创新活力，将会缓慢失去光泽。

裂缝：工业空心化

美国出现工业空心化，可以说是从供应链失去连接力开始的。这也是资本和企业家共同造成的。

二战以后美国崇尚“源头创新”，就是只管从源头增加基础科研的投入，而下游科技成果的转化则主要由私营企业来完成。在

20 世纪的绝大部分时间，基础原理的突破带来了丰厚的财富。这也使得美国大企业的中央研究院盛极一时，很多获得诺贝尔奖的科学家都是来自企业的研究院，人们对于“源头创新”引以为傲。

然而，当全球化导致了外包与供应链迁移时，大量工厂开始荒芜。人们发现与制造相随的车间创新开始减少，上游创新也无法快速在美国落地。美国丢失的不仅仅是岗位，还有创新的温床。“美国发明，离岸制造”成为美国创新的一块心病。

全球化是如何掏空“美国制造”，导致工业生态系统锈迹斑斑的？可以说，供应链连接力缺失是至关重要的原因。

这一切是从何时开始的？

“股东至上理论”是由诺贝尔经济学奖得主米尔顿·弗里德曼提出的，早在 1970 年，这位芝加哥大学教授在《纽约时报》撰文写道：“企业的社会责任就是增加利润。”这自然被解读为，公司的作用就是不惜一切代价，实现股东的利润最大化。随后股东第一主义成为一种信念，被华尔街精英奉为圭臬。

与这种价值观相对应的组织思想，也迅速找到生长的土壤。从 20 世纪七八十年代开始，“核心竞争力”被奉为管理学法则，甚至成为一种流行文化。轻资产运营模式被追捧，制造板块成为一种沉重的包袱，是首先被甩出去的事业部。这也很快成为一种投资定式，季度收益报告成为投资者关注的焦点，激进投资者开始上位。他们用大量收购股票的方式进入董事会，对制造业的经营方式大加干涉。他们催促企业“瘦身”，专注核心利益。而股价与公司的内在价值，逐渐被视作同一件事。公司的目标不再是生产了多少产品或是满足了多少需求，而是“它们为股东创造了多少价值”。到 20 世纪 80 年代末，金融市场日益青睐组织结构更精简、收益更突出的公司，而不是那些能给员工提供长期福利（包括退休金）的大型联合企业。

1999年，即使是久负盛名的“蓝筹股”惠普，在前一年业绩增长不利的情况下，也被股东要求放弃测量部门。惠普只能将测量与生物分析部门独立出去，这就是后来鼎鼎有名的安捷伦科技公司。

2010年，麻省理工学院的生产率经济委员会启动了一个全球性调研，调查美国制造业为什么如此热衷外包。经过连续数年对全球跨国公司的调研之后，麻省理工学院得出了一个结论：正是华尔街对于利润的贪婪要求，导致美国跨国公司都采用轻资产运营模式，纷纷剥离制造环节，把制造业大量外包。

例如全球排名前10的轴承制造商美国铁姆肯公司，2013年召开股东会议时，激进的股东大声指责将钢铁制造业务留下来，拖累了整个公司的股价。钢铁生产线被要求迅速剥离。这种来自逐利股东的干涉，完全无视钢铁对于高品质轴承所起到的几乎决定性的作用，而位于瑞典的轴承制造商SKF则拥有自己的轴承钢铁厂。同样，全球第一的山特维克可乐满刀具公司，也拥有钢铁厂提供的优质的钢材。

协同效应被打破，制造环节被外包出去。麻省理工学院认为，正是“轻资产模式”“核心竞争力”的理念，导致美国制造的创新根基逐渐被削弱。**失去了与制造现场的深度连接，源头创新也会失去光芒。**

低端制造的缺失，损害了积极的创新活力。中小企业是一个地区甚至一个国家的产业腰带。在过去的20多年里，美国制造失去了1/4的中小型制造商。它会出现供应链交叉恶化的结果。当芯片制造转向中国台湾和韩国时，美国半导体设备也开始同步转移。这导致美国旧金山湾区对精密制造的需求下降，企业大量减少，而精密制造能力的衰退，则进一步造成航空航天、精密仪器仪表产业发展出现问题。[①]

这正是美国工业空心化的结果，也是最直接的原因。供应链转移会带来创新火把的转移。不起眼的供应链细节，是一个国家创新体系不可分割的组成部分。

为了重新建立先进制造领导力，美国正在制定策略加速弥补不足。从 2014 年开始，美国建立了将近 20 个制造创新研究院。这些研究院带有一定的公益特点，将实验室的技术进行成果转化以便接近商用水平。此后，企业接棒完成商业化。这好比一台精细的冠状动脉搭桥手术。尽管是龙头企业与大学一起牵头，但整个技术的商业化仍然离不开那些能力微小、利润微薄的中小企业的支撑。培育中小企业并不容易，而正是那些不起眼的针头线脑的生产企业的缺失，减缓了一条高技术供应链的成长速度。

① 加里·皮萨诺，威利·史. 制造繁荣：美国为什么需要制造业复兴 [M]. 机械工业信息研究院战略与规划研究所，译. 北京：机械工业出版社，2019：123.

枢纽：超越城市影响力

认识供应链，需要超越一个城市的格局来看。苹果公司 200 家主要供货商中，大约半数都在上海和苏州地区。苹果产品的零部件及组装供货商中，有 70 多家在苏州和昆山附近，上海大约有 30 家。这些供货商不仅接收苹果的订单，它们还向谷歌、微软等美国大企业，以及华为和小米等中国大企业供货。

上海不仅是城市、金融中心，也是全球高端供应链的枢纽，更是全球制造的关键节点。上海的高端制造厂商的工厂数量远高于广东和深圳。上海与长三角地区紧密联系在一起，而长三角地区是中国汽车供应链的大本营。一个枢纽城市的供应链如果陷入混乱，其影响远远超过一个城市和一个产业，全球也会受到相应的冲击。

供应链是一种隐形财富。一个城市对一家龙头企业的判断，容易仅以这家企业的营业收入来计算。然而，只从一家企业来孤立地看待它对经济的影响，往往过于片面。供应链的社会关系通常都是隐藏的。**供应链的学问，就是一门被隐藏起来的社会学。它是国力的折叠，为城市活力提供有力的组织保障。**

高效运转的厂房之外，没有任何一个空间，能够将中国年轻人有效地组织起来，组成一支训练有素的超规模制造的劳动大军。这些劳动大军与这样的工厂也是相得益彰。这在全球都是绝无仅有的。

一家龙头企业所辐射的供应链能力，是城市的重要财富。当龙头企业离去的时候，它所构成的损伤远超它的产值。丢掉了工厂产能，损伤了城市活力，埋葬了创新体系，它损失的将是整座城市的制造活力。

正是由于供应链具有传导性，所以才会连绵不断地哺育民生。供应链的最末端，就连接着就业人口跳动的心脏。龙头企业走了，有实力的一级供应商还可能跟着迁移，而很多更小的二级、三级供应商往往很难有机会跟随出去。这些小型制造商就像是大树被砍倒以后的藤蔓，一时间失去了往日的依附。而劳动力失业，也会层层出现，甚至影响到周边城市。那些中小企业可能并没有意识到，这个从天而降的灾祸，其实来自附近城市一个龙头企业的搬迁。

供应链的迁移，需要企业群体来完成，这并不容易。如果没有非常规外力的作用，一般企业是不会轻易迁移的。而供应链一旦迁移，短期很难逆转。**供应链迁移，不是简单的一个工厂的开关，而是一种生态的集体切换。**其中，龙头企业的作用至关重要。

即使龙头企业没有迁移，也不代表它会自发地哺育本地供应链。在一些重工业地区，也能看到配套供应链空心化的问题。在四川德阳市就能看到“肥水外流”的现象。德阳正在打造世界级的装备制造之都。城市 GDP 为 2 400 亿元，制造业占比高达 50%，是名副其实的重型装备之都。龙头企业林立，许多国之重器，如 8 万吨锻压机、F 级 50MW（兆瓦）重型燃气轮机，都诞生在这里。这些龙头企业扎根多年，毫无搬迁的意愿，也为本地提供了大量的就业机会。

然而，这里的中小企业配套却未能跟上。德阳市的大型企业，如东方电气、二重等，每年有大量的外部采购订单。很多千万元级别的订单，往往都被江浙企业包揽了。这暴露出本地供应链的支撑力度可能严重不足。

很多中小企业为自己的订单各自为战，无法形成一个有效的联动群体。一家做 3D 打印砂芯的企业，经常到处为新品寻找供应商。做完砂型，要拉到很远的地方去铸造，然后再换个地方去做精细的机加工。德阳制造围绕重型装备而起，许多产品都是定制化产品，而且数量很少。这种类型的产品对供应链的发育并不友好。如果不能小心扶持，就会出现大量的供应链盲区和断点。

这看上去像是一个“区位连通悖论”。德阳的物流很强大，与省会毗邻，和双流机场之间的距离不到100公里。而下属的每一个区县，都是既有高速公路干线，又有铁路。虽说物流运输四通八达，但内部供应链却血脉不畅。这意味着龙头企业并没有引导供应链之间进行交互。

一个企业到底应该保持多大的规模？哪些工作应该给外部企业去做？历史上，经济学家科斯用“交易成本”来定义企业的边界，它对于理解供应链也有至关重要的意义。他的学生威廉姆斯进一步描述了组织之间合作的成本，以及维持合作的连接关系，其中一种就是“反复购买、特定过程的合作”[①]。这个特定的过程，意味着需要有法律、商务、技术等专业人才的参与。只有高效的连接才能够形成更大的网络，而昂贵的交互将降低供应链的效率，让人丧失参与其中的热情。对于等级森严的大型组织，外部的合作会被大量行政人员和冗长的审批过程限制，它让外部连接变得像执行合同一样困难。而且在这种情况下，人们也会形成避嫌的心理，过于亲近的乡土关系反而成为一种负担，审核变得更加小心。而遥远的商务采购，反而变得更加容易。

这个看上去有些奇怪的悖论在很多传统工业重镇发挥作用，出现一种“心脏强大，末梢微弱”的工业现象。作为制造重镇却没有深耕松土、发展好本地配套，令人感到惊讶，但这种情

① 塞萨尔·伊达尔戈. 增长的本质[M]. 浮木译社，译. 北京：中信出版集团，2015：119.

况并非特例。在山东德州一家领先的仪器仪表厂，它就像是处在一个“供应链沙漠”上，周围没有一家零部件配套企业，而下游也几乎没有本地客户采购。这让人想起斯里兰卡中部那座拔地而起的狮子岩，高度近200米的岩石上面曾经建造宽约3公里的空中城堡。这面四周像刀削一样的峭壁的孤山，周边实在是太空荡了。在山西一家钢铁厂，它在本地的采购额不超过1%。而对本地企业的供货额也不足总收入的1%。这种“两个百分之一”现象让人们意识到，供应链作为本地民生富强的一门学问，还需要深入研究和发展。龙头企业如何长出更多触角，与本地产业相互嵌入，从而形成“链群效应”，这值得深思。然而“链群”的成长问题，显然不是一家企业所能够解决的。它需要本地精心的产业哺育和创新体系的注入。如果本地拥有龙头企业，而配套却不能跟上来，则难免会降低本地企业的创新活力。一个地区装备制造业的繁荣，不能只靠本地为数不多的龙头公司来支撑。在注重外部招商引资的时候，不能忽视本地“养商育链”的本土供应链培育的工作。

供应链的连接力，就是一个城市的生命力。它为城市带来的活力，远比账面上的财富更为重要。而建立便利的同城连接，也是打造一个城市营商环境的一部分。

中篇　三力的较量

第三章
控制力：关键的节点

很多的“卡脖子”问题，本质上跟质量可靠性有关。

伴随着**全球化分工**的展开，供应链也在自由发展。但如果技术被严格地控制了边界，那么跨越边界的知识流动几乎也会被阻隔。

通过规模性保持经济性，
是供应链**控制力**的一个重要特征。

一个成功的**国际标准**提案，可以对一个民族的制造品类和整个供应链形成巨大的价值。而中国拥有 666 个工业小类，也存在无数的国际化**标准之战**。

“一流企业制定标准”，

也会被认为是“一流供应链确定标准”。

通过锁定一个标准，

将关键的供应商伙伴绑定到生态圈中。

制定标准的过程，其实就是对未来供应链利益分配的大彩排。

未来，

内容流、知识流的价值将会大于实体物的流动，这会重塑产业格局和供应链的形态。

从一个国家的产业带来看，

整个产业的攻防会呈现出层层进攻、层层防御的态势。

一个国家的界面型链主的落败，是连接力的重大损失。它会形成次生灾难，使得控制力也容易受到损伤。

2018年10月底，正在进行大规模生产准备的福建晋华，一夜之间陷入了停顿。福建泉州、晋江共建的晋华项目，从2016年就开始建设工厂，一度承载了振兴本土存储芯片产业的期望。当时，正在为生产线调试机器的半导体设备制造商美国应用材料公司、泛林和科磊公司都撤回了自己的员工。而在前一天，美国商务部宣布将福建晋华列入出口管制“实体清单”，禁止美国企业向其出售技术和产品。

然而，这次事件的真正“主角”是美国存储芯片制造商美光科技。全球动态随机存储器的生产，主要集中在韩国三星电子、SK海力士、美光科技这三家企业，合计占据了全球90%以上的市场份额。中国对这三家企业形成高度依赖，而中国也是美光极为重要的市场。早在2006年，美光就在西安成立了半导体公司，生产内存模块。2018年，美光在中国市场销售的芯片约占其全球总收入的一半以上。

美光科技与福建晋华因为一家公司的专利纠纷卷在一起。二者向各自所在地法院起诉。2018 年 7 月，美光在福建输掉了官司，福建法院裁定美光违规，禁止其销售部分产品。很快，美国商务部的设备管制禁令，绕开了知识产权这类法律诉讼所需要的漫长流程，采用直接下场的粗暴干涉方式，要求美国供应商停止对晋华工厂的设备提供运行保障。禁令下达之日立即生效。于是，不仅大型设备制造商，就连工厂运行软件的小公司 Cimetrix，也跟着一起撤离了。而这些设备要稳定运行，都需要供应商工程人员进行精心的调试。当时人员一撤走，已经购买的设备就成为一堆废铁，投资 300 多亿元人民币的福建晋华工厂也停摆了。

晋华事件看上去是两个企业之间的纠纷，但背后有着深层次的原因。在半导体产业，美国对供应链至少施加了两重控制力，既涉及芯片本身，同时也涉及这些芯片的生产装备。

供应链是由很多节点组成的，每个节点对于整个链条的贡献有大有小。**一个企业选择关键价值节点，占据具有排他性的有利位置，就会构成全局性的控制力。这种节点也被称为“供应链之锚”，对行业发展起着举足轻重的作用。**每条供应链上都有很多价值节点，而成为“供应链之锚”是行业先发者的常态。

每个企业都会在供应链上找到自己的位置，但不同位置的利润分配并不相同。通常，形容这种价值分布会用到“价值链”的概念。例如，一台基础服务器有数百个供应商，但来自英特尔的 CPU（中央处理器）芯片的价值占比能达到 30%；而用于人工智能训练的服务器中，英伟达的 GPU（图形处理器）芯片价值占比可能达到 80%。作为代工厂的富士康或者立讯精密，在价值链上的占比可能往往只有个位数。然而，代工厂同样在整个供应链上拥有足够牢固的地位，短时间内也很难被轻易代替。

供应链的控制力是由于稀缺性形成的，并非取决于在整个链条上的价值占比。**企业拥有控制力的表现，可能是从行业中攫取巨额利润，也可能是具有一种独特的优势而无可替代。**控制力通常体现供应链中的依赖关系，甚至是权力关系。在实际的经济活动中，跨国公司也竭力从各国政府获取部分特权，形成了对产业的控制与威胁。一个企业在供应链上形成控制力，往往跟企业通过研发、创新所形成的技术领先相关，有时也来自非技术壁垒，例如企业与合作伙伴共同建立的标准、共同遵守的规则等。这个时候，企业的控制力就体现在众多对外的独家连接性。作为芯片制造的头号代工厂，台积电为必不可少的集成电路自动化设计（EDA）设定了一个“金标准”，主要是由 4 家美国软件公司组成。这种紧密的联系，使得追赶者无法只靠一个公司进行突破，对单一产品的替代将变得非常困难。

第一节　理解控制力

焦虑：“造不出来”“嵌不进来”“用不起来”

“卡脖子”一词体现出人们对供应链安全的群体焦虑，它描述了某些产品被过分集中在特定公司而难以被替代的现象。这使得供应链的控制力，很容易被当作一种武器来限制对手的发展。一些国家推动成立了“瓦森纳协定”，禁止向特定国家出售特定产品，从而有组织地进行产品断供。除此之外，美国制定了大量的规范以限制产品的流动。实际上，这些断供行为并非只是由政府和行业组织决定的，还有一些源自高度警惕的企业。瑞士机床公司迪西以高精密坐标镗床而知名，在中国市场有着稳定的销量。但当它在 2007 年被日本机床森精机公司收购之后，这种机床就被禁止向中国市场出售。

流传广泛的“卡脖子”一词，被各种场合的人不加区分地使用。但概念泛化会造成大众情绪化，这容易掩盖背后的复杂性，使得解决方式也无法精准对焦。归类来看，三种“卡脖子”现象是比较常见的，只是成因和难度各不相同。

“造不出来”是一种非常典型的现象，意味着无法生产某种产品，这是“从 0 到 1”的突破。它往往是目前的技术能力尚无法达到的结果，例如中国无法制造 7 纳米芯片制程的光刻机、7 000 米深度以下的海洋温盐深传感器等。或者是缺乏一种能力，如无法生产 5 纳米的芯片。要生产这些产品，需要一些专有的材料或者零部件、特殊的工艺以及针对性的设备和软件。其中任何一个环节卡壳，整个制造就无法完成。值得注意的是，单说某类产品是否“卡脖子”是不严谨的，需要落实到规格参数上。在美国的军工复合体中，军品和民品基本采用同一套制造系统。对于制造武器的限制，自然是有明确的界定。但对于可能军用、可能民用的两用品，则是通过参数来区分的。同一类产品的某一种规格超过规定，就会被限制出口。通过参数来管制，是美国等国家实施“卡脖子”的一种方式。在每个类别领域，通过设定参数，大量的产品会牵涉其中，这类产品往往都是有规格等级的。一般而言，需要先实现更低规格的产品，才能逐级向上突破。或者在少数情况下，也存在避开既有技术路径的解决方法。

“卡脖子”一词容易产生误导，会让人们觉得卡点与某一种技术或某一个产品描述有关，并直接对应着某些具体的公司。其实并不然，沿着“卡脖子”的供应链看过去，会感觉到其简直像长颈鹿的脖子一样长。“卡脖子”现象往往是由供应链的连环卡点造成的，包括材料、设备和零部件等，然而这些产品之间又有着紧密的联系。一种材料，可能就是为某种设备而调整成分；一种设备，也许就是为某种工艺而制造出来的。因此，单纯的行业分类，无法覆盖所有的细节。“卡脖子”问题涉及多条供应链和多个节点的交叉。单纯从一个产业、一种工业门类来看，都极难穷尽。就攻关而言，仅仅列出“卡脖子”清单是远远不够的。这是一个几乎无法穷尽、无法填满、无法拆分的清单。这种“解决清单”的任务分工方式，很难奏效。“卡脖子”产品是看得见的冰山，但它们在海平面之下的底层关联因素，则唯有一种系统性的认识，才能察觉。

“造不出来”还有另外一种表现。它不只是由于无法获取设备、零部件等，还体现在缺少大系统的设计与集成能力。这是能力的综合，需要将制造能力、面向用户的营销能力与供应链调度能力结合在一起。这种综合能力，有时候就像“软实力”一样难以量化描述。大飞机、豪华邮轮就体现出这种特点，即使有很好的供应链支撑，也未必能够制造。日本的航空产业供应链非常强，其发动机、机翼设计、复合材料技术，都是行业的佼佼者，也都有本土供应商的支撑。即使如此，担负日本客机突围重任的三菱重工，在经历了十多年的失败之后，还是放弃了支线飞机的制造。这种系统设计与集成能力，难以用技术清单来概括。对比来看，中国的大飞机 C919 能够制造并进入商业飞行，非常不容易。

中国、韩国、日本是三大造船强国，制造了全球绝大部分的普通邮轮、货船和液化天然气船，但豪华邮轮也一直处于“造不出来”的局面。欧洲的三家企业如意大利芬坎蒂尼造船厂、法国大西洋造船厂、德国迈尔造船厂主宰了这个市场。这种垄断性的格局，是由豪华邮轮的产业结构所决定的。全球经营良好的邮轮运营公司不超过 10 家，超过 60% 来自北美洲。这些企业的邮轮订单，占全球 90% 左右的市场份额。每个邮轮公司都有不同的风格和定位，比如皇家加勒比、嘉年华、迪士尼等各有偏好。邮轮在前期阶段的设计，是非常个性化的工作。造价估算和进度协同，也是一门大学问。豪华邮轮的供应链都集中在欧洲，从未迁移出去，这也正是欧洲造船厂的核心竞争力，而日本和韩国都在豪华邮轮制造方面吃过大亏。日本三菱重工连续两次因为承担订单而陷入巨额亏损，最终彻底退出。韩国一家试图涉足的造船厂也最终破产。中国造船界已经开始进入这个领域，但也高度依赖意大利芬坎蒂尼等造船厂的图纸。对于相对缺少邮轮文化的亚洲造船强国，跟欧洲豪华邮轮三雄竞争有着先天性的不足。

与“造不出来”的“有无问题”相比，那些能造出来但却无法跟既有生态适配的“嵌不进来”，是第二个巨大的“卡脖子”障碍。一个攻关产品即使能造出来，但能否被市场接受，也并非完全由它自己决定。如果既有的供应链“嵌不进来”，也会被归类成“卡脖子”。这意味着即使解决了“有无问题”，哪怕追赶者拥有同等技术性能指标的产品，也仍然无法进入供应链的行列。英特尔芯片在电脑和机器设备中广泛应用，而中国制造的龙芯、兆芯等也在艰难地一点一点突破。其实龙芯中科的 3A5000 型号产品，在对标英特尔 i5 处理器的时候，单纯从技术指标方面并无太大的差异。然而，芯片只是一个基本零部件，它需要将无数个其他零部件的功能嵌入在一起，才能组装形成可用的电脑。英特尔多年所经营的生态与成百上千个来自声音、视频、通信等领域供应商所形成的生态，是其重要的市场壁垒。这些供应商围绕着英特尔产品的性能指标，建立了自己的技术参数和相应的工艺标准。

如果要迁移到新的芯片，意味着需要更新设备和修改工序，这是一种巨大的供应链迁移。如果没有足够的吸引力，厂家一般不愿意转向“平行替换”。牵涉众多厂家的规格切换、来自用户喜好的不确定性，都会使平行替换显得过于昂贵。很多时候，“嵌不进来”是因为新玩家无法打破既有供应链已经形成的产业秩序。这种情况，单纯靠供应商提升技术性能是无法解决的。而那些拥有供应链控制力的企业，具有一种同类产品“难以替代”的能力。企业具备广泛的兼容性，拥有足够多的连接力，也会变成一种事实上的控制力，而“嵌不进来”本质上是缺乏一种供应商的生态控制力。只有建立强有力的伙伴关系，才有可能打破既有的垄断格局。深圳华龙讯达所研制的机器控制系统，重新适配了龙芯的芯片性能，这就形成了一种伙伴级的嵌入。华龙讯达在工业应用场景多年积累的经验知识，可以充分反哺龙芯，使得它能够早日“嵌入进来”。

“用不起来”，则是第三种更为常见的现象。**很多的“卡脖子”问题，本质上跟质量可靠性有关。**这源于企业对产品可靠性认识不足，而这往往是无法获取足够多的实验数据所造成的。在中国，高端仪器仪表广泛依赖进口。作为丈量物理世界参数的测量仪表，是人们获取数据从而理解真相的标尺，它需要一直保持良好的精度。而很多国产仪表尽管在第一年很好用，但一两年之后的准确性就无法保持持久。测量的数据经常会发生偏差，每次偏差的方向也可能不同，误差忽大忽小。这就好像是那种走时不准确的钟表，今天慢两分钟，明天快三分钟。对于总有偏差的仪表，用户很难形成购买的意愿。

究其根本，企业对于质量可靠性的认识往往是关键所在。而验证数据的缺乏，则是主要原因。研发工程师需要凭借实验室大量的工程数据来获取对产品的认识，而建设实验室需要大量投资，且产出并不明显。如果企业省掉了这笔费用，对可靠性机理认识不透，可能会导致很多设备在用户端“用不起来”。一些课题攻关项目，在实验室验收时可以通过，但到了用户使用的真实环境，就“用不起来”了。主要原因在于，实验室验收往往采用静态指标，一个又一个指标单独测试，而测试环境也相对良好。但在真实的工厂里，环境可能相对恶劣，会产生电磁干扰、振动等，各个指标交叉干扰。如果不在实验室进行多指标联动的动态测试，这样的产品就无法真正形成实战能力，到了用户端也容易被放弃。

对于“卡脖子”问题，需要有整体性的认识。看上去也许是企业的技术能力不足，但也要层层分析。“造不出来”“嵌不进来”“用不起来”这三种情况，形成机制并不相同。整体而言，“卡脖子”问题往往是供应链上系统能力的缺失导致的。当过于专注某一个具体的“卡脖子”产品时，可能会忽视不同行业的“卡脖子”产品背后往往有着相同的原因。

掐尖：“第一名通吃”

很多领域都存在着被行业寡头垄断的局面。就像是世界杯足球比赛的规则一样，只有冠军能够举起大力神杯，第一名几乎通吃一切。

中国台湾的台积电一度生产了全球37%算力所使用的芯片，其中先进制程的芯片生产达到了90%。三星和SK海力士这两家韩国企业生产了全球44%的存储芯片。这几家企业占据了如此强大的垄断地位，对于一个高达6 000亿美元的半导体产业而言，真是令人惊讶。而在众多半导体设备制造商中，全球排名前10的半导体设备公司，占据了全球市场份额的77%。美国4家企业占比40%左右，日本4家企业占比大约20%。至于高端的极紫外线光刻机领域，荷兰阿斯麦垄断了100%的市场份额。

如此强大的垄断者，是由高投入所形成的。半导体是一个高度依赖巨额投入和专业精细化的行业。无论是代工厂，还是设计公司，都堪称“烧金巨兽”。波士顿咨询集团和美国半导体行业协会2021年共同发布的报告《在不确定的时代加强全球半导体供应链》中指出，2015—2019年，排名前5的晶圆制造代工厂年资本支出合计约为750亿美元，即平均每家公司每年30亿美元，相当于其年收入的35%以上。相比于半导体代工制造而言，半导体设计公司的资本支出没有这么多，但研发强度同样很高。排名前5的Fabless设计公司在研发方面平均每年投入28亿美元，相当于收入的22%。这样的重资金投入，自然就构成了半导体行业的高耸壁垒，只有那些能够获得足够回报并且资本实力雄厚的寡头大户才能存活下来。

这种高度垄断的寡头局面，源自一种极为特殊的半导体产业形态。半导体是一个快速迭代、持续精进的行业。如果考虑到半导体生产制造过程需要数百道工序，那么分摊到每种设备的市场空间其实并不大。例如一种激光退火设备（DSA），全球只有不到8亿美元的产值，主要由日本三井集团、美国应用材料提供。头部企业也不像传统行业那样大批量地制造单一产品。每个特定的规格每年只有百台数量级，而各种配置又相当复杂。在生产过程中，这是一种很陡峭的学习曲线。看上去是大行业，其实是小门类。追赶者很难快速进入。

不大的设备市场空间，叠加技术复杂度高、资金投入高的特征，使得多家设备供应商难以直接竞争。**小而专的细分市场，很容易被垄断，这使得先发者最容易形成控制力。**

但这种控制力的形成，超越了企业的个体经历。芯片工艺制程的推进，需要以材料、设备等的可靠能力同步为基础。半导体行业一直有着极为清晰的发展节点，以摩尔定律为基础的技术路线图就被用来为整个行业的有序发展提供统一的指南。为了使技术节点能够低风险实现，行业中的主要选手代表需要实事求是、共同协商，必要时还需要做出妥协，以便确定一个经过努力能够达到的恰当的基准。

紧密的深度协同，使半导体行业形成了拧在一起的统治力。台积电的制程设计、阿斯麦的光刻机、美国应用材料的刻蚀设备、美国泛林的检测设备等，都需要在同一工艺制程节点上对齐。加上半导体制造的生产效率、良率是其生命线，因此一旦经过可靠的实际应用磨合，被选中的企业将随之形成极为可靠的配套关系，构成一种牢不可破的“技术套锁”。

这就形成一个令人窒息且狭窄的领域。对晶圆代工厂而言，一方面其生产线投资动辄为数百亿元规模，另一方面生产主流产品的周期往往只有大约 5 年时间。这就迫使它不得不追求极高稳定性、极高效率的机器运转。稳定的供应商格局一旦形成，则很难轻易更换。这就构成了一个极难攻破的坚固堡垒，为后来者设置了巨大的困难和障碍。

光刻机被称为半导体设备之王。对于 7 纳米以下工艺制程所需的极紫外线光刻机，目前只有一家供应商，那就是大名鼎鼎的荷兰公司阿斯麦。阿斯麦将全球化分工合作推上巅峰。一台高端光刻机大约有 5 000 个供应商，约 10 万个零部件，其中 90% 以上的零部件来自全球各地。但光刻机的制造，从未离开过阿斯麦所在的荷兰小镇，世界各地制造的零部件被运到那里“装配”。当重达 180 吨的设备完成所有的调试后，会重新拆成部件用 40 个集装箱运往目的地。

物流成本在这里几乎可以忽略不计。由于阿斯麦在高端光刻机领域的独家供应，所以便构成了一种不对等的谈判权力。客户等待新机器交付的时间，也并非影响阿斯麦的重点。此外，它有足够的利润用来增强其对供应链的控制力，有力地对抗供应链所需要的分布性。

在阿斯麦设备中，90% 以上的零部件是通过外部协作来解决的，这一比例远高于昔日的竞争对手尼康和佳能。正如波音汇聚全球资源制造飞机一样，阿斯麦同样是一个超级整合商。

阿斯麦、波音都是顶级的系统创新整合商，具备远远超越系统集成商的能力。**系统创新整合商的核心在于其强大的系统解构能力，同时可以调动分布在各地的供应链大系统。一种复杂产品的制造，需要三种能力的结合。**系统设计是先期能力，供应链是中期能力，而服务运营是后期能力。

阿斯麦需要强大的系统设计与架构能力、精准的模块化拆解与指标定义能力、在全球范围内对优质资源的甄别判断能力，并通过紧密的协作真正拉动供应链的精密有效协同。要实现零部件的外部协作，阿斯麦首先需要定义出明确且精准的需求并将其输出，这是一种极为强大的系统化分解能力和精确定义能力。它极大地带动了分包商、子系统集成商的精准协同。虽然每个分包商都需要一把精准的刻度尺，但准确定义这把刻度尺的正是阿斯麦。

5 000 多家供应商，都处于阿斯麦系统且精确的管控之中。从制造形式上看是外包，从技术实现上看，则是阿斯麦牵引着整个零部件供应商协同前进。此外，阿斯麦也需要一种集大成的强大能力，它可以对系统进行精密的组装，并和精密的测试调校深度地集成在一起。在阿斯麦的工厂，设计师在头脑中所预想的剧本是分车间、分工位、分阶段有序展开。假如对系统的设计与集成调校能力不足，现场制造将会陷入混乱与盲目之中。

对系统设计能力和分解能力的具体落实，依靠的是全球的工业伙伴。光刻机的核心技术之一光源，全球有两家公司可以提供：美国的 Cymer 和日本的 Gigaphoton。尽管 Cymer 在 2012 年已经被阿斯麦收购，但它依然是美国零部件公司。这意味着阿斯麦仍然有很多的美国零部件供应商。实际上，在光学领域的前 17 家供应商中，有 9 家来自美国。当然也不乏独家供应的情形。光学镜头是德国蔡司独家供应的，而 EUV 中用于产生极紫外光的，只能依赖德国通快的高功率二氧化碳激光器。通快花费了 10 年的时间，才终于打造出 2 万瓦的气体激光器，一举成为阿斯麦光刻机独一无二的供应商。这也给通快带来了丰厚的利润。

保证光刻机中零部件的测量精度，是一个至关重要的核心问题。计量体系与制造系统之间精密配合，才能构成一个完整的工业体系。以超精密光刻机上的一个工作台激光反射镜为例，其中包含有 108 项的尺寸公差和 62 项的形状、位置和方向公差，此外还有内部应力等。为了实现光刻机的实际精度，首先就必须对这些参数进行超精密的测量与校准，而这种测量中仅专用仪器就需要20多种。对一台中等精度的光刻机来说，零部件的数量也有3万多个，其中70%是精密和超精密级的，需要600多种专用精密或者超精密的测量仪器。

对光刻机而言，如果不能解决专用的超精密测量仪器问题，就无法制造出合格的生产用光刻机产品。而要解决超精密制造的问题，荷兰阿斯麦依靠的是全球工业体系的供给，使其像叠罗汉一样来到了金字塔尖。

制造光刻机，需要的不只是机械、材料、力学、热学、光学、电学、控制和软件等众多学科的深度渗透融合，其精细度一直持续地向微观物理尺寸挺进。它也需要进行超精密复杂综合大系统的精密设计，持续迭代，而且层层叠加。光刻机巅峰之上的阿斯麦绝不只是一家公司，它更是多重科技利益的缠绕体。这些供应链看上去像是一棵棵独立的树，但它们的老根早已盘根错节。撼山易，撼老树根难。局部技术的核心外协，加上系统设计与系统集成的核心自控，构成了一个新型景观：供应链复合体。

还有更深层次的绑定。虽然阿斯麦是生产极紫外线光刻机的代表，但是掌握极紫外线光刻专利最多的企业却不是它。排名第一的是蔡司镜头，它比阿斯麦还要多出近20%的专利。掌握极紫外技术前10的所有权人中，日本企业占一半。除了尼康和佳能这些掌握中低端光刻机的公司，其他三家分别是材料厂商，包括富士胶卷、信越化学和日本凸版印刷公司。极紫外线光刻机在加工过程中也离不开这些材料供应商。供应链不同位置上的厂商，即使不是直接竞争对手，也都在试图掌握相近的技术，这会让它们走得更近。供应链的分工深入纹理而非只做表面文章。每个厂商都会在技术的可能性上广泛布点，使自己成为不可或缺之项。

资本利益上的绑定加深了合作的必要性。作为用户，阿斯麦是蔡司的重要股东，而作为光刻机用户的台积电、三星、英特尔，又都是阿斯麦的投资者。供应链被来自不同国家和地区的技术、资本和利益，紧密地捆绑在一起。

芯片厂家在高度集聚，设备厂家在高度集聚，零部件也在高度集聚。这些巨头之间的技术联姻，组成了坚定的承诺。供应链的格局，变得越来越牢不可破了。在供应链形态上，只有“果链”（苹果的供应链），却没有“麦链”（阿斯麦的供应链），因为果链是流动的。苹果会为了成本定期更换供应商。阿斯麦的供应商则要封闭得多，为了知识的相互存储，它很难更换供应商。

遥控：把握关键节点

如何建立一条供应链上的控制力，需要从全链条的角度，逐一进行审视。对于想保持独立生态的强控制型的企业，需要采取多种手段，牢牢控制多个供应链节点。

苹果在这方面走得久远。2022 年苹果智能手机营收占比达到全球份额的 48%，而利润份额占到 85%。全世界的其他手机品牌加起来，获得的利润几乎只是苹果的零头。而这高额的利润，来源于企业对供应链关键节点的把控。

一个占地一平方公里的化工厂，如何实现对各个流程细节的控制？一个化工厂需要控制成千上万个阀门、仪表和开关按钮，无法每个操作都去现场进行。于是化工厂采用了一种中央控制系统来解决这个问题。对关键设备的操作可以通过一种分布式控制系统来进行，将现场信息汇集到中央控制室的大屏幕上进行集中处理。位于美国加州的苹果公司总部，就是通过这种中央控制系统，面向全球的供应链节点进行管控。虽然苹果公司并不自建工厂，但它的制造环节并不是简单的外包，而是采用了动态管控的控制行为。

苹果公司控制供应链主要是通过三种方式，分别是平衡供应商、自购设备和自主研发零部件。苹果公司非常警惕对于单一供应商的依赖，其巨大的产能和多样的产品，会在不同的厂家之间进行调配，从而使得供应商能够谨慎尽力，竭力留在供应商队伍中。

自购设备是苹果公司非常独特的另一种控制供应链的方式。苹果在出资购买组装设备方面投入很大，在苹果公司的年报里，连续十几年每年上百亿美元的支出中，大约有 75% 用于购买设备和软件，而这些设备基本提供给了苹果指定的代工厂。为了享有独家的加工效果，苹果曾经购买了数控钻攻机床的全部产品，几乎“垄断”了该市场的产能。苹果给代工厂资金，还给人员、给技术，在双方合作前期，苹果就像慷慨的教师，给代工厂提供制造能力上的帮助。

然而苹果也有一个隐形的条款，那就是生产线需要进行全面的技术监控。企业代工生产线要单独划给苹果，专线专用；而企业的资源规划系统 ERP，会实时监控工厂的进展。供应商的核心制造信息是透明的，例如工艺、主要材料性能、质量等，都被苹果公司总部掌控。对于制造成本的核算，苹果甚至比供应商算得还要清楚。

由于拥有生产线上关键设备的所有权，设备的运行状况需要实时传到苹果总部。苹果运营团队可以借助“天眼”检测整条供应链的运行情况。借助海量的数据，运营团队可以基于每周的具体销售情况，以及零售渠道精确的库存统计，向外包工厂发出订购需求。如果设备出了故障，苹果不给指令和密码，供应商的工程师就很难启动机器设备。可以说，**苹果的外包制造只是形式上的外包，把制造车间的资产所有权分离出去。通过对供应链的精准把控，苹果事实上拥有了代工厂的制造能力。**

最后一种方式，体现了苹果的研发能力。苹果并不满足于采购零部件来完成集成，而是致力于将价值大的核心零部件控制在自己的手里。苹果自主化创新之路发展迅速，擅长使用自主研发来代替第三方供应商，不断加强对供应链的控制力。对于那些成本占比巨大的“驼峰”零部件，苹果会采用自主研发而非直接采购的方式。通过缩短供应链长度，让供应商提供的产品从公共品变成专用品。苹果在芯片领域已经实现了很多突破，例如在电脑 Mac 系列使用 M 系芯片取代英特尔芯片，而在手机端则自主研发 A 系芯片替代英特尔芯片，开发 GPU 来替代英伟达产品，在基带通信芯片方面也试图摆脱高通公司的控制。

苹果公司下一个瞄准的对象就是显示屏。由于显示屏成本占电子产品总成本的比例较高，显示效果对用户体验影响较大。自主研发屏幕可以降低产品成本，削除成本驼峰，同时可以降低对供应链的依赖，抵御供应链的外部脆弱性。如果苹果在手机和手表上使用自主设计定制的显示屏，必然将会对三星、LG、京东方等屏幕主力供应商造成巨大影响。

控制力并不一定是某一种独特的技术，掌握用户渠道的能力也同样重要。苹果很早就开始建立直营旗舰店，这些线下的门店就是为了提升用户体验，以牢牢建立用户的忠诚度。这也正是品牌商建立控制力的方式。惠普电脑不仅将制造外包，甚至连设计也一起委托给代工厂。尽管制造环节的控制力较弱，但惠普通过对用户的理解和对渠道的控制，也可以使自己成为全球三大电脑制造商之一。

隔离：封锁关键技术

让追赶者尽可能少地接触设计、工艺的机会，是领先者保持控制力的一种方式。然而当全球化分工发生的时候，领先者与合作者如何能够最大限度地控制知识的扩散？

避免成立合资公司，往往是一种有效的绝缘方式。为了形成对知识产权的掌控，防止工艺泄露，一些设备厂往往只在本国采用集成装配模式。

机器销往不同地区，但各地只有代理商与服务人员。比如全球第一大设备制造商美国应用材料有 33% 的销售额来自中国市场，而在中国只有占比 10% 的员工，近 3 000 人分布在 15 个销售中心。再比如阿斯麦在上海设立总部，准确地说是设立销售中心，只对卖设备感兴趣，可以提供售前、安装和售后服务。那里保持了最低能见度的服务能力，可以提供封闭的软件和工具，进行现场检测和维修。但遇到更难解决的问题时，则需要返回阿斯麦的荷兰总部去分析。保密措施往往也贯穿其中，机器的每一道打开程序都遵循严格的权限管理，一旦非授权人打开程序，就会立马启动报警装置。与之相类似的是配套的德国光学系统，一般都有封装箱，内有传感器与检测装置，严格进行监测。

对于知识扩散的封锁有很多方法，如严格管理拆卸机器的要求、对零部件进行单独封存等。美国应用材料用于处理镍合金的激光退火设备，一台价格在 1 000 万元人民币左右。当光学镜头损坏之后，可以更换备件，但原镜头必须运回美国，不允许随便进行处理。中国航空公司采购的空客或波音飞机上的发动机如果出现故障，也是严格禁止在本地进行拆解的。这些发动机会被送到新加坡，由美国通用电气或者英国罗罗设立在那里的运维中心进行特殊处理。

即使进行了合资，寡头公司也对整条供应链进行了精准的设计，从而实现了对后来者的技术封锁。波音公司在全球有很多合作伙伴，其中一些是战略级的合作伙伴。尽管外包价值占比越来越大，但波音从未曾“丢失”控制力。它采用多种控制方式，可以避免技术泄露。波音与日本的合作，就能说明这一点。在1975年启动的波音767项目中，围绕“日本自主”，日方提出4个关键诉求，包括对研发生产可以提出不同方案、拥有总装线等。但这4个诉求被波音拒绝：日方面临的选择要么是接受，要么是出局。最终，日方不得不接受波音提出的所有霸王条款。随着波音机型加大外包的合作力度，日企已经成为与波音共同承担风险的战略级合作伙伴，在复合材料、发动机模块、娱乐系统等方面发挥重要作用。但波音在整体系统设计和用户营销方面，一直严格保密。这也是为什么日本追随美国飞机制造50年，却未能掌握整体设计与集成能力，无法推出日本制造的大飞机。

合资公司经常被认为存在知识外漏的危险，实际上，这种现象并没有想象中的那么糟糕。领先者会将不同的技术模块化，形成一个个黑盒子。黑盒子之间分段隔离，仅通过外部的接口进行连接。这是一种非常有效的技术屏蔽方式，也是合资公司并没有如想象中那样大量泄露技术的原因。“市场换技术”的期望，常常无法达到既有的效果。**在面向未来的智能设备中，黑盒子现象将会更加明显。**如果说硬件容易从结构上模仿，那么随着软件与硬件越来越紧密的结合，一台智能机器会越来越容易陷入“不可知论”：从逆向工程的角度，很难识别其运行逻辑。

目前，全球只有通用电气、普惠和罗罗这三大发动机厂家能够独立开发主流商用发动机。而这三家企业对外的技术控制，都是非常严格的。曾经，法国赛峰集团跟美国 GE 建立合资公司，共同生产 CFM56 发动机。当时的合作协议对制造进行了仔细的技术分工，赛峰负责发动机的冷端部分，而高端的热端部分则被留在美国本土。后者进行封装之后，再运往法国。这款商用飞机发动机后来获得巨大成功，累计超过 3.3 万台装机量，市场占比达到 40%。即使取得了巨大的商业成功，赛峰也从来没有从美国合作方那里获得发动机的热端技术。合资多年后，法国制造发动机的能力还是停留在自有的技术水平。从“市场换技术”的角度看，法国并没有从合资公司获得过先进技术。

伴随着全球化分工的展开，供应链也在自由发展。但如果技术被严格地控制了边界，那么跨越边界的知识流动几乎也会被阻隔。

反噬：低技术制造与控制力

人们容易产生一种对产业进行区分的选择性偏好，比如高科技产业、战略性新兴产业等，与之相对应的往往是低端制造、传统产业之类。实际上，高科技产业从来无法离开传统制造。例如，太阳能光伏需要玻璃基板的处理工艺，也要借助传统的电子组装方式。

同样，精密的人工心脏也在依赖传统的制造工艺。全球能够利用磁悬浮制造人工心脏的只有美国雅培公司和苏州同心医疗器械公司。人工心脏本质就是一个清水泵，它需要解决液体流动的技术。它的出口与心脏的结合部位需要用一种纺织面料进行缝合。一家很容易被归类于“低技术产业”的苏州纺织企业受到同心的鼓励，试图攻破这个难关。这家企业以前从未想过习以为常的产品能跟人工心脏结合在一起。直到有一天，苏州同心公司意外发现了这家企业可以提供进口材料的替代品。只需要将成分进行微小调整，就能符合无免疫排斥反应的生物学要求。

高端制造与传统制造，精密结合在一起。如果丢掉传统制造，整体供应链就会变得昂贵，也会使战略性新兴产业的发展受到拖累。高端制造看上去代表了供应链的控制力，但它经常会因为传统制造的缺失而受损。

“工业空心化”更准确的说法，可以称为“低端制造的流失”，这是一种会引发连锁反应的侵蚀。例如，当拧螺丝钉的装配产业不复存在的时候，那些有着良好组织纪律的员工，往往很难找到同类的工作。原有技能变得没有价值，人群也会从一个战斗型的组织变得颓废起来。同时，为螺丝钉做设备的上游产业，以及配套做胶水和材料的产业，也都一起消散了。一个工厂的落败，会引起多个企业的能力减退，相互削弱实力，整个供应链就像生锈的铁链蔓延开来。美国作家乔治·帕克在《下沉年代》一书讲述美国制造业是怎么解体的。伴随着 IT 经济的繁荣，制造业的每一块成本都变得扎眼。各个城市不得不放弃传统的制造产业。美国著名的钢铁城市扬斯顿市先是不得不放弃了钢铁产业，然后放弃了汽车零部件产业，大量的工人失业。供应链上的企业接连流失，最后整个城市也被抛弃。

低端制造所形成的空心化会一直留在那里，恶化新兴企业的创业环境。一家位于美国密西西比州生产儿童拼图的初创企业，试图像乐高玩具那样为孩子创造空间乐趣。企业家曾想在美国生产产品，但发现几乎不可能。数十家美国工厂的报价都太高，无法实现盈利。例如一家供应商提出以 1.8 万美元生产用于制造小方块的钢板，那是他在中国市场支付金额的 12 倍。另一家公司的报价，则比中国生产小方块的价格略高。事实证明，这家公司后来还是把订单交给中国工厂，然后从中间赚取差价。至于精心设计的外包装，美国佐治亚州一家工厂的包装工程师对他说，“这太复杂了，你应该在中国把这东西搞定”[①]。

众“链”成城。很多微不足道的供应链连接在一起，才能为创新提供坚实的保护。当美国供应商的报价达到 12 倍，整个生态能力已经变得虚弱，缺少适合新兴企业成长的土壤。如此抬高成本，会使大量创意只能“胎死腹中”。因为一个产品在初期需要经过频繁的工程设计试错，以及多种零部件的调配。在此期间，多样性选择至关重要。而到了大规模生产阶段，产品的稳定性和低成本才是关键。

在美国硅谷，有很多初创公司并不走制造这条路。这些初创企业，常常会因为制造能力不足而被卡住。中国深圳昔日的“华强北”电子一条街，看上去只是个零部件大卖场，但在其周围有很多微小企业在设计零部件。不仅可以快速打样，一旦设计方案确定后，就可以快速放大产能进行生产。当大疆无人机在深圳发展的时候，拥有同样关键飞控技术的另外一家企业，在北方几乎同时起步。大疆充分利用深圳发达的电子元器件的丰富性和即时性——很多供货都是“柜台货”，快速完成了产品迭代，而这是另外一家北

① 《一个集装箱的漂泊旅程》,《纽约时报》, 2022 年 4 月 7 日。

方企业完全无法相比的供应链优势。在深圳，能找到不少如同大疆一样璀璨的公司，它们的创新源泉也是那些不计其数的中小企业的能力。

如果没有所谓的低端制造，整个创新链条的活力可能都会受到影响。高端制造与低端制造并非三合板一样简单黏合，而是像千层酥一样，每一层都相互嵌套。在供应链上，无论是高利润的制造企业，还是微薄利润的零部件企业，都是相互卷在一起、无法独立分层的。低端制造与高端制造相辅相成，如果抽走低端制造的梯子，高端制造也会地位不稳。

成本是工业化的基础，这是供应链韧性的一部分。企业要实现低成本，需要整个生态的合力。供应链的不完备性，会大大破坏创新的活力。

第二节 不经济性的控制力

缝隙：不经济性形成的依赖

供应链的控制力，不完全是由技术垄断所形成的，在很多时候它是来源于市场因素。一个企业对某种产品形成控制力的原因，在于它很好地利用了市场规模小而造成的生产成本的不经济性。很多被称为“卡脖子”的产品，就是在细小的市场夹缝中存活下来的。如果用户过少，就会缺乏真正的挑战者，因为从收入与成本投入来看，回报率太低。

中国是生产圆珠笔的大国，其中笔芯使用的钢铁长期依赖进口，主要来自日本秋山和下村精工这两家企业。加工笔尖钢的设备来自瑞士的米克朗机床。在经过多年技术攻关之后，2017 年，太原钢铁厂终于成功开发出“笔尖钢”，一起合作的浙江贝发集团也成功开发出国产笔尖钢的圆珠笔芯。然而，这种易切削钢的产量如此之低，每年至多需要上千吨，很难给钢铁厂带来经济效益。而且，后续投入不断。钢铁材料在开发完后，并非一步到位，在可加工性方面，如连续车削、钻削时间等技术指标方面还有差距，这需要不断调整，而用于切削的机床本身也需要精细调整参数。瑞士米克朗机床的加工调试参数，基本是按照日本材料打造的，如果要用在国产材料上，则需要重新寻找调试规律，耗时耗力，这也导致良品率不足日本的 1/10。

重要的是，圆珠笔制造厂商并不愿意跟进使用。圆珠笔芯还需要油墨的精密配合，油墨往往依靠从日本的米库尼和德国的文都进口。要将新钢材制造的圆珠笔芯与油墨配合好，也需要大量调试。这些都需要一定的研发投入，从钢铁厂的角度而言，批量如此少的钢材需要持续进行改善，而且还需要得到圆珠笔笔芯厂的持续调试与配合，根本就是得不偿失的。这自然使得日本秋山和下村精工这两家企业在笔尖钢市场所占份额依然是最高的。同样，指甲钳所用的不锈钢用量不多，导致从国外进口比从国内定制反而要便宜。

通过规模性保持经济性，是供应链控制力的一个重要特征。领先企业通过在全球市场进行突破，从而形成规模市场。如果只盯着一个本地市场，就会因为规模小造成不经济性。而且，对于用户而言，从一个供应商切换到另外一个供应商，往往意味着整个制造系统都要进行调整，这会带来很大的不确定性和风险。对于用量太小的产品，用户不想承担这种风险。反过来，领先的工业巨头往往通过丰富的产品线组合，填满每个狭小的市场缝隙。这也正是追赶者颇感为难的地方。

在谈到芯片软肋的时候，人们容易注意到英特尔和英伟达的算力芯片，或者三星和美光的存储芯片等。但在这类数字芯片之外，信号转换、电源驱动等模拟芯片，也是急需突破的战场。尽管模拟芯片完全可以使用成熟的制程，如 28 纳米、90 纳米，也不需要使用极紫外线光刻机，但它面临的困难同样不小。这类产品市场并不大，占整体半导体市场的 13% 左右。但中国作为全球模拟芯片第一大市场，2021 年的自给率只有 10% 左右。

模拟芯片为何难以突破？因为这类产品细分种类太多，企业要驾驭非常复杂的产品矩阵。在每个具体应用场景上并没有太大的产量，因为缺乏规模造成不经济性。模拟芯片全球排名第一的德州仪器，一年收入约为 1 200 亿元人民币，产品种类超过 12 万个。排在第二名的亚德诺公司年收入在 800 多亿元人民币，产品目录有 10 万个。这意味着技术之外，还需要庞大且复杂的产品调度和管理能力。除了标准产品，这些企业对于大客户的复杂要求还可以提供组合团队进行定制开发。巨头们需要在众多细分市场都站稳脚跟，才能支撑整体销售额。这正是用户所需要的多个芯片构成的解决方案。如果供应商的品类不够齐全，往往就难以进入供应商的清单，而且验证周期很长。这些都使追赶者的路程显得过于漫长。

代价：两难的创新

要理解为什么全球只有少数几家供应商可以控制某些关键节点，

“技术经济”是一个非常有用的概念，它表达了技术应用与可负担成本之间的关系。能够最终得到规模推广的技术，往往需要成本方面也大幅度降低。产量不够大通常会导致高昂的成本，这足以限制追赶者的步伐。当供应链的格局非常稳定的时候，那些试图打破平衡而加入其中的新玩家，会发现自己夹在“创新与代价”之间左右为难。企业不做创新，肯定无法加入阵营。但搞创新，到处都是烧钱的洞，即使研发成功，如果市场过于狭小，企业仍然可能亏本破产。

当产品规模效应不足的时候，企业将面临极大的产品研发压力。例如可以用来测试大海波浪强度的声学多普勒海流剖面仪（ADCP），中国严重依赖进口，主要来自美国 SonTek 等公司。培育制造这种声学仪器的供应链，其实非常简短。即使在一个电子制造业基础不发达的城市，空降一个 3 人特别行动小组，只需要 15 天就可以完成装配。通过购买电路板，然后制版和贴片封装，再加上外面的壳体，制作就宣告完毕。

然而，这种产品的难点在于保持稳定性，也就是如何保证它在恶劣的海洋环境下，依然稳定地工作。这是一个产品可靠性问题，真正的难点并不完全在于制造，而在于可靠性调试，需要大量的测试数据做支撑。设备浸没在海水中时，会被浮游生物附着，导致仪器精度下降。因此必须要有小水泵来抽水，冲洗探头表面。这类仪表所用的传感器，要能够在海底耐腐蚀、耐压、对抗温度漂移，这都需要巨大的工程量来做试验。

本质上，海洋传感器这类量小面窄的产品，就是一门实验科学。由于它需要在变化莫测的海洋环境中生存，试验必不可少。如果只是在海岸边做试验，测试报告并不具有参考价值。出海做试验，往往需要在海上漂 10 天，而一个产品需要出海七八次，才能获得好的优化参数。加之不同的海域洋流环境都有差别，因此研发成本并不低。

美国经济学家布莱恩·阿瑟曾经提及，“一个解决方案如果被使用的次数足够多，它就会成为一个模块，并进而成为一种技术”[①]。这意味着，一个方案只有“使用次数足够多”，才能实现技术化和商业化。如果只是有限的使用次数，这个方案就可能是一个沉重的包袱。例如海洋传感器所获取的数据应用有限，仅仅用于科学观测，而没有形成多样化的使用场景，这大大限制了它的发展。如果这类海洋传感器所形成的数据，能够更多地为水产养殖、鱼群探测等关系到民生的商业所用，那它就会形成反向需求牵引，使这类传感器技术得到突破性发展。

这就呈现了一个有趣的视角去看待“卡脖子”问题。如果这类传感器仅仅是科学家所需，那么技术就是一个难题。如果渔民也在广泛使用，那么这个难题就很容易被攻破。因此技术突破路径，并非只在制造商一端去发力，而在于能否激发应用端的无穷活力。如果能够建立向下游用户的连接力，那么一些“卡脖子”公司所形成的控制力就会被削弱。很多“卡脖子”产品往往市场非常小，企业既难以从市场上得到经济回报，也无法得到优化技术所需要的用户回馈。于是，很多企业自然会知难而退，很少去选择这样的产品

① 布莱恩·阿瑟. 技术的本质 [M]. 曹东溟，王健，译. 浙江：浙江人民出版社，2019：111.

作为突破口。这类技术就会始终像拦路虎一样，挡住去路。**连接不广泛，控制无答案。供应链无法形成有力的连接，许多控制就不会被打破。**

习惯：路径依赖的制约

产品经济性是形成供应链依赖的重要原因。有时候，某个产品看上去对一个行业形成了控制力，但也可能是因为惯性。例如，氖气对半导体制造至关重要，是半导体行业曝光和蚀刻工艺的关键材料。乌克兰主要生产氖、氪和氙，供应了全球需求的氖气的70%、氪气的40%以及氙气的30%。美国电子材料市场调查公司TECHCET指出，美国半导体行业使用的氖气超过90%来自乌克兰，而这样的依赖也跟俄罗斯有关。

这三种稀有气体作为冶炼钢铁的附属产品，是由空气分离设备分离生产的。苏联时期炼钢等重工业规模庞大，稀有气体的分离作为附属产业一直比较强大。生产氖气是苏联的强项，乌克兰负责进一步提纯。苏联解体后，演变为俄罗斯进行粗气分离、乌克兰负责精制并向全球输出的局面。

虽然氖、氪、氙为半导体行业生产所必需，但是其绝对使用量并不高。因为这种气体关注度不高，与钢铁行业规模深度绑定，加之提纯这些稀有气体需要一定的技术门槛，所以很少有企业愿意进入这样的行业。多年之后，全球市场逐渐形成对俄罗斯与乌克兰组成的氖、氪、氙供应链的依赖。

俄罗斯与乌克兰组成的供应链形成了坚实的联盟。这是历史所积累，并非刻意为之。但技术经济性，无疑根据市场规律和成本效应，塑造了一种人们习以为常的供应链。当俄罗斯和乌克兰的供应链联盟意外被打断后，半导体制造商一时感受到“卡脖子”之痛。不过这种困境并不会太久，新的供应商会以更高的成本陆续启动，从而培育出一条新的供应链。

中国在稀土方面拥有巨大的控制力。稀土是 17 种元素的总称，中国是世界上最大的稀土生产国，占全球产量的 63%。然而稀土整体产量其实并不多，也就十几吨。对于国外企业而言，矿藏少，开采起来费时费力，加工冶炼成本很高，还有环境污染问题，这种产业自然就会被慢慢放弃。在 1985 年以前，美国一直是世界上最大的稀土生产国。后来随着全球分工，从中国进口稀土价格低廉而且满足供应，导致美国很多矿山被封矿，中国得以在很长一段时间主导了全球稀土的产量。

但当供应链变得紧张时，美国开始着力于减少对中国的稀土依赖。2018 年，美国内政部制定了第一个关键矿物清单，通过目录引导行业生产。根据美国有关能源的法律，至少每三年审查和更新一次关键矿物清单。2020 年 5 月甚至提出旨在鼓励发展美国稀土供应的立法。日本、欧盟也制订了稀土开采和自我保障的计划。

美国最大的稀土材料生产商 MPM 材料公司在加州拥有稀土矿，已经开始加速扩大产能。美国稀土公司也在矿物清单目录的指引下，开始开发半导体芯片（如微波器件）的关键材料镓，而此前美国并没有任何厂家生产这种材料。稀土矿的机器开始运转，美国和加拿大一共有 7 个稀土矿进入了开发运营。

尽管西方国家希望重建稀土供应链，但过程依然困难重重。以永磁发电机所使用的永磁体——钕铁硼为例，全球排名前 10 的企业几乎都在中国。而除了开采设备，还需要进行冶炼的复杂重型设备。这方面中国拥有成熟配套的设备和低成本技术，占据供应链优势。因此在一段时间内，中国企业具有一定的控制力。这种控制力是因为中国既是最大的卖方，又是最大的买方，从而拥有优越的定价权。中国稀土集团在2021年底成立，是由几家大型稀土企业组建而成的，这对建立整体管控、强化供应链的控制力，有很大的帮助。但是，这并非一成不变的优势。由于有些设备工艺也在向国外流传，而且更多市场需求在增加，新的供应链也会缓慢增长起来。这意味着稀土供应链的控制力，只能在一定的时间发挥作用。

实际上，很多供应链的优势是基于路径依赖，而打破这种依赖通常会有一个窗口期。一把生锈的宝剑要重新亮刃，需要时间去打磨。假以时日，无论是供应链的连接力、控制力，还是平衡方式，都会发生变化。这将拉开两条供应链进行竞争的序幕。

驾驭：化解不经济性

为了驾驭不经济性，确保供应链上的产品竞争力，领先的企业往往在数十年的磨合中，寻找自己的应对方式。这其中包括销售渠道的选择、资本化手段和集团化策略。

在全球范围内寻找市场，是一种常见的方式。通过国际渠道的汇集，形成规模经济。例如医院使用的人工心肺机，主要来自德国迈柯唯、意大利索林和美国美敦力等公司，而德国迈柯唯占七成以上的份额，它在全球化的市场寻找机会，这正是德国大量中小型家族企业长盛不衰的原因。德国赫尔曼·西蒙教授的《隐形冠军：未来全球化的先锋》一书在国内广为人知，人们纷纷追逐

"隐形冠军"的经营方式，但它的副标题却鲜为人知。如果没有"全球化的先锋"做保障，那么隐形冠军的市场地位是很难长久保持的。一个只在本地开拓市场的企业，很难成为不断成长的隐形冠军。

分工协同也是一种方式，这一点在日本企业中尤为明显。日本在工程机械领域的供应链分工，具有显著的特点。日本小松、日立建机、神户制钢等都是工程机械行业的佼佼者。作为重要配套的液压动力与控制系统非常好地实现了分工协同。例如液压缸，主要是 KYB 株式会社在做，川崎主要做泵阀，帝人则主攻减速器。精准分工，可以使每个企业吃饱、吃好，从而牢牢卡住关键价值节点。在这些用量不足、规模不经济的领域，高度成熟的供应链经过洗礼，控制力高度掌握在有限的企业中。

对于寻求独立发展的企业，则往往通过技术的延伸，用范围经济来克服规模不经济性。作为数字化经济的根基，用于感知世界如温度、压力、生物量等变化的传感器，是一个非常基础的重要产业。然而，传感器也是一个高度分散的行业，其产值低，中国市场大约有 1 800 亿元人民币的产值，却有近 3 万个种类。传感器的原理透明，但工艺却相对复杂，是制造业中少见的带有"手艺"气息的工业品，技术诀窍往往深藏在工艺之中。材料、芯片、电路、工艺等各种弱项的乘积，造成了国产传感器的劣势。用量不足，还要保持高可靠性，也是传感器难以突破的壁垒。市场上很多传感器厂家被工业巨头收购，借助于大集团的力量而发展。而那些独立生存的传感器企业，又该如何发展呢？以头部企业为例，瑞士奇石乐公司专注于制造传感器，2021 年收入达到 28 亿元人民币，汽车行业的动力性能测试都离不开它的精确测量，航空航天工业领域使用它的尖端传感器，机床领域的高端传感器几乎很难被代替。该公司生产的六维力度的压电式传感器，用于机床切削力测试，一套需要 60 万元左右。传感器这种向极限求生存的产业形态，呈现出一种与众不同的“微批量不经济”的现象。如果要解决它，就需要向底层技术纵深发展。对于奇石乐而言，无论是枪管爆炸压力，还是发动机缸体燃烧压力，或者是机床切削力，都是基于压电技术的延展应用。奇石乐传感器正是通过“一根轴心多根辐条”的方式，突破底层技术，向周边进行扇形辐射，从而解决“微批量不经济”的问题。

集团化的品牌矩阵，则是通过协同效应来驾驭不经济性。例如 SonTek 生产的声学多普勒海流剖面仪就被做水质分析的美国赛莱默集团收购，后者旗下有将近 10 个与水质、水环境相关的品牌。这让它借助于母集团的销售渠道而降低自身的运营成本，从而继续保持它在供应链上的控制力。同样，测量海水环境的美国海鸟传感器，尽管自身是全球最大的温盐深传感器供应商，但还是被全球最大的生物医疗仪器公司丹纳赫收购。而丹纳赫给海鸟公司准备的“嫁妆”，就是又收购了两个海洋传感器公司，与海鸟公司重组成为细分领域的一个集团。

驾驭不经济性，形成独特的控制力，是非常值得注意的现象。**一些大象级公司的作战策略就是化整为零，在细分赛道采用蚁群的作战方式。一些公司则通过底层技术的延展开发多种上层的应用产品，在多个赛道发力。**它们呈现了丰富多样的形态，才得以保持在整个供应链细分市场的控制力。

第三节　不同寻常的标准

绑定：供应链利益共同体

制定标准，是领军企业抢占利润制高点的常见手段，它也形成了对供应链的控制。例如诺基亚、高通芯片，都采用了标准化的武器，收割了手机行业的大部分利润。诺基亚对每台使用其专利的5G手机收费3欧元，而高通的5G费用则按照整机价格比例来收取，单模5G手机专利费为批发价的2.275%，而多模5G手机专利费为批发价的3.25%。这些专利背后都有大量的标准作为支撑。

2019年欧洲电信标准化协会发布的4G LTE蜂窝通信网络包括1 500多个技术规格。这些规格涵盖了数千项技术特征和几十万项针对这些技术规格的专利。通过专利获得丰厚利润的背后，有着大量的前置性工作，那就是标准的制定。

标准看上去是一个企业的事，但其实形成了一种生态，让整个供应链上的盟友都从中受益。例如电脑、手机的通用串行总线（USB）插口是在1994年出现的，当时的电脑需要连接显卡、打印机、鼠标、通信等几十个不同的接口，而USB的出现终结了不同设备连接计算机需要有不同接口的混乱局面。现在全世界超过100亿台设备使用USB，这被称为世界上最完美的接口。然而作为一种串口总线的标准，主要推动者却没有从中获取标准授权费用。

USB接口是由英特尔、康柏电脑（曾经全球排名第3，后来被惠普收购）、IBM、微软、北电网络（后来破产）等7家公司共同建立起来的。一开始并没有一致认可的标准，当时多种接口的混乱局面仍在继续。对比传统的传输接口，USB 并不具备明显的优势。它还需要不断成长，才能受到人们的关注，连标准的参与者微软也是在 1998 年发布 Windows98 时才正式接纳了它。在这个过程中，USB 接口越战越勇，它影响了一系列的供应链，让新生品牌得以加入进来。USB 接口可以高速连接外部 U 盘存储器，这就直接淘汰了像日本万胜这样的存储器，也让索尼等生产的光盘退居二线。1999 年成立的朗科电脑，则借助通用外接口兴起的机会，成为新兴 U 盘的引领者。

7 家公司为什么会放弃授权许可？一开始拥有 U 盘专利的英特尔公司很清楚，如果形成一个标准的界面，就会建立广泛的外接设备，从而让它的主板芯片组更受欢迎。而每个制定标准的参与者都逐渐意识到，开放标准会远远大于从既定标准的昂贵许可中所获得的收益。美国学者塞萨尔·伊达尔戈认为，“标准规格在现代社会流行是因为它减少了使用者和公司的互动成本”[①]。显然，如果能够与众多供应商形成成本更低廉的连接，降低双方的交互成本，那就一定会使某些企业在整个供应链上形成主导。标准往往是既得利益集团共生的一种互利模式，也是对追赶者进入供应链的一种限制。

显然，**标准看上去是一个企业的事情，但很**

① 塞萨尔·伊达尔戈．增长的本质 [M]．浮木译社，译．北京：中信出版集团，2015：111.

多时候也是供应链共同体利益的浓缩，甚至可以代表国家利益。一个国家如果能够制定国际标准，则意味着可能获得合法的暴利。制造强国德国和日本深谙这一点，1985—1995 年，德国通过设立国际标准为本国制造的经济效益，居然占到当时 GDP 的 1%。

日本的灯泡规格，跟欧洲并不相同。为了进入欧洲市场，日本大规模展开“灯泡标准外交”，极力在国际电工委员会（IEC）游说。2000 年，IEC 终于认可了日制标准，此前 IEC 只认可欧标。日本灯泡开始进入欧洲市场，这使得日本灯泡企业取得了巨大的收益。到了 2002 年，灯泡创造的经济效益高达 52 亿日元。当时日本正在使用的灯泡、灯座存量有 5 亿只，而这背后是一系列设备和零部件生产线。日本灯泡成为国际标准的一部分之后，整个供应链都搭顺风车发展起来。前端产品撕开一个口子进入市场，整条供应链随后进入，这是一场延伸战。可以说，日本把“国际标准化战略”视为战场。当年日本的洗衣机标准进攻图，就反映了“地域性战争”。1995 年开始，新加坡等东南亚国家的洗衣机，都准备采用 IEC 标准，中韩也紧随其后，而日本工业标准（JIS）跟 IEC 并不相同。一旦东南亚转向新标准，日本洗衣机就会出现无法出口的危机。日本紧急动员起来，2002 年终于把日本洗衣机脱水槽的想法加入 IEC 的提案。仅仅这一项提案，就为日本创造了 225 亿日元的经济效益。

依靠卓越的国际标准战略，可以让平凡的物品创造出巨额的财富。**一个成功的国际标准提案，可以对一个民族的制造品类和整个供应链形成巨大的价值。而中国拥有 666 个工业小类，也存在无数的国际化标准之战。**

渐进：制定统一的技术标准

标准的产生，通常是经过专家组反复谈判形成的。不同的标准提案往往是供应链博弈的结果。

上游的国际制造商先行一步，通过标准卡位，以合理透明的规则，抢占供应链上的利润。中国企业在国际化标准方面相对落后，企业更多热衷于面向国内标准，而对制定国际化的标准战略，往往心有余而力不足。一条标准想要成功建立，短则两年，长则三五年。过程中没有任何收益，还要投入很多费用和人员，对于企业而言，这是很难坚持下去的。

中国有着体量巨大、市场丰富的优势。但是在标准化技术委员会这一层，能够对每个标准提案施加影响力的中国标准专家相对较少。

要想在国际标准舞台上站住脚，需要建立国际朋友圈。国际标准涉及的提案国家，都是常态化地结为盟友。国际标准化组织（ISO）一般是以欧洲企业为主，总部一度在欧洲，跟德国标准化学会（DIN）关系紧密。国际电工委员会是以欧洲和美国企业为主，而电气与电子工程师协会（IEEE）则是美国企业主导，社交圈子气息十足。尽管标准往往是由一两家公司牵头，但实际上标准的背后关系到整个供应链。**“一流企业制定标准”，也会被认为是“一流供应链确定标准”。通过锁定一个标准，将关键的供应商伙伴绑定到生态圈中。制定标准的过程，其实就是对未来供应链利益分配的大彩排。**

日本企业在制定标准方面的意识比较强，日本的行业专家参与面非常广，各种国际会议参与时间长，在国际人脉上有优势。国际场合常常能见到日本代表团，而且参与人员职位高，具有决定权。要促进国际化标准提案的通过，往往需要“四懂人才”：懂技术、懂标准、懂外语、懂人情世故。这种无形的投入也是巨大的。除非企业家将“标准”列入知识产权的重要布局，视为与专利、软件、著作一样重要，否则很难推动企业的国际标准化战略。

在有些场合并没有规定标准的时候，先行者也会通过设定门槛的方式来限制后来者。例如企业对仪器仪表的选择，只要精度足够，也并非标准越高越好。对于石油化工行业所用的测量压力的仪表，项目招标文件中经常出现“万五”（万分之五的误差）的标准。然而在实际使用中，很多压力计只需要保持“千四”（千分之四的误差）就足够满足需求。出现这种标准锁定的情况，有时候是一种“标准歧视”。国外的仪表品牌依靠先发优势，将中标起始标准设定为“万五”，负责采购的人员出于“避嫌”的考虑，按照规范使用高标准，毕竟仪表投入在整个项目预算中只占2%左右。但实际应用中是否需要如此高的等级，则往往没有过多考量。然而在这些细微的数据背后，意味着国产仪表一开始就可能被挡在门外。“标准歧视”其实是一种“卡脖子”现象，很容易将中国制造长期排除在赛道之外。

反之，通过标准的制定，可以提前引入本土选手。例如，高速公路上的电子不停车收费系统（ETC）芯片的发展，得益于中国制定了特有的标准。经过几年应用实践之后，在交通部门的主导下，中国在2007年推出了5.8G国标。它跟欧洲和日本标准在射频参数、编解码、应用流程上都有差异。这意味着美欧日芯片厂家都需要重新设计芯片。这些曾经独占中国市场的芯片大厂采用了观望的态度，而中国芯片厂家则抓住了宝贵的机会。由于一开始需求并不复杂，中国制造商采用了分立元器件而不是独立芯片的方式。尽管成本不尽如人意，但也能够接受。在初步投入市场应用之后，使用 ETC 的数量规模开始扩大。出于可制造性、成本与质量的考虑，芯片开始引入其中。芯片是高集成的代表，成本比分立元器件要低得多，而且效率更高。但芯片制造的前提是必须大规模量产，而中国高速发展的公路正好满足了这种需求。就这样，采用循序渐进的方式，凭借中国的标准和全国一体化的市场，中国企业很快就成为 ETC 射频芯片的独立供应商。

背书：难以摆脱的国际认证

有了标准，就需要有检测机构进行认证，并发放合格证。例如电子产品上常见到的 3C 认证，就是由专门的认证公司经过实验室检测后发放的。

在美国，很多种类的产品安全标准都是非强制性的，但许多州政府要求产品必须经过认证后才允许在该地区销售。UL 认证标志在美国备受信赖，当地政府见到产品上有 UL 标志往往会批准，消费者见到商品上有 UL 标志通常就认为是安全的。许多国家的制造商为了能在美国市场立足，冲破贸易壁垒，必须申请 UL 标志。带有 UL 标志的商品在市场上更有竞争力，甚至比无 UL 标志的同款商品售价更高。

中国是出口大国，自然也需要国际检测机构的广泛认证。全球领先的 5 家认证机构，都已经在世界各地完成布局。2021 年，这 5 家机构的年收入都超过了 200 亿元人民币，而中国是这些认证机构极其重要的市场。中国各行各业的供应链，往往躲不开这样一张检测大网。这也使得这些认证企业在中国排下重兵。全球排名第 4

的认证机构英国天祥集团，在中国有 1 万多名员工，占全球员工的比例接近 25%。全球检测认证机构美国 UL 有 1.4 万名员工，其中 3 500 名在中国。

产品认证的权威性，是在用户端经过长时间的认知磨合而成的。制造商很难自行改变这种认知。指定机构的指定检测，已经成为供应链上摆脱不掉的标签，中国制造很难躲开这些绑定。

要建立一套检测体系，不仅需要巨额投资购买先进仪器，关键还要有核心技术和专业人才。制造业需要精英人才，而检测更需要懂制造的咨询顾问。检测与认证，不仅是技术能力，更需要深入的行业知识完成跨部门的对接。在很多时候，对于产品的检测并非盖章放行那么简单，往往需要专业能力。它是一个高浓度的知识服务机构，而不是一个行政服务部门。中国光伏产业很强大，但在对外出口的时候，仍然要依靠国外检测机构的认证。一些国际化的认证专家，在面向企业进行检测的时候，表现出相当高的专业水平。这些认证机构甚至能进行前期设计咨询，例如德国认证机构 TUV 南德会通过收购电动车、可再生能源和数据安全的初创公司，来强化领域内的绝对专业性。

中国企业生产的产品，往往需要通过外资公司的认证，才能在国际市场上畅行无阻。**认证机构是供应链的一个环节，也是极难变更的部分。这是一种来自国际信用体系的控制力，超越了单纯的技术突破。**

封闭：反标准化获取利益

然而，并非领先者都喜欢用标准这个武器。如果能够创建独立的供应链体系，非标准反而是更好的盈利手段。

苹果公司采用了一个封闭生态，建立了许多非标的围栏，并在围栏里建立了自己的标准。例如全球手机的电源接口基本使用 Type-C 接口，但苹果一直使用 Lighting 的私有接口，其他手机的接口并不通用。充电器、数据线互不通用，造成了大量的电子垃圾，这跟苹果所倡导的绿色经济其实并不匹配。然而，这是一个独特的供应链围墙，能够带来巨大的利益。

苹果迟迟不想采用通用接口的背后，自然是有一笔经济大账。有了这样的私有接口，苹果在 MFi（“Made for iPhone/iPod/iPad”的缩写）认证上，每年营收高达数十亿美元。苹果系列产品的充电设备，需要有一个专门的 MFi 认证。这是苹果公司独家发布的一种标识使用许可标准，用于 iPhone、iPod、iPad 的电子配件，如数据线、充电器等。配件厂商需要付费获得授权后，方能为之配套。这笔一次性的认证费用超过 2 000 美元。除此之外，私有接口的芯片也由苹果指定，必须从全球最大的元器件分销商美国安富利采购。这是一个已经锁定利益的供应链。

当苹果迫于欧盟压力，要将私有接口改成通用接口的时候，整个供应链上的企业也会非常紧张。所有的设计需要重新来过，而零部件、原料也需要重新审核。既有的供应链需要从里到外彻底翻修一次。

考虑到工业领域存在大量狭小的利基市场，非标也是阻止其他竞争对手进入市场的重要武器。在我国的很多装备里，用于动力转换的国际品牌减速机占据了优势地位。以煤炭开采为例，重要的设备有刮板机、摇臂机、液压支架等。德国 DBT 刮板机、美国久益（Joy）摇臂机被广泛使用，这些设备都靠进口。而这些设备中的减速机，用的基本是国外品牌的产品，例如德国 SEW、德国弗兰德、比利时汉森（已经被日本住友收购）等。这些减速机深深地嵌入动辄数千万甚至上亿元的煤矿设备中，要想直接攻破壁垒并不容易。除了来自大设备企业的配套，这些减速机还有一个很重要的特点，就是尽量采用非标准的方式定制。德国 SEW 以及美国罗克韦尔道奇减速机所采用的传动轴，往往会采用一种异形的三角轴，它舍弃了通用性很强的传统花键连接。同样，减速机机箱的盘管、润滑系统也都是非标的。而且，所有的接口尺寸往往是变化的，使得用户在维修时只能采用进口配件，这也给售后服务市场带来了巨大利润。而追赶者无法采用更加经济的通用配件，导致成本高昂，从而很难形成竞争力。

第四节　内容供应链的融入

内容：新形态的供应链

物资流是供应链的核心，信息流用于引导物资流更加高效地运转。但在知识经济社会，一种以内容为主的供应链开始出现，它可以被称为“内容供应链”。“内容供应链”往往呈现为服务形态，使得服务型制造业变得常见，也使第二产业与第三产业的分界变得模糊。

许多传统的制造商已经成功转为服务型商业模式。例如英国罗罗率先发明了“按小时提供动力”的服务，允许客户租用而不是购买喷气发动机，罗罗仅保留发动机的所有权。1998 年，罗罗推出这种服务后，它的对手通用电气高度紧张，后者诧异于客户接连丢失，包括“铁杆用户”日本全日空航空公司。通用电气感觉竞争对手的发动机似乎是免费的。而当时市场份额落后的罗罗，的确押下一个高风险赌注，它将大量传感器置于发动机中，实时监控发动机的性能，并负责维护和更换。这种全新的商业模式获得了巨大的成功，通用电气也不得不跟随。

内容服务开始在制造商中产生巨大作用，重要性与日俱增。它让用户产生了忠诚度很高的黏性，替代变得异常艰难。咨询机构德勤在 2006 年发现，医疗器械、工业产品和电信设备行业的服务收入占制造商收入的比例已增长到约 20%，汽车行业高达 37%，航空航天行业高达 47%。[①]

美国国家标准与技术研究院的首席经济学家乔治·塔西认为，“制造业是一种价值流，而非孤立的战略”。这句话意味着要理解制造业的价值，需要放大到整个供应链去考察。任何一个制造企业，都有着许多前因后果的关系，而知识流至关重要。2008 年，在美国制造业的就业人口中，与服务相关的就业人数占比超过 53%，德国、法国在 45% 左右，而日本只有 32%。[②] 美

① 美国国家工程院报告，为美国创造价值：拥抱制造、技术和工作的未来 [R]. 2015：15.

② 瓦科拉夫.斯米尔. 美国制造：国家繁荣为什么离不开制造业 [M]. 李凤海，刘寅龙，译. 北京：机械工业出版社，2015：6.

国制造商的内容供应链已经展现出更强大的力量。2005 年美国制造商从外部采购的服务额，约占全国工业品价值增量的 30%。

硬件和软件商之间的界限，开始变得模糊。软件和在线服务的公司业务已经扩展到硬件制造。例如亚马逊成立了一个硬件团队，开发了 Kindle 电子阅读器和 Fire TV 数字媒体播放器。2001 年微软开发了家用电视游戏机 Xbox，强行挤入日本索尼 PlayStation 2 和任天堂的 NGC 赛道，形成了三足鼎立的市场局面。内容上的竞争力提高，使得后发者也有追赶的机会。

内容供应链的相互关联构成了美国经济的一大部分。美国国家科学基金会和美国经济分析局的数据显示，依赖硬件作为其主要产品的一部分或必要手段的价值链（如软件），占美国就业的 25%，占国内生产总值的 40% 以上，占研发支出的近 80%。这构成了美国商业竞争力的重要部分，也对整个供应链形成了新的控制力。

内容供应链是一个信息流动的虚拟链条，这种控制供应链价值的要素变得非常隐蔽。一个企业要能够在硬件制造上存活下来，必须依靠看不见的战略节点来支撑，这需要参与大规模的知识分工。

内容服务正在渗透各个领域。例如工程机械的销售，需要依靠广泛的维修网络。当设备出现问题时，维修工可以依靠一张图纸来修复故障。一张图纸，也是知识经济的载体，视之可见。这种朴素的形式，使得路边的作坊完全可以掌握修理的诀窍。设计师的意图，可以在隔离地带进行知识传递，这使得很多非授权的第三方维修店铺可以自行修理。如今，新一代的装备已经不再提供书面装配图，它给维修者提供的是电子图纸。这种电子图纸只有经过特殊的授权才可以使用，它在传递通道加上了一把可以控制穿越的电子锁。很多非官方授权店无法修理故障，而要更换备件也只能使用官方匹配编码的原装产品。

知识经济的加速，得益于底层硬件的发展，但它又很快控制了底层硬件的发展形态。当内容供应链附加在物理供应链之上时，它会悄悄改变原有系统的商业运行逻辑。

如今生活中利用率高的产品以手机、平板电脑、互联网电视为主。人们每年用于支付应用程序（App）订阅产品的费用比购买硬件设备还多。苹果手机的收入约为4 000亿美元，但苹果应用程序商店（AppStore）产生的直接价值就超过6 400亿美元。那些App上的信息提供者，创造了全新的知识经济。全球每年都有成千上万的开发者向苹果AppStore提交软件，仅儿童软件就有几十万个。那些考虑为孩子下载质量高的教育软件的家长，可能就不会购买其他操作系统的手机。2022年苹果服务收入近800亿美元，大约占其整体销售额的20%。仅这一项收入，就超过了美国最大的飞机制造公司波音和最大的芯片公司英特尔。

就侧重地域分布的生产布局而言，知识经济则呈现了超越地域的文化形态。在知识经济时代，以服务形态存在的供应链已经无处不在。从制造业向服务业转型，以及在二者的整合过程中，都需要极大的开放心态。日本半封闭的市场，损害了这种转型。日本虽然硬件制造能力很强，但在软件和信息服务领域远远落后于美国和中国。而如果只生产硬件却没有一流的软件，则不可能制定事实上和法律上的相关标准。

追求内容服务的创新性、便利性和开放性，以及消费者的黏性，这些甚至超越了对产品本身的性能要求。例如二手车中，电动汽车比传统燃油车更容易保值，因为它可以采用远程升级软件的方式，提升硬件的性能表现。而在硬件驱动的时代，只有到4S店更换零部件才能实现升级。软件定义汽车，意味着内容供应链上的企业开始成为主角。奔驰汽车已经提供了“加速度订阅服务”，订阅者只需要多付会员费用，就可以在同样配置的车型上享受更快的百米加速度，而通用汽车、福特汽车都在紧张地将谷歌、安卓的生态系统引入汽车空间。面向消费者的内容供应链，将在更高层次上影响供应链的发展。

未来，内容流、知识流的价值将会大于实体物的流动，这会重塑产业格局和供应链的形态。

洞见：股指与供应链

供应链的链条如此之长，跨越了全球。大宗商品经常需要跨洋运输。但是大宗原材料具有期货的属性，价格涨跌不定，这给企业的制造成本带来了巨大的波动。企业决策者应该如何建立自己的情报支撑体系呢?

一些看上去并无太大关联的传统要素，正在被重新整合在一起。人们比较熟悉的标准普尔指数，背后其实是商业情报的支撑。1962年麦格劳·希尔出版社收购了 S&P 标准普尔，2016 年正式更名为标准普尔公司。2018 年，标准普尔公司收购了大数据分析公司 Kensho，使得金融分析与数学、IT 技术紧密捆绑在一起。其在同年还收购了一家供应链智能感知公司 Panjiva，此举意义更加深远，意味着金融的洞察力将下沉到对每艘轮船、每辆卡车的日常监控中。

供应链智能系统，需要接入金融分析和商业情报的能力。分析师们固然需要以最快速度了解爆炸性新闻的第一现场，但更需要了解新闻事件背后所缠绕的细节，有些细节可能决定了危机持续时间和反转节点。而这一切，都会对供应链产生巨大的影响。例如当法国巴黎的香榭丽舍大街发生示威游行的时候，全球供应链标杆公司之一的施耐德电气公司的情报系统就会紧急启动，它需要排查这样的行动对于全球供应链的潜在风险。启用何处的物流中心、陆海空的运输方式、对欧洲和亚洲的生产基地的影响等，都可以在 2 小时内完成评估。应对供应链风险的全新预案，会根据事态的变化而紧急启动。

在全球繁忙的供应链背后，除了物资流和信息流，还有大量的商业情报和资本洞察力穿插其中。**制造业、金融资讯和商业情报汇聚在一起，形成了超级灵敏的供应链。**

2020 年标准普尔公司以 410 亿美元收购美国 IHS Markit，后者是年收入达到 42 亿美元的超级信息服务商。在中国，也有很多大学和科研机构在使用它的服务。IHS 旗下的航空工程数据库 ESDU 是航空界的金标准，可以为制造业尤其是航空业提供验证过的工程数据。中国制造的软肋之一是缺乏可靠性，很多产品对研发缺乏工程数据的校准，而这些数据则需要经过无比昂贵的实验室数据的反复认证。标准普尔公司收购 IHS Markit，意味着在由海量信息交易算法所主导的金融市场中，也需要掌握基于文献和数据的洞见。

算法吞噬一切，洞见引导算法。看得见的物资流在四下移动，看不见的信息流在指挥着这些移动。而在信息流之下，还有更复杂的监控和商业情报决策体系。这些高明的决策与行动，需要来自穿越繁杂表象的洞察力。

金融分析、出版、咨询三位一体构成的巨无霸，形成了商业情报联动。而标准普尔全球普氏能源资讯（S&P Global Platts），就可以将 IHS Markit 提供的航运情报覆盖在船舶跟踪、港口数据和贸易物流等信息中。世界各地都可能出现繁杂的现象，一艘邮轮的意外抛锚就可能引起金融市场的波动，这堪称“数据石油”，实体石油和数据石油相得益彰。

心智：人才教育提前锁定战场

拥有熟练技能而且组织良好的人才，是供应链连接力的重要组成部分。如果这些人才能够对品牌的使用偏好提前施加影响，也可以构成控制力的一部分。高素质的劳动大军，是德国产品在全球所向披靡的重要原因之一。德国学生从初中就开始分为技能型人才与大学生两个方向，这两种选择可以互换。这种教育方式被称为双元制教育，为德国培养了一批高素质的人才，赋予德国制造一种独特的优势，可以在工人工资很高的情况下保证产品的竞争力。

一种产品的成功，往往取决于用户的使用习惯。当用户已经接受了某种产品的特征，这种产品自然而然就在整个供应链拥有难以替代的属性。这种不可替代性是用户所赋予的。

工业领域有一种常见的控制器，能够很好地解释这一点。在自动化领域，可编程控制器 PLC 以其编程简单、成本低廉而成为常青树。但在这个领域中，中国 PLC 制造商还没有形成决定性的力量。从 20 世纪 90 年代开始，PLC 市场基本被西门子、罗克韦尔和三菱电机等占领，它们的市场地位保持了长久的时间。过程中虽然也有很多国产品牌的挑战者，但市场格局并无变化。这个格局直到最近，才由 PLC 新势力的深圳汇川凭借供应链优势而改变。为什么在这个量大面广的 PLC 市场，国产厂商很难形成对海外品牌的挑战？原因有很多，但高校的人才培养所形成的使用习惯，也是一个重要的壁垒。这些国外品牌培育用户的方式，包括以极低成本给大量工科大学提供 PLC 实验室，使得很多大学开设的 PLC 课程按机型教学。在大学课堂里，除了介绍 PLC 控制标准的简单内容之外，授课内容和训练方式都跟具体的品牌公司进行了深度的绑定。

高校实验室的仿真模拟，往往使用美国 MatLab 的科学计算软件，它可以很好地将数学计算与控制指令结合起来。大量高校都在使用这种软件，它也在实际上成为一种行业标准。一些知名期刊在接收要发表的文章之前，要求作者提供 MatLab 软件的验证报告。一些大学以 MatLab 作为标准教材进行课堂教育，而不是专注于更基础的数学计算和逻辑训练。

在强调技能教育的高职高专，这种现象也普遍存在。通识教育被某一种品牌的使用方法取代，在禁锢了人们想象力的时候，也造成了用户对于某些品牌的偏好和排斥。

这是一种非常隐蔽的培养企业控制力的方法。高校、职高的认知与技能培育会形成一种认知，提前锁定工业现场的品牌使用。借助用户持久获得的认知偏好，这些企业提前锁定了供应链上的控制力。

第五节　环环相扣的控制力

寻根：逆流向上的根控制力

当上下游的供应商与用户建立起紧密关系时，供应链相互嵌套的现象就会出现。供应商之间形成了坚实的利益基础，将其他竞争者排斥在外。而当这种捆绑式关系沿着供应链的圈层逐级向外扩散时，一个生态系统就会诞生。这是一种高级的供应链竞争，对于新兴公司来说，要么选择加入，要么选择消失。

操作系统之所以难以攻破，是因为这是一座层层防御的堡垒，只有少数人能够接近核心。全球操作系统产业，早已确立了垄断般的秩序。电脑桌面是微软的操作系统，手机端是谷歌和苹果的，而服务器则被微软和 IBM 收购的红帽所统治。开源操作系统给了很多挑战者勇气，产业多了一个突破口。

在桌面系统领域，开源的 Linux 系统几乎是微软 Windows、苹果操作系统之外的唯一选择。要完成一个人人可用的系统，需要进入一个深邃的供应链隧道。从核心的 Linux 内核算起，至少有五层等级：内核、根社区系统、子系统、二级系统、三级衍生系统。从内向外一共是五级穿越，才会到达用户日常所熟悉的界面。这是软件领域的供应链，它完美地勾画了一个生态系统是如何相互关联而构成垄断的。中间关卡林立，每一级都对下游形成控制。内核系统代表了唯一的权威，处于超级稳定的状态。主流根社区则出现了三个有影响力的流派，包括德国商业公司主导社区 openSUSE、美国商业公司主导社区 Fedora，以及无商业公司控制的 Debian 社区等。这些开源社区，构成了当下各种开源操作系统的土壤。如果要挑战这样的社区，就要跟随供应商的层级向内追溯。

每个开源社区，都是凭借全球大量工程师共同投入而形成的。各个社区也经历了漫长的发展，从很多开源项目中存活下来。大浪淘沙，存活下来的各个开源社区形成强大的号召力，是软件世界领导力的表现。这种开源社区又给商业版软件提供了非常强大的支持，成千上万个企业所开发的各种程序，在层层调用这些系统和社区的数据。如果要迁移这样的系统，会像拔老树根一样难。

作为桌面操作系统挑战者之一的中国操作系统 deepin，正在试图打开商业社区大门。自 2008 年开始，deepin 只能作为二级、三级系统，使用更上游的子系统 Ubuntu 作为自己的起点。经过 7 年的磨炼，deepin 最终放弃将 Ubuntu 作为上游，而选择将非商业上游社区 debian 作为研发的基础。此时 deepin 进入 Ubuntu 并列的子系统，可谓七年磨一剑。而到了 2022 年，deepin 宣布不再依赖 Debian 的技术，而是正式开始打造“根系统”。这一次，deepin 意在进入主流根社区，成为离 Linux 内核最近的二级系统。

这些艰难的供应链往上溯游，表明了中国企业在操作系统领域的处境。2021 年，中国 Linux 桌面操作系统出货量首次超过 5%。尽管仍然微不足道，但它是整个生态系统发力的结果。操作系统的市场占有率有一条黄金分割线，只要超过 10%，就会发生质变。围绕这 10% 的份额，会出现大量的第三方生态应用开发者。

在全球市场，苹果在移动操作系统的市场占有率是 11%，构建了一个非安卓的独立生态系统。中国市场在逐步向前发展，华为的欧拉服务器操作系统，也是替换了 Debian，才得以进入根系统。它在服务器端跟微软和 IBM 展开对决，鸿蒙系统则需要在移动终端艰难地挑战安卓系统。只有高校、企业、自由开发者大量涌入，才能推进鸿蒙成为一个健康的产品化操作系统。

操作系统的突破，并非单纯技术难点，还有商业生态屏障。要适应一个全新的操作系统，大量企业需要做出改变。软件应用程序公司需要开发接口，硬件开发者需要做出适配，而使用这些程序的亿万用户也需要适应不同的操作习惯。数亿人的行为习惯需要一起改变，才可能撼动一个庞大的操作系统市场。

嵌套：互锁的机制

在良性生态中，上下游供应链是深度嵌入的。在价值链的阶梯中，越是具有控制力的节点，它们之间的关系越会变得不同寻常。这种注入了相互贡献知识、相互成就的供应链，是一种全方位的新型伙伴关系。创新的门槛已经越来越高，很多供应商不得不合力而为。嵌套合作的供应商之间结成坚实的联盟，相互绑定，形成一种你中有我、我中有你的机制。**两个强者，甚至更多强者的知识耦合，生成一种新的保护圈，这就是供应链的链群控制力。**企业之间的竞争，则会形成供应链对决的链战局面。企业间嵌套合作往往也是屏蔽追赶者、追求最大利润的方式。越是在投资巨大的行业中，这种关系越是紧密。

几乎没有一个产业能像芯片这样，可以预设发展速度。芯片的产业方向和发展速度，就像高铁的时间表一样，简单而准确。在预定的时间，人们提前知道哪一趟列车即将进站，摩尔定律就好像是半导体行业的列车时刻表。

半导体行业的竞赛，正在如火如荼地展开。无论是芯片制造还是芯片设计，都已经进入钱越烧越多的阶段。28 纳米制程工艺，可以看成是重要的分界线。这样的制程所制造的芯片，基本可以满足大部分场合的应用。很多家电、仪表所使用的芯片，都可以实现。就这种成熟制程的工厂而言，晶圆厂的资本支出高达 60 亿美元。

而台积电在美国的 5 纳米半导体工厂，三年总投资大约需要 120 亿美元。这基本相当于投资修建一座核电站，甚至是美国最强的“福特”号航空母舰。

芯片的设计成本也不可小觑，设计一颗 28 纳米芯片的成本为 4 280 万美元。当尺寸变小的时候，设计成本再次提高，16 纳米芯片的设计成本为 8 980 万美元。10 纳米时芯片成本开始突破 1 亿美元大关。先进制程早已成为工业制造领域“最强吞金兽”。一颗 7 纳米芯片的设计成本达到了 2.49 亿美元，2 纳米芯片的制造成本将进一步增加到 7.24 亿美元。如此高昂的成本，让芯片设计企业和晶圆代工厂都不敢掉以轻心。

高额投资所带来的巨大风险，让供应链上的伙伴形成了坚固的联盟。众人贡献的知识也成为共同财富，不能对外泄露。在这个过程中，一个近似于排他的伙伴圈会沉淀下来。信任成为供应链上企业合作的重要基础，供应链共同体更倾向于依赖供应链而相互锁定风险。这种共同体自然会具有排他性。

晶圆代工厂与 EDA 软件厂商的合作越来越紧密。台积电和新思科技在合作 65 纳米芯片的时候，采用了百米接力赛的方式，一棒接一棒传递下去。台积电把验证出来的工艺，交给全球最大的 EDA 软件公司新思科技，新思科技接棒去开发 EDA 的设计平台以及网络之间的互联协议。从开发新工艺，到设计公司能够使用这个工艺，需要花费三年的时间，前后两个阶段分别用时一年半，而在 2016 年台积电开发 7 纳米工艺的时候，原来的串联方式变成了同步开发。台积电和新思科技一起讨论如何开发这个工艺，如何建立一个 EDA 的平台和一个 IP（知识产权）的平台。这种并行、同步研发的方式仅仅用了一年半的时间，将周期节约了一半。

与此同时，台积电和新思科技都不用重复投资，费用也节省下来了。

这种亲密组合的作战方式，使其他 EDA 软件厂商很难有机会再插进来。台积电工厂认定的黄金标准里的四大 EDA 软件中，另外三家分别是 Cadence、西门子 Mentor 和仿真巨头 ANSYS。这三家 EDA 软件的工具链，也是必不可少的。很多中国企业也在开发 EDA 工具，目前尚不够全面，缺乏完整的设计流程。而且，由于没有在最先进的晶圆代工厂中使用，无法获得流程并改进其软件，这样导致软件产品的竞争力无法瞄准最先进的制程。产品竞争力虽然在低端市场有所加强，但技术的天花板仍然非常明显。

新入局者为什么不容易进入供应链，因为它容易陷入一个连环赛道中。例如，低速船用发动机的传感器，通常来自挪威的大型军火商与海工设备制造商康士伯公司。即使有企业能够做出性能一样好的传感器，仍然不会有用户敢贸然使用。因为传感器需要在电子调速器中配合使用，而电子调速器基本被美国 WOODWARD 和德国西门子公司垄断。这种调速系统，除了液压执行的机械机构，还要有电控系统和软件算法。机械、电子、软件需要精巧的配合，常年的合作已经使调速器企业与传感器企业之间形成紧密的合作关系。

即使找到一个企业能够将电子调速器研制出来，低速船用发动机厂商仍然可能会拒绝。目前全球 80% 的低速船用发动机都掌握在德国 MAN 和芬兰瓦锡兰手中。它们并不直接制造很多型号的产品，而是只进行设计，并授权给中国发动机厂进行生产。但是中国工厂需要严格按照给定的设计参数进行生产，不能更改任何内容，更不用说替换零部件。发动机在设计阶段，就已经锁定调速器，调速器又锁定传感器。这种方式锁定了对供应链的控制。

跨界：掌握更多知识

对于在供应链上有着强大控制力的公司，往往对公司边界之外的知识也有着非常深刻的认识。对于一家整机制造企业而言，是否需要掌握供应商的技术，是一个严肃的话题。它是一种平衡术，企业旨在加强供应链控制力的时候，也不必给自己增加太多的成本。《系统集成之道》一书提醒人们注意一个简单的事实，“企业需要知道的东西比其当前生产任务直观表现出来的东西‘更多’”[①]。换言之，企业所了解的技术，远比说出来的要多。通用汽车并不生产熟料和玻璃，但它对于玻璃透光性和颜色的把握，却需要专门的部门进行研究。当出现可以进行图文显示的信息化玻璃的时候，它的投入会更多。

一个企业需要掌握的核心能力，有时候并不在企业内部，而是处在供应链某个节点上。为了实现这种转移，对下游企业会研究零部件技术，进行技术预研。也可能会通过收购上游供应商，将供应链具有的外部能力转移到企业内部，从而形成一体化制造。这些都有助于企业在供应链上获得更大的议价权。

① 安德烈亚·普伦奇佩，安德鲁·戴维斯，迈克尔·霍布迪. 系统集成之道[M]. 孙喜，刘玉妍，等，译. 孙喜，译校. 上海：东方出版中心，2022：139.

当一家制造商决定强化某个制造环节的时候，会将外部供应商变成企业的事业部，供应链内化现象更容易发生。例如，GE 在 2016 年以 14 亿美元的价格，收购了两家金属 3D 打印的供应商，后来将这两个 3D 打印事业部，统一归属到 GE 航空集团。通过并购，GE 从一个大型的 3D 打印使用者，变成了一个大型的 3D 打印制造商。

在这样的变化过程中，企业深入掌握了各种工艺能力。制造商仍然具备很强的工艺知识，从而可以对上游供应链的企业进行指导。例如，虽然美国机床产业衰落，但那些机床加工能力却留存在用户企业之中，它隐含在需要采用机床进行精密加工的通用电气、波音等公司的手中。这样一来，可以避免受到外部供应链的强烈影响。

对于主机厂来说，拥有对关键部件的技术理解，是保持对上游供应链进行控制的重要一环。例如中国的工程机械产品多年来一直依靠日本的液压零部件，如日本 KYB 的油缸、日本川崎的液压阀等。为了减少这种控制，三一重工、柳州工程机械等企业开始大力扶持常州的恒立液压。而恒立从液压系统的入门产品油缸开始突破，获得了三一重工的支持。之后，恒立向着供应链的高端产品迈进，陆续攻克了控制阀，并且开始挑战难度更大的液压泵和马达。在这样的过程中，三一重工提供的不仅仅是订单，也有自己对液压系统的深刻思考。实际上，三一重工也建立了液压所，进行液压技术的研究。企业只有对零部件有深刻的了解，才能在系统集成中将零部件的性能发挥到极致。

同样一种零部件，在不同的整机厂商中会产生不同的效果，这取决于整机厂商的集成能力。企业需要具备跨界知识的能力，只有将各个子系统的能力充分发挥，才能打造出优异的整机系统。这些知识会在供应链上往复移动。这也是企业对控制权的主动掌握，整机厂可以因为自己对技术的洞察，而要求上游供应商降价，甚至扶持新的供应商。当一个企业开始寻找第二家甚至第三家供应商的时候，往往是在寻求摆脱某种控制。

反过来看，如果主机厂缺乏某种知识能力，则无法对供应商发出明确的需求，导致自己受制于人。例如瑞士莱斯豪尔磨齿机代表了齿轮加工行业的超高精度，这源自它独有的零部件、磨具材料等。其使用的控制系统，是在西门子数控系统之上进行的二次深度开发。然而，这些开放的接口往往并不会直接提供给国内的机床厂家。这种制约并非因为歧视，而在于主机厂是否有能力提出需求。西门子数控系统有上百个参数，用户往往只使用其中的一部分，而进行精细调校的功能则被“藏匿”起来。只有机床厂家的认知水平足够向供应商提出明确的要求时，上游供应商的知识积累才有可能转移到企业内部。

为了更好地发挥系统集成能力，一个企业需要额外的知识整合，才能打破组织边界而形成工业诀窍（Know-How）的流动。复杂产品的系统集成商，往往是这种角色的典范。它代表了高度一体化的“钱德勒式”组织，始终挥舞“看得见的手”，协调专业化分工。[①]只有更多地掌控供应链上的知识，才可能在全链条上获取更大的价值。

① 安德烈亚·普伦奇佩，安德鲁·戴维斯，迈克尔·霍布迪．系统集成之道[M]．孙喜，刘玉妍，等，译．孙喜，译校．上海：东方出版中心，2022：139．

第六节　龙头控制力的丢失

失衡：龙头电脑化现象

2023 年对于日本汽车行业来说是艰难的一年。丰田汽车在电动汽车领域迟迟未能发力，为此受到股东们的普遍质疑。尽管此前一年它依然是销量过千万的王者，但如今的尴尬处境也变得格外刺眼。它会失去龙头地位吗？随着电动汽车价值链的重新调整，汽车龙头在整个供应链的主导地位会发生变化吗？

一种“龙头电脑化”的现象，开始浮出水面。进入 2000 年之后，电脑行业逐渐出现龙头企业高度集中，但却无法获取最大价值的现象。它呈现了以下特征：龙头企业的体量往往很大（规模大约在 5 000 亿元人民币），而且是寡头垄断（联想、戴尔和惠普这三家占到全球的 60%），但利润率并不高。对于整条供应链而言，能左右最终产品的性能和竞争性，往往不是占据垄断优势的界面型链主企业，反而是那些附着其上的上游供应商，例如英特尔、英伟达、微软等，占据了价值链的最大环节。这种龙头企业的影响力与定价权不相匹配的事实，可以称为“龙头电脑化”。人们依然把电脑看成是高技术产业，但真正熠熠生辉的是那些嵌入其中的零部件供应商。

电脑的发展，本身就是不断确立标准从而形成模块化制造的过程。大量便于插拔的接口被创建，诸多供应商相互适应，制造了标准化兼容的电脑，这种兼容电脑极大地破坏了个性化模块。而芯片、操作系统作为底层的计算机运算逻辑，逐渐开始走向独头或者双头的局面。英特尔在个人电脑时代的技术升级，一向被诟病为挤牙膏：人为控制节奏。英特尔提供何种芯片，决定了提供何种代级的电脑。在这个过程中，个人计算机品牌商如过眼云烟，忽兴忽落，表现出极大的不稳定性。而能牢牢把控用户需求和建立供应链连接力的品牌，逐渐在吞并中杀出重围。

电脑最后形成了橄榄型的市场业态，最上方和最下方都是垄断型局面，中间则是多元化的零部件和软件商。而这些软件商创造了更加丰富的价值，它们跟芯片和操作系统形成更加紧密的绑定。这进一步加强了底层芯片和操作系统的垄断性和独特性。

虽然丢掉了价值链的丰厚利润空间，这些龙头企业却保持了行业的垄断地位。

这样一个看上去简单的产业，早已完成工业化的洗礼，寡头垄断是根深蒂固的产业形态。尽管核心价值节点似乎不在于整机厂家，但新进入的厂家想立足却也非常难。电脑产品本身看上去很容易被替换。然而这些领头羊在渠道分销和理解用户需求方面，却有着无法复制的惊人优势。这也是一种惊人的控制力。龙头企业有着韧性极高的供应链能力，强大的连接力使得它的垄断地位比看上去要稳固得多。

手机市场也经历了同样的局面。三星、小米手机建立了庞大的用户优势，但它们在手机价值链上只占据了很小的空间。

其中，只有苹果公司摆脱了“龙头电脑化”现象。它自研芯片、操作系统，自己建生态，跟戴尔、惠普、联想公司的做法有着明显的差异。这些独一无二的做法，让苹果无论是电脑还是手机，都非常强势。苹果的供应链已经演化成一个由芯片、操作系统、软件商店、零部件供应厂商、组装厂、零售体系、App 开发者组成的高度成熟和精密的生态系统。在这个相对封闭的生态系统中，苹果几乎可以控制供应链从设计到零售的方方面面。

一件商品在出售的时候，它所产生的利润大致可以确定。这些利润沿着价值链在不同的企业之间进行分配和转移。界面型链主所产生的价值是一定的，比如一台电脑卖多少钱，决定了整个链条的利润总和。但是供应链上谁占得多，谁占得少，取决于价值转移的规则。"龙头电脑化"给人留下对于供应链一体化的思考。在零部件出现高度同质的情况下，龙头企业的定价权容易被稀释。而如果要从头到尾控制供应链，将是极其昂贵的选择。控制力是得以加强，还是更容易丢失，存在一个巨大的问号。

进退：主机厂与零部件厂的博弈

在汽车领域，情况有所不同。汽车主机厂依然占据整条供应链上的霸王龙地位，而其他零部件供应商只能成为配角。像德国博世、德国大陆、美国安波福、日本电装、荷兰恩智浦芯片等企业，尽管实力超群，但都隐身在汽车品牌背后。这些供应商已经习惯成为汽车企业的一级、二级供应商。即使是汽车第一大代工厂——加拿大的麦格纳，也几乎无人知晓。

传统车厂是金字塔型，零部件分工的领域差别并不是很大，如传动、行走、动力和车身，其中发动机和车身被主机厂牢牢把握。在此基础上，主机厂掌握了高难度的集成设计与制造，而很多厂家逐渐被挤出市场。这样形成的技术壁垒和品牌壁垒，让一般企业不容易进入。这就是从 20 世纪 70 年代起，全球汽车格局就已经基本定局的原因。

然而，在电动汽车领域，形势发生了巨变。汽车零部件数量被大幅度简化，使得造车变得比以前容易很多。而且汽车主机厂所拥有的极重要的发动机、动力传动等核心技术，突然变得不重要了。动力电池占汽车成本超过40%，取代了发动机的作用。与每家汽车厂都有自己的发动机技术不同，动力电池属于“大力出奇迹”的产业。这个以规模取胜的产业，迅速收缩成寡头垄断的形态。很明显，动力电池供应商已经掌握了更多的话语权，而电机驱动、电气控制、自动驾驶等零部件也都变得重要起来。汽车的钢铁价值已经萎缩，而电气、电子和车载软件的价值占比迅速上升。电动汽车会带来明显的扁平化分工趋势，传统的汽车金字塔等级摇摇欲坠。

更大的动荡是汽车市场的品牌格局受到挑战。很多全新的商家，如特斯拉、蔚来、理想汽车等，开始在资本的支持下纷纷入局，它们带来了全新的造车理念，对2000年前已经稳固的全球“6+3”汽车集团形成了巨大的冲击。

汽车产业面临着两大悬念，都跟供应链的选择有关。第一个疑点是哪个品牌最终能留下来。这是新品牌与旧品牌的竞争，也涉及主机品牌商采用何种供应链策略进行竞争。第二个疑点是，留在赛道里的选手是否会出现“龙头电脑化”的局面，失去对价值链的控制。这是龙头企业跟主流供应商的较量。

同样作为界面型链主，与电脑厂不同的是，整车厂一直占据供应链的强势地位。这是因为它承担了一种对汽车至关重要的责任：为一切安全负责。安全是汽车的第一要务，它与众多上游供应链密切相关。然而当发生交通事故的时候，用户不可能去逐一追责，汽车整车厂是唯一的界面。这也是法律引导的结果。美国历史上有个经典的案例，就是当汽车爆胎发生交通事故的时候，法院最后裁决通用汽车承担全部责任。这个判例引发了一系列立法来保护消费者利益，而汽车主机厂则需要承担起责任。既然汽车主机厂需要代表一切零部件厂商来处理全部事故，自然也就形成了话语权。

然而，安全这一条核心责任，不足以阻挡汽车电脑化。零部件供应商在供应链上的控制力在加强。**汽车行业的供应链秩序，正在出现“供应链蜕皮”现象。新的供应链正在竞争上岗。**汽车行业隐约浮现出“龙头电脑化”。当年康柏电脑引发了电脑模块化，联发科引发了手机模块化，如今电动汽车模块化也隐约可见。而将三电系统、制动、悬架等核心部分整合到底盘的汽车滑板，则让汽车再一次得到简化。这就会继续形成新一轮洗牌。当汽车零部件数量大大简化的时候，整个汽车供应链的价值分布，就像透明的河水一样，每一块鹅卵石都清晰可见。而必不可少的上游锂矿、镍钴矿等，开始变得强势起来，拿走了大部分利润。模块化造车和稀缺的矿石原料都会损害主机厂的利润，从而影响主机厂对整个供应链的掌控。这个过程会不可避免地导致主机厂的议价权旁落。

同质：光伏行业的定价权

光伏行业无法形成差异性定价，但是“光伏电脑化”很容易形成。光伏行业中，硅料、硅片在上游，电池片和组件在中下游。光伏板，也就是组件厂商，会购买玻璃、胶膜和边框等，将电池片组合起来。其中电池片的价值最大，龙头组件厂也生产电池片。尽管各家工艺有细微差别，但组件厂商跟电脑制造商有很多类似的地方。

尽管光伏电池属于资本密集型和技术密集型行业，但是这个产业受到供应链的限制。从 2004 年开始高速发展，无论是第一代铝背场电池，还是第二代 PERC 电池技术，即使龙头企业也不过是中等毛利率和较低研发比率，并没有展示出技术密集型的特征。[①]

① https://mp.weixin.qq.com/s/D9VZWNgY9ObTEvIeB5bCsQ，2021 年普乐科技：光伏电池的“林本坚时刻”什么时候出现.

供应链是决定因素。光伏行业的技术进步，在于对光伏电站的度电成本的竞争。硅料、硅片在上游，电池片和组件在中下游。这两个要素，各有不同。

硅料、硅片定价的不规律性，成为这个行业极大的软肋。硅料的投资工厂周期需要 2 年左右，电池片大约需要 9 个月，而将电池片进行组装的组件工厂一般 3 个月就可以实现。由于各个环节的投入产能并不一致，上下游环节无法在时间上匹配，于是“梗阻”的现象就很明显。而哪里出现梗阻，哪里就会出现暴涨。其中，硅料价格的表现非常明显。一年之内，它可以涨幅 10 倍。即使下游的电池片厂家有心给上游硅片厂提供“长期合同价格”，当硅片暴涨的时候，还是没有一个上游厂家能抵得住诱惑。原来的一月一次的价格议定，变成了一周一次拍卖。“长期价格”形同虚设，上下游供应商之间很难建立信任关系。

除了硅料会受到周期性波动，整个产业跟设备厂商的技术能力密切挂钩。光伏有多晶硅和单晶硅两种技术路线。单晶硅虽然效率高，但加工成本高，因此市场一直被多晶硅垄断。而较早提供硅料的西安隆基，几乎凭一己之力，凭借晶体二次拉伸技术和金刚线对砂线切割工艺的替代，将单晶硅拉回主战场。在光伏的发展过程中，设备起到重要的支撑作用。这也是为什么 2004 年拥有国内最早的多晶硅生产线的洛阳中硅，先是从研制多晶硅还原炉开始。这条路线可以复制，在十多年后江苏双良也先做多晶硅还原炉，之后切入硅片生产。

设备是光伏发展的关键，工艺是另外一个瓶颈。光伏追求极致效率，量产转换受制于工艺路线。而主流的电池厂家，每家都有同样的天花板刻度，转换效率差不多。

既然电池片厂家采用的生产设备同质化，工艺路线也都相差不大，自然会导致电池组件差异性不大。市场上的新手只要有资本投入，也能通过购买新设备进入市场。没有一家企业，能够对产品进行差异化定价。

与电脑不同的是，在光伏产业终端的用电部门，电价往往是刚性的。由于市场一直在扩容，成本也在大幅度降低，因此光伏的整体投资回报率还是不错的。但在整个供应链上，如果缺乏控制节点，龙头就会感受到巨大的威胁。

无界：一体化供应链

无论是光伏产业，还是电动汽车产业，为了避免“龙头电脑化”，不约而同地形成了供应链一体化的趋势。

在炙手可热的光伏产业，龙头企业正在做出选择。光伏组件制造的 70% 的成本来自原料，因此它是一个高度依赖上游硅料硅片的产业。在这种情况下，一个企业如果只做下游的电池和组件，即使规模做到上千亿元，也很难对整个价值链施加影响。光伏产业的龙头西安隆基从硅片入手，已经向后延伸到电池片和组件。它生产的硅片差不多一半外供、一半自用。其他企业如晶科能源、晶澳科技也都推动了“光伏供应链一体化”的局面，开始向上下游延伸。而一直致力于推动专业化分工的天合光能，也不得不在无奈中转向一体化布局。光伏这个重资产投资的行业，上下游都对分工缺乏信念，这似乎注定了每家光伏龙头公司都要做成一个大而全的产能布局。当下游的电池片供应商开始向上游硅片进军的时候，上游的硅片生产商如通威，也开始向下游进军电池片。每个企业都要变成多面手，巨大的浪费自然难以避免。

这种打破专业化分工、内化供应链的方式，是光伏产业对分工缺乏信任的一种自卫式反应，也交织着贪婪与无奈的影子。用重资产的一体化来对抗“龙头电脑化”，意味着几乎整个产业不再区分上下游，大家都变成竞争对手。这使得整个产业抵御经济周期性风险的能力也大大降低。中国拥有全球最大的光伏产能，却难以实现供应链的专业化分工，让人感到工业文明似乎重回自给自足的农耕时代。这是一种对抗“龙头电脑化”的选择。

反专业化分工主义的旗帜随风飘扬。在这一点上，苹果已经给出明确的范例。苹果并非采用自有制造，但它的核心竞争力在于它拥有强大的供应链整合能力。这使得它对于外部工厂的驱动，有如“肩使之臂，臂使之指”。

接棒电动汽车行业的是特斯拉，其尽显一体化供应链的雄心。特斯拉采用了自有制造的超级工厂模式，使得一体化集成的复古主义在汽车产业重新受到追捧。全球化分工协作带来的供应链梗阻，正在引起主机厂的反思。

特斯拉的“超级工厂”，重新恢复福特百年前在胭脂河工厂的荣光。在那里，从冶炼钢铁到轮胎用的橡胶采植园，甚至 28 万员工所用的肥皂，都是福特生产的。一站式生产，就是把生产的所有环节内部化，从而把每一个铜板的利润内部化。这种思想在全球化时代本来已经被抛弃。现在，特斯拉重新捡了回来。这一次，它把福特的矿石换成锂矿和石墨，并与巴西矿业巨头淡水河谷敲定了一揽子采购协议。特斯拉直接采购所需的大部分锂、一半以上的钴、大约 1/3 的镍。没有中间商，一切环节压缩。

这给特斯拉带来了丰厚的获利空间。即使像奔驰汽车这样强势的主机厂，它在整个供应链上跟零部件的价值占比也只有三七分，而特斯拉做到了惊人的五五开。

特斯拉还在制造芯片，在算力方面直接甩开英伟达。这跟苹果电脑甩开英特尔的芯片招法如出一辙。更大的雄心在于软件，“软件定义汽车”，使得汽车也展现了全新的面貌：一辆二手车仅仅通过远程更新就可以提升功能。这在硬件为主的时代，不到 4S 店升级零部件，是不可能办到的。二手电动汽车的价格，因为软件的支撑而变得坚挺。然而，软件一直是大众、丰田这些汽车大鳄的软肋。而在未来，软件有望成为该行业最大的收入来源。

特斯拉重新定义了汽车制造的“硅谷速度”，而比亚迪在 2022 年一家独秀的火爆场面，也刷新了人们对一体化供应链的认识。比亚迪是独立自主一体化生产的王者，也是当年福特全栈式制造的忠实信徒。

当汽车主机厂不得不面对在动力电池行业非常强势的宁德时代时，比亚迪模式开始受到追捧。打造“采矿 + 选矿 + 基础锂电原料生产 + 储能 + 动力电池生产”纵向一体化的新能源布局，受到众多有实力的汽车大厂的青睐。

不过，汽车行业还有更大的发展空间。目前的状态仍然是软件为硬件服务，以持续服务为主的内容供应链还没有进来。汽车上路，重点还是人流和物流，信息流并非主角。到了最高级别的 L5 自动驾驶，内容供应链将成为汽车显著的主导力。那将是一次决定性的市场洗牌，其影响力或许超过当下电池所代表的动力系统的更新。

如果从动力供应链更换的电动汽车的角度来看，百年老店大众汽车可以被认为是一家初创公司。而如果从内容供应链所主导的智能汽车的角度看，当下所有的汽车厂可能仍是初创公司。

避免“龙头电脑化”的方式，就是上下游一体化。**龙头企业通过控制供应链的每个价值节点，形成全局掌控的局面。供应链的控制力与连接力合二为一，价值分配变得更加不均衡。**

第七节　日本的后退

误判：失去的三十年

1989 年，日本进入平成元年时，正是国内上下信心满满的一年。在 1989 年的全球企业市值排行榜前 50 家企业中，有 32 家是日本公司，而且排名前 5 的全是日本公司。然而 30 年之后，日本的国际地位却已经有了明显的下降。2018 年全球市值排行榜前 50 家企业中，只有丰田汽车一家上榜，排在第 35 位。平成三十年被称为“失去的三十年”。此前，各行业都在全面崛起；而这三十年，每年经济增长率只有 1% 左右，部分行业出现了从巅峰开始滑落的情况，其中电子信息产业的衰落尤为明显。

如果从供应链的角度看国力的盛衰，可以说日本的跌落，是从第一战壕的界面型链主失去控制力开始的。

2022 年日本贸易收支逆差达到 19.97 万亿日元，创出历史新高。以手机和电子设备等为代表的电子产业贸易顺差仅为 40 亿元人民币左右。而在 30 年前，这一数值曾经接近 5 000 亿元人民币。

日本电子产业的衰落引起大量的关注。美国加州大学伯克利分校的斯蒂文 · K. 沃格尔教授分析了衰落的原因，他从供应链的角度给出了答案。沃格尔教授认为日本工业产品竞争力下降的原因在于，日本跨国公司没有很好地适应全球化分工的外包模式。日本制造商擅长整体生产，如汽车和数码相机都是使用绑定的供应链，前后一体化。然而电脑和手机的快速升级换代，呈现了模块化生产和外包的趋势。而日本的供应链，转给自己体系内部的下包制度已经非常成熟，很难面向全球进行优化分工。可以说日本的外包是以日本内部为主的“小外包”，而全球化正在经历的是在全球整合资源的“大外包”。供应链正在通过外部连接，而不是内部一体化，来获取更快的周期更新速度。这对擅长集成本国资源完成制造的日本电子厂商来说，是一个沉重的打击。

日本电子制造商并没有注意到全球已经开始“设计与制造”分离的专业化分工趋势，专业化分工的供应链开始发挥极致的效率提升作用。

日本在自我封闭中形成了平行供应链，没有实现全球化分工，从而最终将电脑产业埋葬。

供应链是贸易的心脏，有实物供应链，也有内容供应链。日本错过的第二个机会，就是内容服务为主体的信息产业。日本擅长制造业，也可以在硬件上增加一些服务，日本称之为“第2.5次产业”。但日本忽视了内容供应链的发展，后者体现在软件的发达和互联网内容的流动。通过软件来整合硬件、用内容来激活硬件、用服务形成生态系统，正是日本公司薄弱的一面。日本有时被称为“二元经济”：以制造业为中心的具有国际竞争力的部门和以服务业为中心的国内受保护部门。二者的特性是一个开放、一个封闭，导致二者并不能很好地结合在一起，两个部门之间的生产力差距很大。这使得日本软件和信息技术等快速增长的领域显得滞后。忽视内容供应链，也使得硬件落伍。家电、通信设备之后迟迟没有新兴的企业形态。

硬件需要全球化的外包，而内容供应链也需要分工。20世纪90年代，是“全球化和信息化同步”的时代。既有专业化的分工，也有知识经济的崛起，这两点几乎被日本产业界全部忽略了。

开放式的、影响全球的移动互联网文化，是日本所缺乏的。以前，很多家庭为了欣赏音乐会购买日本松下、雅马哈、建伍等品牌的音响。为了照相，人们会购买日本奥林巴斯、佳能、美能达等品牌的照相机。然而，现在家中的这些日本产品都成了信息孤岛，移动互联网的发展使高级的日本电器失去宠爱。正是超级流动的知识服务，让昔日家庭电器王者的日本制造成为旧时代的产物，失去了用武之地。只关注传统供应链的竞争力，缺乏内容供应链的发展，原有的控制力也会走向衰落。

失守：从外圈到内圈的连环效应

一个国家的产业分布，可以看成是从外向内的环形结构，分别有不同的布局重点。最外的一环，是人们直接运行使用的产品，例如电视、手机或者光伏、工程机械，这是界面型链主。而向内一环是这些产品所需要的零部件，再向内则是装备工具与材料等。在三条战壕的最里面，是科学家的大本营，这里需要进行大量的基础研究，对科学原理进行突破。

如果从国家之间产业力量的对比来看，不同的产品陆续分布在战场上最外部的第一道壕沟、相邻的第二道壕沟和内侧的第三道壕沟。经常看到的现象是，如果第一战壕的主力被击败，第二战壕将受到攻击，第三战壕也会陆续开始承受压力。从这个简单的模型，可以看出供应链的控制力是如何受到冲击的。

日本电子行业的衰落，就呈现了供应链的依次失控。由于电视机在第一战壕节节退后，日本电子产业只能往后退一步，进入电视零部件的行业。此时的显示器，已经从厚重的阴极射线管转向平板显示器。液晶显示器和等离子面板是两个重要的选择，电子制造服务（代工服务）曾经也是其中的选项。事实证明，这些成本驱动型的产品与服务，并非日本企业所擅长。日本松下对等离子面板下错赌注，最后被时代抛弃。而押注液晶面板的夏普，则在技术路线胜出，这使得夏普液晶面板在 2014 年获得巨大的收益。

但这个胜利只是暂时的，液晶面板产业已经开始经历大规模的迁移。凭借在电视机产业的主导权，韩国企业和中国企业在进军液晶面板领域也获得了巨大的胜利。中国电脑产业的崛起推动了液晶面板的发展。联想一度采购了合肥京东方 40% 的液晶面板的产能，对后者形成了巨大的支撑。而当显示器领域再次进入有机发光二极管（OLED）柔性显示屏的时代时，日本企业几乎就没有入场的机会。索尼和松下联合成立的 JOLED 公司在 2023 年初宣布破产，至此，日本企业在显示器领域已经全军覆没。第一战壕和第二战壕的部分阵地，陆续告败。

于是，日本电子产业只能在电容电阻等其他半导体器件方面保持领先优势。早在 2013 年，日本电子零部件产业曾经占据整个电子产业的 60%。日本的电子产业，已经告别界面型链主，成为以零部件为主的工程型链主。换言之，日本已经退守到供应链的第二战壕。这个市场会感受到新的压力。很多日本企业不得不收缩部分业务，转向其他业务，如电子零部件大厂村田制作所就在 2023 年关闭两家工厂的线圈产品业务。中国在这方面，借助于第一战壕的手机优势，已经拓展到零部件领域的第二战壕。这是一个国家供应链所带动的深度国产化的优势。与此同时，日本产业规模更小的设备和原材料的第三战壕，也不得不迎来了新的挑战者。这是一种系统级的供应链竞争力组合，相互之间的进退，有着明显的关联。

从整个电子信息产业的沉浮来看，能代表日本第一战壕和第二战壕的关联性的企业，莫过于日本夏普。它是率先将美国 RCA 电视公司所发明的液晶屏实现商业化的企业，它的液晶电视一度引领电视界。而当日本电子产业从整机转向零部件为主的时候，夏普的重点也从电视厂家变成零部件厂家。此时，夏普电视已不再风光，但它依然引领了液晶面板的崛起。然而不过短短几年，它也只能将自己出售给鸿海集团。

三种从外向内的供应链战壕，就像它的外径一样，代表了不同的行业体量。全球约 1 000 亿美元的设备，作为一种高杠杆的支点，向上支撑了 6 000 亿美元的半导体芯片行业，再向上则支撑了几万亿美元的电子与互联网产业。当外部产业受到侵蚀的时候，损失的不仅仅是销售收入，还会向内逐步恶化上游供应链的能力。

递进：反向的突破

从一个国家的产业带来看，整个产业的攻防会呈现出层层进攻、层层防御的态势。中国在电视机方面的优势，带动了液晶面板企业形成垄断性局面，而这又进一步推动了上游材料的发展，显示了联动的优势。

2020 年广州先导稀有材料公司收购了韩国三星康宁合资公司的陶瓷靶材业务部门。对于一直想打入韩系厂商供应链的先导公司而言，这是一个重大的利好消息，因为这家被收购的公司正是三星、LG 的供应商，为液晶电视 LCD 和曲面屏显示 OLED 产业提供铟锡氧化物（ITO）。

这使得中国的靶材公司也可以跟日本企业相抗衡。长期以来，ITO 靶材的核心技术一直都是日本企业所掌握的，如三井、东曹、日立、住友等，其他由三星康宁、比利时优美科等企业把持。

随着液晶面板的强力拉动，2017 年前后，国产 ITO 靶材产品的技术水平大幅提升。国外供应商为了挽回垄断地位，曾经多次发起价格战。然而，由于大部分液晶显示器的生产线都在中国，快速发展的节奏也让国外厂商在 ITO 靶材的新品推出和驻厂服务方面颇为吃力。

中国的显示器厂商如京东方、华星光电、天马等已经牢牢占据了液晶面板的市场。这让韩国的三星和 LG 不得不陆续退出这个领域。韩国将液晶显示器 LCD 的自有产能全部转为外包生产，并专注于曲面显示屏 OLED 的制造。当韩国的液晶面板退出的时候，上游的本土供应链必然会承压。同样会感受到压力的，是日本强大的供应链第三战壕：材料。其拥有的优势地位，将会受到更加深刻的挑战。

一个制造强国所确立的核心能力，往往会形成供应链同步的局面。界面型链主企业会发展，作为支撑的第二、第三供应链战壕，如零部件、工具装备和材料企业，也会同时突破。

然而，对于后发追赶的国家，大概率会选择不同的方向，从最外部战壕进行突破，逐渐向下渗透，实现技术底层化。技术突破则会采取剥洋葱的战术，逐层逼近核心，形成传导的力量，可以逐步带动供应链的升级。

没有强有力的制造，仅靠贸易的活跃，很难支撑一个国家的发展。从 2013 年开始，就电子产业而言，日本的供应链之战已经进入了防守状态。日本不得不以零部件和设备来抵御后来者的追赶，这种局面一直维持至今。2019 年，以科技创新服务为主的科创板开始运行，很多体量不大但高度专注的企业开始登上资本的舞台。科创企业瞄准的目标正是日本的第三战壕：电子零部件、原材料和设备。第三道防线已经进入了物理、化学学科知识密集的核心区域。而科创板企业就像是一个个尖刀连，日本电子产业的优势阵地再次面临着新的围攻。

日本电子产业的衰落，展示了战壕失守所导致的连锁性破坏过程。尽管日本企业曾经表现出在全球攻城略地的局面，但它也大量依靠了欧美的技术。日本一直是欧美国家专利技术的使用大户，尽管是贸易出口大国，但在技术专利的收支上却一直处于逆差的状态。直到 2003 年，日本才开始实现专利技术的贸易顺差。此时，也正是中国融入全球化、界面型链主开始崭露头角的时候。第二、第三战壕的战斗还没有打响，外部供应链控制力仍然极强。然而，由于供应链三个战壕间存在唇亡齿寒的互补性，既有的控制力会因为联动效应而出现层层失守、反向消解的迹象。当防御方极力加强控制力的时候，进攻方则通过连接力的推动，削减控制力的权威。

挫败：供应链上的较量

日本领先的界面型链主企业正在变少。这些界面型链主企业的背后，是激烈竞争的供应链。在供应链第一战壕中，日本陆续丢失了纺织、钢铁、造船、彩电、消费电子产品等，而汽车则成为日本不能放弃的一块优势阵地。

一个国家的界面型链主的落败，是连接力的重大损失。它会形成次生灾难，使得控制力也容易受到损伤。

丰田汽车这个界面型链主，正在承受电动化带来的巨大压力。

而中国电动汽车的高速发展，显现了供应链良好的同步叠加效应。已经成熟的供应链经过改造，可以为电动汽车的发展起到巨大的支撑作用。这些供应链并非都属于原有汽车领域，它们跨界而来，构成了结网效应。在新的行业格局来临的时候，日本汽车绑定式的线性供应链，再次出现了革新不足的系统性漏洞。这些供应链习惯了同样的平面思维，这是一种受到路径依赖影响的供应链。而中国则拥有交叉型供应链，通过一个、两个甚至多个生态，形成群战的效果。两种供应链的丰富度和宽度完全不可等同，这使得日本电动汽车在整体上一直处于落后的局面。

如果换一个角度看，日本希望在氢燃料电池领域建立一条独特的供应链。这的确也是日本的优势。在氢能的整个供应链环节，从供氢到冷却的全车供应链系统，日本已经布下铁桶阵。四大系统里面涉及 20 个小类，都有整整齐齐的供应链把守。冷却系统有日本电装（丰田纺织控股）等，氢气供给系统有捷特克、东丽化学，电堆有神户制钢，空气供给系统有爱信精科等。这些都是过去跟日本汽车企业一起打拼天下的零部件供应商。而在四大系统里，跟丰田汽车是同一家族的丰田纺织也在其中。仅仅以氢气需要采用碳纤维的氢气瓶，也是一条复杂的供应链。东丽的碳纤维、三菱电机的激光切割复合材料技术，以及丰田的老本行碳纤维编织技术，都已经准备就绪。全球 83% 的氢能专利属于日本企业，其中丰田占比高达 48%。如果丰田在氢能领域杀出一条赛道，后面跟随而来的，将是日本供应链兵团。

然而，电动汽车得到了欧洲、美国和中国市场的一致认可，氢燃料汽车被放到后备路线中。全球最重要的四个市场，只有日本选择了不同的路线。在电动汽车飞速发展的形势下，日本汽车只能重新捡起电动汽车，而它早已精心准备的氢燃料电池汽车的供应链也无法发挥效能。这将是供应链上的整体挫败。

可以说，在电动汽车领域，中国采用了扇形供应链生态的战法，打乱了日本的单线供应链。日本氢能汽车供应链有着太多丰田的影子，而在中国，不同基因、不同背景的电动汽车制造商，形成了多样化的连接力。扇形生态的相互衔接，胜出了日本在控制力上的布局。

这种较量是全面的，因为上下游供应链是一种共生状态。龙头强，则上游跟着强，环环相扣。比如锂电池隔膜材料之争，其实是从第一战壕的电动汽车、第二战壕的动力电池，一直向内圈渗透的结果。对于同步发育的产业而言，供应链是一荣俱荣的。

面向消费者的链主企业，拥有广泛的渠道知识。这是供应链的最终界面。失去消费者界面，就会让原有的供应链优势失去护城河。而一旦界面瓦解，就会导致供应链退化。反而，当电动汽车市场上出现造车新势力蔚小理的新面孔的时候，它也意味着中国的供应链兵团开始浮出水面。

日本制造追求精益求精，但它过于封闭的供应链，也会因此缺乏弹性。**如果失去了供应链的整体反应速度，就很难适应飞速变化的产业。当全球出现颠覆性技术或者商业模式的时候，那些近亲繁殖的供应链绑定，就会使得企业受到外部冲击的时候显露出笨拙的姿态。**

第四章
设计力：让系统去成长

从供应链“攻”与“防”的角度来看，广义的供应链设计更多是思考**一个国家如何选择自己的优势产业，以及保留哪些供应链能力。**

一个产业的强大，
不能只靠龙头企业来完成，
还需要**众多的上游企业一起布局。**

光伏供应链是中国所有产业中
独立性极强的典范。

只要精心设计与培育多元化供应链，就能够形成一种**顶层优势。**

一个国家的**高端制造要崛起，**产业保障体系必须随之跟进。不仅要靠企业的技术力量，还需要更成熟的**国家级产业体系，**来打造本国供应链的优势。

供应链封锁每收紧一次，
技术反包围就会更强一分。

**工业化高度发展到今天，
制造一个产品的复杂性可能远远
超出人们的想象。**

供应链是一种技术，更是一种组织，需要秉持一种**系统性思维。**

极致自动化、全球价值网络、黑手创新（指车间里双手沾满机油的现场创新），**都是通向极限效率之路。**

2023年5月，美国参议院推翻了美国总统的一项决定，该决定暂停对东南亚四国太阳能电池板征收关税。很快，美国总统对国会的决议行使了否决权。美国正在新能源跷跷板上艰难地维持供应链平衡，既要支持美国从头建立太阳能供应链，又不得不依赖从国外进口光伏组件。在全球前20的供应商里，美国只有First Solar一家公司占有一席之地，其他的都是小型光伏企业，无法支撑本国光伏市场的需求。

此前美国总统已经决定为期两年暂停对从马来西亚、柬埔寨、泰国和越南进口的太阳能电池板征收关税。中国光伏企业在当地市场拥有大量业务，隆基、比亚迪等企业把国内电池片运送到这里进行组装，之后出口到美国。美国阻击东南亚，其实就是在阻击中国供应链。

美国商务部认为中国制造采用了“曲线出海”的方式，存在规则上的漏洞。因为电池片仍然是由中国生产的，而光伏供应链没有进行大的迁移。面对绕不开的中国光伏供应链，美国政府尚未找到有效的应对方法。因此，尽管美国对电池片的生产属地做出明确限制，但是权衡再三，依然采用“缓期推行”的方式。留出来的时间，则是希望通过产业政策扶持光伏发展，来提升美国光伏的制造能力。供应链的成长需要时间，它具有慢热的特质，无法随时响应。2022年美国规划的产能只有42吉瓦，中国光伏可以释放的产能是400吉瓦，实际装机容量近90吉瓦。而且，美国光伏组件生产能力严重不足，产品成本也远远高于中国。如果美国不从东南亚进口光伏组件，就会大幅推高美国光伏发电成本，也使绿色能源转型计划严重受挫。

在面向未来新能源的竞争中，美国决策者试图通过贸易政策和产业政策的叠加效果，来支持美国脆弱的光伏制造业。美国政府需要通过复杂的光伏供应链的设计，来挽回产业全面落后的局面。限制进口光伏的政策，历经调查、推出、延迟、否决、再否决的戏剧性场面，凸显了美国政策制定者们的内部分歧。虽然他们有着共同的目标，但激烈的分歧也意味着供应链的设计效果需要长时间的验证，超越了眼下利益的计算。

从狭义的角度来看，供应链设计是从企业角度考虑，旨在建立企业之间业务关系的过程。它确立了企业边界，以及各自能力的分配。然而，不能只将供应链设计看成是企业的商业活动，政府也是重要的参与者。**从供应链“攻”与“防”的角度来看，广义的供应链设计更多是思考一个国家如何选择自己的优势产业，以及保留哪些供应链能力。**国家工业体系的建立，就是确定供应链分工的过程。企业的供应链设计往往是以经济性作为重要原则，然而，一旦上升到国家安全层面，国家对于供应链的设计力就会产生巨大的影响，从而改变供应链形态，可能推动行业的洗牌。

供应链可以被设计成一种产业武器，形成攻击力，或者在国家层面打压其他对手，或者扶持国内产业的发展。公共政策是政府常用的设计供应链的工具，可以通过贸易政策、产业政策、科技政策等，建立国家在全球产业中的话语权。

供应链的结构，是在企业和国家双重利益的作用下形成的。除此之外，高效的供应链背后往往要有一个成熟的行业组织进行支撑。这些成熟的组织超越了一家企业的界限，而具备推动多家企业的“虚拟合力”。很多成熟的协会、联盟起到了这样的作用。由全球顶级的半导体公司所支撑的美国半导体行业协会，自 1992 年开始编写国际半导体技术发展路线图（ITRS），多年来一直主导着全球半导体的路线升级。然而简单的组织叠加，并不能产生数量上的集聚效应。在聚集了众多同类企业的区域经济中，同质化竞争容易成为地区发展的致命伤，这往往是供应链缺乏总体架构的设计而导致的。供应链无论是培育还是修复，都需要长期进行维护。

公共政策、法律规范以及良好的组织设计，三者共同构成供应链的设计力。三者发力的侧重点有所不同，会受到很多因素的影响。不同的产业，需要不同的设计力。美国在航空航天、芯片、软件、生物制药领域取得了很大的成功，但在机床、光伏等领域收效甚微。

第一节　国家战略的顶层设计

法案：慌忙的选择

政府可以制定很多政策工具，用来调整产业的发展。比如贸易政策关系到经济体之间的往来，科技政策是国家创新的根基，产业政策使一个国家建立优势产业，培育产业力量。其中，产业政策一度被自由市场经济学家诟病，被看成是政府“挑选赢家”的行为。从某种角度看，行政层级多、远离用户、调整速度慢等特点，意味着政府并不擅长挑选“候选人”。

2022 年，美国的经济政策进入不同寻常的一年。美国政府连续推出三项促进工业振兴的法案，其中核心相关的振兴“三宝”是芯片、电动汽车与光伏。法案意味着美国政府亲自下场扶持指定企业，全面拥抱产业政策。未来 5 年，联邦政府将向美国企业提供 1 800 亿美元的补贴和税收抵免。美国正在快速向重商主义靠拢，而这曾经是它严厉指责的对象。

带有浓厚的贸易保护主义色彩的法案，以“供应链安全”的名义，在美国国会快速立法通过。那些坚信美国的根基是自由贸易的经济学家、信奉自由市场的企业家以及智库学者都被甩在了一边。

法案折射出全球供应链的紧张局面，专业化分工带来的比较优势被甩在脑后，而美国则一手主导了这个局面。从 2018 年开始，美国连续 5 次对中国加征关税。2019 年，美国大举采用第二种措施，即针对中国高科技产品收紧出口管制，这种“卡脖子”行动逐渐转化成对中国供应链的系统性攻击。除此之外，美国还拉拢盟友，对中国制造所需的设备、工具、原材料等进行围堵。

三大法案旨在保护美国的本土产业，加强供应链落地。这是近几十年来美国力度少见的产业政策，保护本土产业的重商主义已经成为一种武器。

美国光伏是这次产业重振的主角之一。在光伏产业，这已经不是美国政府第一次下场。2011 年，太阳能面板生产商索林德拉宣布破产，在美国政坛引起轩然大波。能源部贷款项目办公室负责人受到严厉的批评，称联邦政府为索林德拉提供 5.35 亿美元贷款的担保，就是为了应付市场上竞争激烈的中国制造商。

这又引起了其他争论，即美国联邦政府是应该押注特别的企业和技术，还是应该成立一个广泛的监管框架，鼓励一个具有竞争力的可再生能源行业。国会听证会确认了一个事实——联邦政府亲自操盘，支持企业发展。正如被批评的能源部贷款项目办公室负责人所描述的，为了同中国和欧洲国家竞争，联邦政府必须积极参与帮助美国公司的成长。实际上，索林德拉的破产文件显示，能源部官员不仅参与了该公司的债务重组，而且同该公司的高管和投资者一道寻求融资，使得该企业在初创阶段存活下来。联邦贷款也改变了投资决定，在获得贷款担保后，已在索林德拉投资近 6 亿美元的私人投资者又注资千万美元，这就是联邦贷款产生的连带效应。

当美国政府集中火力调查中国光伏企业补贴时，它其实并未放弃产业政策，只是这种行动没有回报。2011 年秋天来临的时候，美国政府对新能源初创企业的扶持努力没有结出胜利的果实，索林德拉还是破产了。

如今，这个教训早已经被抛诸脑后，新一拨的跃跃欲试者正在摩拳擦掌。然而，美国需要补齐的链条非常多。无论是制造光伏组件的电池，还是更上游的硅片、晶硅和晶圆，又或者是大量的化学薄膜材料，都需要漫长的工厂建设和产能爬坡期。美国正在规划的工厂，需要 5 年之后才能看到运行的效果。而在此过程中，光伏产品同样在快速迭代。

美国面临的障碍还有加工过程的非标自动化设备，这种价值不大的设备几乎年年都在更新。离开了这些设备，美国光伏制造依然只能是跛足前行。而这种非标设备，正是中国制造擅长的领域。过去 10 年，也是中国光伏设备大放异彩的 10 年。随着中国开始限制光伏技术包括装备的出口，美国要重新建立这套设备供应链，也会有较大的难度。

无论是光伏产业，还是当年美国的光伏明星索林德拉，都并非个例。电池领域同样也有类似的产业成长的烦恼，很多初创企业最终无法存活。2005 年，基于麻省理工学院的研发成果而成立的波士顿电池公司，虽然有很好的技术，但完全没有供应链的支撑，它在美国陷入破产时无人出手相助，最终被来自中国的金沙江资本以 3 亿多美元收购。它是被美国产业舍弃的一枚孤子，但却在中国版图被激活，在国产电池供应链的大棋盘上表现出非常好的嵌入效应。

美国电动汽车供应链存在诸多不足。2022 年，国会通过的《通胀削减法案》对新能源汽车给予了优惠待遇。它立起了“供应链围栏”，规定电动汽车电池中关键的金属原材料在指定国家开采。这过于注重一个环节，而忽视了对整个供应链的培育。2021 年全球新能源转型投资超过 7 500 亿美元，仅中国就占比约 35%。这些投资分布在广泛的供应链上，尤其是关键的矿物材料，如钴、镍、锂等。在提炼这些矿石方面，中国也具有领先优势。2021 年，中国主导着全球电动汽车供应链的多个环节，向全球市场提供了68%的镍、40%的铜、59%的锂以及73%的钴，贡献了70%的阴极产能、85%的阳极产能、66%的隔膜产能和62%的电解液产能，在电动汽车电池产能中占比超过75%。动力电池对上游的矿物材料依赖度很高，而金属冶炼能力的培养、配套设备的跟进等，都需要很长的时间去补齐。这个过程，会使美国制造处于劣势。

这些数据体现出来的优势，并不是一家企业所能完成的，而是上游成百上千家企业的努力交织在一起形成的。其中既有跨国化工巨头和设备制造商的影子，也有作坊式企业独特的柔性优势。除了原材料差异，还要考虑到人力组织和生产成本。想破解这样的连环锁，并不容易。

美国制造的能力，已经形成了结构性退化；美国制造的结构，也无力再承载供应链上绝大多数的节点。即使没有电动汽车的冲击，美国本土的传统汽车制造领域也很难承担成本低廉的汽车，这部分能力已经彻底地转移了出去。强制性的“供应链围栏”，如果忽略了先行者的成本领先优势，就会导致美国的电动汽车失去竞争力。

三项法案同样存在致命的软肋。芯片制造等先进技术所带来的繁荣，可能依然只是使一部分高科技产业和相对较少的精英群体受益。就像硅谷创新一样，并没有让大多数技术工人普遍富裕起来。美国的英特尔、高通、英伟达等芯片龙头企业，无疑是直接的受益者。但是这些制造工厂要发挥强大的效能，还是需要整体供应链的配合。

法案只是授权，还需要每年审核一次。未来依然有很多的意外可能改变这些拨款。美国当年准备在得克萨斯州建立世界上最强的粒子对撞机，预计耗资100亿美元。这个项目经过激烈的讨论和科学的验证才得以通过。但是，在耗资20亿美元挖地下隧道的时候，这个项目还是被叫停了，得克萨斯州因此留下了昂贵的地下坑洞。

这些看上去高举高打的大制造计划是否能改变历史进程，还需要一段时间来认识。**产业政策的扶持，需要从全链条上进行培育，也需要有一个更周全的视角。**仅仅从龙头企业的利益出发，很难解决所有的问题。

反差：最大的机床进口国和出口国

中国和美国是全球数一数二的两个机床消费国，但这两个国家制造机床的实力都不强。机床制造强国是德国和日本，它们是排名第一和第二的两个机床出口国。中、美、德、日 4 个国家的机床行业是如何进化到现在这个格局的？国家对供应链的设计逐渐浮出水面。

20 世纪 80 年代，美国机床市场经历了过山车一样的变化。80 年代初的美国是全球最大的机床生产国，占据了全球产量的 20%。到了 80 年代末，美国机床已经边缘化，全球产量占比只有 7%。

美国政府为此多次举行研讨会，甚至成立了“机床贸易打击小组”，试图应对来自日益崛起的德国和日本机床企业的挑战。这种努力被福特、通用汽车等企业对机床的消费抵消了。它们并不希望政府去保护没有竞争力的美国机床，而更喜欢用价格低、服务好的日本机床。美国国防部门投入资金主导研制的开放式数控系统，遭到了美国封闭式专用型数控系统厂家的抵制。研发最终以失败而告终。

在美国从传统手工机床向数控机床转换的节点，日本和德国机床又是如何成功崛起的呢？

日本政府呈现了强大的规划能力，大力促进中小企业合并。这使得日本70家机床厂中，排名前14的厂家占据了几乎2/3的市场份额。这些机床厂家也被鼓励采用专业化分工，一个企业只生产一类产品，如冈本只做磨床，山崎马扎克只做加工中心。日本制定了标准化规范，同时推动零部件的模块化，加上鼓励企业专业化分工，使得机床产业进退一盘棋。

与此同时，一个更大的技术拐点开始出现。20世纪七八十年代，正是计算机蓬勃发展，并且向微型机转型的时代。日本提出一个新概念"机电一体化"，意指将应用机械技术和电子技术紧密结合。全球仪表、机械装备和传感器等，都在借由半导体芯片从机械航道转向电子融合，这是一次浩浩荡荡的大分流。

对于美国机床的落后，人们也许会感到惊讶。毕竟在20世纪80年代初，排名全球前10的机床企业都在美国。数字控制系统也是由麻省理工学院率先研究出来的，第一台数控机床就是在美国制造的。但美国的发展却走向行业专用的控制系统，通用电气和罗克韦尔等公司只提供专机控制系统。使用者很难操作，维修起来也复杂。

日本和德国则迅速集中资源，加快向数控机床转型。1971年，日本经济产业省制定了《振兴特定电子工业及特定机械工业临时措施法》，推行标准化并且坚决鼓励发展数控机床。早在1970年，日本就雄心勃勃地确立了未来5年数控机床占比一半的计划。采购数控机床的用户将会得到补贴，那些占比不足的机床公司则被要求退出市场。这使得日本数控机床的比例，从1970年的7.8%跃升到1980年的50%。除此以外，日本对供应链上下游的企业提供扶持。在上游数控系统，政府只扶持一家企业，即富士通工厂自动化事业部剥离出来的发那科公司，所有企业都在使用该公司的数控系统，像冲电气（OKI）那样的公司则被迫退出。而整个供应链的技术，也被精确瞄准。数控系统所需要的伺服电机，则跟美国一家公司合作获得授权。

这种全供应链的扶持方式，取得了巨大的成功。20 世纪 70 年代末，发那科在日本已经占据将近 90% 的市场。到了 80 年代，日本机床已经具有很强的实力，开始与美国机床企业竞争。即便此时，政府的扶持政策仍未动摇，对中小企业购买数控机床提供低成本贷款，同时对于衰退期的工人给予高达 50% 的工资补贴。

可以说，日本政府一手将本来弱小的机床产业送上快车道。当然，也不能只看到政府对于供应链的扶持，而忽视了日本制造业迅速扩大的事实。二者共同作用，才使日本发展成为机床强国，这个优势保持至今。

在日本市场得到历练的机床厂商，进入美国市场以后，彻底击溃了分散的美国机床厂商，这些厂商往往各自为政。数控系统厂商，如通用电气、罗克韦尔等，则热衷于专机控制系统，无法应对灵活好用、低成本的日本机床。1980 年初，美国机床产量还是全球第一，占比超过 20%，当时全球前 10 的机床品牌都来自美国。然而只过了 10 年，美国机床就迅速衰落，产量只占全球 7%，并且开始大量进口日本和德国机床。错过了发展数控系统、对用户需求响应不足，是美国机床产业衰退的重要原因。

德国机床产业的情况与日本不同。德国机床厂商未能在国内和欧洲建立标准的数字控制系统。而且日本的精益生产和团队管理模式，在德国也并不普及。德国机床的高速发展，得益于加强基础教育和培养高素质人才。德国政府为大学和研究机构提供了充足的经费，支撑对机床工作原理的研究。这些技术导向的研发具有知识外溢效应，会被机床企业充分吸收。政府也积极促进将研发技术转让给企业。教授往来于机床企业和大学之间，极大地促进了机床企业技术水平的提高。

德国的机床企业主要集中在巴登符腾堡州和北威州这两个地区。密集的机床产业带为行业内的知识交流提供了良好的机会。机床生产商可以与客户，如金属零部件制造商、汽车制造商、电气工程企业等进行良好的互动。密切的交流使联邦政府的研发投入可以更广泛地进行横向扩散，成为机床企业的共性技术来源地。与此同时，政府通过购买公共服务，为中小企业提供补贴、培训和咨询，促进了德国机床水平的整体提升。

供应链能够发挥作用，与劳动力结构有很大的关系，这正是供应链设计力容易被忽视的地方。而德国政府则非常重视技术发展与人才培育的同步效应，它在应用型人才和技能型人才的培养和教育方面，有很多独到之处。较为典型的是双元制教育，学生从初中毕业后就开始分流，一部分被培养成未来的高级蓝领，另一部分则通过普通文理高中进入综合性大学或者应用型高校，但是两种类别可以保持互换通道。职业技术教育就是德国有名的学徒制。政府给这些学徒提供了大量应用型培训。德国工商会也向企业收取会费，来组织职业认证。这为德国立足并保持制造业强国提供了可靠的技术工人和工程师。州政府也会设立专门的基金会来对中小企业提供高级培训。这些教育模式都是动态优化的。1987 年德国专门启动的机床职业再培训项目，就是为了加强技工对数控机床的适应。在这个过程中，学徒制的课程从 37 个类别减少到只有 7 个更广泛的类别。

整体而言，德国建立了学徒制、综合技校、高等院校和类似综合技术研究所四位一体的人才结构，面向工人、生产工程师和研究工程师。[1]

日本、德国政府都在大力推动机床出口战略，这跟美国机床关注国内市场非常不同。为了资助机床厂家出口，日本政府为机床出口提供了大量隐蔽的资金，对外声称只有 50 万美元。但美国律师发现了这种秘密的补助渠道，实际上每年提供至少 10 亿美元的资金。德国政府则设置了专门负责中小企业的对口支撑机构，同时有特别的计划促使这些中小企业进入国际市场。1980 年，德国出口了大约 60% 的产品。出口战略使日企、德企在全球市场提升了竞争力。德国靠的是高端机床，日本则凭借低价格、快交付和强服务，直接挤垮了准备不足的美国机床。

美国曾经希望通过企业合并来解决困境，也推动机床企业大吃小的措施。但机床产业有自己独特的运行规律，靠合并收拢的方式并不能够确保机床集团做大做强。英国和法国都试图进行政府干预，通过鼓励企业合并来形成“国家冠军”以挽救衰落的机床产业。事实证明，两国政府所“设计出来的并购”，最后都是失效的。

只用了 10 年，德国和日本的机床就在美国市场获得巨大成功，美国机床则走向边缘地带。而就在其他国家向数控机床迈进的时候，中国的机床产品依旧停留在机械控制的时代。中国也未能搭上机床数控化的快车。不同的是，中国具备

① 麻省理工学院，夺回生产优势：美国制造业的衰退及对策 [M]. 中国世界观察研究所组织，译. 北京：军事科学出版社，1991：22.

广泛制造的需求。这种巨大的连接力，使得机床产业依然保持蓬勃发展的态势。但在极为关键的汽车市场，作为供应链的一个关键装备环节，中国机床未能很好地嵌入供应链齿轮中。

从国际产业的发展惯例来看，只要汽车大发展，就会有机床大繁荣。汽车企业是机床企业最大的用户。当年英国、德国、日本、韩国的汽车产业崛起，无不伴随着一批优秀的机床品牌的崛起。英国有名爵汽车，就会有桥堡（已被美国哈挺公司收购）这样的机床厂商；日本汽车产业带动了丰田工机、太阳工机等；意大利、法国、西班牙的机床产业都有不俗的表现；当韩国自主汽车产业高速发展起来之后，带动了现代、大宇、斗山等本土品牌的发展。这些机床企业随后跟随本国的汽车企业，遍布全球。

中国是个例外。中国汽车制造在高速发展的黄金期，并没有给高端机床产业留下太多机会。从 1990 年开始，中国汽车发展迎来了漫长的牛市。尤其是 2001 年以后，中国汽车市场掀起一轮远超过预期的大行情，2009 年中国成为全球汽车产销量第一的大国，一直保持至今。但是，如此澎湃的发展大势，机床产业却未能搭上便车一同发展。2012 年，中国两大机床厂一度排到全球机床产业前三名，但在汽车行业这个极其重要的市场却无法建立影响力。中国汽车行业发展速度太快，而国产机床远远落在后面。

世纪之交，中国汽车行业的大发展逐渐融入国际轨道。全球主要的汽车品牌，基本都是以合资公司的方式进入中国。当人们聚焦合资公司的话语权归属，或者“市场换技术”是否可行的时候，往往没有注意到汽车供应链正在被悄悄地锁定。在中国建厂的德国汽车，通常会带来全套的德国机床；在中国建厂的日本汽车企业用的是日本机床，韩国汽车厂也将韩国机床引进北京现代的汽车车间。

中国机床与狂飙猛进的中国汽车，并没有通过产业互动产生直接关系。韩国产业界认为，40% 的机床知识来自用户。中国机床与中国汽车之间形成了断层，来自用户端的知识被切断，导致供应链在应该发育的时候失去了养分。因此，避免产业发展顶层设计的疏漏，努力抓住供应链整体同步发展的机会至关重要。

时点：发育需要恰当的时间

如果只看国家力量或者公共政策的扶持，为什么有些产业可以成功，有些产业就不行？如果产业的培育需要频繁的公共政策支撑，那么这类政策应该如何制定并落实？

一个产业的强大，不能只靠龙头企业来完成，还需要众多的上游企业一起布局。一个产业的发展并非只有一条供应链来支撑，它往往会跟很多其他产业的供应链交织在一起。可以说，产业政策本质上是对多条供应链的设计。对于新兴产业而言，全链条的发育时机至关重要。如果说该发育的时候没有发育，产业就会受影响。中国机床产业就没有与汽车行业的发展同步，从中获取能量。而光伏产业可以说总是踩对关键节点，光伏上下游设备的发展和来自其他供应链的同步支撑也起到了巨大的作用。

全球光伏产业的发展，是一场典型的国际接力赛。各国政府起初都提供了公共政策扶持，但取得的成效完全不同。

美国有太阳能光伏发电技术，并且很早就制订了太阳能发电计划，但美国光伏产业化的努力一直不成功，联邦政府扶持的光伏企业也破产了。日本拓展了屋顶太阳能发电技术，使商业化应用前景变得明朗。德国通过法律规范和补贴政策，重新点燃了欧洲的光伏市场。接力赛的下一棒来到了中国。正是在中国，光伏技术得以发扬光大，并发展成可以为民所用的廉价光源技术。

2000年，日本光伏装机容量排名世界第一。到了2006年，中国光伏产业开始崭露头角，英杰辈出。无锡尚德在美国上市，河北英利、江西赛维等也都迎来发展巅峰。然而，全球装机容量的主战场尚不在中国。当时的装机容量明星是德国、西班牙和日本，日本甚至是中国的15倍以上。中国开始设立专项，推动太阳能电池用多晶硅材料和生产设备研发。这是一次精妙的布局。光伏组件在资本市场已经得到青睐，但上游的硅材料方面却严重受制于人，而生产装备则主要来自日本和韩国。日本凭借光伏组件的先发优势，在光伏装备上遥遥领先。意识到这种落后，补足供应链的劣势就是一种面向未来的思考。硅材料与设备研发专项的设立，体现出一种推动供应链平衡的全局优化意识。

2007年，全球太阳能电池片产量为3.4吉瓦，同比增长56%。其中日系制造商的市场份额下降至26%，中国厂商的市场份额提高至35%。这一年，中日交换了先手。

这就是拐点所在。产能急剧放大的中国光伏企业步入扩张的时代，日本光伏产业则进入退缩时刻。半导体行业波动，周期性大起大落，加上原材料市场暴涨暴跌，这些风险都不是谨小慎微的日本企业经营者所能抵御的。

然而日本企业的保守不是没有道理。随后到来的下沉周期，像滔天大浪一样，吞没了心高气傲的工业富翁。2008年金融危机爆发，市场需求极度萎缩，原料价格一落千丈，光伏制造业开始洗牌。硅材料价格一度从每公斤大约20美元涨到300美元左右，经过短短两年，又从300美元降回20美元。如此翻江倒海的波动，恐怕是任何企业都难以应对的。2008 年的风浪重创了两类企业：一是手握大量组件订单的，二是签订了硅材料长单的。这一年无锡尚德违约亏损，损失数十亿美元，导致企业元气大伤。英利、赛维等企业也受到了严重伤害。

当时，政府出台了四万亿元的投资计划，起到了提振信心的巨大作用。2009 年，中国开始实施“金太阳”示范工程，大力培育国内光伏市场的发展。这是哺育市场需求的一个关键环节。当时尽管有大约 90% 的光伏产品仍是通过出口供应海外市场，但国内的光伏产业已经开始收到积极的信号。

中国光伏市场很快迎来了超级反弹，2010 年，光伏产线快速增长。到了 2011 年，无锡尚德夺得光伏市场全球第一的宝座。这并非偶然，只是在中国无数光伏大军中极具象征意义。

具有讽刺意味的是，光伏产业的市场排行榜就像是个地雷区，少有企业能够稳坐榜单。刚刚夺得第一名的无锡尚德，第二年就走到了破产边缘。导致这种无常变化的原因，主要是欧美国家对中国光伏制造实施反倾销、反补贴的贸易制裁。“大棒”之下，2011—2012 年成为中国光伏产业的惨淡时光，整个行业连续 6 个季度亏损，一批企业倒下了。2013 年，中国光伏电池对美国出口额下跌 48%，对欧洲出口额下跌 71%，350 多家企业破产。

在外贸出口被堵的情况下，要挽救中国光伏制造业，势必要启动内需。中国及时出台政策，对光伏发电入网提供支持，从而促进中国光伏电站市场启动，并迅速成为全球最大的应用市场。很多企业在这一场救援中缓了过来。这次令行业回暖的行动，让人们看到光伏这样的新兴产业高度依赖政府对于产业整条供应链的设计。

当光伏市场再次崛起的时候，初期的个人英雄已不见了踪影。

沉稳的管理风格才是企业发展的主流和稳定的基石。劫后余生的中国光伏制造商开始登场。

在颠簸的市场大浪之中，日本制造商已经落后。中国供应链历经洗礼、重生，而日本供应链只经历了洗礼，没有经历重生。企业之间的供应链力量能否接续，在很大程度上决定了国家实力的积累。当年光伏行业的霸主夏普、京瓷和松下都倒下了，将它们打败的尚德、赛维和英利，也在风浪中栽了跟头。然而，新一代的光伏企业如雨后春笋般冒出，如隆基、晶澳、中环等。

日本光伏产业的衰落证明了供应链的重要性。即使有好的政策扶持，如果丢失了制造成本优势，产业也很难复兴。日本从 2012 年就开始执行固定阳光发电补贴政策，很多本土光伏企业受益。但是到了 2017 年，日本企业发现，即使有政府补贴，也很难实现低成本的目标。日本的发电站建设与铺设线路的成本都很高，企业即使享受政府补贴，也无法弥补成本劣势。这大大影响了日本企业如索尼、理光等发展绿色光伏的雄心。日本的制造劣势已经无法靠产业补贴来弥补。整体来看，日本政府开始将绿色能源领域的注意力转向氢能这种所谓的终极能源。而在政策反复中，日本也丢失了自己的光伏制造产业。

从此，光伏成为中国企业单极向上的行业。2022 年，全球前 10 名的组件供应商出货量为 245 吉瓦，占全球供应量的 75% 以上。在这 10 名光伏组件供应商中，有 8 家企业总部位于中国，韩国和美国各有一家，日本企业则不在榜单之上。光伏产业是中国高级工业文明形态的一种代表，充满了澎湃发展的活力。**光伏供应链是中国所有产业中独立性极强的典范。大多数其他行业在原材料、高端设备、人才等方面，还需要依靠国际化的供应链网络。**而光伏的整条供应链，除了一些原材料之外，从光伏组装、电池片、上游硅片，到逆变器零部件以及制造装备等，基本形成了中国制造的全面覆盖。实现了全产业“透心热”的光伏，给中国供应链的全链发展提供了一个非常完整的样本。

中国光伏产业的进步，受益于供应链的同步发展。光伏组件制造商得到了关联产业的极大支撑，中国光伏产业也得到了全面的呵护，例如电子制造支撑了硅基产业，液晶面板的供应链也对光伏的发展大有帮助。中国在电力电子行业的人才储备，为光伏发电实现突破起到了巨大的作用。光伏发电所需的逆变器零部件，市场被安徽阳光、华为逆变器等占据。这是一种供应链联动成长的局面，如果光伏制造商仍然是由日本企业主导，那么安徽阳光和华为逆变器的成长就必然会受到很大的约束。如果逆变器厂商不能突围，那么远在上游的端子、电容等十多种电子元器件的国产化突破也会非常困难。

光伏企业的发展，得到了中国非标设备自动化的有力支撑，每代产品的工厂都需要大量非标设备。而在电子 3C 产业完成非标设备的厂家，则正好进入了这个阵地。此外，引人注目的是资本的力量在推波助澜。光伏制造是一个打造富翁的成熟产业。它在全链条上激活了创新的活力，供应链的每个节点都有创新的“火山”，其背后也是“创造富翁”的大本营。

中国光伏行业设备，跟随时代演绎了进化三部曲。在第一代光伏电池技术时代，中国还是以进口日本、韩国的设备为主，国内企业仅能提供小型设备，跟随国外发展。到了第二代光伏技术时代，国产设备已经全面崛起，跟国外设备分庭抗礼。从前道清洗、制绒和刻蚀工序，到中间的扩散、化学气相沉积等工序，再到后道丝网印刷和测试分选工序，都涌现了一批国产专业设备商。到了 2020 年，从光伏产业全面转向第三代电池时代起，中国设备企业开始领跑，率先进入新技术分水岭的探索区。可以说，依靠强大的供应链的传承式更新，中国光伏制造脱颖而出。

日、德、美等国的光伏制造，难以适应光伏产业推陈出新的速度，技术迭代周期过于缓慢。在国外往往需要两年完成一个渐进式的小迭代，而在中国，同样的迭代只需要半年。当德国工厂建设周期是两年的时候，国内用三个月就可以完成从建厂到投产。这种速度，传递到了供应链的每一个节点。对于装备而言，国内制造商的服务响应时间以小时计，而国外供应商往往以天计、以周计。光伏产业是供应链蜕皮极其迅速的产业。只有供应链各节点紧紧抱团，才会一直保持高效更新的速度。

中国市场规模和制造规模足够大，可以容纳许多微创新，而资本市场同样得到了慷慨的回报。光伏产业整个供应链上的细分市场的前几名企业基本已经上市。在这样一个供应链不断蜕皮、高速进化的市场，创新性技术可以受益于资本市场，而公共政策则随时伴行。光伏产业是由技术驱动和商业资本推动的混合型发展，供应链的设计起到了良好的推动作用。

当中国光伏已经在全球遥遥领先的时候，如何保持优势则是成长中一直会面临的烦恼。中国光伏正在被全国各地政府大力招商引资的时候，行业无序竞争、产能过剩的问题也开始滋生和蔓延。显然，当供应链被过度设计时，市场就会出现混乱的信号，这会严重削弱整个光伏产业的竞争力。光伏产业上下游难免会充满不信任，每个龙头企业都在向下游自主延伸，专业化分工精神大多已经消散。对于光伏这样一个很容易上下颠簸的产业，上下游一体化投资会明显削弱抵御风险的能力。只有让光伏龙头坐在一起共同商量天下大计，才能实现卓越的供应链设计。因此，需要从国家级而非地方级的视角，考虑如何保护好国家优势产业。

中国为光伏供应链的接续发展付出了巨大的代价。一方面是一批批龙头企业的倒闭，带来了大量的财政危机；另一方面，光伏产业本身也造成很多污染，存在着硅材料生产、光伏工程施工、电路系统污染、废弃组件污染等大量需要解决的现实问题。中国光伏高速发展的背后，吞没了大量的资本，也有产业的伤痛，政府也付出了巨大的代价。而美国、日本和德国产业界，不敢、不能也不愿意承担这些代价。一些国外产业界人士一味强调基础创新的重要性，强调光伏技术来自美国航空航天局（NASA）和贝尔实验室。中国在供应链上付出的成本与代价，通常被美国学者视而不见。这是一种全球叙事的不平等。

中国制造的价值，尤其是供应链的价值，没有真正被正面认识过。光伏产业正是这样一个价值被严重低估的中国供应链标杆。它不仅做大了市场，而且除了一些原材料，几乎没有会被国外“卡脖子”的地方，是少见的大而强的产业。然而，光伏供应链上的每一个成功环节，都成为美国盯防的对象。这意味着，光伏也要成为中国全方位进行设计和防护的关键产业。

中国机床产业和光伏产业所形成的不同局面，在于产业政策的综合性和发育的时机节点。当人们将注意力放在产业政策得失的时候，也容易忽略供应链的连接力在发生作用。除了表面的经济竞争，不同国家的供应链也在暗中较量。像光伏、液晶面板、动力电池、半导体封装、发光二极管等产业，都有很多的制造同类项。在底层封装技术（如玻璃基板的处理）、非标设备的开发方面，不同产业的供应链交织，构成了强有力的连接。供应链之间的链战，有暗战，也有混战，超越了单一供应链的范围。供应链的设计力，需要建立在多产业交叉的视角之上。**只要精心设计与培育多元化供应链，就能够形成一种顶层优势。**

第二节　产业成熟度的“獠牙”

恐吓：非商业手段

国家对于供应链的设计，并不是只有培育，而是还有其他的考量，尤其是对于对手的打压和遏制。为了掌控全球供应链，美国动用了很多非商业化的武器，对市场进行干预。

《美国陷阱》一书描述了法国阿尔斯通公司是如何在恐吓之中，最终被出售给通用电气而非西门子的过程。美国司法部一直作为一条隐蔽的线索参与其中，而强大的工商业情报能力也是它的武器。为国家利益服务，司法部和美国企业相互配合，在正常的商业并购谈判之外，将阿尔斯通卷入一场冗长而复杂的法律程序。2014 年的春天，阿尔斯通公司并不是一只走投无路的跛脚鸭。它在能源领域拥有 150 亿欧元的产值，稳居全球第三的位置。它负责法国 58 个核电站的发电机制造，并提供法国 75% 的电力设备。虽然彼时经营遇到困境，但尚不需要企业断臂求生。然而，美国司法部抓住 10 年前阿尔斯通在印度尼西亚的一次有瑕疵的商务腐败，开始对阿尔斯通的管理层逐级进行逮捕，使阿尔斯通的高管们备受惊吓。为了躲避美国司法部可能进行的司法起诉，在法国政府不知情的情况下，阿尔斯通的 CEO 跟通用电气进行了秘密谈判。最后，管理层在法国政府内阁官员的反对之下，依然将这一国家战略性企业进行了出售。

司法迫害和通用电气的凌厉攻势，组成一次令世人哗然的双簧表演。阿尔斯通成为被美国司法部指责腐败，又被美国通用电气轻松收购的公司。

德国西门子中途曾经试图挽救这起收购，当时计划的并购方式是西门子和阿尔斯通交换业务。西门子轨道归阿尔斯通交通部门，而西门子能源则拿到阿尔斯通的电力业务。这样一来，此次并购就变成了欧洲内部事务，可以强化欧洲工业。这被称为“建立两个欧洲巨人绝无仅有的机会”，但西门子后来还是放弃了，这出于被美国司法部围剿的担心，以免后续可能没完没了的罚款。彼时，西门子有一笔被美国罚没的账单还在继续生效。

很显然，美国构建了双重围堵供应链猎物的系统。谈判桌上利用情报武器来进行有利的谈判，谈判桌下则利用法律武器围剿有漏洞的公司。“美国开发了一个弹性系统，从上游到下游来打击对手，除了美国，不再有其他国家能够建立这样的武器库。”①

① 弗雷德里克·皮耶鲁齐，马修·阿伦，著．美国陷阱[M]．法意，译．北京：中信出版集团，2019：171.

自由市场化的供应链，在国家权力的围堵下，变成透明的鱼缸。2022年，美国商务部以调查芯片短缺背后的产能失调为借口，要求三星、台积电交出半导体订单与产量的数据。这些原本是高度机密的商业数据，但联邦政府动用了“国家设计力”这一非常手段，破坏了商业规则。显然，非商业化手段在供应链运行中仍然强势存在。起初，韩国和中国台湾的厂家都表示反对，这是绝无仅有的公开披露商业秘密的行为。但是后来，20多家企业还是交付了数据，其中包括代工厂台积电、封测厂日月光、晶圆材料厂环球晶圆等中国台湾企业，还有韩国三星和SK海力士等。美国政府要求的信息披露尺度很大，有关库存、订单和销售等26个主题，包括产能提升计划、每种产品的三大客户，以及三大客户占比。掌握了这些，全球的半导体制造几乎没有商业机密可言。

美国的制裁大多时候是以情报为基础的，背后有美国多个国家情报机构的影子。以上例子中那些干扰正常商业活动的攻击力，对于全球跨国公司来说，都是需要小心谨慎应对的。即使在中国，供应链各个节点的厂家也会经常“中箭”，受到美国政府的制裁。

这种制裁，是从哪里来的？

伏击：静悄悄的冷箭

美国对外进行商业控制的手段比较多，且分散在不同的政府部门。美国财政部通过海外资产控制办公室（OFAC）进行制裁。它往往单方面对其他国家进行制裁，既可能针对在美国的企业或者个人，也可能针对非美国主体。OFAC的制裁特点是体系庞大，涉及行业众多，惩罚力度强，而且有较大的自由裁量权。尽管近些年美国的制裁数量大幅度上升，但它仍然强调，只有与伙伴国和盟友联合制裁才会更有效。

将技术控制作为武器，主要是美国商务部采用的手段，它将技术与商业机密捆绑在一起。从2016年开始，中国企业频频登上美国的“断供”黑名单。2017年，中兴通讯被禁止购买美国的零部件和软件，在交付了十几亿美元天价罚款后，美国人员入驻监管，才得以继续运行；被寄予厚望的第三大存储器生产基地福建晋华，自2018年被断供后，美国设备商驻厂人员迅速撤离，导致工厂几乎瘫痪；2019年，华为被列入实体清单，此次断供引发广泛关注，自由市场经济下的供应链已然千疮百孔；2020年，哈尔滨工业大学被禁用科学计算仿真软件MATLAB，大学校园也受到“断供”的严重干扰。

这一系列冷箭是从哪里放出来的？

放冷箭的弓箭手早已有之，只是近几年才活跃到台前。它正是美国商务部工业与安全局（BIS），参与执行美国对全球供应链的控制。BIS的前身是出口管理局，自1987年特设成立，已经运作了30多年，它就像一只全球鹰眼，监控着全球供应链的往来动向。

出口管制清单和出口许可证制度是美国出口管制政策的两种手段。在出口管制体系中，美国国务院管理军事项目，商务部负责军民两用的物项管制，在多数情况下以控制两用为名，限制高技术产品流向非盟友国家。BIS就负责调节商品与技术的出口和再出口，以及较不敏感的军事项目。先于这个机构而存在的协调西方国家高技术出口的“瓦森纳协定”，也是在这里归口管理。

作为一个“狙击手”，BIS就像特种部队一样掌握多样化技能。这个机构在美国9个城市和全球6个主要经济中心设有办事处。尽管名义上受商务部管辖，但实际上并没有那么简单，它的出口执法部门具备司法管辖权。BIS 在中国、印度、阿联酋、新加坡等都设有出口管制官，在执行管理和执法过程中会佩戴徽章。一旦违反美国出口管制的政策法规，后果不仅是会面临民事处罚，还会面临严厉的刑事处罚。

2016 年以后，BIS 开始活跃起来，就像是躲藏在黑暗中的隐形实力，开始向公众露出阴鸷的面孔。中国成为被高度关注的对象。2018 年，随着中美贸易摩擦急剧升级，出口管制物项相对 2017 年快速增长近 6 个百分点，达到 25%。2020 年 4 月，美国商务部宣布对中国实施新的出口限制政策，防止中国将供应链从民品转移到军品。

截至 2022 年 12 月 31 日，被列入实体清单的中国实体有 587 个（位于内地的实体占 495 个，香港地区占 92 个），总数占全球的 1/4，接近排名第二的俄罗斯。相比于 2019 年 5 月的 261 家，数量增加了一倍。自 1997 年首次发布以来，中国列入实体清单的数目在近几年的增幅远远超过最初 20 年。

美国商务部掌握的三大工具分别是：《商业控制清单》（CCL）、出口控制分类编码（ECCN 编码）、《出口管理条例》（EAR）。《出口管理条例》在美国出口管制系统中起到关键作用，它所管制的就是断供对象和范围。

BIS 的管辖范围很大，即使针对不在美国注册的公司，制裁同样有效，而且覆盖国家、产业、企业和个人 4 类。对于这 4 类实体，细致到分别有各自的管制方法。例如对国家采用的是分类管制，中国属于 D 类，是受关注的国家；对企业采用的是清单管制。凡是列入实体清单的，就进入限制行列，所有产品必须经过审查才能放行。

实体清单很长。它采用动态更新ECCN编码的方式，不断地列入出口产品，受到出口限制的产品越来越多。要想移出这个“黑名单”，是一个非常复杂的过程。负责实体名单变更的机构是最终用户审查委员会（ERC），该委员会为跨部门机构，由美国商务部主管。被列入实体清单时，需要多数投票通过；而要想移出实体清单，则需要全票通过。这几乎无法做到。

为了移出实体清单，中兴通讯付出了巨大代价。列入“黑名单”一年之后的中兴通讯选择“和解”，付出了十几亿美元的罚款，并且同意美方派驻人员入内监控的代价。

可以说，BIS是全球惩罚力度最大的工业情报机构。BIS与美国国防部、国土安全部和其他部门相互配合，每年都会启动一次深入的工业基础调查，分析国外对核心关键产品和技术的掌控情况，广泛涉及多个领域，包括航空航天、光电、新材料、软件等。它不仅对全球产业的高技术动向定性评估，而且进行高度精准的定量判断，甚至定位到具体的地理位置。中国购买的产品如果被限定用途，哪怕移动位置，都需要进行书面报告。BIS也会不定期派人员到现场进行突击检查。

在2009年针对五轴机床管制影响的全球报告中，BIS就对中国市场进行了摸底调查。除了分析美国五轴机床的发展情况及未来需求，报告涉及了其他国家的五轴机床发展，并将中国作为重点调查对象。中国20家可生产五轴机床的厂商，赫然在列。BIS对中国机床对外合资的意图、获取技术的方向以及技术合作方的能力，都做了详尽的描述。它将大连机床评价为中国最大的机床厂，并引用当年集团副总裁的一句话“91%的机床产品是自有技术生产”。报告认为，虽然大连机床不断有收购动作，但并没有在美国市场出售五轴机床。

开展这些详细的调查，已经完全不像是一个政府机构所从事的宏观研究，而更像是企业详尽地调查竞争对手。可见，美国政府已经深度参与了对全球供应链的审核。

BIS 与其他部门紧密配合，形成了对供应链交叉管制并渗透的火力网。BIS 会参与投资审核，它与美国外国投资委员会（CFIUS）一起开展对交易中出口管制实体的评估，确定投资安全审查中的“关键技术”。美国收集中国企业在美国的投资，其中的专业性判断都跟 BIS 密切相关。

BIS 跟美国司法部紧密合作。2018 年，它配合司法机构制裁福建晋华。BIS 认为晋华新厂产品技术可能来自美国，将威胁美国国防系统的关键零部件供应商。

BIS 跟进口也有关。根据美国 1962 年《贸易扩张法》第 232 条的规定，BIS 以进口产品威胁美国国家安全为由进行调查，这一条款又被称为“232 条款”。与 1988 年美国推出的《综合贸易与竞争法》中的“特别 301 条款”所产生的知识产权评估，也就是“301 调查”相比，历史起源更早。但在 2016 年后，本来是特殊时期产物的“232 调查”，再次浮出水面。

在出口管制方面，美国已经形成一套防止技术扩散的严密体系，涉及多个部门：商务部、国防部、能源部、国土安全部、司法部、国务院、财政部、国家情报总监办公室等，这些部门协同办公。

与其他投资委员会、贸易委员会的运行不同，美国综合了司法、金融、情报的力量，对全球供应链实施了严密的监控和管制。这让人们意识到，对于供应链，国家可以建立完善的顶层设计，从而实施强大的战略攻击力。

BIS 正在成为一个活跃的部门，彰显了全球供应链发生巨变而形成的不稳定局面。作为美国商务部管辖的部门，近年来 BIS 的预算在持续增加。2021 财年全职人员达到 470 名，预算总额达到 1.4 亿美元，人均支出折合人民币约为 200 万元。2021 年新增预算中，明确表示配合司法部对“中国行动计划”和新兴技术的执法。

依靠严密的工业情报网络，BIS 通过供应链基础摸底，每年更新调研报告。它在确保最低程度损失美国利益的前提下，切断对方的供应链。它既是美国两用物项出口管制的执行机构，更是产业情报组织，对全球产业情报了如指掌，而且研究颗粒度细致，能够具体到公司和个人。美国国防后勤局战略材料所提交过一份“替代性案例”报告，里面详细地描述了美国对纳入监测的 283 种材料的评估，对其中 53 种材料发起短缺预警。这些材料一一对应到 84 个国家的产能和可能的替代性。在这个基础之上，美国国防储备项目维护着 55 种材料的库存，价值达 10 亿美元。工业情报不仅是产业成熟度的一种武器，也是战略决策的支撑。

美国对一些国家的供应链和产业分布的了解，甚至可能超过这些国家自己的认知。为维护供应链安全，美国将工业情报、司法管辖、公共政策等手段结合在一起，通过深度了解不同国家的供应链节点来进行精准的控制。

漏洞：细化到 300 条

国防军工和工业采用同一套制造系统，是美国“军工复合体”的一大特色。大量的技术源头往往来自军方的项目，如雷达技术、工业软件、芯片、互联网、全球定位系统（GPS）等，都是由国防部牵头的。能源部和商务部则通过效率至上、成本优先的原则，将高成本的军用技术逐渐民用化。美国军方的武器制造能力往往也来自军民两用企业，因此“国家供应链的安全”是美国国防部一直高度关注的主题。

由美国国防部工业政策办公室牵头，联邦政府多个部门参与完成的《评估和强化制造与国防工业基础及供应链弹性》报告于2018 年 9 月发布，详细地指出了中国供应链对美国工业的所谓损害。这份报告指出军方供应链中存在着大量转包，第二级、第三级分包商存在着 10 种可能的风险，包括唯一供应商、单源供应商、脆弱供应商、产能受限于市场供应等，而这些会产生 5 大类型下将近 300 个漏洞。

供应链安全的分析框架，经过多年的迭代，已经被美国国防部量化成具体的模型和数字。美国公开披露的报告往往与后续行动具有较强的联动性。对于供应链而言，美国的未来行动有时就写在眼前的公开报告中。通过这些报告，外界人士可以预判后续可能的趋势。而这些行动方案一旦被采用，政府的各种措施陆续跟进，很多漏洞就会逐一被堵上。

于是，随后发生的很多案件就不再是孤立的。纽约州长岛的一家科技公司被美国联邦探员突袭，一批高管及员工被逮捕。原因是该公司涉嫌向美国军方出售号称“美国制造”的监控和安全设备，而这些设备的产地是中国。其中包括至少一台交付给美国海军潜艇基地的夜视摄像机、25 台供美国空军基地安全人员使用的随身摄像机，还有美国能源部在田纳西州一个设施的旋转门。

F-35 战斗机一度被美国国防部拒收，因为发动机的油泵使用了中国生产的磁性材料。这个型号的战斗机由美国军工商洛克希德·马丁公司生产，发动机涡轮设备则来自霍尼韦尔。霍尼韦尔在装配发动机时用到了一种润滑泵，这种润滑泵使用了中国制造的钐钴合金的磁铁材料。当美国国防部得知这个消息之后，一连串的激烈反应发生了，这正是前面报告所描述的“300个漏洞”之一。尽管这种磁性材料到了美国之后需要经过再磁化才能使用，美国国防部还是暂停了战斗机的交付。

美国军方很严肃地对待这些漏洞，不遗余力地寻找国防供应链的第二级、第三级源泉，试图剔除所有可能有威胁的供应商角色。洛克希德·马丁和霍尼韦尔为这些油泵的磁性材料确定了一个新的美国供应商，一段时间后会开始交付。一个小细节凸显了美国国防工业供应链“漏洞”的大事。然而供应链就是如此复杂，越是工业巨头，越难以掌握上游供应链的全部细节，军火商也不例外。

供应链就像一个藏在深海里的渔网，它庞大的节点虽然组织有序，但却散落在人们的视线之外。为了寻找这些隐形节点以达到净链的目的，美国国防部已经启动了“供应链灯塔”计划，开始通过人工智能、区块链和开放源代码的工具，实时追踪原材料来源。哪怕是一个小的零部件，被谁加工、上游用谁的原材料、谁是它的上游等信息，都会进入实时跟踪体系。供应链的所在属地，受到了严密的监控。

可以说，面对供应链的非商业控制，美国采用了比较复杂的组合拳。有的不许进来，有的不许出去，都受到严格的监控。一方面展开科技遏制，主要是以出口技术管制为武器。对于军民两用的技术与产品，则主要通过美国商务部的“出口管制清单”来实施。另一方面采用商业情报战，通过成熟的工业情报体系，持续多年进行工业基础摸底，以追踪供应链上的漏洞。

为了堵住漏洞，开发本土供应链是必要的。要发展动力电池，上游的钴供应链是必不可少的。美国开始行动起来。多年来被忽视的密歇根州的镍铜鹰矿被鼓励进一步开发钴镍精矿，另外一家密苏里州的企业则被补贴生产镍铜钴精矿。与此同时，具备钴冶炼能力的 6 家钴化学品公司也加入进来。这些生产商的产量还很低，但一台年久生锈的老旧机器正在被唤醒。供应链开始解除冰封状态。配套政策也随之跟进，美国发展金融公司将提供资金向外寻找来源，联邦政府继续挥舞贸易大棒，美国国际开发署加强项目援助，并制定全球标准。为了补齐短板，美国采用了多管齐下的策略。

这些围绕着供应链的设计策略，意味着供应链从来都是攻防兼备，没有一只手是空着的。既有进攻，也有防御，这需要一套成熟的产业体系。

产业的成熟是以体系和组织见胜的，它并非只依赖于领先的技术。美国针对供应链所展现的进攻和防守、成长与消耗的策略，显示了一个业态完备的国家如何利用行业成熟度来挤压产业幼稚对象。而一个国家想要摆脱幼稚和脆弱，就需要国家顶层来设计整体供应链的规范。**一个国家的高端制造要崛起，产业保障体系必须随之跟进。不仅要靠企业的技术力量，还需要更成熟的国家级产业体系，来打造本国供应链的优势。**这包括强大的情报武器、专业的分析能力和司法手段等。

这已经不是企业之间的技术战和商战，而是一个国家制造业抢占优势的争夺战。对中国而言，这就是一个全产业的攻防战。这来自两方面的需要：一是针对那些断供“卡脖子”的产品，如何保障安全供给；二是所谓的低端传统产业，如何能留住这些产业链的二级根须、三级根须。这些根须盘根错节，实现了超级网络节点的深度绑定，这是保持连接力的关键保障。政府需要在这两个不同的战场上同时布局。

但政府的作用不是万能的，也有使不上力的地方。任何一种政策武器，在击中别人的同时，也可能会伤害自身。即使像美国商务部工业与安全局这样拥有强势地位的政府机构，依然是为美国商业利益服务的。这决定了它不可能将所有“不顺眼”的公司都列入管制清单，禁止交易美国的产品。BIS 发挥的作用，是实施一个经过精确平衡的阻击算法：既能有效打击国外领头羊，又能保护美国厂商卖出更多产品。

然而越来越收紧的供应链网络，也会导致美国企业的反弹。由于法律条款太多，美国企业在进行国际活动的时候会如履薄冰。合规一向是美国企业的高压线，为了让美国企业了解如何遵守这些规则，BIS 每年都会举办很多培训，每隔几年还会发布警示指南，指导企业如何遵守出口管制相关的法律法规。

“上有政策，下有对策”，这样的情况也会时常出现。例如 2022 年 8 月，美国政府限制英伟达向中国出售 A100 图像芯片，而英伟达很快就在三个月后声明，替代品 A800 芯片已经开始投产。A800 芯片的性能有所降低，数据传输速率为每秒 400GB，低于 A100 的每秒 600GB，而美国的出口管制规定将芯片数据传输速率限制在每秒 600GB。如果将 A800 大批用于数据中心，无疑会出现明显的性能下降，但这也使数据中心可以化解断芯的危险。这种打擦边球式的应对之法，美国企业也在频繁地使用。既然企业可以采用这种手段，那么对于防守的一方来说，也存在着见招拆招的可能性，这可以从另外的角度削弱美国政府攻击的力量。2023 年，英伟达在中国的收入约占其营业总收入的 1/5。然而 10 月份美国商务部公布对华半导体出口的进一步管制新规，扩大了对华出口先进芯片的管制范围。这其中也包括了 A800 等芯片。政策与市场之间的博弈不断上演。

反击：封堵与突破

美国政府的供应链设计方案，包括建立供应链“同盟军”，以便形成更彻底的管制效果。它拉拢“Chip4”芯片四方联盟，希望能够跟日本、韩国和中国台湾形成一个半导体技术内部循环的小圈子。与此同时，它还拉拢提供半导体设备的其他两个重要国家荷兰和日本，加入对半导体设备的管制。

在这样一个铜墙铁壁般的供应链围墙里，2023 年日本公布了《外汇及对外贸易法》修正案，将 23 项与芯片制造有关的设备与材料列入出口管制对象，直接指向针对中国的封锁。

对于日本半导体制造设备而言，中国是最大的出口目的地。根据联合国国际贸易中心的统计，2021 年日本向中国出口的半导体制造设备达到约 120 亿美元，占日本半导体设备出口总额的近 40%。尽管美国对中国的半导体制造设备出口设立了种种障碍，但其对中国的出口额也只有日本的一半左右。对自己极其重要的市场实施封锁，恐怕并非明智之举。它给对方造成的损害是暂时的，但给自己造成的威胁则可能是永久的。

当美国和盟友加强对华限制时，中国半导体设备和材料市场正在迎来井喷式发展。2022 年中国半导体制造设备的营业收入是 2017 年的 6 倍。从 2020 年开始，中国就成为全球最大的半导体设备市场。这种巨大的内需市场以及资本的疯狂涌入，都有助于设备制造商取得更大的突破。2021 年中国半导体企业采用的国产设备自给率为 21%，到 2022 年已升至 35%。美国对供应链的监管每收紧一次，国产设备突破比例就可能相应增加。这种能力上的增强，也是来源于产业的知识沿着供应链开始加速流动与融合。那些下游芯片工厂对上游设备制造商打开大门的同时，也会提供工艺参数的内部奥秘，这正是设备制造商们缺少的知识。

供应链“去风险”，形成了一种双向避险的心理预期，产生了强烈的现实行动。当部分跨国公司被政府限定向中国提供产品的时候，本土企业也在加速崛起。对进口品牌的替代，形成了新的供应链群落。

即使受到美国越缠越紧的管制，中国的半导体产业依然树立了雄心勃勃的目标，例如成为 14 纳米以上的成熟制程的主导者。完成了这一步，就可以为将来的突破打下基础。成熟制程如 28 纳米以上的芯片，仍然可以满足 80% 以上的广泛需求。汽车、家电、工业设备、医疗器械等行业，都是成熟制程的芯片应用市场。

中国在先进制程方面已经受到限制，需要想办法在成熟制程上获得优势，从而形成供应链压力的互换。在成熟制程上，以低成本和高效率来赢得市场。

这种突破，是一种反向撬动供应链的升级。美国出口管制的覆盖面越是扩大，美国企业获取利润的空间就越会缩小。短期来看，美国占据了主动权。但从长远来看，也会削弱美国对供应链的控制力。

被列入出口管制清单的华为，无法在国际上获取更多利润。它攀登价值链上游的势头受到了遏制，这让它在某些领域的发展速度可能会落后于竞争对手，如诺基亚、爱立信等。然而，当它转身开始培育国内供应链的时候，中国产业也在快速升级，如进行晶圆缺陷检测的深圳中科飞测、制造多层陶瓷电容的德阳三环等，本来是国内不受关注的企业，现在就可以大踏步前进。它们瞄准的目标，就是半导体量测领域的霸主美国科磊（KLA）以及陶瓷电容之王日本村田。中国半导体晶圆测量设备领域的市场大约为 140 亿元人民币，来自美国科磊、美国应材和日本日立高新，三家公司市场占有率超过了 70%，剩余市场也被其他国际企业占领。在这个领域，中国供应商才刚刚露出几株新芽。挑战者的体量相对还很小，中科飞测在 2019 年的收入只有 5 000 万元，但新的发展势头已经建立起来。有了华为和晶圆制造商的拉动，这些供应商可以快速发展。到了 2021 年，中科飞测的收入就达到了 3.6 亿元。

要占领成熟制程的优势地位，需要发挥整条供应链的联动效应。突破之路，往往需要前赴后继。中科飞测同样需要继续解决供应链的问题。晶圆检测设备的晶圆运送台与控制系统，基本上还需要进口。但中科飞测的崛起，就给上游的华卓精科打开了一扇门。这个领域以往是日本乐孜（Rorze）、韩国 Soonhan 等公司来主导。当然，对供应链的带动并非靠中科飞测的一己之力就能支撑，而是要借助整条供应链的能力，尤其是中芯国际、合肥长鑫等晶圆检测和消费大户。华为作为终端芯片成品的使用者，则需要拥有持续且深入的拉动力。

外部的管制与断供，对中国供应链来说是一个横盘整理的消化过程。看上去，像华为、海康威视这类终端产品的市场入海口暂时出现了堵塞。但国内供应链则可以积极跟上，缩小了零部件方面的差距。美国科磊的检测设备早已经进入 5 纳米的晶圆厂，而国内中科飞测与之差距很大，主要还在 28 纳米进行打磨。但是，入场券已经到手，新机会就会层出不穷。

供应链封锁每收紧一次，技术反包围就会更强一分。国外技术的管制，抑制了一部分高大树木的发展，但也带来了满地的雨后春笋。这些春笋的群体性崛起，会削弱先发者的控制力。中国制造在断供下的发展态势，成为一种新的倾向：它的确牺牲了头部先锋的发展速度，但也换取了腰部力量的崛起。

第三节　大工程组织的力量

攻坚：大工程组织与供应链设计

国内政策的设计往往有很多灵活的方式，取得了不小的进展，例如扶持电动汽车产业、加强对“专精特新”中小企业的培育等。体现产业成熟度的法律法规也逐渐补齐，其中包括对出口技术与产品进行管制。对于科技攻坚战的协同作战的形态，还需要给予更多的重视。对于工业软件、科学仪器、工业母机等需要突破的方向，建立供应链组织非常重要。

那些难以攻克的产品，本身往往就是一个复杂的系统，攻关的难度超越了一个企业、一个行业的力量。多元交叉的供应链，就是这种复杂系统的体现。市场本来是靠着“无形之手”在推动的，但一个强有力的组织体系可以发挥更大的作用。大工程往往是针对“两弹一星”、三峡大坝、高铁、特高压等大项目而言的，然而，在实现这些大工程的过程中所使用的“大工程思维”和“大工程组织模式”，依然可以为其他攻关项目所借鉴。大工程组织的核心是协同，进行跨越企业边界的供应链组织设计，才能真正汇集多方力量，形成有效攻关。

大工程的背后，是精心设计的大组织，以及浩浩荡荡的供应链大军。

近年来，三峡大坝、超高压跨长江输变电工程、高铁路网等大工程都实现了突破性进展。这些大工程的背后有着强有力的组织支撑，以及系统性建立供应链的过程，且成就斐然。就电网而言，中国建立了全球强有力的电力系统。值得关注的是，它建立了大工程组织，并且形成了完整的供应链设计。

为了实现“西电东送”，需要建立超过 110 千伏的超高压和特高压的工业体系。在这期间，国家电网公司起到了大工程组织的关键作用。国家电网建立了大工程的总协调部门，抽调了精锐人员组成了跨学科团队，形成了集技术、项目、预算于一体的“决策智囊指挥部”，起到了完整分解任务和组织指挥的作用。国家电网旗下的电科院，则充当了基础技术消化的支撑力量。武汉等地的测试所为建立参数模拟提供了良好的验证条件。在三者的支撑下，创新的主角——各类企业开始登场。技术突破的方向被仔细拆分，担任高压电力设备的三大变压器制造商——西变、保变和沈变分别被赋予不同的角色，针对断路器也有类似的安排。攻坚方队就绪之后，跟外资企业的谈判也开始启动。ABB 集团、西门子、东芝等电力设备制造商，与中国各类厂家组成合资公司。在电科院的公共基础技术的支撑下，几家竞争对手也可以坐在一起共同进行技术参数的交流，这在以往是不太可能发生的现象。

与此同时，作为单一用户的国家电网骨干网络，则将供应链作为极重要的战略性资源。伴随着一张张订单、一个个明确的需求文档，以及不同的应用场景，用户大量的知识被反向注入全新的供应链体系之中。在这个过程中，包括变压器、开关等 9 大类 40 余种特高压设备，都在科研攻关与工程实践中交织，并螺旋上升而成。

特高压输电工程核心装备的特高压变压器和特高压换流阀领域，是一场重点攻坚战。特高压变压器是将低电压转换成 1 000 千伏特高压的关键设备，内部主要的绝缘材料居然全是纸。这些用纸做成的各种配件达到 25 万件，不亚于任何一件精密的艺术品。国家电网公司集合了 300 多家单位的上千名科研技术专家，研发了 10 年之久，进行了大规模的组织调度和供应链协同。

可以说这是一场定义大系统、定义供应链的巨大胜利。中国完成了超高压电力网的全面突破，实现了超高压西电东送的电力形态，保证了中国电力的巨大需求。同时，在电力设备上也同步实现突破。这些设备从主变压器设备到断路器，再到零部件绝缘套管等，都是层层穿透取得了突破。而且在电力行业的标准定义上，也在国际上确立了领先地位。面对特高压工程所取得的巨大成就，不能忽视项目初期由几百人跨学科、跨部门所组成的“参谋部”。整个供应链的能力，正是通过这样的机构来指挥实现的。

应该看到，高铁、特高压等都是“决战型大工程”。这是面向单一用户的集中式需求，往往在单纯使用环境（未必是简单）进行应用。而需要突破的全新技术，如光刻机、色谱仪、先进制程的芯片等，面向的是广泛的用户。这些用户的需求往往多种多样，跟其他复杂的工业过程紧密嵌套在一起。很多急需突围的供应链控制节点，其实也可以采用一种大工程的攻坚战来考量。

值得注意的是，大工程组织适合解决攻坚问题，然而它要求供应链一直保持刚性而非弹性、公益性而非市场性，这也限制了供应链的连接力，从而无法长期发挥作用。因此官方的大工程组织往往是昂贵而僵硬的，并不适合需要连续型号迭代和低成本制造的那些民用项目。这些行业需求，往往是一种“迭代型的大工程”突破。市场用户的需求特点是分散以及反复修改。这意味着整个供应链都必须联动迭代，不断升级，只有足够灵活的组织体系才能够胜任。正如华为采用“铁血兵团、柔性组织”的组织管理模式，跟上下游高效连接，才能快速地开发出全新的 ERP 软件，实现对全球第二大 ERP 软件甲骨文（Oracle）产品的替代。这就是大工程组织力的表现，也是供应链设计的关键技能。**实现供应链的突破，需要有超越边界的组织，需要行业和政府的合力，需要有系统设计师完成对于组织的设计。**不同的产品有不同的组织方式，而大工程组织和强大的供应链设计能力不可或缺。借鉴大工程的系统性思维，将分布式的供应链纳入一个体系进行考量，正是大工程组织引人注目的地方。

多元：信产投的复合体

在国际化征途中，供应链的落地往往并非是指简单的上下游配套企业跟进，还需要更复杂的周边配套条件，企业才能更好地实现高效运转。

在世界第四人口大国印度尼西亚，日系车占据了 95% 的市场。无论是德国车企，还是美国车企，曾经试图跟日本车企“掰手腕”，都铩羽而归。通用汽车一直看好印尼的汽车市场潜力，将投入韩国、巴西、美国市场的三个车型轮番引进印尼，运作 10 年后，依然折翼断翅。通用汽车在印尼的工厂也是两建两关，生产基地始终无法扎根，后来将设备全部拆卸打包，转移到印度工厂去了。

日本何以独占印尼汽车市场？因为日本在全球布局产业时，并不是生产基地的转移，而是一个综合性的工业体系的转移。日本财团对供应链有很强的掌控力，可以构建复杂的供应链，进而从中获利。相关的金融、物流、供应链、法规等基本是同步进行布局的。

由于金融、产业、情报的支持，企业可以获得强大的情报支援。印尼有一万多个岛屿，物流非常分散，而日本物流公司也同时跟进，提供强大的流通服务。其他国家的企业提供服务时，物流价格更高。在印尼，耕耘多年的日本零部件厂商往往也是只为日本品牌服务，或者是以两三倍的价格给日企之外的厂商提供产品。不仅是在印尼，在东南亚，日本汽车行业就是建立了如此强大的堡垒，让其他国家的汽车品牌很难占领市场。

拥有丰富的金融手段，便于企业开拓经营。汽车在印尼属于奢侈品，需要依靠金融贷款。当中国汽车制造企业进入市场时，日本金融企业会把贷款的门槛设得很高，有时购买日本车首付只要5% 的资金，但买中国车要支付 20%。这样的事例比比皆是。尽管三一重工的国际化开拓能力强，无论是在德国还是在印度，都有强大的销售网络，但是它的工程机械的销售非常依赖租赁，而租赁需要良好的金融服务支撑。然而中国银行的海外分支机构虽然能提供贷款服务，但是缺乏灵活的手段支撑租赁业务。

日本企业伊藤忠商社是《财富》杂志世界 500 强之一的综合性贸易公司，在世界 63 个国家和地区拥有约 120 个分公司。该企业的经营范围广泛，覆盖能源、信息等多个产业，对前往全球各地做生意的日本公司帮助非常大。在日本公司投资中国的时候，每个新来的日资公司，都可以借助伊藤忠商社的商圈，获得很多有价值的商业情报。2010 年左右，伊藤忠商社能够给日资公司带来 70% 左右的订单。这类商社的情报收集与分析能力非常强，对当地的用户有着很深的理解，能够给日本企业提出专业的建议。例如在 2000 年前后，日本丰田汽车进入中国市场的时候，并不是整车制造先行，而是先通过丰田通商株式会社进入供应链进行布局。

上海宝钢是这种体系的受益者。1977 年，上海宝钢从日本钢铁制造商新日铁引进设备和技术。这是当时最大的外资投资项目，也被看成是中日友好关系的一个里程碑。其间，三井物产作为三井财团中的一个重要商社，起到了重要的牵线作用。武汉钢铁也是由三井物产牵线，从新日铁引进冷轧硅钢生产设备，结束了中国不能生产冷轧硅钢片的历史。丰田在创立之初，也跟三井物产有着密切的联系。后来宝山钢铁和武汉钢铁合并，这两个钢铁厂都有和三井物产合作的渊源。当宝武钢铁为国产汽车源源不断地提供钢板时，三井物产赚得盆满钵满，这得益于其征战中国汽车、钢铁、物流市场的整体布局。三井物产拥有新日铁的部分股权，2023 年以 1 056 亿美元的年收入排在世界 500 强的前 100 榜单。多年之功，落子辽远，收益深厚。

实际上，在日本制造业的国际化征战中，以市场、情报、销售为基础的商社是极重要的黏合剂，它使得制造业企业可以轻松落地，而财团的金融提供了强大的保障。产商融的"铁三角"组合，是日本制造业走向国际化的法宝。

无形：软件供应链与中间组织

供应链的复杂性，往往暗藏在国际化的细致分工中。从最终成

品往前看，每个零部件都对应着一条供应链。而组成零部件的上游乃至更上游，各自也有自己的渠道。由于多种技术的交叉使用，要想在全供应链上保持只有一个国家的属性，将是非常困难的。

中国工业软件是“卡脖子”极其严重的领域，尤其是在研发工具软件方面。这些看似无形的软件，其实是一个个博大精深的复杂产品。而这种复杂性，正是靠着软件供应链才得以实现的。工业软件的一部分功能，往往来自不同的供应商。例如一个成熟的三维设计软件，大概有上百个软件模块供应商。像达索系统这样的大型工业软件企业年收入超过 50 亿欧元，而那些软件模块商的体量相对来说实在太小了，年收入可能只有几百万到几千万美元。这些软件模块供应商会以插件的形式，默默地附着在那些大的工业软件之内。但是，如果没有这些组件供应链的支撑，大型工业软件公司的威力也会大大减损。

当这些软件模块供应商成长起来的时候，大公司出于增强自身竞争力的考虑，有时会收购这些组件公司。在很多情况下，这些组件公司依然保持着对外服务的独立性。目前，中国工业软件供应商即使能够从欧美的工业软件厂商手里夺得一席之地，也依然绕不开上游供应链的牵制。如果无法认真扶持这些小的组件供应商，那么工业软件也很难得到健康的发展。

工业软件行业也是一个地地道道的装配制造业，其实跟大飞机的装配制造过程并没有什么不同。只不过工业软件将大飞机的发动机、机翼和座椅等零部件，换成了代码模块的“软性零件”。一个工业软件就像是一个拿破仑蛋糕，一层一层不同的食料铺叠上去。它的底层是各种物理定律的模型和大量偏微分方程的求解，往上一层是数据交换格式，再往上一层是面向用户的各种应用层模块，其中还夹杂着大量的图像渲染和处理。在每一层，都有不同的上游软件插件的供应商。这块看上去尺寸不大的蛋糕，却需要复杂的软件供应链。

在供应链网络中，即使是竞争对手，有时也会处于一种合作的关系中。工业巨头德国西门子和法国达索系统这样全面对战的竞争对手，有时也会相互使用对方的“软性零件”。这是世界级选手的竞争格局。

供应链上错综复杂的节点是如何形成的？除了商业化的公司，还有一些非商业组织形成的控制力。例如计算机辅助设计二维软件的巨头欧特克，很多人首次接触的画图软件 AutoCAD 就是这家公司的产品。多年来，由于在高校和机械设计领域广泛使用，它的界面和数据格式都已经成为事实上的规范。为了打破这家软件巨头的垄断，国际非营利组织美国国际贸易委员会（ITC）于 1999 年成立，其目标就是帮助成员开发计算机辅助设计引擎技术。该组织并不直接出售产品，而是对那些付费成员开放。这些成员在进行软件销售的时候，ITC 可以获得广泛的比例分成。该组织采用董事会管理的机制，大部分软件开发人员都在俄罗斯。

与此同时，ITC 还推出了一个开放设计联盟（ODA）平台，专门处理欧特克的二维图像的数据格式。欧特克独家所有的数据格式 DWG，由于使用广泛，也形成一种垄断性力量。数据格式的使用，需要格式浏览器和转换器。完善类似数据格式这样的基础功能，对于工业软件的好用性而言，也是相当重要的。然而基础功能往往没有亮点，也很少有企业愿意为此投资。

于是第三方的组织就会出现，来进行数据格式的处理和交换。ODA 同样不对外直接销售，而是靠着会员付费的方式来支撑。只要使用这种格式，每年都要付费。很多工业软件商对数据格式也收取年度维护费。一套数据格式，几乎接近某些软件的售价。这让人们意识到国产软件商需要站出来，形成统一的数据格式标准，才能真正形成联盟的力量。

这样一个精妙的组织设计，成为工业软件供应链的一个典范。它让大多数中小企业可以在巨头掌控的市场中找到缝隙，很好地活下去。这些中小企业借助于 ITC 的基础源代码，再加上 ODA 的数据格式，就可以为全球十几亿份使用 DWG 格式的文档提供更多的服务。

ITC 和 ODA 看起来都是非商业化的组织，但却拥有极其商业化的力量。二者紧密绑定，确立了二维设计软件的秩序。看上去是开放设计联盟破解了欧特克的专有数据格式，但后者还是采取了默许的态度。欧特克的专有数据格式的大繁荣，对于促进欧特克软件的广泛应用，其实带来了巨大的帮助。这是一个看上去有些奇怪的生态：局部的竞争促进了大森林的繁荣。曾经有一家中国软件公司在退出 ITC 联盟之后，欧特克便立刻开始起诉，因此这家公司不得不重新回到 ITC 的会员组织之中。

ITC 的成立，本意就是为了打破欧特克的垄断。而现在，欧特克反而成为联盟者。后者就像 ITC 围栏之外的牧羊犬，那些想逃离该联盟的成员都会被驱赶回来。**在供应链的生态之下，各种利益的交织会呈现出复杂的组织形态和商业模式**。

软件是由供应链的装配而实现的。无论是营利企业还是非营利组织，无论是闭源还是开源，其实都保持着一种控制力。这种组织的设计，形成了独特的组织支撑，维护着供应链的平衡。

第四节　设计“系统”的能力

架构：供应链的系统性

每个产业都是由一条供应链或者多条供应链交织形成的复杂系统。建立系统性思维，对于供应链的构建和健康发展至关重要。

供应链经常被看作一个系统，因为它需要将各个子系统有效连接，才能产生更大的价值。**工业化高度发展到今天，制造一个产品的复杂性可能远远超出人们的想象。**即使是一支圆珠笔，也涉及精密机床的加工、注塑机的效率、钢珠的微量元素调整和油墨的化学沉积曲线等。背后所涉及的塑料、金属、弹簧、标签，以及庞大的物流等，都需要一个高速运转的供应链来保障，这些已经不是简单的产品种类的叠加。不同的供应商之间需要大量的知识协调，供应链组织已经成为一种重要的创新基础。

中国有 3 000 多家制笔企业、20 余万从业人员、年产圆珠笔 400 多亿支，但核心技术和材料高度依赖进口。一支国产中性笔也可能是一个国际性组合，笔头来自瑞士，墨水来自日本，尾油来自韩国，笔管来自中国。显然，一只小小的圆珠笔，堪称复杂供应链系统的化身。在生产过程中不仅涉及笔芯球珠的钢铁材料的比例和加工精度，而且涉及墨水和尾油等材料的物化性能。其中，笔芯和油墨往往是比较难突破的壁垒。

圆珠笔的球珠需要用到特殊的碳化钨钢，球珠上需要雕刻 5 条沟槽来引导墨水。这 5 条沟槽需要相互贯通，如果有任何一条发生堵塞，出墨就会不顺畅，字就会不清晰。因此圆珠笔的滚珠与沟槽都是经过工程师严密设计的，加工精度要求非常高。这就是为什么圆珠笔厂会有高精密的加工机床。在这方面，它跟加工心脏支架或者一块价值 10 余万元手表上的精密陀螺，并无差异。同样，墨水也是精细化工技术的缩影。它需要的是十几种助剂排列组合，才能保证油墨不会沉降，可以随时随地连续出墨，而且不会轻易被水稀释。

有了笔芯墨与笔尖钢的完美配合，才能做出高品质的产品。中性笔的笔头结构、笔头材料、球珠大小、表面粗糙度及加工精度的不同，都有可能影响墨水的功能。每一个厂家所提供的笔头，都需要去调整墨水配方来进行适配。这自然非常依赖稳定的供应商和成熟的传统工艺。材料轻易也不会更换。钢与墨的调试周期非常长，尤其是墨水的稳定性，更需要花费很长时间才能适配。这个过程耗费了圆珠笔厂家大量的精力，因此通常很难对全新且未必稳定的材料重新进行调试。总之，更换供应商的代价是巨大的。

圆珠笔行业高度分散，远远没有形成寡头垄断的局面。多年来，球珠、墨水主要依赖进口，不同的厂家往往各行其是，分散进口，再在自有厂房进行调试。既没有一个统一的行业标准，也没有组织能够提供可以共享的技术。在这种情况下，每家企业都是从零开始建造“城墙”，都要搭建同样的“桥”，不同的企业取得的许多研发进展往往是重复的，这些就是供应链缺乏系统性设计的表现。

制笔行业的龙头企业得力和贝发尽管有自己的研发投入，但面对的是日本三菱、百利等巨头的竞争。这些巨头早已在全球完成布局，而且拥有完整的化工、钢铁产线的知识积累。仅仅在研发油墨方面，三菱就拥有十多个顶级的油墨专家。这种投入规模，绝不是某一个本土圆珠笔厂所能够负担的。

技术差距或许看得到，但组织能力的差距却很难被察觉。**供应链是一种技术，更是一种组织，需要秉持一种系统性思维。**对于本土企业而言，通常只能做好企业内部的工作。而对于整个行业而言，则需要“虚拟架构师”来完成整体性的协调。要避免不同的厂家都在为同样的供应链技术进行重复性投资，需要一种超越企业的组织协调。

反差：低技术产业与高级组织

供应链涉及众多的企业，每个企业都会基于自己的利益考量做出独立决策。协调这些企业的一致行动而实现最大的价值输出，并不是一件容易的事情。对于很多同类企业聚集在同一个产地的经济形态，这种协调尤其重要。

简单地说，产业扎堆的现象被称为“产业集群”，或者浙江地区所谓的“块状经济”。这是中国制造在 2 000 多个县域经济的基本盘。联合国工业发展组织基于研发支出与制造业增加值的比例，将制造业分为中高技术、中级技术和低级技术 3 个技术类别共 24 个门类。中国的产业集群，目前大部分属于低级技术类别。这些产业集群是随着中国制造整体发展的洪流一起发展起来的，而它们的转型升级，需要高级组织的引导。

在 20 世纪 90 年代，欧洲的玻璃吹制工艺经由日本来到上海，再传播到国内不同的地区。安徽凤阳出产玻璃所必须使用的原材料石英砂，山西祁县有能源优势，因此这些地方就容易发展起来相关产业。此外，山东淄博、河北河间等地也得到发展。2010 年前后，加工玻璃器皿的劳动力成本和能源价格开始上涨。很多企业转向机器压制，大规模生产类似烟灰缸、压制玻璃杯等产品。然而山西祁县采用了不同的路径，坚持走技能密集型路线，转向高端吹制玻璃器皿。如今，当全国的机器压制玻璃器皿市场到处打价格战的时候，祁县则站稳了高端产品市场。全国 80% 的吹制高脚杯来自祁县。与机器压制相比，价格超过 10 倍。而祁县生产的高档玻璃器皿，70% 以上出口到欧美市场。

祁县与其他玻璃产业集群采用了不同的进化路线，这跟当地的组织方式有直接关系。2012 年，祁县成立了玻璃器皿发展中心，专门为企业提供咨询。发展中心的人员跑遍了欧洲各家玻璃制造基地，领悟到了什么样的产品会迁移，什么样的玻璃基地会留在本地。

欧洲产能只留下 10% 的高档玻璃器皿，而日用玻璃的产能则基本来到了中国。祁县玻璃器皿发展中心的战略性格局，也在这里体现出来。这好比是站在全球市场的地球仪旁边，指导一个小小县城的产业升级。如果只是机器压制玻璃，那么这些产业过一段时间可能就会迁移到墨西哥和印度。但是，人工吹制玻璃则完全不同。技术工人的群体成长，往往需要 10 年的时间。而祁县有 20 000 多名吹制玻璃的产业工人，已经形成了手工精品化的组织模式。这本身就是一个巨大的壁垒。

“低价争订单，高价抢工人”，这是以前的恶性竞争模式。而玻璃器皿发展中心通过引导龙头企业向高端转型，逐渐使整个供应链分层。劳动力密集的优势就是花色多、个性化强。机器吹制只能实现花色图案的 5%，而人工吹制可以达到 95%，自然就会形成批量虽小但更精致、多品种的优势。在实现产品定位多样化的同时，继续丰富产业的深度。吹制工序之后，还有手绘、描金、刻花等工艺，也都成为供应链的分工环节而得到发展。发展中心不断延长供应链的长度、细化颗粒度，从而呈现百花齐放的局面。这样就逐渐占据了一个独特的高端市场，从而很好地实现产业集群的升级。可以说，类似发展中心这样的地方咨询组织，起到了非常大的协调作用。

这种有组织的现象，在表现突出的产业集群中很常见，也造就了很多本地产业就地深深扎根的现象。当一些低技术产业迁往东南亚的时候，湖南邵东打火机产业集群却岿然不动，全球 70% 的一次性打火机都在这里生产。13 家出口型企业牵引着这样的巨型机器，工厂一天可以生产 1 000 万只打火机，速度真是令人望尘莫及。同众多劳动密集型产业一样，打火机曾经也在全球“流浪”。早期发迹于西班牙，后来“流浪”到法国和美国。20 世纪六七十年代来到日本，紧接着去到韩国、中国台湾，大约 90 年代在广东和浙江温州落地。利润微薄的行业，很难在一个地方落得住脚，不断上涨的劳动力根本无法支撑。到了 21 世纪初，广东和浙江温州也开始承受不住。于是湖南的邵东市，承接了打火机这个浮萍一样的产业。20 年过去了，当初一只打火机卖一元钱，现在仍然卖一元钱。产品材料更好、功能更全面，企业如何依旧能够赚钱呢？邵东市如何防止本地产业进一步流浪到东南亚国家？

打火机、纺织、箱包、文具等，容易被看成是低端制造，这其实是一种固有的偏见。打火机极致成本的背后，也有高端制造的雄心。

任何一个产业都不简单，打火机也是如此，其产品系列有 8 类，包括砂轮机、防风机、直冲机等。这些系列有 260 个品种，每个品种有 30 多个配件，而且相互并不兼容，例如砂轮打火机的砂轮、出气阀等零件与电子打火机的就不兼容。

打火机背后是一套复杂的供应链。打火机常见的三件套——引流芯、芯套和海绵，就需要一系列配套工厂供货。而打火机的电子装置又是一条供应链，甚至可以看成是陶瓷产业的延伸。陶瓷粉经过复杂的工艺沉降形成包套来包住电池，而后跟铁机头、压缩弹簧和铁帽组合成一个精致的杠杆。压下铁帽，一点就着。同样，小小的出气阀、眼花缭乱的印刷包材以及电镀喷漆等表面处理，背后也有一个又一个卫星供应链。

除了塑料粒子和危险的化工气体不在邵东本地制造，其他的零部件，当地应有尽有，而且距离基本在 30 分钟车程之内。一个打火机厂会有 100 多家配套商，相互之间的物料运输速度很快。

一个强大的产业集群背后，可能有十几个不同的产业在支撑。生态越丰富，供应链韧性就越强。在中国制造重要的基本盘上，如果每个行业都可以做到这种极致的效率，那么就会少有供应链的迁移之忧。

越南、孟加拉国、印度尼西亚等国家，也都有打火机的分散工厂，但大多是中国企业家开办的。由于一些国家的本地政策限制单纯的商贸而要求落地制造，所以中国工厂就会设在那里。但是，那里的工厂往往只是进行简单组装，而研发系统和真正的配套都是在中国进行的。这意味着，未来 10 年内，东南亚国家很难有谁能够替代中国的产业集群。而这些集群的特点就是制造能力强、供应链交织深。

砂轮打火机的三件套配件，原来的成本是几毛钱，现在是几厘钱。出气嘴需要有胶圈，有空心真空底托、螺丝、塑胶件，压制成一个件，成本从过去的 2 角钱到现在的 1 分多，而电子打火机需要将铁机头、弹簧、塑胶件压成一个电子打火器。以前从国外进口需要 1 元多，现在能够做到 5 分钱，成本下降 95%，这就是打火机价格仍然能够保持不变的原因，也是中国制造的深潜能力。

唯一的秘诀就是提高效率。从以前的人工到现在的自动化设备，人均效率提升了 30 倍，而每只打火机的人力成本则从 1 毛钱降至 1 分 5 厘钱。这是高效率组织供应链的能力。然而，在人们看到这些专注的企业家、多元的供应链和非标自动化设备等强大的“肌肉”组织时，还有一层“软组织”需要格外关注。本地的打火机协会，起到了巨大的组织协调作用。协会组织企业在全球如迪拜、巴黎等地寻找最终渠道而摆脱香港中介商，建立全球直达的价值网络。协会协调建立卡车运输大队，确保各家产品准时运往港口码头。同时办理通关清关等程序，按货柜数量收取费用，对大小企业公平一致。

打火机看似是个简单产业，但它受大宗商品影响非常大。类似气体、金属、塑料粒子的市场价格波动都很大，需要有吹哨子预警的人。协会就起到了对原材料价格站岗放哨的瞭望塔作用。邵东打火机协会有一个新品数据库，里面保存了各种样式的打火机。所有公司的新品在开发打样期，都需要送往那里备案。如果是相似的产品，就会被协会打回去。这种方式鼓励创新，有效杜绝了同行业间“残杀”的现象。该协会甚至成立了价格监管协会，不允许低价倾销，从而解决了产业集群常见的拼价格内卷的现象。

打火机产业过去几十年一直像游牧民族一样居无定所。自从来到邵东，就留在当地扎根，没有再转移到越南、印度等地。极限制造能力、配套的供应链，就像一个巨大的吸盘，将它牢牢地吸附在湖南长沙西南 200 公里的地方。

打火机产业不是低端制造。中国作为贡献全球制造业总产值近 1/3 的制造大国，几乎没有一个产业未经过浴火重生，也没有一个产业能靠低端制造发展至今。邵东打火机产业集群就是一面屹立不倒的红旗，而背后依托的协会，组织效率令人刮目相看。

战略性新兴产业并不一定就有高端组织力，传统产业也会拥有高效率的组织。**极致自动化、全球价值网络、黑手创新（指车间里双手沾满机油的现场创新），都是通向极限效率之路。**当所有这些因素叠加在一起的时候，那些曾经四处流浪的产业就会落地生根。而如何设计供应链的运行模式，则是技术之外的组织命题。

造钟：供应链调度

对于复杂产品的制造而言，供应链的组织能力和技术能力一样重要。例如制造大飞机、盾构机、工业软件等，既需要一流的组织管理能力，还要有能够定义架构和运行规则的“造钟师”。供应链的设计，需要两头服务，既要让用户形成好的体验，又能让上游供应商充分理解需求意图，也就是“让下游满意，让上游明白”。大企业往往会对供应商提出深刻的要求。这是一套系统需求工程，企业需要具备相应的能力来实现组织系统和协同创新。

液压传动对于工程机械而言，是一个关键的动力传动部件。对于这些部件，工程机械厂家往往会采用外部采购的方式。即使如此，三一重工这样的工程机械主机厂，一直保留自有的研究院，来深刻理解液压动力所需要的基础知识。制造工厂成为调度供应链的一个关键界面。要指挥这样的供应链，则需要看不见的系统性思维和系统工程能力。三一重工的研究院就具备这种能力，当主机厂有了设计经验之后，会给出更加明确的系统和元件要求，于是供应商可以更好地锁定参数进行技术攻关。

同样，富士康并没有建造工业视觉的工厂，但却有专门研究图像识别的工程师，来构建自动化图像检测方案，并指导供应商。这是一种重要的系统设计能力，对于供应链的成长至关重要。

华为在推动国产工业软件发展初期，就开始收集全球集团内部的用户需求。经过有效的整理之后，这些需求会提升到系统框架结构的高度。之后，再开始逐级分拆。这使得供应商的产品，一开始就嵌入一个组织系统之中。这对于供应商的好处是，每一个行动都是一个更大框架的组成部分。就像是各个小分队的任务，最后会形成一种合力。这是一种整合供应链的能力，在进行复杂产品的开发时，具有至关重要的引领作用。华为的这种做法，已经远远超出一个企业的边界。但在特殊时期，这种补位的方式弥补了行业组织的缺失。

链主企业不仅要对产品特性了如指掌，而且要能定义保障生产的供应链之间的关系。这种黏合剂就是行业知识，往往需要一种建立“行业通识”的方法论来解决。当特斯拉决定对汽车后座进行一体化铝合金压铸的时候，工程师们需要了解铝合金材料、压铸机器的性能，对应用场景进行模拟设计。只有工程师掌握了大量零件压铸的知识，才可以跟压铸机器制造商如力劲科技等启动关于机器选型的对话。

对于零件来源、加工方式，甚至更上游零部件的把控，是一套可以掌握的方法论。经济学家布莱恩·阿瑟认为，解决新问题的工程，其实都是从标准工程的起点出发并进行各种组合，然后建造某个已知技术的新版本。[①] 如果从“标准工程”的原理出发，并且掌握“项目管理”知识，那么工程师就可以举一反三，实现跨行业的联合创新。而特斯拉的供应链团队，正是依靠对标准工程的认知，从而将各种核心模块吃透、用透。如果一开始就只是推进产品技术参数，则很难形成颠覆性的全新认知。

显然，技术短板往往只是技术攻关的一部分，是一种表面现象。**而管理供应链的综合能力的缺失，则可能是导致技术短板的根本原因，也是系统性设计能力弱的表现。**根据布莱恩的看法，系统性设计能力代表了一种“与人高度相关的组织和行动的过程”，“而相对于音乐和建筑，工程的创造性被严重低估”。当人们过分强调产品技术知识的时候，供应链的协同性、方法论等知识也被悄悄地忽略了。外部协同的失败所导致的系统设计的失败概率，甚至高于内部技术能力的缺失。

① 布莱恩·阿瑟，著．技术的本质 [M]．曹东溟，王健．译．浙江：浙江人民出版社，2019：99，103.

第五节　大飞机与国家之力

曲线：政府支持成就美国航空霸业

一个有制造雄心的国家，通常会有“大飞机情结”。民用飞机制造是一个拉动性极强的产业，对材料、电子、计算机、控制、机械加工等都有巨大的作用。从供应链角度而言，大飞机具有空间扩张的膨胀效应。由于对零部件质量要求很高，供应链上的供应商几乎都能从高标准要求中受益，而且很多技术可以横向扩展到其他领域。在美国定义的 429 个产业门类中，有 340 个与航空航天产业相关，其中 150 个在飞机制造业直接提供产品或服务。换言之，美国近 40% 的产业门类都跟飞机相关。[①]

大飞机制造一直被美国看作战略产业。从二战以后一直到现在，每届政府都不遗余力地对大飞机给予支持。可以说，飞机制造是美国长盛不衰的骄子产业。联邦政府采用“回形针产业政策”的迂回策略，通过 NASA 和国防部为民用飞机间接提供财政支持。这是一种非常精细的供应链设计。

学者菲利普 · K. 劳伦斯建立了关于美国对大飞机产业补贴的研究框架，从而就美国政府

① 菲利普 · K. 劳伦斯，德里克 · 布拉登. 战略贸易政策：美国大飞机产业补贴之道 [M]. 史廉隅，陈庆志，等，译. 上海：上海交通大学出版社，2022：11，46.

对大飞机产业的不正当补贴进行了分析。劳伦斯认定美国政府在1992—1998年以NASA和国防部为主要推手，向波音、麦道以及其他民机制造供应链的上下游企业，输送了大量的公共财政资金，以维持美国在民机制造领域的优势。

NASA通过公共预算支持的研究和技术项目的技术转移，来补贴大型民用飞机的发展。由于许多大项目都是由军火制造商负责完成的，在完成项目合同时，相关项目产生的技术和知识成果也随之转化为企业资产。劳伦斯估计，1992—1997年NASA创造的航空工业总产值达到73亿美元。其中用于开发民用或军民两用技术的外包项目总产值达到31亿美元，每年有将近5亿美元补贴用于美国的民机制造。

同样，美国国防部对波音民用飞机的年度补贴也达到5.6亿美元。除了提供补贴，还扩散了很多知识，这是另外一笔隐形的财富。

美国发展民用飞机的模式主要有两种。第一种是直接将军用机体和机载系统“剥离并嫁接”到民用飞机领域，第二种则是同步研发军用和民用两种机体以降低风险。美国否认第一种模式的存在，但实际上在航电系统、设计工具、制造工业和耗材等关键领域，这一模式发挥了决定性的作用。这是一种“具备剥离并进行再应用”的潜力。波音公司在B-2轰炸机的制造过程中，拥有了制造树脂基复合材料结构件的能力。造价非常昂贵，但美国国防部的军火订单，强化了波音的能力。波音很容易将这样的技术，横向转移到民用飞机上。同样，在不用火箭助推的条件下，采用超声速燃烧冲压发动机将飞行送上轨道的国家空域系统计划（NASP），在经历10年发展后宣告失败，但是该项目开发了钛合金材料的使用，并且在波音777短舱上得以应用。军工供应链能够转移到民用行业，是美国军工复合体的典型特征。

无论是 NASA 还是国防部，都在向民机制造行业输送利益。不仅是飞机制造商，相关的供应链也获得可观的补贴。部件与系统是民用飞机的关键部分，占飞机总价值的 50% 以上。[①] 因此很多订单都被提供给供应链上的企业，如霍尼韦尔、汉胜公司和陶氏化学等。还有一些订单进入了企业联合体，而波音公司通常是这些联合体的成员。

美国政府直接参与了整个航空产业的产业政策制定和供应链结构设计。飞机制造与国防的产业参与者太多，根本无法获得规模经济效益，解决办法就是合并。当意识到航空产业需要越来越高的研发投入，已经进入越来越惨烈的竞争时代时，美国政府开始出手干预。1993 年，时任国防部长邀请美国军工和航空航天的几位企业高管参加晚宴，这也被称为“最后的晚餐”。[②] 随后，很多小型玩家陆续出局。联邦政府动用行政力量，开始整合供应链。1998 年波音公司收购麦道飞机，得到了政府对于并购交易的财政支持。只剩下两家企业能够提供空中飞行的大飞机：美国波音和欧洲空客。当时还有两家支线飞机的制造商是加拿大庞巴迪和巴西航空工业。

尽管公共政策不断变化，但美国民用飞机产业一直得到呵护。美国国家航空咨询委员会从

① 菲利普·K. 劳伦斯，德里克·布拉登. 战略贸易政策：美国大飞机产业补贴之道 [M]. 史廉隅，陈庆志，等，译. 上海：上海交通大学出版社，2022：95.

② 木村诚志. 赶超或升级：日本商用飞机产业的后发挑战 [M]. 彭英杰，孔子成，等，译. 上海：上海交通大学出版社，2022：69.

二战前就开始提供基础研究支持，后来演变成 NASA。而在美国制造受到日本制造巨大冲击的时候，民用飞机在 1970 年之后仍然是备受青睐的产业，但钢铁产业就没有得到类似航空研究项目的支持。

美国为航空航天产业提供了不折不扣的产业政策补贴。那些政策跨越了不同时代，每一届总统都是航空产业的支持者。1993 年，美国总统为了应对来自空客的威胁，打算为波音提供 80 亿美元研发投资补贴。围绕波音，美国制定了很多灵活多变的政策，这无疑使得美国的航空产业能够一直保持强壮。美国航空产业有 8 800 余家企业，占比达全球总量的 40%。美国航空产业在 2022 年的出口额达到近千亿美元，是美国少数呈现贸易顺差的行业。

残骸：赛道上到处是失败者

没有美国政府的支持，美国民用飞机行业的霸主地位会受到巨大的挑战。实际上，全球不少国家对飞机制造都有十分高涨的热情。俄罗斯、德国、巴西以及亚洲许多国家和地区，都追逐过民用飞机产业的发展。

然而飞机制造业其实是一个充满诱惑的沼泽地。很多曾经的欧洲飞机制造商陆续消失，而日本、韩国、新加坡等国的众多追赶者也很少有成功的。巴西航空工业凭借支线小飞机取得了重大突破，成为少有的摆脱飞机制造陷阱的国家。新加坡在苦苦挣扎无法突破之后修改策略，转移到售后维修服务，如今已成为亚洲航空工业重要的备件维修基地。

尽管每个国家都制定了公共政策提供大量支持，但国家的财政能力才是发展大飞机的重要保障。曾经拥有支线飞机制造能力的英国、法国和瑞典，由于财力的原因不得不放弃本国单独发展民用飞机的计划。

那些抱有大飞机梦想的追赶者，从主机直接进行挑战已经非常艰难。尽量融入全球供应链成为许多国家的选择，但是只能沿着供应链逐渐提升零部件的技术含量和层级。供应链就像一个梯子，后来者要一步一个台阶向上爬，逐渐接近航空产业金字塔的顶端。

2023 年，日本三菱重工宣布放弃对载客量 70~90 座的支线飞机的开发。这个机型的开发在 2008 年正式启动，投资 500 多亿元人民币之后，宣告失败。这意味着，从 20 世纪 60 年代开始的日本民用飞机复兴梦第三次折戟。

日本原本有非常扎实的供应链基础。20 世纪 90 年代，日本航空供应链能力大幅度提升，成为波音 777 的项目合作伙伴。到了波音 787 “梦幻客机” 投入市场后，日本更是上升为波音的战略合作伙伴，承担了 35% 的工作量。机翼是由三菱重工设计的，这是波音非常看重的能力之一，将近 50% 的复合材料由日本东丽承担，普利司通是全球少数几家能为大客机提供轮胎的供应商，全日空航空公司还承担了波音客机软件部分的设计。这些嵌入战略，大大锤炼了日本航空供应链的能力，无论是在复合材料还是在机载系统领域，都成为顶级供应商。然而，工程型供应链的胜利，依然无法代表界面型供应链企业的成功。

由于众多的航空公司之间存在激烈的竞争，一架飞机很难有反复试错的机会。跟高铁可以逐步提高速度而逐次迭代不同，一个飞机型号起初就要足够好，否则航空公司就会因为工具落后而导致经营上的困难。如果国产飞机不如波音、空客，那么对于全日空等企业而言，购买落后的飞机就等于让自己陷入非常不利的竞争局面。

航空公司的声音，是不可忽略的。显然，大飞机是强大的技术和资本密集型企业，但它连接用户的属性则容易被忽略。航空公司不仅要具备制造能力，更需要具备理解用户的超常运营能力。航空公司的技术能力和营销就像一个 U 形磁铁，两端的吸引力都要特别突出。预测未来是危险的，把握多变的需求更是困难的。飞机制造商深谙用户需求所形成的市场洞察力，这也是取胜的关键法宝。波音和空客在这方面的经验，不容忽视。

日本无法实现系统设计与集成方面的突破，这也正是波音公司刻意向多年的战略伙伴所隐藏的能力。即使日本参与了波音 767、787 等多款机型的开发，而且介入越来越多，但波音公司一直严格封锁整机的系统设计。在研发支线飞机 SpaceJet 的过程中，共有约 900 处的设计需要变更。2009 年三菱重工大幅变更机身和主翼的设计，就曾导致交货推迟。在试飞成功后，再次出现机身和主翼结合部分强度不足等技术问题。变更设计是难题，会使研发费用不断膨胀，甚至成为无底洞。

大飞机有将近 300 万个零部件，它们之间不是简单的叠加。对大系统的复杂性要有很强的驾驭能力，但日本采用国际化的混编设计团队也导致了交流上的混乱。日本航空市场并不大，由于无法很好地理解用户需求，用户市场对 SpaceJet 已经呈现出冷淡的态度，还要依靠北美航空市场才行，而迟迟无法拿到北美市场的适航证则成为最后一击。日本在获得飞机的国际适航证方面，经验实在太少，波音公司并没有义务协助日本企业做到这一点。由于要获得型号合格证，需要投入几十亿元人民币，而这还只是前期费用，即使获得适航证，市场也仍然不明朗。这一点难倒了三菱重工，它只能选择放弃。一架飞机看上去是装配出来的，但考验的却是顶级的集成设计能力。即使有再强大的供应链支撑能力，日本想发展民用飞机最后依然梦断。

再看俄罗斯的航空制造，则与全球飞机制造产业严重脱节。1998 年是俄罗斯航空业快要融入全球供应链的一年。美国和英国的发动机三巨头都在准备为俄罗斯的飞机配套，航电系统供应商如罗克韦尔和霍尼韦尔，也准备成立合资公司。俄罗斯的两家设计局伊留申和图波列夫分别设计的伊尔-96M 系列和图-204 系列，依然停留在过去的水平。航空公司的用户需求被忽视，制造环节也陷入了僵局。俄罗斯航空制造在设计与制造环节上出现了不连续的状态。俄罗斯沿用的是苏联的飞机制造模式，设计局与制造商两端分离，二者的沟通非常困难，形成了设计与制造分离的局面。

俄罗斯想与美国和欧洲的航空公司合资的想法最终无法落地，航空公司的租赁融资机制和资金也无法到位。俄罗斯从全球民用飞机最近的轨道上远离，逐渐走向独自运转。

在全球寻找合作伙伴，风险共担的“主制造商—主承包商”模式，已经成为飞机制造业的主流。主制造商作为飞机制造的系统设计与集成商，主承包商也只有几家非常有限的选择。这种寡头垄断的“双主模式”凸显了飞机制造业的战略联盟和制造外包的重要性。航空产业的成熟，使大部分生产商各自专注在供应链的某一块业务。尽管全球采购会使供应链不断向各个区域扩散，但零部件、装配与制造都被仔细拆分成不同技术含量的活动。在已经定义好的供应链节点上，每个供应商的位置会越来越固定。

意外：空客的崛起

欧洲的空中客车公司在美国大飞机霸主的严密注视下，依然慢慢发育成长，并且成为双寡头之一，这是飞机制造史上的一段传奇。

大飞机的发展历史，经历过快速膨胀和极度收缩，极为关键的主机厂和发动机制造商都能体现这一点。全球曾经有 10 家民用飞机制造商和 9 家发动机供应商。到了 20 世纪 80 年代，分别减少到 3 家。

空客在 20 世纪 60 年代出场时，初期完全不被看好，它只是几个国家松散组织起来的联合体。

但空客联合体在启动之时就制定了合作企业的退出程序。作为独立的经济利益集团，它跟合作伙伴的关系是主制造商和供应商。主导权也很重要。在初创时期，英国和法国也继续抢夺控制权，后来以英国退出才结束争斗。

空客联合体实际是一个组装公司和销售公司，由一个总装公司和几个合作伙伴组成。它既不负责设计，也不负责零部件制造。联合体中既有飞机制造商，也有民用航空局的工作人员，因此也是一个政企联盟。它的使命简单明了，那就是挑战美国大飞机霸权，实现全球 30% 的市场份额。

如何选择供应链，也至关重要。在 1969 年英国退出后，空客的飞机设计理念不再追求过多使用欧洲技术，而是追求供应链的全球适用性。“更先进的飞机，更低的成本”代替了“尽可能多的技术欧洲化”。这是一个重要的变化，意味着欧洲飞机制造主动向全球供应链靠拢。尽管欧洲减少了技术研发而导致溢出效应减弱，但制造一架飞机的学习曲线则变得平缓许多。空客 A300B 中接近 50% 是美国制造，彼时的空客联合体已经不再将推进欧洲飞机制造技术先进化作为目标，因为这对空客实现 30% 的全球市场份额的目标来说，可能反而是一个阻碍。空客以市场为导向的理念，完全脱离了欧洲过去研发飞机的非商业理念。这样的理念，也会确保企业听从航空公司用户的声音。

英国在 1979 年重新加入空客的时候，与法国联手设计了 A310 机型，并开始筹划 A320 机型。对于空客而言，1981—1982 年，A310 和扩展 A300 的产品线，以差异化的市场定位获取发展机会。那时，空客的发展已经不能不引起美国政府的注意。是否对欧洲举起贸易战的大棒，美国政府一直犹豫不决，各种声音都有。1983 年，美国举行听证会，讨论美国核心产业的保护问题，机床、钢铁和航空产业等都在其中。对于航空产业，反对贸易制裁欧洲的声音却意外响亮。空客将产业竞争隐藏在国家之间需要建立友好关系的主题之下，为美国的决策者们制造了微小但重要的分裂。包括美国总统在内的很多官员，并不想让美国与欧盟关系过于紧张。

空客也进行了积极的游说，尤其是对于它的发动机供应商。在美国本土，试图保护空客免受制裁的企业，正是美国发动机制造商。美国通用电气和普惠公司都担心美国对空客所采取的激进手段会影响他们的生产经营。1983 年通用电气已经通过法国斯奈克玛与空客公司建立长期合作关系，自然非常重视法国的合作伙伴。而普惠发动机也希望借助空客 A310 的项目，成为空客公司的供应商。后来，这两家企业都获得了成功。反倒是英国的罗罗发动机公司，在相当长一段时间内，没有获得向空客飞机新型号供货的机会。[①]

既然美国零部件业务看到业务大幅增长的机会，自然就不希望美国实施贸易保护而损害空客。美国普惠发动机的母公司联合技术公司（UTC）向国会汇报时提到要点，“虽然空客飞机的每笔订单意味着美国飞机制造商的损失，但这也是美国航空发动机制造商的机会，美国政府在制定有关航空产品的贸易政策时，需要统筹考虑发动机和飞机这两类制造商的利益，如果不能在海外市场获取可观的市场份额，美国民用飞机行业也很难生存下去”。航电系统的其他供应商也有同样的心思，霍尼韦尔和罗克韦尔等美国企业，与欧洲客户有着广泛联系。

对于美国航空公司而言，对飞机制造商进行竞争的喜爱，胜过了保护主义的偏好。美国航空公司欢迎受到补贴的空客飞机进入美国市场，压低价格。由于承受巨大的成本与潜在的风险，航空公司欢迎更多的飞机公司进行竞争，这也正是 A300 机型能够受到美国东方航空公司青睐的原因。

由于担心本国的飞机无法进入欧洲市场，当时美国飞机制造商波音、麦道等厂家的态度十分

① 史蒂文·麦奎尔. 冲突与妥协：空客与美欧贸易关系 [M]. 张小光，黄祖欢，等，译. 上海：上海交通大学出版社，2022：147-148.

暧昧。这些企业并不想把事情搞大，而使自己受到对等的制裁。欧洲的分包商，也在向欧盟的补贴施加压力。英国道蒂航宇公司，除了为空客提供飞机降落架之外，也为波音、麦道提供服务。**国家之间交织的供应链，已经成为一种无法轻易脱钩的保护套。可以说，供应链的存在，在某种意义上也限制了国家发起单边贸易冲突的激烈程度。**这让空客得以在几乎被默许的情况下，继续快速发展。

在1998年波音兼并麦道之后，空客意识到作为制造联合体，已经无法适应未来的双寡头争霸的局面。彼时的全球民用飞机市场上，各家航空公司竞争激烈。这些航空公司基本是“强调价值而非技术”，导致飞机制造商的定价权受到了挤压。为了扩大市场份额，波音和空客不断寻求管理效率和削减内部成本。空客联合体的好处是整合不同企业的优势，放开资金的获取渠道，汇集庞大的资源。但是，这也必然会面临平行管理、效率低下的局面。

为了应对挑战，1999年空客联合体被重组，成为一个单一的企业体。聚焦空客作为单一企业的发展，而非合作伙伴的目标，成为重点。由于不断要求降低成本，供应商的生存空间也开始压缩。整个产业的并购案例开始增多，航空产业的供应商数量开始减少，产业继续走向集中。

从财务投资看，空客在相当长时间内，可以说是失败的金融投资项目。在最初的一二十年，财政屡屡告急，法国政府也曾萌生退意，但出于对大飞机战略产业价值的认知，坚持到了最后。保留飞机设计与生产能力，会对供应链起到巨大的拉动作用，这是无法只看经济账就能否定的决策。

自主发展本国飞机超过了任何一个欧洲国家的财力，这成为欧洲国家的共识。在具体实施过程中，空客受到政府的干扰并不多。而空客与上游供应链中的发动机制造商也存在着复杂的利益关系，这使得美国的制裁一直没有真正实施。各种复杂的原因，使得从零开始的空客在美国各界的紧密关注下，终于发展成为大飞机的两大霸主之一。

下篇　攻防态

第五章
供应链攻防之道

供应链韧性是攻防之道的基础。

供应链体现的是一种隐形的国力，
建设健壮韧性的供应链也是制造大国的富强之道。

链主是供应链的强有力节点，
只有具备良好的系统集成能力和设计能力，
才能带动整个链条的发展。

每一个产业都涌动着巨大的创新力量。
每一条供应链都值得审视，通过主动设计，来寻找未来的机会。

华为正在带动国产供应链快步爬升，
是当前供应链大格局下的一种崭新气象。

无论是镁合金行业，还是细胞与基因治疗的代工制造，都是充满了想象力的产业。
大量的新兴产业，有着蕴藏火山喷薄的能量，
为中国供应链带来生力军。

“保链护士”需要重新调整思路。在维持既有优势的情况下，要加强高科技人才的供给。

供应链出海，不能单打独斗，
很多金融、信息服务和公共服务体系不可或缺。

当中国企业长大的时候，
所有的竞争都是全球性的。

应该说，积极走出国门，是中国制造能力水到渠成的一种延展。但需要学会在全球进行资源配置，
重新融入全球化。

中国拥有大规模的单一市场，这是无法被封锁的；
供应链所拥有的超级连接力，提供了一种
产业纵深的防御。

供应链竞争力不仅是所有供应链节点的合力，
更是一个国家制造能力的总和。

2023年初，当被问及中国的出口管制政策将带来哪些影响时，美国商务部长表示："在与中国竞争时，有进攻战略和防御战略。防御战略是出口管制，防止中国获得超高端技术；而进攻战略则是投资美国。"美国已经率先将供应链拉入攻防战的状态。

供应链体现的是一种隐形的国力，建设健壮韧性的供应链也是制造大国的富强之道。美国政府对中国展开所谓的"脱钩断链"之战，主要是围绕三条线索进行的，即收紧供应链控制力、加强供应链设计力，同时动摇中国的供应链连接力。美国一方面利用跨国公司的优势实施产品断供，另一方面不断重新优化本国的供应链布局，同时在中国外部建立再全球化策略，对中国供应链进行"松链"。在这种背景下，全球供应链已经出现了大变局，而"中国制造"则需要掌握攻防节奏，攻防有序。

尽管外部困难重重，但中国要坚持全球化视角。在供应链方面，有一种声音是"全部国产化"。然而从长期看，这对于一个国家的国力可能是有损害的。如果供应链的每一个环节都寻求自主，那么在这个过程中会逐渐失去与国外企业进行知识交换和能力注入的机会，并不利于长期可持续发展。

还有一种情绪是认为中国市场不可替代，对于这类问题也需要有清醒的认识。有些跨国企业在中国市场销售的产品占到其全球业务的半数以上，如提供 MPS 电源芯片的美国芯源系统有限公司或者销售化妆品的雅诗兰黛集团。但是，也有一些国外企业在中国市场的业务占比很小。以全球三大计算机辅助设计软件公司之一的美国参数技术公司（PTC）为例，在其全球业务中，中国市场占比不到 5%。中国市场虽然一度是 PTC 的重要市场之一，但其在中国市场业务的萎缩并没有引起美国 PTC 总部的重视，这也跟中国市场在其总业务中占比较小有关。

供应链韧性是攻防之道的基础。蒲苇摇曳，风吹倒之后还可以重新直立起来，而很多大树虽然枝干挺拔，但也容易被大风连根拔起。这让人们认识到柔软与刚强对于外部变化的适应程度不同。即使先行者设下了种种障碍，后发者也可以理性地推动“供应链共生”，实现像蒲苇一样有韧性的供应链体系。**而要加强韧性，就需要将中国供应链与国际供应链紧密交织在一起。**

供应链就像一个生命体，在遭到外部损伤的时候，会努力顽强地生存下去。但如果发生剧烈的对抗，则会过多消耗生命力。尽管毒性生物让人望而生畏，但是制造毒素却要消耗巨大的能量，因此也不会轻易使用。而且，很多生物在漫长的进化过程中，会放弃使用毒素而采用捕猎或者外部警告等其他方式。在供应链攻防的过程中，会有激烈的“供应链热战”的对抗，但也要适度控制，避免过于情绪化，造成放大和外延。而且，在其他更多的领域，需要做的则是深耕既有疆土，构筑高质高效的供应链。这些供应链同样需要花费精力进行培育，因为这往往是更大的民生所系，需要做好供应链的防守工作。

“攻”之道在于双方博弈，有时需要具有“见招拆招”的敏捷和灵活，有时需要能够跟对手一起“出牌”。**面对新兴的全球化局势，中国企业需要制定主动性的“再出海”战略，在广阔的国际市场中建立供应链阵地。**“防”之道重点在于自我加固，“以我为主”，找平衡，不极端，维持供应链的稳定，提高供应链连接力，实现供应链控制力的突破。在面对高性能芯片的市场封堵时，中国企业需要做好对成熟制程的挖掘。成熟制程的芯片，同样有着非常广阔的市场。

供应链的攻防常常交织在一起。在进攻中，需要找到供应链控制力的节点，并在关键节点上展开攻势。与此同时，要认真展开防守，在业已确立优势的供应链连接力上，保持对新兴平行供应链的效率剪刀差。

对于供应链的健康程度，可以从三个维度进行认识：连接、控制和设计。

供应链随着企业外包开始壮大，上下游企业之间需要保持有效的连接，从而保障整个链条的效率。企业每到一个地方进行投资，往往会带动周边的工厂甚至全球的资源与其进行商贸往来，自然而然地形成连接力。而这些被带动的工厂，会再次将供应链进行延伸并产生新的连接。随着技术的逐级扩散和供应链的日益丰富，企业在供应链上的优势与当地劳动力的优势就会交织在一起，大大强化相互的联系。连接力越是多样化或复杂化，供应链之间的脱钩就会变得越困难。

企业对于供应链的控制力，往往通过分析供应链的分布要素，攫取价值节点，获得更高价值。企业可以因为自身不可或缺的存在，攫取价值链中的最高价值，并且建立壁垒以甩开追赶者。源源不断地创造新的价值要素，可以使企业维持在整个产业链条的关键位置。

无论是对于政府还是对于企业来说，要构建一条有韧性的供应链，都需要精心的设计。如果说跨国企业是全球化的主角，那么供应链则是强大的“武器”。例如，尽管看上去美国将半导体的制造权让了出去，但这种制造权并非能够独立实现，它还需要设备、软件工具和设计公司的支撑。美国就是牢牢地控制了半导体供应链上的关键节点。无论是芯片设计软件，还是设备，以及 Fabless 设计，美国无一不占据优势地位。全球排名前 3 的软件公司都在美国，全球半导体设备制造商市场排名前 6 的企业中有 4 家在美国，全球市场排名前 10 的 Fabless 设计公司中有 6 家在美国。这使得芯片制造虽然在全球进行分工，但中心舞台依然在美国本土。这就是对整个供应链的链条设计。

控制力掌控价值，连接力提高效率，二者让供应链变得稳定高效。美国也许未曾丢失控制力，它真正丢失的是高端制造与低端制造的连接力。好的供应链是动态进化的，并且在进化中不断实现平衡。如果要改变供应链的控制力和连接力的平衡，则需要拥有设计力；但要让设计力发挥作用，则需要相当长的时间，因为需要改变的不是一家企业的行为，而是整个供应链的秩序。

第一节　打赢必胜之仗

纵横：加强连接力

保持供应链连接力的要义，是联合一切可能的力量，形成供应链不可分割的局面。

国家之间通过贸易形成商业往来是显而易见的，不过背后还有更难割裂的供应链的交互。德国工业的三大支柱分别是汽车、化工和机械设备，这三大产业都对中国有着很深的依赖。机械设备的供应链相对比较分散，德国的机床、塑料机械、包装等行业高度依赖中国市场，也需要中国多样化的中小企业提供供应链的支撑。而汽车和化学工业因为高度垄断的特点，对中国的依赖更深。这是一种双重依赖，既有市场，又有供应链。“中国是德国经济的基石”，这是一种理性的思考。德意志银行首席执行官克里斯蒂安·泽温给出了坚实的数据，称德国 DAX 指数企业超过 1/10 的销售额来自中国市场。2021 年，德国英飞凌芯片在华销售额占公司总销售额的比例最高，几乎达到 40%。

连接力的形式是多种多样的。例如日本一家制造磁性技术零部件的公司 Ferrotec，在华销售额超过 100 亿元人民币，它近几年加大投资力度，加速子公司在中国上市。在日本企业中，还没有哪家公司宣布过 4 家子公司均在中国本土交易所上市的计划。这家与众不同的日企在华招收近万名员工，几乎全部为当地人。一旦在中国上市，将有助于公司继续高速发展，推进人、财、物的本土化，从而在中国市场扎根。Ferrotec 充满信心的举措还带动了其他日企对中国市场的开拓，如上市公司大泉制作所与它合资，共同生产一种精密温度传感器。

全球前五大半导体设备制造商分布在美国、日本和荷兰。近年来，美国政府迫使荷兰、日本设备制造商组成联盟，对中国半导体进行设备断供。这样的联盟看似强大无敌，但也不是无懈可击。五大半导体设备制造商中，除了荷兰阿斯麦，其他四家企业在中国的销售额都占到了各自的全球业绩的 30% 左右，而且相互之间存在激烈的竞争关系。即使阿斯麦在极紫外线光刻机领域是独家供货商，但在深紫外线光刻机领域，也受到来自日本尼康的挑战。日本制造商一直寻找翻盘的机会，在这种情况下，五大半导体设备制造商中只要有一个厂商、一种主要产品的销售比例大幅变化，就可能会打破表面的平衡。

这是国家之间的竞争。日本也在制定策略，以对抗美国半导体咄咄逼人的攻势。日本政府为了吸引台积电在熊本落户，给出了巨额的补贴，但这一策略遭到日本半导体产业的质疑。一些学者认为，与其在不占优势的领域建立低端产能，不如选择性设计突破点，建立日本企业的控制力。例如在将声光电转化为电信号的模拟芯片领域，日本企业的全球份额仅为 13%~14%，这个市场的主导者是美国的德州仪器和博通。日本产业界希望在政府的主导下，集中扶持一两家企业攻关，从而获得这个市场 50% 的份额，这意味着日本要从美国占据的市场中夺走更多的地盘。

在半导体产业，美日竞争是全面存在的。日本也急于夺回丢失的市场，对于半导体制造设备和材料企业的发展，日本半导体专家主张日本企业和中国企业合作，联合开发面向未来的设备。落后于欧美的日本企业如果能和中国企业合作，则可以发挥数量优势，存在反超欧美企业的可能。模拟芯片所需要的制程相对不高，可以精耕细作，而对业已掌握的“成熟制程”深度打磨，也是一种全面巩固阵地的方式。

跨国企业奉行商业利益至上，很容易形成表面上的结盟。只要存在不稳定的因素，精心设计的平衡就容易被打破。早在 1995 年，中国电子工业部决定建设一条 8 英寸晶圆、0.5 微米工艺的集成电路生产线（即“909 工程”），并向全球多家半导体厂商发出合作邀请。1997 年，IBM 与东芝联手，基本确定与上海华虹公司合作。这个时候，东芝多年的老对手日本电气公司（NEC）似乎看透其中奥秘，在不到一个月的时间内，以更优惠的条件赢得了项目的合作权。这个投资 10 亿美元建设的先进半导体工厂，使用的基本上是日本设备，而不是美国设备。难怪美国《新闻周刊》称，联邦政府的遏制政策使“美国企业错失大鱼”[①]。

① 冯锦锋，盖添怡. 芯镜：探寻中国半导体产业的破局之路 [M]. 北京：机械工业出版社，2023：119.

向上：供应链升级的力量

中国有着广阔的供应链腹地，这为制造的多样性提供了巨大的支撑。如果可以将领先的产品设计理念注入其中，就会产生焕然一新的力量。

智能手环作为一种可穿戴智能设备，如今已

经广为人知。早在 2015 年，生产智能手环的安徽华米科技刚实现飞跃式成长。当时市场上的手环产品以进口品牌为主，通常可以续航 30 天左右，价格为 1 000 多元；而华米推出的国产手环新品续航能达到 45 天，售价只有 76 元，堪称“价格杀手”。华米科技是如何实现盈利的？质量又是如何保证的？

华米选择“背水一战”，采用的是“重新定义产品”的方式。在研发第一个版本时，极其困难的就是去掉显示屏。因为只要使用显示屏，产品的价格就不可能低于 100 元。这格外考验制造能力，售价 100 元以下的手环，既要保证质量，又要保证利润，必须在制造工艺上达到极致。不仅如此，还需要在全球配置供应链，尽可能砍掉所有中间渠道。华米四处出动，在深圳完成供应链配送中心，并在天津找到三星、摩托罗拉手机以前的工厂。这些工厂尤其擅长的就是开展大批量、超精密的装配工作。与此同时，华米需要将设计理念灌输到每个工厂，使这些供应商能够清楚地了解导致产品质量问题的陷阱。

靠着精湛的供应链管理能力，华米一炮打响，在产品越来越丰富的穿戴式智能手环领域，成为重要的自主品牌商。

这是企业通过整合供应链，塑造出新品牌的典型案例。类似的案例还有不少。京东自有品牌“京东京造”，甄选全球优质制造商直供，优化商品设计，严控商品质量，背后同样是供应链制胜的逻辑。值得关注的还有小米生态链，小米与代工厂合作生产“90 分”金属旅行箱，定价 299 元左右。随后逐步升级产品，部分价格摸高到 500 元左右。小米这种既有流量又有大众品牌的厂家，与优秀的传统旅行箱厂家合作，对箱包市场发起一次突袭。它以低价为基础，导入充足的流量，相当于把过去的批发市场搬到了线上。在这个过程中，工厂能够赚取的加工费并不多。虽然产品畅销，但是不少企业面临压款时间较长的问题，难免导致一些代工企业因资金链断裂而被市场淘汰。

小米系、“京东京造”的产品都体现出很强的外观设计能力，能够在现有的完善的供应链基础上，挖掘更高的效率。通过品牌背书做到了掐尖整合，从而使供应链的连接力得到加强。

但是如果没有形成独具特色、具备更高价值的供应链，那么这些企业对整个供应链的控制力仍然是不足的。尽管用户买到了高性价比的箱包，但是离能够推动产业升级还有一定的距离。因为生产低价产品的品牌商，是无法支撑旅行箱供应链去拉动高端轮子、拉杆、包材等产业发展的。轮子、拉杆的内部结构与成本密切相关。美国途明（TUMI）品牌定位高端箱包，其箱包外壳的材料用的是杜邦定制的尼龙丝，一只轮子的成本就高达 60 元。而对比低端箱包，一只轮子的成本能低到 3 元。瑞士日默瓦品牌的高端旅行箱采用铝镁合金拉杆，这种零部件也很难制造。这些价格动辄数千元的高端产品，其供应链往往不在中国。而售价几百元的旅行箱几乎不可能用到高端的轮子和拉杆，自然也不会涉及它们背后的先进制造工艺和先进材料，因而很难拉动零部件的高端化。

国产旅行箱品牌舒提啦直接对标美国的新秀丽集团。虽然新秀丽在美国只是家居品牌，但在中国具有较高的知名度和美誉度。事实上，新秀丽集团旗下的途明才是高端品牌。舒提啦希望自己的品质向美国途明、瑞士日默瓦看齐，供应链的问题从这里涌现出来。由于缺乏有力的零部件供应商的支撑，舒提啦在采购环节比途明的成本还要高。

当进入装配环节，舒提啦又发现制造能力不匹配的问题。旅行箱是一种高度非标准化的制造，加工过程很难实现自动化。装配过程中非常依赖熟练技术工人，手艺的好坏对旅行箱的品质影响很大。同样的材料，不同的工人装配的结果大不相同。而在中国四大箱包生产基地，无论是广东狮岭、河北白沟，还是浙江平湖和江西新干县，都很难找到满足舒提啦要求的工厂。只有很少几家为国外品牌代工的工厂拥有制造能力，但供应链体系封闭。舒提啦只能逐个寻找和扶持供应链体系，用自己的利润补贴零部件厂家，并将自己的知识灌输给它们。这就跟培育品牌一样艰难。

如果想要造出高端产品，就要倒逼供应链升级。这种现象经常发生在看似普通的产品上。

制造一把牙刷看似非常简单，但如果放大到极致设计，就会暴露供应链弊端。2008 年北京奥运会设计火炬祥云的设计师创建了贝医生品牌，按照设计手机的品质要求来设计巴氏牙刷。它采用医疗护理的理念，在刷牙时最大限度地保护牙龈。贝医生的巴氏牙刷，直接对标日本的花王、惠百施等品牌。

巴氏牙刷讲究视觉的美感和手持的舒适感，刷把上找不到任何注塑收口，只有细看才能发现它。就是这个非常小的点，一般的工厂造不出来。全球 30% 左右的家用牙刷来自江苏扬州的杭集镇，全国 80% 左右的宾馆牙刷也来自这里。然而这里却无法制造如此精致的牙刷。

同样的难题也出现在刷毛上。刷毛从外到内排成三列，需要设计成中间硬、两侧软，这种工艺只有日本东丽能够做到。哪怕是一把小小的牙刷，只要进行创新设计，也会给制造商提出很多难题。新派设计师令人耳目一新的设计，让人们意识到了传统供应链所缺失的能力。

无论是舒提啦旅行箱，还是贝医生牙刷，这些敢于挑战国外成熟品牌的新锐企业，为中国的品牌向上发展提供了崭新的样板。它们背后拖着中国供应链，正在全新升级。**只有这些界面型链主企业活下来、活得好，才会有更高的利润空间，反哺新一代供应链。而对于流量型、以价格战为主的品牌，则往往只是简单地重组了供应链的存量优势。**二者看上去都提高了产品的品质，但对于供应链的改善不可相提并论。

专注于卖货的电商平台，也不太可能补足这种能力，提供产业升级的通道。崛起的电商直播看似带来了商品交易的大繁荣，围绕一个直播的头部 IP 所形成的产品销售背后，就是一个小型的供应链帝国。一些越来越壮大的电商试图将产品价格无限拉低。虽然有强大的销量作为支撑，但是这样的供应链很难做到自我修复和升级。如果制造商们都在做低价产品，行业利润太低，则可能会形成越来越低端的制造系统，从而形成单一且重复的生产能力。还有一些区域的产业，将制造能力分散到周边更不发达的城市。传统产业工人出现断层，而工资低又很难吸引年轻人的加入。既缺乏新鲜血液的注入，又没有制造能力的进化，这些供应链将很难冲刺高端产业带。产业发展两头受挤压，就会持续下沉，不断走向低端市场。

供应链的成长方式各有不同。一种是流量型拉动，为既有的产能找出口。这种方式整合了供应链的存量优势，释放了一些优秀的产能，但对于供应链竞争能力和成长性来说，帮助并不是很大。另外一种则是通过设计追求高端品牌化，拉动供应链集体升级。这种方式会让整个供应链的连接变得更加强壮，而且更加有控制力。这已经不是在设计一个产品，而是在设计整个供应链。但仅仅靠一两家品牌企业的努力，也很难带动产业的整体发展。只有更多致力于高端产品的界面型链主的加入，才可能改变局面。

民生：强化产业集群的连接性

县域经济是中国经济的基本盘。中国有2 000多个县域，自发形成了大量的产业集群，例如山东曹县生产的棺材几乎垄断了日本市场，山西祁县的人工吹制高脚杯约占全国总产量的80%。这些产业大多数跟科技制造无关，但却与民生紧密相连。**产业集群就像生命体一样，也有新陈代谢。**供应链的攻防策略，也需要考虑让原有的产业集群能够更好地活下来，否则将摧毁当地民生。这些产业集群的既有优势，通过供应链重新放大，可以形成一套生机盎然的生态体系，使财富在本地流转起来。

对于劳动密集型的低技术产业，高成本、土地污染都不是问题所在[①]，这些并不意味着天然缺乏内在竞争力，比如电镀行业往往令地方政府望而生畏，担心容易产生高污染风险，但它却是金属制品的关键工艺。如果“一刀切”清理电镀行业，往往会影响本地供应链的丰富度。相反，如果通过环保指标建立倒逼机制，设定污水废气排放参数的上限，那么电镀行业也可以变得更加环保。**今天的低成本洼地，或许明天就会成为创新高地；而今天的高成本地**

① 加里·皮萨诺，威利·史．制造繁荣：美国为什么需要制造业复兴[M]．机械工业信息研究院战略与规划研究所，译．北京：机械工业出版社，2019：150．

区，完全可以通过设计升级，在未来形成优势。

每个地区都应该变得富强，供应链可以承担这样的使命。在加强脆弱的供应链时，也需要发现缺失的节点。巩固供应链的连接力，会使地方经济更好地形成内循环。对一个地区来说，第一产业的农产品很容易通过第三产业的电商进行销售，如果把第二产业也就是工业制造的环节加入进来，还会形成更复杂的连接。这样一来，地区的产业形态就会丰富起来。

柳州的螺蛳粉已经成为全国消费者喜爱的食品，也成为柳州市一张很好的名片。它是如何走出这座华南城市的呢？螺蛳粉源于地摊经济，是当地烟火气息的一部分。作为城市服务业的一部分，丰富的大排档满足了当地人的生活需求。但是，它只能服务于本地的消费者，很难走出去。

2010 年，柳州市政府开始筹划螺蛳粉的工业化升级。“袋装食品”成为一个关键的连接点。地摊经济属于农产品市场服务业，有卫生要求，却没有工艺标准。袋装食品需要确立标准化，而标准化是工业化的基础。有了标准，就要有生产流程，以此保证口味一致。例如要保证原材料中酸笋等口感统一，就需要按照标准专门找地方种植，这是一个完整的供应链策划：第一产业的原料企业、第二产业的加工和包装企业，以及第三产业的销售企业，三大产业可以连接起来。在此期间，工业化成为一个关键的连接要素，将路边大排档送上全国人民的餐桌。三产打通，形成了一个畅通的供应链通道，创造出一个产值 150 亿元人民币的产业。

柳州螺蛳粉企业的规模往往都不大，佼佼者的年产值可能也就在五六亿元左右。但这些企业同样需要强大的工业化思维，加强供应链的连接。在螺蛳粉的成本构成中，关键是电商流量和包装袋，而柳州螺蛳粉企业的包装袋有很多来自以“包装之都”闻名的安徽桐城。螺蛳粉生产企业虽然集中在柳州，但其供应链却覆盖全国。正是靠着创造新的供应链环节，柳州螺蛳粉做成了双百亿元的产业：袋装螺蛳粉的产值和原材料等附属产业的产值均超过 100 亿元。

在福建南平，一大片茂密的竹林也在等待开辟全新的产业赛道。靠山吃山，靠林吃林。不出意外，这里发展了竹产业，很多竹编产品源源不断地运往义乌销售。即使是大货车送到义乌，然后从义乌发货，也要比在南平直接发货便宜。

令人惊讶的一点是，福建南平的竹产品胜过邻省的浙江和江西。这些地方也有大片的竹林，但都会送到南平加工，因为那里建立了竹木加工产业。竹子的加工难度远远超过人们的想象。竹竿是圆形的，从粗变细，非常不适应工业化加工。当地人发明了一种将圆竹加工成平板竹的工艺，从而像板材一样，进入工业化的初加工体系。凭借初加工优势，南平建立了一种供应链的连接力，从而形成对只拥有原材料的邻省地区的优势。但是，盈利最高的节点仍然在浙江的安吉、义乌等商业渠道。

小小的竹竿聚集了三产之力，而且跨越三个不同的省份。这真是一个惊人的分工样本，蕴藏着财富分配的密码。而南平要想持续发展竹子产业，还需要更强的工业化体系。

南平正在寻找“产业集群第二春”的升级之路。2025 年全国竹产业的规划产值是 7 000 亿元，南平计划占据其中 10% 的份额。其中非常重要的一环就是将几乎不存在的竹加工设备，引入既有的竹制品加工业。

要想显化供应链的潜在需求，在整个链条上形成自动化，还有很长的路要走。如何在山地陡坡使用机械化砍伐设备，如何采用自动化运输，如何将整竹变成更容易加工的平板竹，这些都需要整套机械化生产体系。中国制造，在非标自动化设备、电气控制、机械等领域有了深厚的积累，而全新的竹产业自动化正是供应链大展拳脚之地。

竹产业天然就是一产、二产、三产的结合。南平有270万人口，其中1/5左右的人口要靠竹子吃饭。如果能够加强自动化装备的开发，更好地掌握竹材的二次开发特性，就可以大力发展“以竹代塑、以竹代钢、以竹代木”等产业。环保和轻量化，为万里竹海带来大有可为的空间。一直在成长的竹林，离不开的本土地盘，给予南平新的希望。

无论是柳州的螺蛳粉，还是南平的竹产业，都让人意识到供应链上可能会有很多丢失的环节，悄悄阻碍了当地产业的发展。这些“隐形链条”如果能够被识别，就可以扩大原来的规模，而且使得本地烟火经济与外地贸易经济紧密结合起来。在大环境产业升级的时候，要增加供应链能力，挖掘更丰富的产业生态。

第二节　挑战价值节点

反哺：链主企业引领突破

要获得关键节点的控制力，企业之间需要联合推动供应链的创新。用户的反哺往往是供应链上的稀缺养分。20 世纪七八十年代，韩国机床产业依靠汽车产业突飞猛进时，认为 40% 的能力来自用户。这意味着，供应链的链主企业要成为指挥棒，不仅是提供订单，也不仅是发号施令，而是成为一个有效的组织者。

京东方在合肥建厂时，可谓起步艰难。而在当地建立的联想电脑的生产基地，一举吃掉了京东方 40% 的产能。如果没有联想的扶持，京东方很难挑战三星和 LG 液晶面板的既有优势。同样，联想在采用京东方液晶屏之后，对 LG、三星的控制力也会构成制约。这是一个技术能力相互嵌套的过程，从而修补供应链上的弱项。故事仍在继续。当京东方发展强大的时候，需要解决电源芯片和显示芯片的问题，这些以往是由中国台湾或日本的企业主导的。联想和京东方联手，与上游的芯片厂商奕斯伟共同攻关。这样，供应链的龙头企业和上游的二级供应商合作，联合创新的时代已然来到。

只采用全球最好的资源进行最佳供应链配置的时代已经过去。从 2019 年开始，华为感受极深的一点就是，在全球选择最优资源时，也不能忽视对本土供应链的培养和控制。在向中高端价值链攀登的时候，供应链的链主是一股重要的力量，尤其是可以推动自主创新，带动行业补齐短板。

链主是供应链的强有力节点，只有具备良好的系统集成能力和设计能力，才能带动整个链条的发展。链主对供应商采取“无为供应链”和“有为供应链”两种不同的态度，会对供应链产生深远的影响。所谓“无为供应链”，就是供应商有什么产品，链主就用什么产品，它与上游供应商只是一种采购关系。“最低价中标”往往是“无为供应链”的极端情况。它割裂了链主跟上游共同担当的联系，将供应商看成随时可以换掉的插件，忽视了供应商其实是整体创新活动的一部分。“有为供应链”意味着链主注意到上游供应商也是源源不断的创新的光源。链主通过积极参与供应商的经营活动，甚至介入产品研发流程来激发供应商的潜能。“有为链主”对于“卡脖子”的零部件供应商，具有重大的拉动意义。

有种观点认为中国制造“大而不强”，这个观点是怎么形成的呢？如果从整机和零部件的角度去看，就会发现中国制造的发展路径是“整机先行，零部件跟随”。整机体量大，显示度高，自然更容易获取资源。例如在工程机械领域，美国卡特彼勒公司和日本小松公司是全球工程机械行业的前两名。20 年前，这些品牌在中国市场都是巨人般的存在。而工程机械的关键零部件液压系统，基本是日本川崎液压阀和 KYB 油缸的天下。中国企业是从主机厂开始追赶的。三一重工、广西柳工等逐渐做大体量，挤入了第一阵营。发展整机，需要的是一种宝贵的系统集成能力。

当链主强大的时候，它就可以采取“有为供应链”，积极扶持上游供应商。在广西柳工和三一重工的扶持下，常州恒立液压得以率先突破日本 KYB 油缸的“卡脖子”难题，成为异军突起的液压力量。如果中国没有强大的链主，零部件企业即使有所突破，恐怕也会无人问津。而有了链主的推动，恒立液压开始挑战难度更大的液压阀，挑战日本霸主川崎。链主越是强大，零部件突破就会越快。链主能为供应商提出大量的反馈意见，而很多“卡脖子”技术并不完全都是因为难以突破，而是因为供应商很难接触到真实的应用场景。

以前，国内挖矿煤机的液压支架基本靠进口美国或者日本的产品。当郑州煤矿机械取得突破的时候，它不仅占据了全球市场，也拉动了上游钢材的发展。液压支架需要的高端不锈钢材料同样需要进口，有些液压支架的材料要求比潜水艇用钢还要高，抗拉强度达到 100 公斤级，而彼时中国钢铁厂只能生产 60 公斤级的材料。当没有整机厂作为链主扶持的时候，基础材料的工艺突破甚至连方向都没有。郑煤机与钢铁厂联合立项攻关，通过合金成分调整和热处理工艺探索，生产出可批量应用于煤机的钢板。如果只靠供应商单打独斗，很多“卡脖子”技术就很难实现突破。郑煤机跟鞍钢、宝钢联手开发，终于带动上游的钢材料抗拉强度从 70 公斤发展为 100 公斤的高端产品。这解决了中国高端钢材品种的一个难题，也是一个链主企业同步攻坚的案例。

郑煤机的液压支架采煤机的发展史，也是一部中国特种钢铁的小型发展史。一般人可能很难想到，郑煤机对于中国钢铁进步的贡献，补足了这种钢铁依赖进口的短板。实际上，它对于其他行业的贡献还有更多。液压支架的油缸加工，需要一种深孔刮滚技术。这种机床主要来自美国希拉和意大利塔基。郑煤机和山东德州普利森机床共同研制，开发出专用机床和专用刀具，从而实现了中国深孔油缸加工技术的突破。在这个过程中，通过链主的连接力，带动上游突破了“卡脖子”难题。

近几年很多企业纷纷建立实体投资公司，通过定向资本对供应链的关键节点进行攻关，这也是链主企业引领突破的方式。链主可以选择性地对上游供应商进行投资，而这种投资专注于解决某个具体的技术卡点。华为为了解决断链的问题，在 2019 年成立哈勃投资公司，投资材料、测量设备等，以应对美国的封锁打压。截至 2023 年 3 月，哈勃共投资了近 90 家企业，很多都是优秀的有绝活的“小巨人”。这种投资并不着眼于财务回报，而是致力于解决战术卡点。因此，获取最大收益并非第一选择。在这些公司进入正轨之后，哈勃投资也不恋战，选择抽身而退，转向新的目标。

反哺上游并不一定都需要大型企业，中小企业同样可以起到大作用。突破“卡脖子”技术的关键在于反哺应用场景，企业规模并不重要。甚至可以说，在很多地方，技术的突破就是靠小微企业攻关的。中国3C消费电子的发展，给中国检测设备带来巨大的突破机会。例如手机玻璃屏带有一定的曲度，测量起来非常麻烦，以前采用的是英国泰勒霍普森生产的测量仪。但这种接触式测量，探针要从玻璃表面划过，容易造成划痕。深圳中图仪器公司开发的曲面轮廓光学测量仪，可以通过白光聚焦的方式，实现无接触式测量。这得益于中国手机厂商作为链主所提供的机会。如果从设备供应链来看，中图也是链主企业，它向不同的控制节点发起进攻，对“卡脖子”技术进行突破。尽管中图的规模并不大，但它也在向上游突围。一开始，它只能使用德国普莱茨特公司的光学共焦测头。在掌握初始样机的特性之后，它大胆地引入了深圳立仪的共焦测头。通过提供参数和场景，三次迭代之后，立仪成功地在这类仪器上站稳脚跟，可以跟德国企业竞争。可以说中图和立仪均实现了突破，展示了供应链同步突围的成果。用户对上游的支持具有强大的力量。**链主企业无论规模大小，都可以起到枢纽作用，通过场景、资金和资源的拉动来破解创新难题。**

长臂：连接更多的节点

很多“卡脖子”产品并非卡在一个节点上，它就像连环锁一样，涉及多个卡点。要想打开这把连环锁，就需要龙头企业站出来，带动供应链上的更多环节参与创新。2020年开始的芯片短缺，严重冲击了汽车行业的生产秩序，大量汽车仅仅因为缺乏一两颗芯片而无法出厂。芯片供给严重不足，反映出中国芯片产业还有很长的路要走。实际上，国产汽车芯片的应用占比一直很低。一辆整车涉及的芯片至少有 50 种，达到 1 000 多颗。然而国产汽车芯片可供上车使用的仅有五六种，严重依赖进口。

与手机芯片不同，汽车芯片对于先进制程的要求并不高，国内代工厂的制程能力其实是足够用的。为什么汽车芯片是成熟制程，但依然严重受制于海外呢？这跟供应链前后无法连通有很大关系。

一般而言，汽车厂并不需要关心芯片的情况，也对芯片涉及的电子标准甚少了解。汽车制造商的上游一级供应商提供各种关键部件，例如方向盘或者安全气囊，其中控制器是关键，方向盘或者安全气囊只是集成产品。这些控制器主要来自德国博世、大陆集团或者美国安波福、日本电通这样的一级供应商，再由它们向上游的芯片厂商进行采购。

反过来看，全球主要的汽车芯片制造商，如德国英飞凌、荷兰恩智浦、意大利意法半导体或者美国德州仪器等，都面向博世和大陆等一级供应商供货，并不直接跟汽车厂打交道。这些关键的一级供应商，成为芯片厂和汽车主机厂的连接点。于是，关键零部件供应商通过锚定两端的方式，牢牢地垄断了芯片市场。如用于汽车安全控制器的芯片，德国博世一家就占据了 70% 的市场，而安全气囊的点火芯片几乎被博世垄断。

可见，芯片难以被替代的根本原因，并不完全在于自身，也在于一级供应商的垄断地位。出于安全的考虑，汽车行业采用了严格的车规级标准，比普通民用级的标准要高很多。一只手机的民用级芯片并不需要经受忽冷忽热的考验，而车规级芯片则要求在零下

45 度到零上 145 度的宽幅温度范围内都不能失效。由于一级供应商长期提供车规级零部件知识，各个汽车厂家的订单都集中在一级供应商手中。这样的一级供应商，可以为上游芯片晶圆加工厂提供巨大的订单。一家汽车主机厂一年产量在 100 万左右，对某一种芯片的要求只是百万级。这样的数量，芯片加工厂并不放在眼里。换言之，芯片厂并不直接面对一个个汽车厂家。同样，处于垄断地位的一级供应商，掌握的车规级芯片知识，也能够有效促进芯片制造厂提高自己的产品合格率。凭借巨大的订单和对标准的掌握，一级供应商可以建立排他性的芯片规格，由此锁定芯片的生产。

对于发起挑战的新兴控制器供应商来说，一方面缺乏车规级标准的制造经验而很难获得汽车厂的信任；另一方面体量太小，无法获得芯片厂的产能支持，采购的芯片价格非常高。于是，无论是国产控制器，还是国产芯片，都被排除在一级供应商的铁桶之外。这正是国产化替代非常难的原因。

国内任何一家零部件厂商，都无法凭一己之力正面抗衡国外零部件巨头。只有动用整个供应链的合力，才能真正解决“卡脖子”难题。这需要汽车厂、零部件厂、芯片厂的联动突破。

发生在 2020 年的芯片短缺事件，使得此前很少关心芯片的中国汽车厂，也开始思考如何助推更上游的芯片国产化。这是一种从未有过的现象。借助于中国庞大的汽车市场，就有可能既带动国产化控制器在车规级安全要求上实现突破。同时以主机厂的用量背书，又能协助控制器与上游芯片厂讨价还价，来获得芯片厂的产能支持。

破解汽车芯片的方式，一定要靠主机厂的“有为供应链”理念，才能更好地实现。上汽通用五菱建立了“汽车国产化芯片池”，分门别类整理近百种芯片。跟上游芯片厂商和控制器联手合作，完成标准化、平台化，同时减少品牌和规格，汇集产能以扶持少数芯片厂家率先突围。它跟上海交通大学合作，联合开发汽车方向盘的转向控制器，5 个月就完成了电子稳定安全系统的技术突破，并且延伸到上游的芯片实现国产化。这种方式可以一举解决控制器零部件和芯片双重“卡脖子”的难题，打破博世零部件和恩智浦芯片的市场垄断。

真正要破局，还有很多技术性问题需要解决。一种类似田忌赛马的思路，也正在被采用。它利用不对称性法则，牺牲局部性能而获取整体。芯片的功能分解，就是其中重要的一环。

车身电子稳定控制系统是汽车安全重要的组成部分。博世将多项功能集成到一个控制器模块，包括制动防抱死系统、横摆控制、自动驻车、上坡辅助、自动紧急刹车系统等。这种方法的好处就是控制器成本大幅度降低，而多个芯片也集成到一起，体积和功耗都可以减少。作为全球第一大零部件制造商，博世汽车的车身电子稳定控制系统，建立了事实上的全球标准。其中，只有制动防抱死系统是安全法规项，更多功能并非必须经过车规级安全标准认证。但是，博世用一个必不可少的主功能，绑定了其他辅助功能，用两三个芯片完成了十几个芯片需要完成的功能。

新进赛道的国产厂家，如果完全对标博世的同等产品，就需要同样的结构。可以想象，这种“等量替代”是极其高难度的动作。上汽通用五菱要做的事情，就是将多功能芯片进行拆解。例如一颗三合一的集成芯片，被分立成三颗独立的芯片，这样就可以减少先进芯片的压力，也使更多国产芯片厂商可以共同参与。虽然整体体积会显得臃肿，但对于汽车这样的空间，仍然在可接受的范围之内。而通过系统性优化，也可以解决关键功能的效率问题。

这种打开黑盒子的方式，从技术上看是一种倒退。但是，它增加了供应链的全新节点，形成了一条新的国产供应链。神秘的车规级庄园大门被打开，更多的中国芯片厂商涌入场内。

2022 年华为宣布通过增大面积、芯片堆叠的方式来换取更优的服务器性能。它利用了非先进制程的芯片，重构高制程芯片所具备的功能。这种追求性能而适度考虑牺牲体积的方式，是一种系统工程的思维。对于华为的突击，掌握了先进制程的台积电高管曾表示，“现在大家都搞芯片是在倒退，会让技术回到原点”。但在布局供应链攻防战之际，很多赛道都不得不重新回到起点。重要的是，这让新企业终于有了入场的机会。

虽然芯片短缺也是汽车芯片国产化入场的一个千载难逢的机会，但是刚刚起步的国产化产品，无论是成本还是性能，都还不具备优势。这意味着，芯片短缺只是一个临时开启的窗口期。一旦芯片供应缓解，国外公司的芯片产能跟上来，汽车厂对于国产芯片的迫切性就不会存在，窗口期会自行关闭。

要想取得突破，重要的驱动力来自汽车厂的意愿和能力。想引领行业突破芯片“卡脖子”，一个汽车厂需要满足两个必要的条件。第一是要有巨大的产量。对于年销售 10 多万辆的电动汽车新势力来说，产量过低是无法拉动产业链条的。第二是要对成本有高度的敏感性，对于芯片的涨价有切肤之痛。售价高的汽车，往往对于芯片的涨价并不十分在意。只有那些有规模、价格敏感、有低成本制造能力，而且不依靠国外技术的自主品牌的少数几家车企，可能会更有意愿带动破冰之旅。当上汽通用五菱的宏光 MINI 电动汽车率先突破国产电动汽车 100 万辆时，它不仅是一个网红现象，背后更是在发动一场破除芯片“卡脖子”难题的关键之战。

然而，一两家汽车厂是无法打赢芯片之战的。单一品牌商的芯片需求，不足以撼动芯片厂的生产线需求。只有多家汽车主机厂协作，共同使用同样的芯片策略，这场危局才可能破解。

“卡脖子”看上去是一个孤立的技术节点，但实际上，**“卡脖子”向来都是系统性失灵造成的，它涉及多家供应商和不同行业的知识连接。只有用更宽广的视角，才能识别真正的软肋。**

冲击：10 倍速的力量

如果一场战役中只有一个小分队，那么该如何挑战正规军呢？正面进攻，全面对标突破，往往并非易事。而攻其一点，不及其余，反而可能建立起局部优势。

西门子、发那科、三菱电机，已经基本垄断全球大部分机床的控制系统。在这种情况下，国产数控系统如果要突破，有三条路可选。第一条路是“死磕”，即采用正面进攻，华中数控、广州数控等企业就是这种。覆盖量大且面广的中低端通用型产品，艰难地向高地进攻。第二条路是“专用”，即自给自足，如北京精雕、大连科德等企业都是采用自主研发的系统。前者结合自家独树一帜的制造系统，在精密铣削站稳脚跟；后者则将高端五轴数控加工中心，与自行开发的光洋数控系统绑定。这种方法并不少见。日本的大型机床厂家之一山崎马扎克就是自行开发的数控系统。

还有一种突破之路就是“专注”，即化繁为简。很多专业的机加工领域对数控系统的要求都不同，这就存在着新的机会。例如在钣金行业，由于对数控系统的要求有所不同，通用的数控系统难以发力，而全球数控剪折系统的主要品牌，如比利时 LVD、荷兰

DELEM 和瑞士 CYBELEC，则占据行业 70% 的市场份额。

柏楚电子抓住这个机会，在激光加工设备方面一枝独秀，尤其在光纤激光切割领域几乎垄断了市场。柏楚电子切入市场的方法就是“化繁为简”，摒弃通用数控系统的全面性，通过易用、好用的方式，贴近激光切割的特殊要求。该公司崛起时，正是中国激光加工设备高速发展的时期。同样兴起的还有武汉锐科，它打破了美国 IPG 公司对光纤激光器的垄断，大大降低了激光设备的制造门槛。上海柏楚电子的控制系统，加上武汉锐科的光纤激光器，为设备厂解决了关键部件。这种供应链节点联动推进的发展模式，为突破细分机械领域提供了一个范例。

科创板很多上市公司凭借一款产品打天下。这种只靠一种产品进攻控制节点的方式，或许是一种机会主义，但带来的也有不知畏惧的雄心和胆量。机会主义也是一种创新的形式，与活跃的资本结合时，原本坚固的供应链城墙就可能被打开一个出口。

背后还有更重要的因素，那就是快速迭代。在卫浴市场中，近年高歌猛进的福建九牧同样找到了节奏。以前提到高端卫浴，一般是日本品牌或者美国品牌的产品。但在智能马桶领域，这些企业则感受到来自九牧的压力。九牧的发展模式是“动如脱兔，以快取胜”。国外企业每年可能就推出一个新品，而九牧每年推出 5 个新品，且通过并购国外的顶级品牌来丰富自己的产品线。面对国外公司提供的两三年的质保服务，九牧将质保期直接定为 5 年。

对于一个新产品，整条供应链的发展速度，往往会由进化快的零部件来推动。智能马桶在供应链上变化极快的部分就是电子部分。智能马桶有加热装置、动力马达等，需要大量的电子零部件。而整个链条上变化慢的，则是陶瓷。当电子与陶瓷相结合的智能马桶出现时，原有的产业结构发生了变化，事实上就形成了一种混合供应链。九牧跟上电子产业的速度非常重要，而各家供应商也必须跟上来。九牧的一些供应商，依然采用手工方式，现场很容易出现物料堆成山的场面。九牧采用的方法就是引入几家咨询公司，然后重点扶持 100 家供应商的制造能力。九牧在以 10 倍速度重塑生产逻辑，这种冲击带来了明显的改变。十几年前人们去日本还会带回智能马桶盖，而现在九牧每年出口 100 万只智能马桶到日本。

这种速度跟当地顾客的习惯有关。在中国，一台电脑产品出了问题，前来问询的顾客希望一天内就能进行更换。而在英国，同样的产品置换往往需要半个月，顾客也习以为常。这种响应服务时间的差别性，对供应链的要求是完全不同的。

可以说，中国供应链的冲击已经进入 10 倍速时代，而且无处不在。把握好这种武器，有助于打造中国极限速度的供应链效率，形成新的控制力。正是这种快速对市场做出反应并提供深度服务的能力，打乱了已经确立的秩序。“速度，加速度，发力，爆发力”，成为中国新实力派的明显特点。

应战：主动迎接全球化挑战

相对于“卡脖子”难点，全球化融合进程中还有很多要处理的问题。这并非技术问题，而是对全球规则的认识。很多非技术、非贸易的规则性“绊马索”，会让那些已经占有优势的领域依然被挡在门外。

20 世纪末，浙江打火机厂商凭借为韩国工厂制造打火机模具的机会，掌握了一次性电子打火机技术。由于一次性打火机的性价比高，对韩国本土制造商造成了巨大的冲击。韩国政府开始对中国打火机发起反倾销诉讼。对新海公司来说，韩国并非主要市场，一年的集装箱进口量只有两个货柜。新海打算放弃这个市场，但是中国机电产品进出口商会鼓励新海应战。新海是中国最大的打火机企业，如果龙头不应战，其他企业也难以接受挑战。如果韩国接连发起冲击，那么中国打火机就会失去整个韩国市场。

接下来，新海认真地做起准备。经过两轮应诉，争取到关税税率从 113% 降到 30% 多。在这个过程中，企业的财务、法务和国际贸易部门得到了极好的锻炼。事实也证明，在全球化进程中，当麻烦上身的时候，应战才是最好的出路。离开舒适区，积极迎接意外的挑战，也是融入全球化的必备能力。

在融入全球化的过程中，关口一个接一个到来。中国打火机在欧盟市场的占有率越来越高，导致欧盟老牌打火机制造商不满。到了 2002 年，欧盟开始针对新海进行反倾销调查。由于此前泰国打火机厂商已经败诉，欧盟经销商并不推荐新海前往应诉。但是新海打火机外销将近一半依靠欧盟市场，主战场自然无法放弃。此前应诉韩国的经历，则成了一场珍贵的演练。当欧盟反倾销函发来时，中国企业的应诉窗口期非常短。如果没有提前准备，往往来不及应对。而早已做好布局的新海已经联系上欧洲著名的律所，并且做了充分的调研。这是一场综合了信息战、情报战、实力战（律师要按小时计费，整体费用需要几百万美金）、信心战的系统性备战，背后则是制造能力的支撑。欧盟委员会的专家两次亲临实地，对所有成本进行了详细审核，最后认为中国打火机并没有在欧洲市场低于成本价销售，因此也不构成倾销。欧盟制造商只好撤诉，而针对中国打火机行业的高达 150% 的惩罚性关税被取消。龙头企业积极应对规则挑战，不仅是为企业而战，也是在为中国制造积累行业经验。

如果说应诉只是一种被动应战，那么进入国际标准的制定过程，则掌握了选择战场的主动权。

无法用倾销的手段，欧盟就开始采用非贸易壁垒。欧盟开始改变技术要求，通过提高标准来限制入欧的门槛，披着保护消费者的合理外衣，将亚洲制造的产品挡在欧洲市场之外。

制定标准看上去充满了细节与琐碎的文本制定，但却暗藏玄机。很多具体的技术细节都会引起争论，背后充满了对利益的考量。在讨论标准时，欧洲等发达国家的国际产业领导者，会把标准提高到只有自己能满足的程度，以此作为“绊马索”，拦截后面的追赶者。打火机行业也设立有 ISO 国际标准委员会，全球生产制造打火机的主要国家，如美国、法国、德国、日本等都在其中。中国开始参加这些标准的会议时，企业人员参与得很少。这导致很多标准里的技术细节，可能是在对中国不利的情况下通过的。而在 2003 年新海加入国际标准委员会之后，局面开始发生新的变化，中国打火机制造商可以在上游源头中寻找透明有利的规则。

为了保护地区的打火机产业，欧盟打火机标准提出了有关安全的儿童开启保护装置 CR（Child Resistance Law）法案。它提出了一条红线：凡是成本低于 2 欧元的打火机，都要遵守该法案的要求，其中有一条是必须安装专门的 CR 装置，而超过 2 欧元的打火机则不必遵守。

这基本上就是为中国、泰国、越南等地打火机量身设定的门槛。因为塑料打火机的售价基本不会超过 1 欧元，成本自然低于 2 欧元，而且之前也并没有这种安全装置的技术。欧洲的打火机工厂都早已经申请相关专利，对外并不公开。

以价格作为衡量产品安全的标准，显然是不合理的，新海在国际标委会据理力争，技术研发部门也争分夺秒地利用好窗口期。经过几轮讨论，当欧盟最终确认通过保护法案的时候，时间已经过去5年。而在这5年里，新海也做好了准备，不断调整和修改模具和生产线，实现了CR装置专利技术的突破。

欧盟最终妥协后出台的CR法案的核心条款，也做了重大修订，成本不再是必须包含的因素。尽管依然保留安全防护装置的条款，但这对于中国制造商已经不再是“一票否决”的排除性条款了。

这是一次充分利用标准规则取得的主动权，而且竞争规则要在全球会议桌上进行讨论。如果只是认为中国制造够用就好，满足本土消费者就足够，那将很容易失去国际竞争力。标准的技术壁垒，并不能只被看成是一种威胁，而是要加入其中，让它变得尽量有利。这些壁垒有时候代表了一种前进的趋势，即使暂时达不到，对整体产业也会有利。

赢得标准，也会赢得竞争对手的尊重。新海在突破行业技术贸易壁垒后，当时全球打火机排名第一和第二的上市公司法国BIC公司和瑞典火柴公司，也都成为新海的客户。与竞争对手的合作，依托的是企业的实力。

新海的经历，表明占据生产效率优势的中国产业要加强标准建设，保护好既有的产业优势。

同样，中国锂电池已经取得巨大的优势，在继续扩大优势的过程中，也需要有保驾护航的计划。建立标准是当务之急。中国动力电池产能全球排名第一，市场占有率将近60%。如此创新快、规模大的强劲产业仍面临着诸多揪心问题。中国锂电池工厂呈现明显粗放型的特点，也就是“两低一多”。电池制造规模虽然很大，但是电芯制造合格率并不高。电芯的配组合格率只有 80%~90% 的水平，这与国外 95%~98% 的水平仍有较大差距。产能扩充很大，但利用率也往往较低。

重要的是，中国面向电动汽车的动力电池还缺乏统一的标准，导致产品种类很多。国内一家头部的动力电池厂有 50 多种型号。而在中国动力电池产品规格中，则规定了包括圆柱、方形和软包的 145 种尺寸。这一点对于企业其实并不利。企业各家工厂的生产线之间不能互换，容易造成产能浪费。这一点对上游装备供应商也非常不利。上游机器制造商疲于应付各种类型的新产品，无法静心对机器做好优化。这是对优势供应链的一种损伤。

理论上，一个国家掌握了产能，就掌握了效率的规则。这对于新产能而言尤其如此。但目前看来，动力电池在定义标准、评价体系等方面，还需要尽快补齐短板。

反观德国，尽管在汽车、电池双双落后的情况下，大众汽车依然按部就班地进行了电芯标准的定义，期待主导未来动力电池标准。对于中国占优的电池产业，可以借鉴通信产业的做法，采取“先标准统一，后横扫江湖”的模式。快速制定标准，并且迭代修订。只有这样，才能避免行业野蛮生长，以免造成巨大的资源浪费。

造成中国动力电池标准五花八门的原因，还在于传统标准无法适应汽车供应链的蜕皮现状。传统标准的制定组织正在老化。中国标准的制定，往往是零部件从属于主机厂。电池也是采用零部件管理，归口到汽车管理体系下。动力电池是汽车分类下的零部件之下的三级目录。这是传统汽车的零部件秩序与格局。然而，包含电池、电机和电控的“三电”成本，已经占据整个汽车成本的 60% 以上。这种供应链格局的切换所形成的新生力量是不可忽视的。原有的分类方式已经过时，限制了电动汽车作为“新生代”的快速发育。中国既然是三电的引领者之一，就要勇于主动破除传统分类。三电可以升级为二级目录，进行特别的管理。而电池的标准规格，可以从近150种大幅减少。对于这样本土壮大的原生产业带，要有信心主动引领行业的走向。

无论是传统制造如打火机，还是新兴产业如动力电池，都要积极树立标准意识。中国制造在领先优势的产业中，加强供应链的控制力，可以巩固市场地位。通过标准化这样的软实力来护驾制造硬实力，对于系统性地保护好优势产业带至关重要。

第三节　设计供应链

起点：大工程共识的建立

要攻关一个领域，初期往往需要达成一种共识。大工程共识尤其重要，主要参与者应该持有同一种看法。在第四章中提到的“大工程组织”之前，还需要先确立“大工程共识”。这一点其实并不容易做到。人们容易产生一种错觉，看向未来的视野总是模糊的，回望过去总是清晰的。然而，很多攻坚所碰到的困惑，是对过去经验的漠视。即使面向创新，很多时候也能从过去找到答案。对中国制造而言，攻坚不仅在于寻找未来技术的发展方向，而且要吃透当下的系统构成，直面问题所在。基础概念认识不透，恰恰是企业容易碰到的大麻烦。

机床攻坚，就存在“大工程共识”缺失的问题。中国机床在2012年达到全球产值巅峰之后，几个领头羊企业的销售额就急转直下。高精尖机床的攻关能力不足，不得不大量进口国外机床，而中低端机床则出现低价竞争的恶性循环局面。行业困境之下，隐藏着人们对机床基本原理认知不清的问题。实际上，大部分企业对“什么是一个好机床”这样的问题并无定论，而对于机床的精度、精度保持性、一致性和可靠性等基本概念，并没有达成共识。

机床的发展路径，对一个国家的机床体系的形成，有着非常大的影响。要了解机床的短板，看看历史上走过的路，根源就会清晰起来。

20世纪80年代机床数控系统转型大浪潮中，在很长一段时间，中国机床界对机床的动态特性认识不足。研发工程师们往往先设计好机械部分，再配上数控系统。这种将机械与控制系统相互隔离的理念，忽视了数控系统对于机床设计的影响，严重地损害了一台机床的系统完整性。而且，到了90年代仍然缺乏数控机床设计的教科书。而此时，打败了美国机床的日本、德国同行，早已进入加速奔跑的阶段。2012年前后，德国制定了动态特性的国际标准。然而，当时在国内很少有组织有能力对此进行研究。

中国机床的关键设计理念，并没有进入整个行业发展的前沿指挥部，这也导致在整个供应链条的关键位置出现了重要的偏差。

系统集成设计是链主企业至关重要的一种能力，对于要完成交付任务的界面型链主尤为重要。由于上游有许多不同的零部件，有各自的活动空间，当它们叠加在一起的时候，有些缺陷就会被放大。定义一台机床的好坏，中国的评定标准里有一个是“平均无故障时间”。链主企业需要知道各个上游零部件的无故障时间，但上游这些零部件的参数，很多也是估计的。层层累计，导致最后的估计也会发生偏差。

除去上游供应链带来的影响，在企业内部也有很多不同类别的问题混在一起，如逆向工程这种方式，容易导致“知其然，但不知其所以然”。因此对于简单机床还可以轻松突破，但对于高尖端机床则很难奏效。

中国机床的研制，由于设计理念跟不上，对于很多参数的设计，无法考虑周全。对机床床身强度进行设计的时候，往往是凭经验估算。这种设计造成机床精度不够，缺陷可能是致命的。

然而，雪上加霜的是，设计师留下的系统性漏洞，与另外一种缺陷叠加在了一起。

在生产过程中，由于操作规范不同，很难保证每一台产品的一致性。不同的技工安装，可能会形成不同的产品性能，“安装 100 台机床都是一样好，往往很难；但要安装 100 台机床都是一样坏，那也很难”。这个苦涩的笑话，正是一种质量通病——“制造不一致性”。

这是一种质量问题，在制造过程中出现了偏差，也就是质量大师戴明在 70 年前指导日本的时候提出来的“变异”。然而，这种由于制造过程形成的质量变异，跟它在前端的设计理念形成的缺陷，属于完全不同的种类。当基本概念不明确的时候，二者造成的失误就混在一起了。这些问题叠加，导致机床在用户端形成故障，往往无法解释清楚原因。而用户只能称之为“可靠性不足”，远离容易出故障的机床。

质量问题针对的是一致性制造，是变异问题；而可靠性问题针对的首先是系统性设计，是认知问题。但当时却没有人能区分到底是什么原因导致的问题。一把最小单位是厘米的尺子，无法测量出毫米空间的多样性。不能识别真相，就无法解决困境。

如果没有仔细区分，机床的供应链就被视为一类特征。人们对它的上游供应商的要求，也会混为一谈。但不同机床的种类，对于零部件有着完全不同的要求。效率型的机床如铣床，它要求的是速度，这对于机床的静刚性和动刚性要求很高。然而对于精度的要求则往往并不高，在百分之一毫米左右就够用。这个时候，热应力的刚性问题就可以忽略。但对于精度型的机床如磨床，它要求的是精度，如千分之一毫米级别。这种精度，热刚性就成为关键考虑的元素。

对于精密型磨床和效率型铣床需要层层分解，然后分头去攻关。二者的差异性比二者的相同点要明显得多。

那么，进入底层概念，做基础性研究的专家在哪里？这样的话题，意味着供应链的培育需要产业公地——能够为整个产业提供公共养分的地方。

产业公地，解决的正是基础共性问题。在传统机械控制的机床时代，中国曾有机床的两大“产业公地”。在20世纪90年代初，北京机床所可以解决结构问题，广州机床所主要解决液压与润滑密封问题。每个机床企业都可以带着问题来，带着答案走。机床行业里还有多家企业院所的联合设计。实际上就是集中大家的智慧，包括邀请院校一起参加。但是在1998年撤销机械工业部之后，联合设计、产业公地都已逐渐消退，机床行业也经历了风云变幻。而对于一家机床企业来说，并没有能力从基础概念入手，解决底层研究问题。

中国机床界往往参考德国标准化学会（DIN）标准，或者日本工业标准（JIS）。但这些标准，都有不全项。按照这些标准，可能无法做出高精度、高质量的机床。国外机床大厂都有自己的内部标准，这些内容是严格对外封锁的。

只有将基础概念与应用研究、技术开发、使用方式贯穿在一条供应链之上，机床才可以攻破技术堡垒。这需要大学和研究机构、机床企业和使用机床的用户等联动起来。没有这种联动，就无法实现关键的工程化技术。要真正打通创新的链条，需要时间的沉淀，要客观地认识到这些攻关问题是需要长周期的。

要设计供应链，就需要有共识，在此基础上，整个供应链协同分工。

大工程共识，代表系统性、全局性去解决“卡脖子”或者攻关难题。在大工程共识之下，可以有效地组织供应链。发展机床行业可以在一定时期内，采用大工程共识的“整体性设计、系统性分工”的模式攻坚，获得新的竞争力。

突破：知识的组装

工业软件本身就是供应链的集合。从某种意义上说，软件是“装配”出来的。国外成熟的工业软件，通过广泛的并购，已经完成整个软件的一体化无缝集成。对于追赶者而言，则需要反其道而行之，从更深层次的供应链角度，寻找追赶的路径。

工业软件领域“卡脖子”现象突出的是一种计算机辅助工程（CAE）软件，这种仿真软件几乎已形成垄断。仿真公司美国ANSYS全年销售额约为20亿美元，在中国航空、航天、汽车以及电子等领域，都具有压倒性的市场地位。国内企业中，大量公司只有几百万元的销售额。要想在这个领域实现追赶，需要仔细识别这种工业软件的形态。从供应链的角度看，CAE 仿真软件至少需要四个步骤，才能组成一种产品。

它需要有一个几何引擎，可以跟设计师们用设计软件形成的文档进行对接。紧接着它需要一个网格划分工具，以便进入数学计算前的准备，以上两个步骤被称为前处理。第三步是极为关键的部分，也就是算法求解器，这是接近工程应用的部分。它需要将行业场景还原成书本的物理学原理。CAE 软件能够百花齐放，就体现在这里，因为每个行业的每个场景都可能需要不同的物理方程去求解。

第四步就是有了计算结果之后，需要对数据进行分析。这些海量的数据关系，是人们凭经验无法看清楚的，因此必须借助于各种可视化图形和渲染工具。一艘航空母舰在遭遇飓风时会如何摇摆，船周围的流线会发生哪种变化，这些都需要 3D 展示，才能有助于进一步优化船型。设计的创意，很多是跟直觉有关的。但直觉往往取决于感官，而不是数据。这部分处理感官的相关能力，往往被称为后处理。

可见，一个工业软件需要结合几何学、物理定律算法模型、图形学和数值计算等多方面的知识。像 ANSYS 这样的软件，已经把这四个部分融为一体。尽管如此，它仍然在不同的环节上，采用其他供应商的产品。

然而对于工业软件的追赶者而言，必须将其拆解才能看到机会。看上去 CAE 软件作为一个工具，最有价值的地方在于求解器，但如果没有前处理和后处理的协助，那么求解器的效率就会很低。一把斧子如果没有斧柄而只有斧头，那就会变成一块锋利的石头。然而大学、科研院所里有大量的科技工作者会做斧头，但却没有时间去开发斧柄。这些笨拙的工具使用门槛太高，往往只能在内部使用。它甚至无法被称为产品，而只是接近于产品的功能，离供外部人使用的商业化程度还有很远的距离。使用门槛过高，会大大降低使用者的意愿。

如果求解器有很多，那么能够提供有效的前处理和后处理的组件，一定也是一个好买卖。事实的确如此。全球第三大仿真软件美国澳汰尔走的就是这个路线。它一开始并没有直接进攻 ANSYS 牢不可破的市场地位，而是先从组件开始，只做前处理的网格划分。它致力于成为供应链上的一个最强环节。澳汰尔做到了，它的网格前处理的软性零部件被广泛使用。在此基础上，它开始发展求解器以及后处理功能，从而成为如今的仿真软件巨头。

显然，任何一个新入局的软件开发商，要想自行开发所有的组件几乎是不可能的。从发展的角度看，很多工业软件诞生于工业巨头手中，例如法国达索系统诞生于法国达索航空内部，仿真软件 ANSYS 源自美国西屋核电的应用。然而，这只是它们初期的样子。在之后漫长的 50 多年，这些软件有足够的精力和实践将各种组件逐渐配齐，同时也培育了众多供应链。工业软件已经进入寡头垄断的局面，软件的复杂性远远超出它一开始的样子。在这个时候，如果再按照“龙头企业诞生工具软件”的思路，将很难奏效。仅仅靠一个企业打磨细节，就能开发出一个大型产品的时代，已经彻底过去了。

追赶者必须有供应链的组装思路，建立高超的供应链组织能力，才能积极跟上。工业软件要想获得成功，需要从一个大工程的角度，建立起大工程的组织力才可能实现，将不同能力、不同阶段的供应商组织起来。

从这样的“大工程组织”的视角思考，将会对供应链攻防战的未来目标，有着时间维度上的清醒考量。

首先，对于工业软件的发展目标，要有现实的判断。国外的工业软件已经形成强大的通用性，有名的流体计算软件 Fluent 可以计算海洋流体，也可以计算空气，还可以计算燃烧中的两相流。而中国船舶体系的流体计算软件，只能面向水这种不可压缩的算法。其他的国产软件更擅长计算可压缩的空气，而不能用来计算水流体。这种差距是巨大的，但是并不构成致命伤。恰恰相反，它给出了中国软件的突围之路：不走通用型的地毯式平铺软件，而走垂直领域手术刀式的单线条软件。先做专用的软件，可以先活下来。这是成长中必不可少的一个阶段。中国工业软件的发展，暂时还到不了通用仿真软件的阶段。对于软件的形态，以云化的模式，或许也是一种很好的选择。它避开了传统软件的单机版、网络版形式，可以在新的架构中建立一定的优势。

如果从源头开始算起，可以对国家软件项目的科研立项有一个宏大框架和阶段性目标。采用“长期大课题、分期小模块”的方式，让每一个课题都能形成一个小功能，而且这样的功能，可以在下一次课题持续迭代。重复干和叠加干，是完全不同的思路。一个课题项目要能有用（哪怕再小），而且能为后一个阶段所用（接续性），是它重要的价值体现。

虽然中国每年开展大量仿真计算的项目研究，每个参与方往往会涉及求解器的开发，但是这些求解器五花八门，缺少统一性。而在项目结束之后，这些求解器也很容易被搁置。就在这些束之高阁的科技成果的远方，工程界正在被各种工程难题困住而束手无策，那些现场憋红了脸的工业软件开发商，也没有注意到大批没有斧柄的斧头被悄悄雪藏。

然而，从大工程组织者的视角，会有不同的看法。如果将视线移开工业软件开发商的现场，就会发现那些计算几何学、图形渲染和大规模数值计算的人员一点都不缺乏。他们只是分布在其他的行业中，如后处理的渲染，可以很容易在互联网大厂和电影特效公司找到。开发网络游戏、电影特技等使用的技术，跟令人头疼的“卡脖子”软件所需要的图形处理并无不同，它们只是不在工业软件的现场。北京云道智造将计算仿真软件有效拆解成不同的求解器和前后处理，然后提供面向应用的界面小程序，从而大大降低使用门槛。使用者也很容易参与其中，贡献自己的知识力量。这需要一种宏大的视角进行拆解和集成。

这些技术力量，都会置于一个框架之下。大工程组织会成为这样一个强有力的三通器，面向三类组织如软件供应商、云计算的支撑和用户环境的界面。它会分解为三类任务：底层模型专业化（科技行业工作者）、框架通用化（IT 形态的格式、界面）和功能场景化（用户的使用习惯），然后重新进行组合。

有了这样的供应链视野和组织管理能力，分散的能力将会组合起来。一个个单兵会组成有力的作战方队，中国的工业软件才能真正实现突破。

开源：开放的组织与民智

面对全球芯片领域的变局，也需要全新审视供应链组合的各种可能性。经过 40 年的打磨，全球半导体供应链秩序已经设计完毕。

从芯片内核到设计公司，从晶圆制造、代工厂到封装测试，形成了极其专业化的分工。但对于后来者而言，不是每家企业都必须按照这种秩序进入。

如果一个设计公司同时布局晶圆制造、先进封装，将代工厂需要的上下游环节前后衔接，就可能产生新的供应链局面。一家芯片设计厂同时引入晶圆制造技术，跟代工厂直接对接。二者通过联合创新，一方调整晶圆含氧量，一方调整工艺，最后减少了需要将抛光片变成退火片的两道工序，几百万元的退火设备也被直接跳过。巧妙地设计供应链，可以将芯片成本大大降低。

显然，供应链是中国的优势环节。如果各个制造企业都能够跟上游设计紧密结合，就会强化这种优势。**重新设计供应链，可能会带来出其不意的效果，形成某些点上独特的优势和突破。**

要完成这一点，需要从基础层级的平台技术开始。精心设计一套供应链的协同流程，抛开传统企业的私有垄断，走向开放共享。在科技攻关的紧迫时刻，能够聚集众人智慧的高强度决战型的组织方式，也是迫切的破局方式。

中国每年进口近 4 000 亿美元的芯片，其中大约 50% 是处理器。其间，英特尔的 X86 指令集和基于 ARM 指令集的芯片，几乎占据了所有的市场。

这种霸权从何而来？可以从分析供应链的流程开始。仔细看一块芯片，它主要包含三个部分，底层是指令集与开发平台，再往上是芯片的 IP 内核，最上面才是各家芯片公司的产品，例如华为麒麟或者高通。

英特尔的 X86 指令集和 IP 内核是完全封闭的，对外只卖芯片。它的竞争对手 AMD 或者提供 GPU 的英伟达，都采用了同样的做法。

英国 ARM 芯片公司则向前多迈出了一步，它对外开放了 IP 并收取授权费，这也正是年收入 20 亿美元的商业模式。高通基于 ARM 授权的 IP 内核重新进行研发设计，并交由台积电代工。但是 ARM 的底层指令集则是深锁迷宫，对外同样是封闭的。

如果采用海面冰山模型，那么露出来的冰山就是芯片内核，而冰山顶部的厚雪层就是芯片设计公司，海面之下则是芯片开发平台。

两种私家禁地的指令集模式，基本占领了 PC 机和移动互联网的整个市场。依靠芯片技术主导权，处理器领域难以撼动的两座大山得以形成。

这个局面，如何破解？

“处理器指令集，就应该免费。”这是醉心于开源的美国加州大学伯克利分校的教授在 2015 年发布的新指令集宣言。这种声音，对英特尔、ARM 等芯片霸主而言格外刺耳。伯克利分校一向有开源知识分享的传统，中国早期的仿真软件火种就是从那里取得的。当时进行有限元分析计算的软件代码，被伯克利分校的教授们私下免费赠予。这也使北京大学建立了有限元分析的流派，大大普及了仿真软件的发展。

伯克利分校的 Risc-V 指令集，正在推动这样的事情：建立开放的芯片指令集，让各个芯片企业自行开发芯片。这种做法试图打破一种垄断模式。芯片的标准制定和产品开发，都掌握在同一家公司手中。由于芯片是底层的基础组件，因此很容易造就一个高度寡头垄断的市场。

然而通信领域的供应链分工模式则完全不同。ICT 通信标准的技术细节，往往由不同企业一起讨论决定（技术强大的一方自然可以多占优势），然后由国际电信联盟、第三代合作伙伴计划联盟等制定标准。标准规范一致以后，就对外公开。此时，各家通信企业就会按照标准生产自己的产品。采用这种方式，电信行业会形成很多公司，一起跟着受益。负责标准制定和产品开发的企业是完全分开的。这是一种“标（标准）品（品牌）分离”的模式，而芯片开源指令集，就是要将通信行业“标品分离”的模式引入芯片领域。这完全可能成为撼动两座大山的重要机遇。

英特尔、ARM 能够走在世界前沿，离不开几十年的积累。英特尔从 20 世纪 70 年代就开始做处理器芯片，而 ARM 公司从 1984 年成立至今，也有约 40 年的历史。巨大的投入，造就了霸主的地位。

追随同样的发展路径，追赶者不得不在反复试错中损耗大量成本。

一些志向高远的初创芯片公司希望通过融资，来构建冰山下面的部分。这是一个巨大的无底洞。如果各个企业都独立构建一套指令集，实际上是一种巨大的资源浪费，并将面临残酷的淘汰。实际上，昔日大量的试错成本，已经淘汰了诸多 CPU 企业，包括摩托罗拉、IBM、德州仪器等。

这个场景相当于面对一座高大的城墙，数拨人马搭建云梯开始攻城。如果每拨人马都是从头开始做梯子向上攀登，那么每家都不得不做同样的事情。

更有效率的方法，显然是有人构建基础底座，而攻击者只需要挥舞自己擅长的兵器。不同性能的芯片设计，就是形形色色的兵器。

云梯底座，则正是开源组织需要建设的。攻打城墙，并不是都要从头建设云梯。

如果仔细看过去，芯片三层模型中的那些冰山，大概有 90% 的工作是基础性的，完全可能进行技术共享。

基于免费 Risc-V 指令集的开源芯片组织，正是为这样的使命而来的。它负责底层指令集和上层内核的开发，都做成开源版本。这样，大量的芯片设计公司就可以在两个基础平台之上，建立类似高通芯片的模式。如果这种模式打通了，中国大量的芯片企业，就可以在坚实的芯片底层平台的支撑下，挑战高通这样的芯片公司。

硬件开源公开标准，有着巨大的成功先例。IBM 在 1981 年公开了个人电脑的设计文档，它的兼容标准催生了一批硬件企业，1984 年异军突起的戴尔，就是这种标准的受益者。

软件的开源，也取得了巨大的进展。对外提供成熟商业化 Linux 操作系统的红帽子（RedHat），就是这样的组织。它采用 Linux 社区的开源操作系统，对于非 IT 行业（如金融）等，提供了一套不依赖 Windows 的操作系统解决方案。红帽子的底座是开源的 Linux，但它具有很强的竞争力。

开源组织典型的好处，就是知识复用。它可以采用叠罗汉的方式，充分利用既有的知识积累，从而降低创新门槛。如果开源芯片组织可以做成“芯片版的 Linux 社区”，就可以提供开源的处理器内核，并且诞生多样化的芯片底层技术的组织。

如何推动生态型的组织？

全球有四种组织生态模式。一是如全封闭的苹果，它完整地实现了整个供应链的闭合。二是如欧洲的微电子研究中心（IMEC），每年经费 7 亿多欧元。这是一个传统的非营利组织，接受来自企业和政府的经费支持，并定向为企业提供共性技术。三是非常开放的 Linux 开源社区，它也成功孵化出一套操作系统，让人们在 Windows 之外可以多做选择。是否还有一种新的方式形成一个混合组织，可以综合三方的优势呢？那就是在 IMEC 的传统定向共性技术的基础上，增加 Linux 开源社区方式。作为一种混合的创新联合体，可以有效弥补 Linux 的弱组织力，并且通过多元化企业的参与，实现苹果的多样化生态。

北京有一家基于 Risc-V 指令集的开源芯片组织，采用了全新的组织方式。它由十多家公司联合成立，在创始成员名单里，还有一家律师事务所。这家律所参与了所有的谈判，就是为了让知识产权 IP 公正有道，让“多贡献多得”行之有效。这种设计令人耳目一新，但也本该如此。斯坦福大学的科技转化研究院里各种角色齐全，确保一台商业机器能够正常运转。令人印象深刻的是，除了教授之外，律师、企业家、天使基金都在其中。后三种角色的存在，确保了大学成果的高效率转化。

这样的组织，将扮演的是一个 ARM 公司的角色。但它并不是独立完成商业闭环，而是一个开源组织与企业的联合体。通过不同的工作组，各个企业可以深度介入不同的模块。当年，日本为了做超大规模集成电路计划，也抽调了日立、东芝等企业的资深人士，分头参与不同的任务模块。这使得日本半导体在 20 世纪 70 年代赢得了大翻身。

如果强有力的开源芯片组织形成芯片内核，那么供应链的协同作业将会变得丰富起来。关于未来汽车芯片的发展，有的企业是像华为这样，可以自己从头设计研发一些芯片；而有的车企如果既不想用现成的芯片，又不能从头开始，那么借助开源芯片组织的底层技术，将是非常好的选择。

在公共的技术平台上，实现供应链的分工，是一种知识复用的好方式。只有如此，那些想做芯片的初创企业和成熟公司才可以专注于自己的场景设计，而底层芯片则交给一支更强大的力量。让每个企业都能设计芯片，才是打破垄断格局的好方式。开源组织，开放的民智。**发展共性技术，首先在于组织的包容性，将开源精神发扬光大，在攻关破局的同时，中国也能成为开源软件最大的贡献者。**

构图：前瞻性的产业设计

对于优势产业，需要用一种前瞻性的战略视野，挖掘中国制造能力。风机、光伏、动力电池等产业，都已经呈现这样的战略设计能力。引导产业的发展需要长久之功，非三年五载可以完成。因此，有更长的周期设计面向未来的产业，也是非常值得期待的。镁合金、细胞与基因治疗的生物制造等，都是如此。

中国有着储量排全球第一的镁资源。在原料镁的供应上，中国处于绝对垄断地位，85 万吨的年产量占全球市场的 90% 左右。镁的重量比铝要轻 1/3，是密度最小的载荷金属，也是未来可期的轻量化材料。然而在过去，一系列因素使得镁合金并没有得到战略性的发展。

一是镁合金深加工过程安全保障要求高，熔铸高温过程需要有温室效应明显的六氟化硫气体的保护，精加工中需要较严格的铣屑阻燃管理。曾经发生的安全事故，难免使得安全监管部门“闻镁色变”。二是剧烈震荡的原材料价格时不时会重创上下游利益，伤害投资者信心。当价格降为每吨 1.2 万元的时候，冶炼企业无利可图。而第二年则可能迅速涨到每吨 7.2 万元，这样的高价吓退了许多研发人员的设计选材。跟铝合金相对稳定的价格相比，忽上忽下的价格波动会严重影响新材料的发展。

然而近年来的种种迹象表明，塑料、铝合金产业近 50 年高速扩张的曲线将在镁产业链复制，且发展曲线会更高。

一是宝钢金属已经控股中国最大的镁冶炼公司云海集团，同期新增 30 万吨原料产能，规划形成占全球产能 60% 的控制力，原料定价权指日可待。

二是采用塑料注塑成型原理的镁合金颗粒密闭腔内注射成型重装备，除了日本制钢（JSW）之外，广东伊之密和浙江海天的国产化已经成熟，精密复杂的镁合金轻量化零件的专用装备已经到位。

回顾镁合金产业的起伏，国家对抗的影子也潜藏其中。德国和日本也曾经重视镁合金，大量投入研发。后来发现镁矿原材料很容易被中国断供，于是德、日、韩开始主动从镁供应链撤退，继续采用铝合金。整体而言，3C 厂商的制造掌握在中国台湾企业手里，镁合金并没有受到重视。当三星电脑的供应链从中国向海外转移的时候，部分新品的镁合金外壳被重新更换成铝合金方案。在海外，镁合金材料结构件依然有着技术和原材料的限制，更加不成熟。只有在中国，镁合金工艺才得到深耕。如果镁合金能够深入人心，成本又足够低，那么可以想象这样的供应链只能扎根于中国，而且很难转移。在汽车行业，它呈现了自发式小步增长的趋势。从汽车方向盘到车载大屏的支架，正在渐渐渗透。但由于整个镁合金供应链没有打开，因此还处于自然发展的状态。

中国的铝金属产量大约为 3 600 万吨，而镁金属年产量不到 100 万吨。考虑到中国每年有一半的铝资源需要进口，以支撑中国成为全球第一的原铝和铝材基地，发展镁合金的供应链也具有重大的战略价值。而铝、钢、塑料中的镁合金渗透，有着巨大的市场空间。

每一个产业都涌动着巨大的创新力量。每一条供应链都值得审视，通过主动设计，来寻找未来的机会。生物制造也需要面向未来进行战略性设计，这正是美国一直大力加强的环节。中国也在积极探索供应链发展的新模式。

对于供应链而言，模块化程度越高，越容易分离，连接力的要求就会降低。这样的产业更容易搬迁。如果设计研发与制造有很强的迭代关系，二者的分离就会变得困难。这类黏性供应链是很难转移的，如用于基因治疗的脱氧核糖核酸（DNA）和病毒的生产环节，就需要考虑诸多工艺参数的调整。这些特殊的病毒可以看成是希腊神话中的“特洛伊木马”，DNA 可以看成是藏在其中的希腊士兵。这类产品的模块化程度较低的研发和制造，往往很难进行分离。工艺的任何细小变化（如产品成分有所不同），都会产生不同的蛋白质。这意味着在工艺的开发过程中，研发设计思路与制造过程需要不断交互，制造环节往往无法独立处理所有的问题。

然而，困难虽大，但也正是面向未来的机会。细胞和基因疗法，都需要出色而昂贵的制造能力。跟小分子制造设施所需要的 2 亿~3 亿元投资额度不同，基因疗法要投资的大型细胞制造基地动辄就是 10 多亿元人民币。昂贵的工厂投资，遏制了初创公司的雄心。于是这些企业在保留研发中心之外，只能选择将供应链外包。

而那些制药外包基地，则早已拥有了足够的订单，从而可以“挑肥拣瘦”。很多公司无法为自己的制药雄心赢得足够的迭代。每一次改进，都是漫长的等待。新品迟迟不能上市，在这样的等待过程中，很多公司往往会破产。

这些合同外包工厂并非没有竭尽全力，然而它们采用的制造方法却非常落后。跟传统已经大规模化的化工制造完全不同，前者更多依赖技术人员高超的能力，可以在各种化学容器之间腾挪转移。而且疫苗往往有 18 个小时的活体生存时限，时间交付具有刚性限制。它需要很多分散且独立的小工厂，而不是采用一个超级工厂以及发达的物流中枢模式。这种分布式工厂，会使投资成本大大增加。

半导体设计与制造分离的模式，让医学界也为之心动。能否让细胞和基因治疗也进入无工厂的 Fabless 模式，使得新药企业可以专注做医药研发，而将制造外包？如果医药行业也来一个“台积电模式”，医药世界会有何不同？

实际上化学原料药的定制研发生产机构（CDMO）已经比较普遍，而对于生物药尤其是细胞和基因疗法，还有巨大的想象空间。核心任务就是要寻找可以深度适配个性化药品的工艺，形成模块化的工艺包组合。

日本制造界正在跃跃欲试。多年前早已摆脱了胶卷业务的富士胶片，已经插上了新的翅膀，那就是医药。富士有很多让人意外的地方。很多人还在将它跟胶卷连在一起，其实它早已经积极投身医药和健康领域。它的艾诗缇品牌的面部化妆品，一直都是畅销货。而现在富士正在努力介入医药的生产外包模式，目前已经投入近 400 亿元人民币，实现医药的“设计”与“制造”分离。富士期望借助独有的原材料生产技术，打造“药版台积电”。

医药行业的CDMO相当于电子行业的电子代工业，可以覆盖药厂的复杂制造，以及后续繁杂的临床试验。新药合同研制的市场大约是1 600亿美元，比半导体代工700多亿美元的市场要大一倍以上，而且还在继续膨胀。

药企苦于制造久矣。开发新药，比一辆汽车、一款手机的研发时间要长5~10倍，通常需要10年左右，失败率也很高。既要在实验室从零开始挑选那些可能的元素组合，又要面对庞大的工厂，这让药企多年来一直备受困扰。药企希望只在研究室里专注于“碰运气”的试验，而将临床试验和量产等交给更擅长的工程师。从另一个角度讲，复杂的生产技术与昂贵的设备，对药品厂商而言是昂贵的重资产，因此药企急需甩掉这个包袱。

全球生物医药市场规模已达到上万亿美元。如此大的市场，何必都落在几家药企手里？供应链重新切细，更有分工，岂不更好？药企如辉瑞、诺华开始部分剥离制造环节的动向，已经相继出现。

除了富士，三菱旗下的旭硝子玻璃（AGC）从2020年开始，已经连续收购英国阿斯利康和瑞士诺华在美国的生产基地，野心昭昭。还有一家日本企业是JSR，作为全球光刻胶龙头，这家公司有一个直观的名字——日本合成橡胶。实际上，该公司业务中，合成橡胶只占40%，而生命科学事业部销售额则已经在10%以上，这使它进军医药界的野心更加膨胀。

但真正的领跑者还不是富士，在率先启动的CDMO领域，瑞士龙沙、德国勃林格殷格翰和韩国三星生物制剂这三强，才是令人望而生畏的三座大山。三家企业占比超过70%，其中三星最突出。

富士目前销售额约为 60 亿元人民币，还是新加盟者，规模甚至不如国内的药明生物。面向未来细胞和基因治疗的生物制造合同外包的开拓，是非常值得尝试的。而与它配套的生物制造工艺解决方案，则是另外一个高端制造的竞争之地。如何提供一站式生物工艺解决方案，是国外传统仪器仪表大力转型的重点战场。像瑞士梅特勒–托利多、德国赛多利斯，初期是做天平称重的企业，现在则在生物制药领域建立了全新的利润增长点。国内的企业，如上海多宁生物，则采用了品牌矩阵的多元化经营方式，提供试剂耗材、仪器设备及服务等，覆盖从研发到商业化生产的全套方案。当中国生物医药制造企业大发展、CDMO 组织建立全球市场的时候，高度依赖国外的仪器与耗材也会随之国产化，形成新的供应链阵营。这是一种连锁向上的产业升级。

然而，CDMO 的监管风险确实是存在的，很多质量问题会造成各方扯皮，中小企业的 CDMO 组织更是良莠不齐。但即使有诸多困难，这也是一次重塑未来生物医药制造的机会。一旦有所突破，中国在生物医药代工制造方面将有巨大的斩获。这也将激活国内生物制药初创公司的活力，中国将在全球生物医药市场抢得一席之地。

无论是镁合金行业，还是细胞与基因治疗的代工制造，都是充满了想象力的产业。大量的新兴产业，有着蕴藏火山喷薄的能量，为中国供应链带来生力军。尽管在初期，它们往往都存在一些显而易见的弱点，但这正是需要一个国家对产业、对供应链进行精心设计的原因。

第四节　保链护士

保链：引领者的价值

当跨国企业的供应链在全球四处游走的时候，对于中国制造而言，留住更多优质供应链、护住本地的民生经济和就业岗位，具有非常大的挑战。保链护士，是要寻找供应链与它所在地区的关键连接关系，通过加强后者来提升供应链的韧性，继续保持既有优势。

供应链是设计出来的。好的品牌制造商，会给上游供应链提出数不清的制造难题，苹果的设计工程师，就给全球电子制造供应链提出了无数难题：功耗、美观、通信、速度等，这些都是需要零部件制造商去解决的。可以说，苹果的每一代产品更新，就像河流冲刷河床一样，不断刷新制造极限。

这带来了一个巨大的好处，就是供应链具有溢出效应。这些被培养出来的供应商的制造能力，可以对外开放。因此华为、小米、OPPO 或者 VIVO 等手机厂家就可以整合这样的供应链能力为己所用。

在供应链出现大分流的时候，各界也有很多情绪开始流露。有人会觉得苹果没有那么重要，华为可以替代，或者认为富士康也没有那么重要，比亚迪的代工厂同样可以替代。抛开情绪化的想法，这需要对供应链进行深思熟虑。

对一个公司在产业的位置，需要有更广阔的视角，不能仅仅从一个产品出发。在电子产业，苹果无疑是成功的造链者，“手把手”教会并培养了大批供应商。苹果靠一己之力，将供应链的水平提到了国际一流的位置。北京精雕，曾经从事的是亚克力板切割，甚至不被机床行业认可。然而，苹果挖掘了精雕的价值，使得精雕成为苹果手机表面加工环节耀眼的明星。精雕替代了昂贵的日本发那科，一举成为 3C 加工的王者。随着苹果手机的每一次迭代，精雕也越战越勇。苹果打造出很多这样的制造明星。在零部件领域有立讯精密、歌尔等公司，而在精密制造领域，则有大量如苏州博众精工的精密夹具和生产线。中国供应链上的机器配套制造商，也得到了苹果对制造工艺的指导。

华为是一家优秀的公司，在美国开始断供以后，华为的另一个价值开始浮现，它具有强大的供应链组织能力，从而可以从头复制一条这样的供应链。华为旗下的哈勃投资公司，就开始进行针对性的投资，涉及供应链的各个角落，如第三代半导体材料碳化硅、模拟芯片、传感器、存储芯片、功率半导体、软件设计工具等。这些优秀的“小巨人”，瞄准一个个被控制的节点，全力进行突围。

华为正在带动国产供应链快步爬升，是当前供应链大格局下的一种崭新气象。但我们还需要更多的开放性的力量。如果苹果离开，那中国电子制造也就失去了一个卓越的引领者。中国电子制造设备的升级，也会受到不小的限制。

比亚迪、立讯是中国制造的佼佼者，但也很难替代富士康的价值。富士康的角色，远远不仅是一个在中国有着约百万名员工的企业。它是跨国企业，是像苹果这样的全球化公司与中国紧密相连的耦合器。跨国企业多年的信任，是庞大的设备资产背后更加有力的纽带。

如果富士康离开，比亚迪也许只能填补有限的空白。在郑州，不仅有 20 多万的富士康员工，还有周边关联企业的上百万就业者。

郑州富士康一年 320 亿美元的出口额可能大幅缩水，大量的技术升级红利也会消失。

如果富士康搬走了，苹果的生产线就会彻底离开中国吗？不会，它可能依然会留在这里，也许比亚迪、立讯会进行代工。但是，苹果在中国制造的产品，未来只会面向中国本土市场销售。**“本土制造、本土销售”，减少的不仅仅是产品的生产数量，整个供应链能力都会被削弱。**那些训练有素的劳动力，也会因为缺乏高水平的工业化组织的凝聚力，而难以聚集在一起有效创造巨大的外汇财富。

苹果离开中国，华为、小米等可以填充中国的市场份额；富士康离开中国，比亚迪可能会增加部分产能。即使如此，这些填充仍不能弥补中国制造的供应链能力所受到的伤害。中国在某些领域的制造能力，可能需要更长时间的追赶。

基座：发掘供应链公共品

供应链具有扩散性，往往横跨不同的产业。它的产业分类，取决于从何种角度来定义。一家多元化的国际企业，其业务很难用一种标签来界定。从业务角度看，互有竞争的企业，其业务往往是对不齐的，这可以称为“供应链对不齐”现象。

对于追赶者来说，这种“供应链对不齐”现象会更加明显。很多拥有“卡脖子”产品的跨国企业，往往拥有多样化业务，而大量的中国企业结构单一，形成一种与之不对称的对阵态势。例如全球仪器仪表市场排名前 20 的日本堀场制作所，年收入 20 亿美元，旗下有半导体、科学仪器、汽车测试仪器等 5 大事业部。国内多家公司的产品拼接起来，才能跟这家企业的产品矩阵对齐。堀场旗下的拉曼光谱，成为厦门奥谱天成重点追赶的对象；半导体领域的气体质量流量控制器，其垄断地位受到国内七星华创流量计公司的挑战；对于用在光谱仪上的平场凹面光栅，长春赛奥科技公司正在跃跃欲试，寻求替代的机会。

借助多元化策略，跨国企业可以在扩大收入的同时，通过不同领域的业务来对冲不同行业的经济周期。这种复杂的局面，大多是公司活跃并购形成的。相较于跨国企业的巨大体量，追赶者的单一业务显得非常弱小。跨国公司通过规模效应，占据了巨大的优势。

电动汽车半导体不可缺少的电子器件是第三代半导体材料碳化硅，碳化硅的供应链主要包括衬底、外延和器件三个部分。在衬底领域，美国科锐是霸主，其次还有美国贰陆、德国 SiCrystal（被日本罗姆收购），国内的衬底公司有天科合达、天岳先进等。

外延晶片市场的领头羊依然是熟悉的面孔，如美国贰陆、科锐、日本罗姆等。国内对战的一方换了新面孔，如厦门外延晶片制造商瀚天天成、广东天域等。

在器件领域，基本就是半导体制造商的天下，比如意法半导体、英飞凌等，美国科锐和日本罗姆也占据一席之地。国内的器件供应商有株洲中车时代电气、泰科天润、华润微、士兰微和三安光电等。

对于美国科锐而言，它全面覆盖衬底、外延和器件三大领域，这使其贯通上下游，可以形成深邃的护城河。罗姆是日本强大的半导体元器件制造商的代表企业，它在 2009 年收购了德国衬底供应商 SiCrystal，可以说早早地深度布局碳化硅的供应链。彼时电动汽车产业还处于萌芽阶段，中国电动汽车产业刚刚打下未来 10 年影响深远的地基。这也让人们意识到**一个企业在面向未来的布局时，需要有“十年投资供应链”的长远视角**。SiCrystal 同时也为罗姆的竞争对手，如英飞凌、意法半导体供货，呈现了供应链“半开半合”的形态。这也是行业里一种常见的现象。

碳化硅的供应链自有其发展脉络，而另外一条激光供应链，也容易与之交叉。生产碳化硅衬底和外延产品的美国贰陆公司，也是激光领域的龙头企业。这个公司的奇怪名字，来自化学元素周期表中第“II”族和第“VI”族。它是全球光学器件的领导者，在经历了多次“蛇吞象”收购之后，成为多条供应链上的交叉点。它在 2021 年以 65 亿美元收购了当时激光器的巨头美国相干公司，在行业中引起巨大的震动。在这里，它会面对全新的竞争对手，如武汉锐科光纤激光器。

一个企业成为“多条供应链交叉点”，往往是为了应对复杂且多样的用户需求。但它在无意之中也形成了一种业务鸿沟，对于采用单一产品的追赶者而言，如果仅仅采用“兵对兵、将对将”的“捉对厮杀”方式，效率往往会大打折扣。供应链上的技术有流动性，也需要突破企业边界的知识整合。隔绝多者之间的联系，就会形成系统性缺陷。单兵策略无法实现资源的整合，而简单对标则容易忽略供应链的复杂性，很多更细微的壁垒被隐藏了。

中国正在大力推进“专精特新”的策略，鼓励企业在单点技术上实现突破。这是通过对标方式来突破“卡脖子”。它无疑是快捷有效的，但也容易给人造成一种错觉，以为可以形成“兵来将挡”之势，从而忽略了整体战的优势。如果就“供应链对不齐”而言，“专精特新”可以看作单兵作战，还需要建立系统布阵的优势。

很多难以攻克的类别，如科学仪器，就连进行清晰的分类都很难。它有一个子类是分析仪器。尽管很多仪器属于同一类别，但并无共性技术，如测定分子量的质谱仪，或者检测元素类别的色谱仪，除了用户可能是一致的，二者几乎没有太大的关联性。

然而这些分析仪器都有一个共同的托底技术，那就是精密制造与材料，如何加工微小的零部件，如何理解材料物性等。这种托底技术对于一个行业而言，是一家攻关、多家受益。**托底技术是一种供应链公共品，能让整个行业都得到提升。**

对企业而言，拥有成熟的供应链公共品本来只是一条基本合格线，它无法直接产生核心竞争力。但是缺乏这种公共品，则会对一个企业的向上突破造成很大的阻碍。企业要么引导上游进行供应链定制化开发，要么自主制造零部件。如果是前者，企业必然要抽出精力来跟上游联合开发。如果是后者，独立开发上游零部件，那么企业就会出现“自产化率过高”的现象。自产化率作为一个企业自主制造的比例，可以直接反映一个行业的成熟度和标准化程度。企业自产化率过高，往往意味着它所在的行业缺乏供应链公共品的供给。如果这种产品无法对外供给，也容易成为只被自己所用的“孤品技术”，导致战略资源的浪费。缺乏供应链公共品，意味着企业不得不进行额外的成本担当，以减缓后来者对领先者的追赶速度。

质谱仪作为分析仪器中的高端产品，不仅需要攻关硬件设备，还要有应用场景的支撑，如对各种药典、环境标准的适用性，或者物理、化学海量参数的数据库。要实现中药现代化，就需要有药物数据库；要发展生物医药，就需要有蛋白质、基因、细菌等数据库。同时，用于数据分析的软件也是必不可少的。这意味着“内容供应链”需要同步跟进。

一台仪器的使用是复杂的。要让用户真正用起来，仪器制造商要解决很多本来不应该自行解决的问题。这需要依靠外部的供应链。

领先者充分利用了供应链公共品，建立了一个基础的外围堡垒。全球最大的仪器仪表公司美国赛默飞世尔科技公司旗下有 100 多个子品牌。很多子品牌之间可以采用相同的供应链，从而充分享受“供应链公共品”的红利。在必要的时候，一些关键制造技术也会内化，变成集团的一个制造部门。

如果供应链公共品难以建立起来，每个企业就需要独自去面对非竞争优势的研发投入。要解决“供应链对不齐”的问题，需要横向的跨学科能力，将散乱而不成体系的企业凝聚在一起。

筹码：人机合一的系统

供应链往往有着“藕断丝连”的连接关系，但企业之间的连接强弱是不同的，通过对供应链的分层，可以找出容易迁移和不容易迁移的产品。就一个电动牙刷而言，它的塑胶壳可以由注塑机设备自动完成，这样的工厂就容易迁移。但作为原材料的高级塑料粒子，则非常依赖化工产业的支撑。高速马达的装配，也并不过多依赖周边环境，但是与马达相关的零部件和软件，则更有可能留在中国。实际上，这些马达零部件往往又跟其他产业交织在一起，尤其是非常依赖电镀工艺，从而很难移动。

如果从人力资源来看，会更加容易看清楚一个产业的供应链是如何与劳动力形成匹配的，比如电子产业大致可以分为成品组装、模组和关键部件，以及零部件和材料。

成品组装生产线往往需要初中学历就可以胜任，这里是机械自动化的天下。它也很容易迁移，唯一的阻碍，就是一次性投入的设备能否及时获得足够订单。至于如纸板包装等较重的产品，其流失在所难免。

对于模组而言，往往需要具有一定的软件功能和程序设计能力，这就需要大专以上学历的人才。这些模组和关键部件的生产，要尽量留在中国。一部手机内部有上千个模组，在本地生产，通过集装箱货柜很容易运送。产品含金量很高，但物流运费不高。

对于各种零部件、材料，都需要重点大力培养人才，因为需要以应用科学为支撑。日本企业在中国制造时所使用的零部件，有些依然是从大阪运送过来的，如京瓷的电容电阻等。京瓷在日本，仍然有很多高端研发人员和工程师。这些零部件其实并没有在中国制造，当然未来也不可能在印度等国生产。

“保链护土”需要重新调整思路。在维持既有优势的情况下，要加强高科技人才的供给。

劳动密集型的人口红利已经过去，具有学习技能的人才红利正当其时。当红杉资本收购飞利浦小家电的时候，仍然有大量的机会留给中国供应链。但对于本地制造商而言，不能再简单使用人口红利来完成代工接单。随着自动化与数字化生产线的增加，新的机会将借助于人才红利来实现。

一个工厂是更依赖人的经验，还是更依赖高度自动化的机器，这会给供应链迁移带来不同的影响。直接劳动力成本，并不完全是决定性因素。

依赖自动化设备和简单程序操作的，供应链就会容易四处移动。例如高级精密的机械自动化，对于越南工人来说也容易看懂和操作。一旦涉及软件控制，需要编程时，就得培训相关的技能。对于智能精密生产线而言，由于高度依赖工程师的经验，工厂迁移会比较困难。

基于人工智能的机器系统，实际已经构成与工程师的绑定。这可以看成是一种新的“人机合一”系统，也是智能化精密机械的关键所在。

一台智能化精密机械，每次更换一个待制造的产品，比如灯光强弱不同或者材质不同、颜色不同，那么即使原有算法不变，它的各级参数也需要进行调整，重新完成计算。由于涉及多个变量，调试参数会面临较大的挑战。深度学习，每次使用都需要计算一次。工站可能要经过一万次调试，其算法才能逐渐收敛，从而走向稳定生产。即使是同样一台设备，即使算法被复制，也需要工程师进行计算，而这些都需要深厚的数学工程经验。

自动化设备可以迁移，但智能化设备由于跟人绑定，所以很难带走。智能精密机器是防止生产线大规模迁移的天然屏障。这种人机交互的知识复合的能力，恰好构成了中国制造的韧性部分。智能精密比精密自动化更难迁移。

中国需要从制造工艺着手，加强改善，将精密组装提升为智能精密。供应链的再设计，也要加强对智能机器的研发，将重点转向低技能工人替代不了的工作，这样寻求的供应链才是极为强健有韧性的。

工厂设施可以解决，但劳动力则有诸多的限制。供应链攻防战，有时候会有一个窗口期。如果能够延迟发生，对中国制造就是有利的。高级劳动力能够明显增强供应链的黏性，使得供应链更不容易流动。

应对供应链的对外迁移，一方面需要本土企业加速成长，与国外品牌形成一定的抗衡能力；另一方面则需要继续提高供应链的运转效率，形成巨大的优势，它也会成为保链的重要因素。其中，各种技能人才的集合会起到重要的作用。

如果一个产业迁移过快，只能说明本土的供应链土壤还不够肥沃，缺乏足够的吸引力。当一些服务器制造工厂迁移产能离开中国的时候，德国的汽车、化工企业选择进一步加强跟中国的合作。汽车、化工等行业对于训练有素的人才的依赖是非常强的。大众汽车加大在华投资，在合肥建立了安徽综合实验中心研发测试场，合肥也开始成为上海、长春之外的汽车投资重地。这样的制造配套服务，对于巩固供应链的优势至关重要。随着电动汽车车型研发速度加快，研发部门与测试部门需要保持紧密的互动。保时捷汽车能够快速研发性能出色的车辆，部分原因是工程师可以直观地了解新车辆测试的情况，及时进行调教。测试与研发工作都在一个地方进行，提升了研发速度。这需要不同工种的人能够对等、频繁地交流。培养复合型人才，或者将劳动力进行多元组合，至关重要。

同样，尽管苹果主要是在美国进行研发的，但它的新品导入团队依然在上海。新品导入团队负责将研发的思路转化成详细的制造计划，这是一个工厂制造能力的关键一环。它是确保产品从实验室、工艺研发平台，走向工厂进行大规模生产的关键环节。这些人就像是供应链上的特种部队，涉及工艺、质量甚至商务能力。作为构建制造系统能力的关键，这个团队所具备的能力往往决定了供应链的价值导向。除非越南与印度能够找到足够强的新品导入团队，否则这些国家就很难成为供应链的核心所在。

显然，**决定分工效率的并非完全是劳动力成本，而是高价值的知识能力。**保链护土，真正的护栏是知识，而不是直接劳动力成本。

成本是供应链效率的一部分，而知识流动所形成的连接力才更加具有韧性。

知识也有很多种。那些在现场跟工程师绑定在一起的知识，是不容易重新培养的。2022 年，台积电开始在美国建立先进制程的工厂，预计招收 4 500 人，但在前期需要派遣 600 名工程师过去。供应链的迁移，很难离开富有经验的工程师，而这正是“保链”的关键因素之一。

供应链的升级发展，要更多关注劳动力技能而不是工作岗位本身。

产品质量和上市速度都在加速，这增强了中国制造在全球经济中的竞争力，也提供了更高薪酬的就业机会。然而，由于每个工人的工作效率更高，生产一辆汽车、一部手机或一瓶药所需的人力更少。机器人和软件的进步，使机器能够执行更复杂的任务，这种趋势可能会继续下去。要么挣更多的钱，要么挣更少的钱，产业工人不可避免形成了“中层空洞化”的局面。

不仅是劳动力岗位稀缺，工作性质也在发生变化。在过去几十年，全球化和技术进步，形成了对生产工人的总需求和生产工作的双重改变。手工安装零件或重复性任务所需的制造工作正在消失。数字化工厂的工作正在转向机器人维护、先进复合材料和零件射频识别等领域。位于常州的天合光能工厂，工人们借助于室内 GPS 和激光定位系统来操作机器、组装电池片。掌握这些新型设备需要新知识的武装。

大量工人因为数字化转型而被甩在时代列车的后面。让他们能够再次上车的方式，就是系统性提高个人技能。低技能和中等技能的劳动力，需要有计划的培训引导，强化“人机协同”的训练，并且在日益增多的软件和数据集成的供应链上找到更多机会。

明光：人才的来源

有了优秀的现场人才，就会产生超越成本的速度和质量。基础研究来自大学，复合型人才来自企业。

苹果、IBM 的很多能力来自应用科学，需要寻找知识容器，从中获取养分。如果大学在屏幕和玻璃方面有更强大的应用知识外溢，就会吸引这些跨国企业的创新中心。尽管大学并非供应链的正式组成部分，但围绕着供应链的应用基础，却可以成为大学的知识供给方向。那些卓越制造企业的工程师，可以成为大学里的讲师。制造能力的知识广泛渗透，会让中国供应链的连接能力大大加强。

然而，人才并非只是大学需要独自面对的课题。那些拥有复合知识的核心人才，往往都来自大企业。美国很多仪器仪表的人才都是全球仪表的领导者安捷伦公司培养出来的，而安捷伦则是来自惠普的拆分。2016 年全球非常成功的多元化公司之一丹纳赫，将工业仪器与自动化部分，分拆出一个全新的福迪威公司。丹纳赫对于精益制造的能力和人才储备，也是福迪威不断做强的基因，形成一种“迷你丹纳赫”现象。

大公司出走的人才，也会成为供应链上宝贵的养分。例如华为、富士康、美的等高管进行创业咨询的时候，看上去是只做服务，但却为更广泛的制造业提供了开阔的视角。如何重新整合这些分散的能力，也是积聚供应链能力的关键。这些人才的洞见，跨越了行业的约束。

在供应链大分流之际，中国供应链需要保留的是什么？这与人才的结构有关。这不仅仅是对劳动力提出的要求，对中国的大学院所的科技转化，也有了显著性的改变。应用科学家开始登场。

一部分科学家需要将基础科学转向应用工程科学，将军工、航空等方面的技术突破向民生领域扩散。其中，顶级的链主企业将是出题人，科学家是答题者。

研发导弹会促进 3D 视觉技术的发展，但更细微的高清晰度 3D 视觉，导弹并不需要用，可以在装配的视觉检测上大有用武之地。

从基础科学到应用科学，从军工流向工业级的场合，这正是供应链土壤所需要的全新养分。对于顶级制造，纯科学或许并不重要，但应用科学非常需要。科学家们作为一个庞大的群体，需要登台入场了。

即使是拖鞋、雨伞、马桶这些看上去相对简单的制造业，在现场应用的细节场景中，也充满了对应用科学的需求。供应链上的每一个环节，都会碰到精密制造和工业智能的问题，涉及不同的材料、传感器、视觉、机器人技术等。有了应用科学的助力，这些产业就会达到一个全新的高度。

在这个时候，蓝领员工的数量会减少，这是历史的进步趋势。但就在部分蓝领消失的地方，会涌现出大量需要人机界面交互更频繁、数据使用更普及的新一代操作工。这些人员需要使用很多软件才能完成，而背后的支撑则是物理学家、化学家和数据分析学家。双方更加紧密地结合在一起，形成了一种新式知识劳动大军。

知识服务，将全面融入既有的供应链。**保链护土，需要重新有策略地设计供应链的进退之路。**一个城市有了好的制造，大学毕业生也更容易留下来，这会给城市带来更大的创新活力。“保链护土”，保护好供应链，就是保护民生。

第五节　再出海

双线：主动拥抱全球化 2.0

就供应链效率的视角而言，中国在 2001 年加入世界贸易组织，可以看成全球化 1.0 重要的里程碑。中国制造以成体系、成建制的方式，融入了国际供应链。全球繁荣被高效供应链驱动。可以说，WTO 规则成功地引导了中国企业有序地走上全球专业化分工的道路。

中国企业走出去的战略，一直没有停歇。很多早起探海的企业，已经在全球布局。像 TCL、海信都有 40% 以上的收入来自海外，联想集团则达到了 70% 以上。整体而言，这些企业基本处于一种单打独斗、自由成长的状态。这种成长的力量，被掩盖在全球供应链向中国汇聚的洪流之下。这是全球化 1.0 的重大命题。

参与全球化的较量，会迫使竞争对手在海外浴血奋战。在印度尼西亚的工程机械市场，日本小松是占到大约三成份额的排名第一的企业。但近年来三一重工、徐工等中国厂商加强了攻势。由于中国厂商的进取，日本小松不得不向印尼和泰国推出简配机型，进行应战。小松的主力产品是 20 吨级中型挖掘机，但简配机型比原来型号的功能少，不再支持高马力的采矿采石、伐木等用途。当阻击产品价格比日美厂商便宜两成的中国厂商的战役打响时，小松在市场上的丰厚利润也受到蚕食。

同样，2022 年在德国市场，由于济南二机床的压力机的有力竞标，德国昔日全球排名第一的压力机也不得不降价，并以低于中国机床的价格销售。这看上去也是一场实力的消耗战。**当中国企业长大的时候，所有的竞争都是全球性的**。当竞争对手无法凭借国际化优势获取更丰厚的利润时，中国就有反制对手的机会。把握这种机会，需要在每一个市场进行对抗。

这种厮杀同样反馈到了国内。日本企业不想放弃中国市场。2020年以后，日本小松宣布在中国只投入20吨以上的产品，并加大零件的本地化生产，将行走马达等零部件切换到中国生产，还强化了零部件与服务等相关业务。日立建机致力于提供24小时远程监控机油及液压油工作状态的服务等价值链业务。另一方面，日立也推进了价格战略，从2020年2月开始推出价格下降10%的迷你挖掘机。为了控制成本，采用了中国企业提供的零部件。可以说，这些举措继续提高了中国供应链的效率。而这样的战场对决，跟国际市场的对战遥相呼应。

然而，**当全球制造进入以分散生产为特征的全球化2.0时代，供应链重塑是核心主题。**即使中国制造做好了本土的加固与防御，积极探索在海外发展供应链的机制依然是避不开的选择。美国、欧洲出台了很多保护本土制造的法案。这些法案体现了供应链本土化的趋势，通过提供补贴和减税，要求企业将生产基地放在本土。美国所实施的“近岸制造”和“友岸制造”，都是试图在中国之外的基地，重新建立一种新的供应链秩序。中国制造必须对此做出全新的回应。

中国制造能力的出口，已经无可避免。2022年中国生产了19 578.3万台电视机，但中国市场的需求量不到4 000万台，而美国每年有5 000万台的需求量。然而美国进口的彩电有60%来自墨西哥，中国基地生产的电视机只占美国进口彩电市场份额的

20%。三年以前，这个数字是 60%。惊人的数据对比，可以使我们清楚地看到，支撑美国进口商品的制造能力正在新的基地形成。

不过，中国制造也完成了布局。全球最大的电视机厂家韩国三星，在墨西哥拥有产能最大的工厂。海信和 TCL 在墨西哥也有大型工厂在生产电视机，并继续出口到美国。中国制造能力，实现了曲线出口。如果这两家公司不在墨西哥生产，那么这些产能就可能拱手让给韩国，而上游供应链的支持也不可或缺。液晶显示屏和其他零部件会陆续落地，否则无法跟韩国三星形成竞争力的比拼。供应链的对决，已经成为新的制胜点。

宗申摩托有 70% 的销售都在海外，在泰国也有工厂。但它到泰国建立摩托车厂时，却发现那里并没有合适的配套厂商。本田的供应商在泰国已经根深蒂固，而为本田配套的供应商在面对宗申时，要么价格高昂，要么不提供服务。要保持竞争力，宗申只能重新建立供应链，从中国带去原有的供应链落地，并在当地重新扶持。

跨国企业的生产基地转移，会加速供应链的迁移。当三星电脑从昆山转移到越南的时候，会要求苏州友达光电液晶屏幕工厂前往建厂。友达光电会进一步要求它的上游背光屏生产商苏州璨曜一起前往越南。这是一种一拖二、二拖四的放大迁移。

当特斯拉在全球每年生产 2 000 万台电动汽车时，它依靠的是产能巨大的超级工厂和丰富的供应链根基。它在上海的工厂，成为全球销量中千斤顶一样结实的支柱。然而，要在美国享受销售电动汽车优惠政策，就需要有 75% 的组件产自北美。于是特斯拉需要将上海工厂连同供应链体系，一起复制在墨西哥。尽管墨西哥汽车零部件的年产能已经超过 1 000 亿美元，位居全球第四。但是，过去简单的零部件生产已经远远无法满足超级工厂的需要。大量的供应链缝隙，正在等待被填满。这一次，特斯拉再次需要中国供应链的帮助，它在动员中国配套供应商前往墨西哥。如果供应商拒绝前往，那这些配套机会就可能永久性成为其他人的粮仓。供应链不能出海，其实也是在错失全球化 2.0 的商机。全球化的步伐并没有停止，逆全球化只是表象。全球化局部加速才是真相，而这对于中国供应链无疑意味着新的机会。

供应链迁移并不是以一个工厂的意志为转移的。即使被动出海，也不妨采用更加积极的方式，形成战略主动性。

这需要从一种国际视角和赢利角度来进行判断。那些走出去的国际化公司，在技术能力上并没有出现空心化。丰田向全球扩张，并没有影响名古屋丰田城的研发力量。日本企业往往采用母子工厂的方式，研发与制造都作为母工厂留在本土，而在世界各地建立的都是作为子工厂的制造基地。这种方式很好地保护了日本的研发优势和制造能力的优势。

在全球化 2.0 时代，供应链的洪流正在改变方向。对于中国而言，一场系统性的“再出海”战略正在呼之欲出。不同于以前企业只是在海外装配制造和销售产品，**“再出海”意味着将供应链能力看成一种竞争优势，需要主动出击**。要保住中国供应链的空间优势，就需要跳出所谓的“包围圈”。中国制造需要前瞻性地规划“属地制造”所带来的产业转移逻辑，通过“集成供应链”出海。而要尽可能地防范风险，群体行为的协同自然必不可少。即使是竞争对手，也要有一盘棋的考量。这需要系统性作战的“合字诀”，为未来 20 年寻找下一个“WTO 级的殿堂”。

“再出海”意味着中国供应链能力正在积极走向国际化，并非只是被动地应对当下供应链移动的局面。这无关产能的释放，而是一次重新融入全球化的全新征程。在全球化 1.0 时代，中国制造以静迎动，打造了全球供应链的超级节点。而在全球化 2.0 时代，中国将以动迎动，系统性地参与塑造全新供应链的格局。供应链的设计力，需要深嵌其中。它会围绕全球地理资源而重建连接力的触角，并注入控制力的因素。这是中国力量的一部分，也是大国建立影响力的一次重新布局。

编队：搭建合成营

中国制造再出海是不可避免的。与其等待，不如抢占先机。汽车轻量化离不开一体化压铸，而国内有十余家已经上市的压铸公司，都齐刷刷地出现在墨西哥，迎接新一轮电动汽车投资热。这正是对特斯拉汽车再建超级工厂的呼应。同样，中国动力电池厂家也在全球各地设立工厂。当瑞典的电池初创企业 Northvolt 正在欧洲大兴厂房的时候，无论是竞争对手宁德时代，还是上游供应商无锡先导，或者是电池隔膜生产企业深圳星源材质，都不能缺席。因为在快速新增的人群中，不是只有中国人的身影。韩国东进化学公司正在那里建立工厂，生产电池所需要的碳纳米管浆料。

中国企业要在“再出海”中抢占先机，需要学会运用全新的规则，来应对全球化 2.0。日本产业供应链抱团的方式，非常值得借鉴。在海外建立生产基地的时候，日本往往采用一种情报、商贸、产业以及投资的复杂组合。这可以看成是一种“信产投复合体”，提供了一个国家级的供应链工具箱，使得日本企业可以开箱即用。

“信产投复合体”，可以看成是产业出海的供应链合成营方式。合成营是军事发展史上的一个巨大进步。它将原来的师旅级编制才会有的兵种（如炮兵）下沉到作战单位。这意味着每个作战单位，都拥有强大的机动性特点。现代化的生产服务体系，就是一种供应链的合成营，包括行业智库、咨询服务等。它使中国制造的出海作战方式，从单兵作战变成系统性作战。借助于“合成营”的生产服务体系，系统性建立“再出海”的供应链综合作战能力。

供应链出海，不能单打独斗，很多金融、信息服务和公共服务体系不可或缺。中国的工程机械除了在国内市场取得了很好的成绩，在欧洲市场也落地生根。无论是三一重工，还是徐工，都收购了德国工程机械品牌。例如三一重工收购的德国大象（普茨迈特）品牌，运行一直很好。工程机械行业非常依赖租赁业务，而中国在当地的银行对工程机械支持很少，只能提供非常有限的业务（如贷款）。优秀的企业需要的不是贷款，而是租赁金融。全球最大的工程机械公司卡特彼勒，其租赁业务开展得就非常好。这使得它跟中国出海企业，拥有了一种不对称的优势。

借道越南，进军美国，是当前中国制造很常见的一个战略。无论是为了逃避美国的关税制裁，还是品牌商基于地缘政治的要求，这些供应链都不得不移动。半成品组装是一种相当常见的方式。连胶合板这样低成本、低价值的产业，也不得不绕道越南做些简单组装，然后再出口。

光伏行业第一次出海是在东南亚建立生产基地，从 2014 年迎接欧美反倾销补贴开始。天合光能、晶科、晶澳、隆基等大厂都在东南亚建设工厂，主要是生产电池和组件。

然而，这种中国制造的曲线战略，也会受到严格的监管。美国按照“去中国化”的思路，正在沿着供应链向上移动，要求更多的零部件在海外制造。久经国外反倾销折腾的中国光伏行业第一个被盯上。

“曲线战略”实施了一段时间之后，美国商务部要求中国光伏采取更大的迁移行动。除了电池和面板的组装业务，更多的光伏辅材也要放在东南亚国家生产。供应链的开口，越收越紧；供应链的制造属地，正在成为美国应对供应链威胁的重要关注点。

应该说，积极走出国门，是中国制造能力水到渠成的一种延展。但需要学会在全球进行资源配置，重新融入全球化。就原材料而言，从 2010 年至 2020 年，中国在全球多晶硅生产中，占比从 26% 上升到 82%，而美国则从 35% 下降到 5%。但是，即使是非常有优势的中国制造，仍然要积极参与国际化分工。与海外制造商的交织，是一种巧妙的法则。中国光伏大户晶科能源，跟德国瓦克签订了硅片材料的长期协议，使得瓦克也成为中国光伏战舰上的一员。这种国际供应链的交叉融合、分区域绑定，是应对“再出海”的重要策略。

中国光伏正在经历第二次与众不同的出海。这一次出海，落地点直接是美国。为了应对美国的《通胀削减法案》，在美国本土进行生产已经是不可避免的。但美国的产业基础差，在光伏供应链涉及的 13 个环节中，美国只在组件和电池片方面建立了产能。对于铜箔、电极材料等附件，本地生产能力几乎是零。这意味着未来几年内，美国也很难建立完整的供应链。

东南亚的生产基地与中国仍然有着紧密的联系，可以说，中国南部城市就是越南、泰国等国家的供应链腹地。而在美国，企业要建立竞争力，就需要逐步配套上游的供应链。很多都需要从头补齐供应链，孤立割裂的风险也随之而来。

在国内，光伏企业为了避免“龙头电脑化”的局面，已经开始走上全供应链一体化的道路。但是，如果还按照国内的方式，龙头企业在海外就会全面竞争。如果出国的企业都是竞争对手，则势必造成极大的浪费，而且容易被各个击破。实际上，这些龙头企业各有所长，比如天合光能的电池组件很有优势，通威在硅料上有优势。如果这些企业能够以更加差异化分工的方式，在美国基地分头建厂，建立联合阵营，就可以更好地降低"再出海"的风险。在全球化 2.0 时代，国际市场的风险会更高。海外市场跟中国市场迥然不同。企业在国内的很多做法和经验，并不能全部照搬到国外。

在海外建立产业园，也是"再出海"不可避免的方式。在中国本土受到地方政府精心呵护的企业，一心只需要做好经营就可以。大管家式的服务，也是中国供应链效率的设计组成部分。然而到了海外，地方政府大管家的缺位，是再出海需要解决的关键问题之一。这些问题不能只由企业独自解决，需要发挥供应链的设计力，为企业提供与国内相对应的服务。这样的服务效率，也决定了中国供应链在海外的生存能力。

再出海需要协调一致的行动。关于迁移效率的计算，理论上讲，如果中国拥有全产业的优势，就应该把控这个节奏。如果没有一盘棋的设计，多环节各自出海，就可能在海外被分头围攻，导致原有优势到国外发挥不出来。

再出海战略既不是一个企业单独出去，也不是企业带着自己的上下游到一个工业园安营扎寨这么简单。如果只是供应链上孤立的节点去参与国际竞争，那么失败的风险就会非常大。这背后一定需要公共的服务力量，包含金融、物流、商贸等信息服务的支撑。而**采用供应链合成营的方式，则可以建立公共支撑平台，提高中国企**

业在国际市场中的竞争力。

同样，很多企业可能会选择继续将供应链搬迁到东南亚，其中涉及如何保护技术，也是需要提前考量的新问题。发达国家对输出技术有着严格的、成体系的保护规则，中国不能将多年积累的优势技术拱手相让给后面的追赶者。中国技术的对外输出，需要有明确的规范。这些都需要精准的计算，这也是合成营的重要任务。

融入：嵌入全球一体化网络

成为全价值链一体化公司，是一个需要超级整合的过程。这也是面向全球化供应链建立连接力和控制力的升级之旅。对于中国企业而言，海外收购是战略方向之一，也是融入国际化供应链的重要一环。尽管有些收购也出现水土不服，但这些都是战术上的损伤，一池一城的得失，远远低于战略布局所带来的正向影响力。同样，与国外公司合资，也是很好地嵌入全球网络的方式。

广州先导稀材公司覆盖了稀有金属加工（锗铟镉等元素）、材料（如电子靶材）、设备（如真空蒸镀）、零部件模组（红外激光测温用）和材料回收的业务。这种五位一体的公司，在国内并不多见。这家公司成立初期做稀有金属的提炼，稀有元素往往跟上游矿气资源紧密绑定。氦气是在天然气提炼过程中而生的，美国空气化工公司（APD）由于垄断了天然气 70% 的战略合作而成为全球第四大特种气体公司。在铜铅锌铝的冶炼过程中，也有很多副产品可以被提炼出来，例如粗碲就是从铜电解产生的副产品中回收制取的。

当时国内的提纯技术并不过关，纯度往往只有两个 9（99%）

的水平，无法满足最终的应用。很多企业都是各自进行来料加工，基本不考虑绑定上游的矿产资源；有的提炼到 80%，因为技术门槛，最终止步不前。这些分散的孤零零的产业，并没有形成产业的链条。这也使稀有金属材料的提炼，并没有真正成为一个成熟的产业。

这家创业公司注意到了中国稀材的断点，研制了高纯度有色金属提炼技术，达到 5 个 9（99.999%）的水平。一方面是技术突破，另一方面是企业有意识地跟上游原材料和下游用户之间连通，从而使得整个链条被激活。可以说，中国稀材供应链，真正实现了前后连接畅通。

这个时候，广州先导就开始跟国际供应链融合。美国光伏先驱 FirstSolar 使用了一种碲化镉薄膜，需要 5 个 9 的碲和 5 个 9 的镉。出于对供应链的成本考虑，美国公司开始发展上游供应商，广州先导也成为供应商之一。可以说，美国光伏发展给了中国公司机会，国内第一个突破碲化镉薄膜的太阳能材料得以诞生。

2013 年，正值全球第四大颜料企业比利时卡佩勒经营不善。广州先导决定收购卡佩勒的天津工厂。这种颜料需要用三氧化二铋这种稀有金属，而且用量很大。此前先导一直希望能够进行材料配套，可惜并没有效果。而此时，通过收购工厂就顺理成章地实现了战略合作。卡佩勒将跟铋有关的全球供应链，全部都由先导提供。

这场收购战，使得广州先导快速融入国际化供应链之中。

无论是美国 FirstSolar，还是比利时卡佩勒，当它们在全球进行扩张时，正是中国优秀企业快速建立供应链连接的时候。先导抓住了这样的机会。融入全球化供应链的一个很凌厉的招式，就是国际化并购。并购不一定都是为了学技术，有时也是为了能够获取销售渠道，融入全球化是提升竞争力的关键。这是中国制造需要掌握的一种技法。

先导已经建立了一种“输液管”的并购模式。通过并购企业向下游看，可以很容易获得原有渠道和认证资质，并引入目标客户；而向上游看，则可以把先导的原材料供应链导入进来，从而形成双重销售。被并购方像输液管一样，可以在其中灌注各种养分。

先导在 2017 年收购了比利时优美科旗下的靶材业务，并且在 2020 年收购了三星康宁的合资公司 SCG 的靶材事业部，将其改名为 KVM 公司，成为全球靶材的领导者之一。借助这些国际并购，先导也嵌入了全球供应链中，形成紧密的关系。这是一种国际化缠绕。**在主动寻找中国供应链韧性的情况下，在更多国家和地区建立供应链的连接显得尤其重要。**

除了这种有力的连接，建立控制力也是必不可少的。为了更好地掌握材料性能，先导往往自己开发设备，例如铟锡化合物的烧结炉研制成功，就替代了韩国和德国的设备。

可以说，材料先锋基本都是设备大师。

先导不仅是材料公司，也是一个高端装备公司。这就不难理解，2019 年先导集团以 4 500 万欧元全资收购了全球领先的薄膜真空设备德国 FHR 公司。实际上，这些设备可以同时对外销售，成为稀材供应链的一部分。

为了更好地获得所有可能的稀材，回收也是重要的支撑。2021 年先导冲破重重阻碍，终于收购德国回收设备公司 PPM。在全球化的舞台上，先导已经建立了鱼和海洋的连接。

先导的“全供应链一体化”模式，在发展初期曾经受到经济学家的质疑。先导体量不大，不可能把供应链拉得这么长。然而，这种业务多元化、价值链一体化，客观上是追求全球化的自然结果。如果要与国际客户共舞，就要拥有收放自如的能力。既要强力连接，还要有力控制；前后延伸，多元绑定，方能建立一个富有韧性的全球供应链。

这一次企业要在全球当链主，就是要跟高手过招，需要在全新高度进行战术设计，并且主动跟国外企业形成供应链缠绕，无法分离。

在国外拍摄的系列全球纪录片中，可以看到“翻山越岭去上学”的节目。它描述了全世界各地小孩，如何克服地理条件的困难去上学。在玻利维亚这一集，有两位乡村教师每天搭车去乡村学校。山路崎岖，惊险无比。带有十字领结标志的美国雪佛兰面包车很常见。当地的路况很差，车辆容易打滑。在这里行驶的汽车需要进行特别设计，而且一定要结实耐用。

然而，除了标志，这辆车的设计研发和制造，其实都是来自广西柳州的上汽通用五菱。一款名为五菱荣光的商用车，曾经在很长一段时间内都是国产畅销车，如今它在全球欠发达地区的生命曲线还在继续上扬。从全球价值链的导热棒来看，此端渐冷，彼端方热。温差会产生能量的传递，延续生命周期。这正是全球化公司转战各大洲而获益的秘密。这辆车带来的收获，还在继续延展。汽车里面的电线电缆，是由河南鹤壁市的一家制造商在柳州设立的工厂所提供的。这是国际供应链组合的胜利，它规避了很多规则。中国制造元素借船出海，不动声色地出现在海外的各个角落。

其中，上汽通用五菱这 6 个字本身就表达了一种“再出海”的内涵。上汽集团是大股东，美国通用是二股东，而地方国资下属的柳州五菱则是三股东。这是一种非常巧妙的跨国股权混改的公司制度。它可以借助这种身份，在全球市场跟日系、德系的汽车进行市场争夺。而它赢回来的产值，就是上海、广西、河南，还有很多其他地区也是受益者。

谁能利用全球市场发展的不均衡实现产品生命周期的最大化，谁就是赢家。上汽通用五菱负责成本领先的制造，而通用则保持强大的品牌和渠道，相得益彰，一起打天下。这也让来自柳州的汽车，在全球很多地区都有自己的身影。这种跨国企业之间的组合战术，是一种灵活的结伴出海。在当前全球化 2.0 和诸多国外政客严厉的目光注视之下，尤其具有意义。

在印度尼西亚这个全球第四人口大国，上汽通用五菱从 2017 年开始在印尼自建工厂。上汽通用五菱在印尼的本土化制造，也是一种“扎硬寨、打呆仗”的做法，带领中国的供应商在日本铃木印尼工厂的对面建立汽车园区，同时开设了 100 多家经销门店。而在印尼电动车的标准体系上，印尼政府正在邀请上汽通用五菱为主参与电动车的标准制定。在过去 30 年，印尼汽车标准一直掌握在日系车企的手里。这是一次非常难得的参与供应链标准制定的机会。当欧美汽车厂都已经被挤出印尼市场，坚持落地的中国企业，迎来了在全球施加影响力的机会。中国制造也要善于总结经验，向优秀的企业取经。中国的跨国企业并购有很多可取之处，吉利收购沃尔沃和路特斯汽车等，极大地推动了中国汽车的全球化进程。而联想通过收购 IBM 的 PC 和服务器业务，以及对摩托罗拉手机的整合，已经成为本土成长的高度全球化企业。

联想集团在海外的销售额占比达到 70% 以上，而且它的制造产能，90% 是在中国大陆。这种“制造在内、销售在外”的品牌发展，是中国制造非常需要的一种形态。联想要想覆盖全球 180 个国家和地区的渠道，中间会掉进不少坑。这些坑就是隐蔽的地雷阵，后面的企业也可能会跟着掉进去。如果把这些坑找出来，中国企业哪怕避开一小半，也能确保领先优势。

显然，上汽通用五菱、吉利汽车、联想集团的全球化知识，都可以成为制造企业再出海的参考指南。

将优秀企业的卓越实践，外化成一种普世的理念，具有深远的意义。对比来看，以减少浪费为目的的“精益制造”风靡全球，它最早来自丰田汽车的制造实践。日本将这种生产方式进行了“国有化”，打造成为日本制造的标签。整个国家的制造，都因为一家汽车的生产方式而受益。

将一个企业的经验，变成一个行业的知识；将一个行业的知识，变成一个国家的能力。超越企业的群体体验，就会成为国家财富。中国“再出海”战略，不再是以一个个企业为作战单元，而是可以将完整的供应链能力，用合成营的一体化战法投射到海外。

这将是中国制造锻造核心竞争力的重要一环。中国制造需要大力开展攻坚战。但这种行动，可以看成是全球化融合的一部分，而不仅仅是国内市场突破的机会。这是一种“全球化”而非“国际化”的理念。“国际化”是以我为中心，在面向本土市场的同时，用多余的特征去适应其他国家和地区的需要。而“全球化”则是一种四海混一的理念，它的产品设计基于很强的包容性，本土市场只是其中的一部分。拥有“全球化”的理念，就会跟随全球化的形态变化，实现制造的不断创新。**一旦陷入只迷恋本地市场的旋涡，企业就会身不由己地陷入无休止的价格战内卷。**而企业在忙于为生存而战时，则很难建立起全球化视野。如果大量企业如此，就会导致一个国家的制造能力被系统性削弱，供应链上的每个节点都会受到影响。

同步：建立控制力的双重作用

大部分发展中国家通过工业化积累财富。有些工业化进程中的国家，在接受中国消费品制造能力的时候，也获得了中国多年积累的工业化经验、知识和工艺。对于中国制造而言，这就像是双响炮。

以浙江诸暨为例，一条大唐街道，就能造就中国的袜业之都，每年出口额达 100 亿元人民币。然而，大量转移也在发生。很多工厂前往越南、泰国等地。

需要正视的一个问题是，诸暨的劳动力人口越来越难找了。这里工厂的工人，基本上不是来自诸暨，而是来自贵州等偏远地区。

依靠中介服务，跨省人口打工，是中国制造富有特色的一个基本盘。工人流动速度越来越快，而且极具组织性和爆炸性，使得中国制造越来越疲于应付。流动工人的现象，已经让电子消费品行业备受冲击，下一步也会在各个行业流行。

袜子生产工序相对简单，服装厂还需要十多个工序，而得益于设备的进步，一台机器基本就可以完成织袜子。织袜子的工厂往往是乏味的，车间里全是设备，而且是相同的型号，因此对手工缝制的人工需求并不大。

而在诸暨主力产区的大唐街道，依然需要很多人。这里的出口型企业有一百多家，大大小小的袜业公司估计有上万家。人，是少不了的。

既然制造已经很难留得住，袜业自然要转出去。意外的是，在袜子供应链的转移过程中，还有一个隐性群体受益，那就是机器设备供应商。

伴随着诸暨袜业的发展，这里的袜机也经历了很多次改良创新。现在可以采用线头连织技术，将一根线头织到底，而在以前完全做不到这一点，只能依靠大量的手工。一台袜机虽然只有 10 万元，但它的整套零部件也不能含糊。车间需要保持恒定温度，否则纱线张力就会受到影响，导致袜子弹性有所不同。这都对机器提出了要求。

诸暨每年可以生产一万台一体袜机，这种能力在全球都居首位。有了这样的突破，诸暨的袜机制造商也开始出口设备，盈利并不少。

诸暨袜业为地方产业集群升级，提供了一种极好的样本，那就是哑铃型创新的平衡发展。袜子产业在发展，织袜设备也在升级。前者滋补了后者的繁荣，而后者也使得袜业制造更有竞争力。一个是百亿元产值的袜业，一个是十亿元级的装备制造。二者相辅相成，这是良好的产业集群发展模式。

袜机往往本地制造，而其使用的控制系统，正在悄悄转移到中国制造商手里。北京大豪就提供这样的控制系统和控制面板。而在以前，其大多采用日本三菱或者德国西门子品牌。目前来看，这条供应链上只有芯片还被美国控制。当袜业还有机器设备一起输送到东南亚的时候，美国在整个供应链上的影响力越来越小了。

整合也在发生。全球色纺纱的龙头企业华孚时尚，通过收购浙江诸暨的卡拉美拉、博亿、易孚三家袜业，完成了从纱线向下游袜业的产业整合。

然而诸暨的产能扩张已经停止，制造基地开始向安徽淮北和新疆阿克苏转移。三地将达到 1 500 台袜机的规模。这家在 2020 年被美国商务部列入管制清单的企业，开始在越南投资，已经建成30万锭的产能。而华孚时尚在中国，有200万锭的纱线产能。

对于华孚时尚而言，越南更像是一个避险而非主力的市场。同样，对机器数字化的改造，在中国的需求也明显高于越南。而像北京大豪本来就是专门提供电控设备，面向刺绣和缝制，几年前也通过收购织袜机进入一体化装备行业。装备供应链的链条上挤满了中国的优秀企业。

当整个链条都在出海的时候，这些企业就具有了一定的抗风险能力。

当年有一家土生土长的企业声称自己是“没有日本人的日本工厂”，表明中国制造深受日本模式的影响。采用了日企的管理模式，也使用了日本生产的设备和材料。这就是日本生产方式的国家能力的输出。

而现在，在东南亚，中国制造或许可以呈现同样的形态。

不仅出口产品，同时出口制造机器，这样将制造能力牢牢掌握在手里。**只要本土市场一直存在，就可以保持机器制造不被瓦解。从而即使部分产能被蚕食，也依然保持机器的升级能力。**

只要中国能够形成碾压性的生产效率，就仍然可以在节点上建立控制力。机器和自动化，同样可以成为一个关键环节。

激活：小企业的力量

当外有国际化巨头，内有国内同行内卷的时候，中国制造的小微企业往何处走？主动走出去，依然是一种很好的选择。尽管有很多国际巨头，但在全球市场上依然留有很多的缝隙。这些狭小的市场还称不上蓝海，但可以被称为“蓝池塘”，这正是中小企业大有可为的地方。

连接器可以看成是一种细小的线缆，它可以将手机、电脑等内部电气电路连接起来。全球排名第一的美国泰科电子和排名第二的美国安费诺，都是200亿美元以上的体量，排名第三的美国莫仕也在80亿美元。这些连接器巨头在汽车、电脑、通信等高速、高密度连接领域占据主要市场，而国内的连接器龙头如立讯精密、中航光电等，则以100亿元以上的产值占领腰部位置。剩下的无数小规模企业，则在各个市场四下散开。

尽管这个行业呈现高度垄断的局面，但却出现“一头大、一头多”的产业形态。2020年，前10名的市场份额达到61%。通过不断并购，大鱼是越来越大，小鱼也是越来越多。

连接器是一种民生产业，它的起步并不需要太大的规模，简单的工厂可能就在身边。想切入高端连接器十分困难，但如果想存活下来，也有很多空间。由于非标连接器的场合是大量存在的，小型企业反而容易生存，只不过在国内市场的价格厮杀却很厉害。在这样的市场中，应该如何生存？

上海一家连接器小微企业，采用了一种全新的出海策略：不拼红海，而是寻找“蓝池塘”。避开高精尖的国际巨头的市场，也避开拥挤的国内大市场，到国外去寻找未经开发的小市场。

巴基斯坦就是重要的一站。巴基斯坦的工业体系并不成熟，但它的纺织品行业在国际上声望很好。令人意外的是，医疗器械行业也赫赫有名，在中国医疗器械展上，经常能够看到巴基斯坦展商活跃的身影。即使是德国企业，也会利用它的产能贴牌生产。处在一个特殊的地理位置的巴基斯坦，一直在发展自己的制造能力。而各种通信产品所需要的连接器，则是一个正在成长的市场。

大企业安费诺、立讯精密等，很难看上如此小的订单，量少、服务要求高，还需要定制。在广阔的市场上，会有很多这样的缝隙。这家只有十几个人的公司，勇敢地加入进来。通过几次巴基斯坦之行，创始人建立了自己的商业网络。凭借巴基斯坦自主制造的雄心，这家小公司收获了不少订单。虽然没有蓝海那么大，但这个小小的蓝池塘，获得的利润远比国内市场要高。一般的连接器产品，并非高深技术。面向国际市场的时候，难的往往是国际商贸和技术视角的双重管理，而不全是技术问题。

这家企业逐渐从纯制造转向制造型外贸，它需要建立强大的供应链连接能力。

军用产品往往都是小批量，品种多，参数也很多。参数叠加后，产品目录就开始膨胀。在一个产品系列中，产品形态会有父组件、孙组件、重孙组件，衍生下去就有上万个品种。比如一种圆形连接器，10 种尺码，6 种颜色，排列形式还有几十种，包括公母、外形等。对于制造管理来说，管理这些物料是一个巨大的挑战。

这就需要建立核心数据库，形成产品系列化的能力。对规格书、报价，都需要一套精细的管理。这特别考验制造型外贸企业的制造管理能力。有了这样的能力，就可以穿针引线使用中国的供应链。

外贸订单的关键是要拼交付能力、交货周期，这正是中国供应链擅长的地方。然而，这些订单都很小，订购数量常常从几十到几百，几乎没有上万的。这也意味着自动化设备是不可能的，如果要投资冲压、注塑机器，往往需要大规模的订单，才能实现投资平衡。这是小企业无法完成的使命。但是，小企业背后有着庞大的中国供应链战舰。

江苏泰兴有一个连接器产业集群，产值规模只有20亿元左右，但资源丰富，这正是小公司所依赖的好养分。这家公司会自己设立工厂，完成模具等复杂的设计，而很多企业则可以背靠这里的供应链。

如果没有这样的产业集群作为后盾，小企业就很难发展起来。供应链与自有工厂，都成为出海者全球化营销力量的一部分。

然而这家公司的视野更加开阔。它在泰兴进行壳体的切削加工，而注塑、冲压等高精密模具则借助昆山的生产能力，这些都是从连接器起家的富士康为本地留下的工业遗产。供应链裂变，形成遍地开花的制造能力。至于表面处理，则可以来到杭州，完成包括电镀、针孔等小零件加工，有的甚至发到广州。

一个十余人的公司，调动了近十个城市、数十家企业、几千人、上万种物料，从而进入国际化市场。它将这些供应链网络编织在一起，就可以心无旁骛地面对巴基斯坦这样的客户。

看上去是小小的蓝池塘，其实也充满了食物。经过几年的耕耘，这家企业有85%的订单都是来自外贸市场。企业可以走得更远。下一站是中东市场，可以渗透到伊朗、土耳其和埃及。沙特正在雄心勃勃地计划自行设计武器，对国产化也有要求。这是中国供应链能力重新整合后，可以对外输出的机会。

然而，这些供应链需要良好的制造型外贸模式才能实现。简单的外贸订单，而不参与用户的技术设计，是无法完成的。这是一次“供应链+外贸”的深度整合，也是中国制造“再出海”的新的特色。在工业巨头无法填满的空间，小微企业可以成为蓝池塘的王者。

中国制造在大力促进“专精特新”发展，完善优质中小企业梯度培育体系。到 2023 年底，全国预计专精特新中小企业超过 8 万家，“小巨人”则超过 1 万家。

这是一种非常有效的梯度建设，但还可以更细。这些优秀的中小企业，大多是面向国内市场的。国际市场同样值得攻克。外向型专精特新，也是非常值得关注的。这将充分发挥本土供应链丰富的生态优势。

中小企业尽管无法像大企业一样独立开疆拓土，但是也可以反向输出，比如做按钮指示灯的浙江安可信公司，也在跟跨国企业合作，重组供应链，补全跨国企业的产品短板。菲尼克斯是德国的隐形冠军，在中国高速发展，但并没有这类产品。作为非常进取的高度本地化公司，菲尼克斯将精益制造能力和质量体系灌注在当地企业的制造系统之中。然后借助菲尼克斯的国际渠道，将按钮指示灯销往欧洲市场。

大企业有无边的蓝海，小企业也有头顶的天空。国际化的小企业，也可以跳得更高。这是中国制造再出海的新力量。

第六节 建立韧性供应链是一场持久战

持久：面向未来的长期打算

全球化已经进入了局部加速的周期。全球各地的新工厂在加速建设。产业外迁东南亚，发达国家工业回流，以及各个国家劳动力结构的变迁，正在推动形成全新的分布式制造格局。与此同时，美国意图“去风险化”，为了建立所谓的第二套供应链所采取的动作越来越多。中国制造正在迎来前所未有的挑战。

供应链的安全与成本、控制与分工、分拆与重塑的关系，其实正是大国博弈的底层逻辑。韧性供应链需要综合考量供应链三力维度的应用，对连接力、控制力和设计力要有全局的认识。

在当下供应链开始变得紧张、脆弱的时候，可以用一种攻防战思维设计、制造和维护供应链。中国可以将多年积累的供应链优势，当作一种战略资产来重新审视。面向未来可以采用攻防战的思路，来应对全球化分工的新特征。

跨产业、跨地区的全供应链的联动，是决定胜负的关键。中国需要一场供应链持久战，从中长期目标反向求解当前的诸多难题。

面对供应链大变局，有两种观点需要警惕。一种是“速战论”，很多攻关任务设置在 3 年或者 5 年实现。这种速战方式，往往是脱离现实的。看上去部分领域的国产替代迎来了春天，但任重道远，而单一的“国产替代”并不应该成为工业发展的终极目标。另一种是“厌战论”，悲观主义盛行。有些人对逆向工程盛行、基础原理不足、缺席诺贝尔奖等现状，感到十分悲观。然而，这种论调容易忽视中国供应链存在着巨大的有待激发的活力。

尽管当前出现了供应链迁移的局面，但仍然只是一个充满变数的起点。第二套制造系统，或者第二套供应链的价值，至少三五年之后才能显现，十年之后才能定型。这意味着两套供应链的较量才刚刚开始。**尽管中国面临诸多困难，但决战还没有打响，因此迫切需要建立一种面向未来的供应链持久战的战略设计。**

对冲：连接力化解第一波控制力

为了遏制中国的发展，美国在供应链进攻中采用了比较复杂的组合战术。贸易战之外的科技遏制以技术出口管制为武器。在技术管制的背后，则是美国成熟的工业情报体系。多年来，大量的工业基础调研，使美国对全球工业家底的认识非常清楚。因此，美国一开始就将中国极具科技属性的头部企业、部分高校和科研院所列入管制清单，掐断供应链，阻碍它们的成长。

在初期的试探阶段，首先是控制力的较量。拥有控制力的一方，掌控了强大的火力。它看上去可以轻松实现一招致命，通过断供破坏既有的制造格局。这种压倒性的力量，容易体现为在情绪上占据上风。

不过，这种不平衡的现象只出现在初期。受到攻击的一方，在不利的局面下，依然可以选择避其锋芒，进入新的战场。中国供应链所具有的连接力，就提供了缓冲的作用。比如华为在受到手机芯片断供、设计断供、制造断供等接二连三的巨大冲击后，不得不放弃大部分手机的制造，但它不会就此认输。华为所具备的电子设计和自动化技术，使其可以借助中国汽车丰富的供应链，迅速转战电动汽车领域。尽管这种转移是一种被动的选择，但它将对抗的时间拉得更长。

中国拥有大规模的单一市场，这是无法被封锁的；供应链所拥有的超级连接力，提供了一种产业纵深的防御。它使得一个优秀企业所拥有的制造能力和组织能力不会因为在一个战场上受到挫折而全线崩溃。凭借供应链的支撑，就可以获得防御能力，继续存活下去。这会将一个不平衡的战场，引向更复杂的局面。而对手不利的因素和我方有利的因素，也会随着供应链攻防战的时间大大延长。在此期间会产生很多变化，足以改变初期一边倒的局面。

对于攻击者而言，断供也会损害自己的利益，因此攻击者也要小心避开可能造成己方重大损失的动作。在日本决定对韩国进行半导体制裁的时候，手中有一大把清单可供选择。然而，日本只限制了三种半导体原材料，就使韩国半导体行业陷入坐立不安的局面。这三种化工材料并非价值很高的产品，分别用于半导体清洗、显示屏基板材料和构图光刻胶。韩国每年进口这三种材料的价值只有3亿美元，占韩国进口日本电子零部件和材料的2%。但即使如此，也产生了很大的威慑作用。日本采用的管制方式遵循了“自我损失最小”的原则，既要做生意，也要尽量从最小的切口进行制约。

中国制造被看成是以劳动力为基础成长起来的，在这种认识下，供应链容易被认为不堪一击。这其实是一种误解。沃尔玛每年从中国进口约500亿美元的商品，约占美国从中国进口总额的1/10，它在中国有6万家供应商。快消时尚品牌服装也高度依赖中国，瑞典服装连锁经销商H&M在中国大约有800家供应商，而优衣库90%以上的供应商都位于中国。相对于体量单薄的供应商，巨无霸企业看上去具有压倒性的力量。然而事实并非如此。摆脱一两家供应商并不难，但要将供应链上的供应商全都甩开，则很难做到。这是供应链彼此嵌套的连接力在发挥作用。对于关系到衣食住行的产品，供应链的效率起到至关重要的作用。

连接力使中国企业成为超级节点，具有紧密连接的力量。供应链的隐形力量很难评估。一棵大树的高度可以丈量，深度却难以判定。它的地下根系的纵深超出人们的想象。在简单核算一个公司的营收时，很难看到它对于众多供应商的滋养。既然这种关系是长时间磨合形成的，也就很难一拍两散。供应链的控制力和连接力交织在一起，二者无法快速拆分。

美国也意识到了这一点，不再寻求快速决定性作战。它开始改变策略，从“去中国化”进入“减中国化”。行动方式也不再是单打独斗，而是试图形成各种小圈子的联盟力量，共同遏制中国的发展。这使得中国的供应链防御战，需要面对更复杂的多元化冲突局面。

对于当前的冲突，供应链攻防还不能立刻达到一个确定性的平衡。一种比拼韧性的消耗战模式已经启动，新的战场开始出现。

对擂：平行供应链的挑战

在供应链攻防战中，有三个要素决定了持续周期。第一个是国内供应链形成的全球连接力的高效率和韧性，第二个是发达国家优势控制力的减弱势头，第三个是欠发达国家制造基地的成长速度。这三个要素背后都有供应链设计力的影子。

虽然中国极力防御美国通过供应链控制力施加的影响，但中国制造却并非在跟美国比拼制造效率。美国要在本土建立一个完整的供应链体系已经不太可能，制造业回流看上去热闹，但依然聚集在产业塔尖，而无法惠及基层民众。这是一种结构性裂缝。因此，美国本土制造并不能有效替代中国制造。而它推动的各种措施，无论是近岸制造，还是友岸制造，其实都是在建立全新的连接力，侵蚀中国供应链的优势。

中国供应链的防御对象并非美国的回岸制造，而是东南亚、南亚、墨西哥等构成的第二套供应链。**中国制造真正的对手来自平行供应链。全球各地正在涌现不同的生产工厂，它们试图建立全新的**

高效供应链，用以抗衡中国已经确立的优势。这些如雨后春笋冒出的工厂有着拖拉的漏洞，有些工厂本来就是以分散风险的“备份产能”建立的，要想快速提升效率是很难实现的。另外一些工厂即使开足马力，也需要供应链上其他企业匹配同样的速度。这些工厂普遍存在连接力不足的问题，由此形成的供应链替代，会因为效率低下而始终处于配角的位置。从这个视角看，所谓的“亚洲替代体”也是一个“虚构的巨人”，明显的弱点在于它是一盘散沙，连接力会受到诸多干扰。

第二套供应链成长的核心，就是要形成高效的连接力，但连接力的成长需要很长时间。即使诸多控制力加载其上，连接力的成长依然存在很大的不确定性。而劳动力的组织性、供应链的网络效应等，都会对此产生较大的影响。

为了制衡极其重要的代工厂富士康，苹果也扶持了台湾纬创集团，但纬创在印度的经营并不成功。搞不定当地的工会，是重要原因之一。它既要满足大客户苹果的产能要求与道德要求，又要面对工人组织的压力，处于两头不讨好的境地。

而在越南和墨西哥，工厂快速扩张形成的反噬力量也已经显现。人力成本就是一个重要约束条件。即使墨西哥享有跟美国、加拿大一体化贸易协定的优惠，但也受到免关税条件的制约。《美墨加协定》（USMCA）要求必须从工人时薪超过 16 美元的工厂采购一定比例的零部件。美国和加拿大工厂容易达到，但在墨西哥的汽车整车及零部件厂，工人时薪大多远低于 10 美元。于是，墨西哥的企业要么提高美加工厂的采购比例以享受零关税，要么利用墨西哥工厂的低成本但继续交关税。而墨西哥工人的成本也跟越南类似，不断上涨。墨西哥的日本企业大约有 1 300 家，用人成本上涨正在削弱供应链近岸制造的优势。

墨西哥要想成为中国供应链的竞争对手还需要更长的时间。富士康要提高墨西哥工厂的生产力，一个重要的举措就是替换基础劳动力。生产线上的很多工人甚至都不识字，无法读懂作业操作规程，这会严重影响质量和效率。而在当年中国制造业刚起步的时候，富士康招聘工人要求学历在高中以上。后来，这些技术工人中出现了大量的制造专家和技术专家，充实了整个劳动大军。如今，富士康在墨西哥的替代计划能否顺利实施，是对墨西哥的教育基础和人力资源的一次考验。成果有待观望。

墨西哥、越南的适合就业人口规模和工程师中坚力量的不足正在快速到达瓶颈，这个瓶颈需要更长的时间才能突破，而中国供应链的高级化和向上突破也需要时间。这是一个抢时间、抢效率的过程。中国供应链需要在这个时间窗口下完成整体布局，参与确立新的平衡秩序。

建立海外阵地，与巩固本土基地同样重要。只有在大后方参与第二套平行供应链的建设，才能更好地巩固第一套供应链的战果。融入第二套供应链，能够保持更好的灵活性。在建设过程中可以伺机而动，渗透并掌控第二套供应链，否则就会被甩出全球分工体系，使第一套供应链失去活力。

中国制造的供应链是连续的，但水平却良莠不齐，能力并不均衡。而发达国家的供应链是跳跃式的，但供应商往往拥有相对均衡的能力。平行供应链所建立的基地，则既不均衡，也不完整。

中国正在迈入工业深水区，一方面是攻关工业化，突破科技断层的障碍；另一方面是精细工业化，解决能力不均衡的落差。二者呈现不同的特征。前者已经得到足够的重视，后者还没有得到充分的解决。

连接力需要提升效率，而精细工业化则面临关键一战。中国县域制造能力的提升与民生直接相关，可以称之为民生供应链。这关系到中国制造基本盘的稳定性和健康性。**精细工业化需要解决的是工业思维的差距，而不是科技能力的缺失。这背后的重点仍然是质量问题。**质量是中国制造的暗刺，是大国身躯所留存的暗伤。日本、德国的工业都经过质量文化的深刻洗礼，质量观在整个供应链呈现出均衡的分布。但中国仍需要付出更大的努力，以“质量思维”为引领，可以进一步强化连接力的优势。

供应链攻防战面临一个关键因素，那就是时间。在延伸的时间轴上，旧的控制力会减弱，新的控制力会出现。原有的连接力优势会衰减，新供应链体系的连接力会加强。两种力量对擂，拼的都是成长加速度。

内化：自我成长的需要

就控制力而言，美国希望借助外部的力量，建立“减中国化”的供应链联盟。这种联盟并非无懈可击。跨国企业也是各怀心事，商业利益导致中间裂缝明显，各家的战略决心也是疑点重重。各方面的技术突破都需要时间，不过中国企业的每一次突破都会对联盟的控制力形成冲击。

这正是持久战的意义。在技术突围和效率反击的同时，也在等待局势的变化。从供应链的三道战壕来看，外围战壕更强调连接力，内部战壕更强调控制力。外围第一道战壕一旦突破，就会向内依次影响第二道和第三道。外部突破，就是连接力突破，会威胁到内部战壕的控制力，逐渐化解控制力的主导权。

连接力的形成，在于供应链之间更紧密的联系。连接力的加强，也会侵蚀控制力的主导权。控制力的形成，则需要两头用力，既有来自后端用户的知识反哺，也有前端科技创新的能量输送，而设计力则将行业和国家之力叠加其上。在一些攻关环节，需要达成大工程共识，推动大工程组织的协同。

中国要实现全链条完全自控基本是不可能的，跨国企业要形成对中国供应链的全面封锁也是不可能的。中国制造需要坚定不移地将国内供应链与国际供应链交织在一起，凝聚一切可以凝聚的力量，来削弱封锁的势力。

这需要一种均衡发展的视角，从整条供应链而非单个节点考虑风险，并从中寻找机会。不必只把焦点聚焦在光刻机上，很多不起眼的基础链条也需要修补。需要对工业体系进行梳理，打系统战，而非单点焦虑。在全球化局部加速的时代，供应链的发展需要一种系统性考量。

在供应链攻防战的攻坚时刻，不能用放大的情绪替代冷静的思考，不能用局部思维替代系统性思维，不能用应用研发替代基础突破。

在选择获得控制力的同时，需要设计出系统的合力。针对单个技术进行突破的专精特新企业，正在受到广泛的扶持。从 2011 年开始，中国就开始培育有特长的中小企业。这些企业似乎被美国忽视，后者把更多的精力放在华为这样的大体量企业。美国智库研究机构 Force Distance Times 曾经发表报告《"小巨人"与"单项冠军"的挑战》，对中国精准的工业政策和无与伦比的能力培育敲响了警钟。美国智库认为，政策提供了一个完美的窗口，观察中国产业政策是何等“先进、成熟和全面”。通过对专精特新企业的扶持，中国正在建立一种非对称的竞争力。

值得注意的是，要保护这些专精特新企业的长期生存能力，则需要更好的供应链设计。龙头企业与供应链上的企业需要建立战略伙伴关系，甚至开展联合研发。你中有我、我中有你的供应链是相当强劲的。

供应链只有同步创新，才能取得决定性突破。既要用更长的周期来规划一个国家的产业，也要建设软实力保驾护航。美国擅长用产业成熟度来挤压中国的成长。中国制造的体量看上去很大，但背后的工业保障体系却相对薄弱。中国制造要进入中高端价值链，背后必须要有健康的产业体系来保障，它远远超过了一个企业所能做的。要想应对凶狠的高科技遏制战，不仅要靠企业，还需要更成熟的产业体系。控制力要实现两头突破，既要有链主企业的反向哺育，又要有来自大学和科研院所的科技力量持续延伸。中国高端制造要崛起，提供产业保障的工业体系必须随之跟进。就工业体系而言，既要有质量、计量、检测认定体系，还要有情报机构、标准体系、科研院所、大学科技转化回到应用主战场等。重塑中国工业体系，是一次全面的供应链合围。

供应链攻防战需要谋篇布局。民生供应链和攻坚供应链，担负不同的使命。而对于供应链出海，哪些要走出去，哪些要留下来，也都要有清晰的选择和指导原则。

供应链攻防战是一场持久战，这并非面临挑战时的应激反应，而是为了更有利于自我的发展。全球大变局之下，商业竞争早已不限于企业之间的技术对抗，而是关系到国家供应链的竞争。**供应链竞争力不仅是所有供应链节点的合力，更是一个国家制造能力的总和。**

致谢

这本书覆盖了很多不同的行业，也有纵向的时空交织，这让我的知识储备捉襟见肘。好在我在写作过程中得到了各行各业朋友的支持，无论是关于书的主题、叙述方式，还是所涉及的行业知识。在这里，我向这些帮助过我的人表示真诚的感谢！

要鸣谢机械工业信息研究院的陈琛先生，他对《供应链攻防战》一书贡献良多。他是一个博学而有洞察力的人，也是微博账号机工战略的主理人。陈琛对地方产业情有独钟，有着大量的一线调研。我们之间时常讨论，这让我受益匪浅，本书在写作过程中也吸取了他的很多建议和想法。

也感谢联想集团市场部的吴昊先生。整本书的写作过程，都被他浓厚的好奇心包围。在这种好奇心之外，自然也有行文格局的思考和碰撞，让我经常跳出段落，从全局去思考本书的社会命题。就像人在城市里住惯了，时常要跑到附近的山顶上看一下城市的面貌，再回到城里就会有不同的感受。

顾民先生多次参与对《供应链攻防战》一书的讨论，提供了很多有格局的想法，角度开阔，出人意料。他写过《南汽六十年》一书，对行业洞察多采用长波思维，也让我努力摆脱对三年五载短周期的纠结。康耐视公司的万曙峰是一个知识面宽广的行业专家，几乎跑遍了动力电池企业。他对行业观察细致而且观点精炼，给我输入了很多视角独特的观点。联想 ISG 中国服务器事业部周韬先生的分析讲解，让我对服务器这个行业的供应链运行特性有了更深入的理解。

鸣谢穆海华博士给我很多关于半导体设备的看法，并且花了很长时间帮我修正部分文稿。与复旦大学史猛先生的交流，让我对操作系统的复杂性和生态性肃然起敬。化工行业资深人士张健通晓化工价值链，而且外文阅读量极大，我们的交流大大拓展了我的知识边界。他对精细化学、工业气体和氢能技术，有着全景式的行业扫描和忧国忧民的情怀，直接带我飞到半空中去俯瞰。华中科技大学的陈冰博士、北京和利时的丁研工程师都痴迷于控制技术，也热衷于灌我“迷魂汤”，那架势恨不得手把手教会我学习编程。这些精通技术的朋友，总是给我灌输很多前沿技术，即使我处于懵懵懂懂的状态，他们也乐此不疲。很多醉心于技术的朋友，让我对光伏、软件、机床、仪器仪表、激光等行业都充满了好奇心。好奇心带来了一种永无止境的探索，也带来了满满的困惑。要往前方走得更远，还需要倾诉者和倾听者的共同合作。

感谢《瞭望》周刊社副总编史湘洲先生共同切磋。感谢得到 App 的冯启娜女士，一开始就积极推动这个主题的落地，并且将主题融入“这个思路有启发”的跨年演讲策划会中。

中航国际航空发展有限公司原副总经理杨春生先生，对于飞机制造的供应链十分熟悉，对全球航空产业的发展也了如指掌。关于空客和波音公司的供应链情况，他给了我很多指导，让我对这个行业非常入迷。西门子工业软件的陆云强先生经过多年跟踪和分析，对全球工业软件的发展动向了如指掌。每次与他的交流都是收获满满，让我对工业软件的供应链也有了全新的认识。斯凯瑞利的张冲先生和上汽通用五菱的张送先生，他们给我介绍了很多关于射频芯片、汽车芯片行业的发展情况。

电科云的王健先生对于这本书的命题，起到了积极的推动作用。他的语言表达能力，常常比旁人更精确一个量级。如同用毫米长的尺子，丈量我这最小刻度是厘米的世界。这种语言精度差，有助于我更精确地理解主题。还有更多的人帮我理解行业。感谢伊之密压铸事业部的陈勇先生和苏州市压铸技术协会执行副会长张山根先生，给我带来了镁和铝加工方面的丰富专业知识，而上海多宁生物董事长王猛先生和君实生物的吴立成先生，则为我推开了生物医药制造的大门。没有跟他们经常的切磋交流，我可能都没有注意到这些行业的情况，更不要说深入聚焦。

要鸣谢机械工业信息研究院的崔红曼主任多年对我的支持。她对于全球贸易与出口管制有着非常深的理解，冷静而理性。这让我学会了从海底深处向上看，理解全球贸易水平面之下的底层运行机制和约束规则。而关于城市与供应链的关系方面，北京大学王缉慈教授对于城市的经济地理发展已经研究多年，有着非常深厚的理论功底和大量的一线调研经验。她给我详细地讲述了全球价值链网络和供应链网络的情况，让我对地区产业集群的发展有了更深的认识，犹如推开一扇巨大的窗户。联想供应链质量部任海涛先生为我提供了非常有价值的城市发展素材。同在质量部的刘巍先生分享了很多关于液晶、LED 显示屏的知识，让我理解了这些产品与光伏行业底层技术的关联性，这些都与区域经济的产业联动有关。

感谢归国以后致力于科技转化的倪道钧女士，她在德国产业界工作多年的经历，让我对德国工业的发展状况感同身受。而中国科学技术信息研究所李颖女士在日本工作多年，也让我总是可以在第一时间寻求有关日本问题的回答。曾经担任三一重工印度公司 CEO 的吴云峰先生用亲身经历向我描述了在印度一些不可忽视的力量。还有一些朋友基于在墨西哥工厂扩建产线、提升产能的经历，让我对这个“仙人掌”国家的建设情况和劳动力市场有了更好的了解。很多海外朋友提供了他们在不同国家和地区的感受，帮助我很好地理解不同市场的供应链。一直生活在美国的老朋友贲霖，帮我对全球制造业的发展趋势有了很好的了解。他是一个有着深厚工程背景的理工男，对制造系统的演化、工业的艺术化设计、质量体系、创新体系等有着广泛的涉猎。他对制造业的发展脉络十分清楚，帮助我加深理解了技术在推进制造业演化中起到的作用。

我在上海有四个忘年交，我称之为“上海四贤”。其中，上海图书馆原副馆长缪其浩先生有着广博的知识面以及睿智锋利的理性判断。我在努力学习他处理信息时富有深度和宽度的方式，也时刻感受着他严谨而且严厉的治学精神。上海二纺机原副总工周锦碚前辈真是一个可爱的人，我对他有着亲人般的情感。他有着充沛的精力和超级检索能力，可以找到任何一篇我想要的文献——不管是哪个行业的。他终身热爱纺织行业，退休多年也走不出这个圈子。他似乎认定我钟爱纺织行业，但我或许辜负了他的期望。他对于纺织全价值链的认知，决定性地改变了我对这类传统制造行业的态度。

上海工业自动化仪表研究院的教授级高工彭瑜先生，则是中国自动化产业的活化石。八十多岁的他依然红光满面，一直在为中国自动化工业发展而不断呐喊。他是真正的守望者，总是能高度轮廓化地描述技术前沿的进展，这让我在耳濡目染中收获良多。退休的老专家们是巨大的知识矿山，他们仍然在发挥能量。

在这里，还要再次感谢中信出版集团的资深出版人方希女士。她对这本书付出的心血，超出了我的想象。她几乎重塑了这本书的结构。一开始，我们一遍一遍地打电话，每次都超过一个小时。她的话总是直截了当，推翻我原有的循序渐进的叙事方式。“从爷爷的爷爷开始讲起，那样的结构太平淡了，读者没有耐心”，她所期待的结构，是开门见山、直接穿透，一如她本人一竿子到底的风格。这使得这本书得以重新调整，在每个章节都建立了闭合的子逻辑。她也不喜欢长句，将我精心编织的“九曲连桥”一把推倒。我这才意识到二者的差别，也开始喜欢用短小简洁的句子进行表达。果然，锋利的短尾巴更有力量。“读者阅读最怕的就是作者没有诚意”，她的这句话对我影响最大。这使得我对每个段落甚至每个句子都不敢敷衍。写作的诚意其实就是作者的紧箍咒。每当略有懈怠的时候，它就开始收紧发威，让人重新聚焦正念。方希女士也是一位有名的作家，对自己要求甚高。这些经历使得她似乎可以一人分演红方、蓝方两种角色，既代表读者一方进行挑战，也能从作者的角度给出破解的方法。这段奇妙的经历，对我本人来说是一次巨大的修炼，也让我功力见长。这是我在作品之外的一个极大收获。

最后要感谢我的团队成员们的大力支持。本书使用了大量数据，这些都是高静女士花费了大量时间四下寻找权威出处得来的。希望本书的许多细节数据也能经得起推敲。

书里所涉及的行业知识，有赖于很多人的帮助。要鸣谢的人还有很多，这里一并隔空谢过。一本书，其实汇聚了很多人的行业智慧。我在这里小心地将这些露珠收集起来，精心过滤成甘泉，作为代言人，倾全力奉献给大家。